TANGSHAN · HEBEI

JIDONG RENMIN KANGRI BAODONG

冀东人民
抗日暴动

唐山市政协文史资料委员会 编著

燕山大学出版社
2018·秦皇岛

图书在版编目（CIP）数据

冀东人民抗日暴动 / 唐山市政协文史资料委员会编著. —秦皇岛：燕山大学出版社，2018.12
ISBN 978-7-81142-453-9

Ⅰ. ①冀… Ⅱ. ①唐… Ⅲ. ①抗日战争 – 史料 – 河北 Ⅳ.①K265.06

中国版本图书馆CIP数据核字（2018）第298222号

冀东人民抗日暴动

唐山市政协文史资料委员会 编著

出 版 人：陈　玉
责任编辑：孙志强
封面设计：刘健泽
出版发行：燕山大学出版社 YANSHAN UNIVERSITY PRESS
地　　址：河北省秦皇岛市河北大街西段438号
邮政编码：066004
电　　话：0335-8387555
印　　刷：唐山冀东印务有限公司
经　　销：全国新华书店

开　　本：889mm×1194mm　1/16　印　张：25　字　数：377千字
版　　次：2018年12月第1版　印　次：2018年12月第1次印刷
书　　号：ISBN 978-7-81142-453-9
定　　价：198.00元

《冀东人民抗日暴动》编委会

冀东人民抗日暴动纪念碑

冀东人民抗日暴动纪念碑碑文

冀东，西屏京津，东扼辽沈，乃兵家必争之地。一九三八年七月，为逐日寇、雪国耻，中共河北省委及冀热边特委奉中央之命，率众举行了声势浩大的抗日暴动。

抗日战争初期，中共中央为壮大抗日力量，开辟新的敌后战场，决定创建冀东抗日根据地。照此部署，中共北方局及河北省委派大批军政干部来到冀东，广泛发动群众，建立人民武装，积极准备暴动。晋察冀军区所属八路军第四纵队自平西出发，下昌平，克永宁，取四海，攻兴隆，于一九三八年六月抵达冀东。主力到来，群情大振，又逢日寇调兵南下，后方空虚，暴动时机遂已成熟。

自七月六日始，中共冀热边特委领导的抗日联军率先在滦县、丰润、玉田、遵化、迁安、乐亭、昌黎、蓟县举行起义，呼者先登，应者云集，抑郁已久的国恨家仇，如山洪暴发，势不可当。数日之内，抗日烽火燃遍兴隆、平谷、青龙、密云、三河、顺义、香河、通县、卢龙、抚宁、宝坻、宁河、武清等二十余县和开滦矿区，起义大军达十万余众。是时，在抗日民族统一战线旗帜下，共产党员冲锋在前，工农大众勇为中坚，知识分子投笔从戎，国民党忠义救国军及诸多有识之士起而参战，伪军民团倒戈向敌，爱国绅商踊跃捐献。起义军与八路军协同作战，驱日寇血洒长城内外，

冀东人民抗日暴动纪念碑碑文

扫顽敌交刃巷闾之间，斩关夺隘，连克七座县城，收复大批集镇。八月中旬，会师于遵化铁厂。九月一日，中共中央及北方局电贺暴动胜利，并嘱全军将士继续巩固团结，为驱逐日寇奋斗到底。

冀东暴动，沉重打击了日寇的嚣张气焰，有效地配合了全国抗战。此后，冀东人民前仆后继，浴血奋战，历经长期斗争，终于建成冀热辽抗日根据地，为驱逐日寇、解放全国做出不朽贡献。

值此冀东人民抗日暴动五十周年之际，为继承和发扬革命传统，努力振兴中华，特立此碑，以为永志。

中共河北省委
河北省人民政府
一九八八年七月六日

代序

永远的丰碑

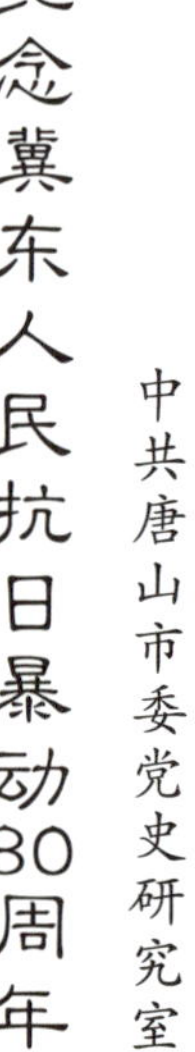

——纪念冀东人民抗日暴动80周年

中共唐山市委党史研究室

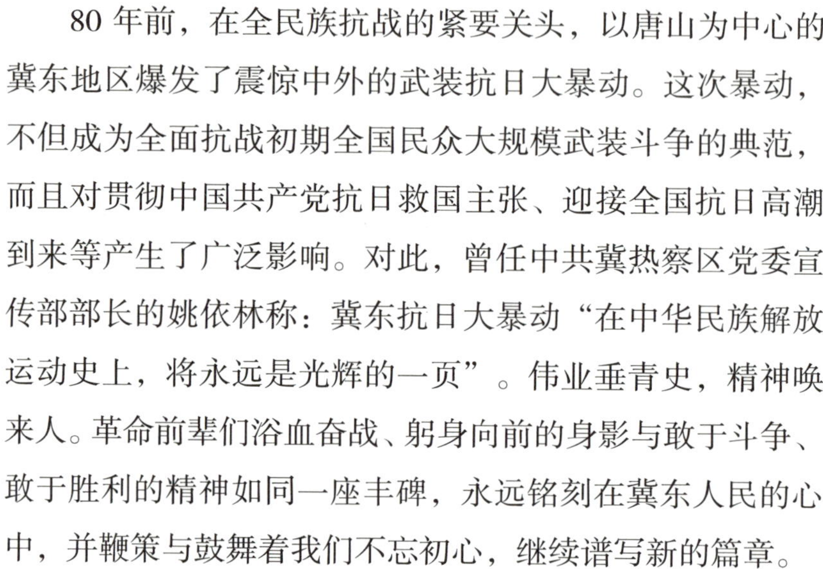

80年前，在全民族抗战的紧要关头，以唐山为中心的冀东地区爆发了震惊中外的武装抗日大暴动。这次暴动，不但成为全面抗战初期全国民众大规模武装斗争的典范，而且对贯彻中国共产党抗日救国主张、迎接全国抗日高潮到来等产生了广泛影响。对此，曾任中共冀热察区党委宣传部部长的姚依林称：冀东抗日大暴动“在中华民族解放运动史上，将永远是光辉的一页”。伟业垂青史，精神唤来人。革命前辈们浴血奋战、躬身向前的身影与敢于斗争、敢于胜利的精神如同一座丰碑，永远铭刻在冀东人民的心中，并鞭策与鼓舞着我们不忘初心，继续谱写新的篇章。

一、冀东人民抗日暴动的背景

冀东，北据长城，南濒渤海，西控京津，东邻山海关，交通便利，物产丰富，一直为日本侵略者所觊觎。九一八事变后，日本侵略者占领东北，继而攻占热河，染指冀东。1933年，随着长城抗战的失败，日本侵略者与国民政府签订了《塘沽协定》，从此，冀东沦为日本侵略者的殖民地。1935年，日本帝国主义唆使殷汝耕成立“冀东防共自治委员会”，将冀东置于日军卵翼之下，强化殖民统治，疯狂掠夺冀东资源，民族工商业迅速萧条，民族文化备遭摧残，“三毒”泛滥，汉奸特务横行，冀东人民陷入了极度的屈辱和悲愤之中。

冀东具有光荣的革命传统。在中国共产党的主要创始人李大钊的指引下，党组织从 1922 年起陆续建立，并领导发动了工农革命运动。九一八事变后，冀东民众的民族独立和反抗意识逐渐增强，在中国共产党的领导下，各种反侵略斗争此起彼伏。1931 年 9 月，滦县 2000 多名民众举行反日救国集会；同时，唐山开滦矿业产业工会通电表示："大难当头，民死无日，凡有血性，孰不痛心！断脰流血，责无旁贷，我全体工人，誓作先驱"；1932 年 1 月，迁安县举行了反对日本侵略集会示威，成立了迁安县抗日义勇军第二十三路军；1933 年在长城抗战中，迁安县组织起百余人的抗日自卫团抗击日军；1933 年 6 月，丰润县民众伏击日军给养车并打死日军数人；1933 年 12 月，冀东民族英雄孙永勤组织民众军（后改编为抗日救国军）与侵略者拼争；1934 年 1 月，开滦煤矿 5 万多名工人以罢工形式与帝国主义及其走狗开展斗争，等等。全面抗战爆发后，中共中央提出全面抗战路线，冀东人民厚积薄发，所向披靡，抗日救亡运动走向武装斗争的新阶段。

二、冀东人民抗日暴动的过程

七七事变后，日本侵略者迅速增兵华北，并企图重点控制冀东，将其变成扩大对华侵略的兵站基地。鉴于冀东的战略地位，1937年8月毛泽东在洛川会议指出：红军可以一部于敌后的冀东，以雾灵山为根据地进行游击战争，创建冀热边抗日根据地。9 月，中共中央北方局书记刘少奇提出在冀东应准备迅速发动抗日武装起义，以配合全国抗战。同时，中共河北省委组建了由各界人士参加的华北人民抗日自卫委员会，指挥武装起义。12 月，先期回到冀东的中共冀热边特委书记李运昌在滦县多余屯组织成立华北人民抗日自卫会冀东分会，直接为武装暴动做准备。1938 年 5 月，八路军总部和晋察冀军区派八路军第四纵队挺进冀东，配合开展抗日暴动。6 月，冀东党组织与自卫会议定了抗日暴动行动纲领、时间、任务等。

1938 年 7 月 6 日夜，中共滦县县委和红军干部李润民集合暴动骨干 300 多人在滦县港北率先宣布起义，打响了冀东人民抗日暴动的第一枪。呼者先登，应者云集，7 月 7 日丰润岩口暴动，7 月 8 日遵化地北头起义，7 月 9 日滦县马城起义，7月13日卢龙地区起义，7月14日蓟县地区暴动，7月18日开滦矿区暴动，7月中下旬昌黎、宝坻等地的各界志士纷纷拉起队伍，枪口直指日伪军。至8月中旬，在东起山海关，西到潮白河，北迄雾灵山，南至渤海滨的21个县和开滦矿区，共产党员冲锋在前，工农大众勇为中坚，知识分子投笔从戎，国民党进步团体奋起参战，形成了有20万之众参加的冀东武装抗日暴动。暴动中，相继建立10万人的冀东抗日联军，并在八路军第四纵队配合下，斩关夺隘，攻克9座县城和众多集镇，建立了11个抗日县政权。对此，京津沪报刊及外国媒体报道：冀东方面中国游击队之声日渐浩大，各地民众纷纷起义，北宁路西段和平绥路东段日军已为动摇。

9月1日，中共中央和北方局发来贺电："由于冀东国共两党同志及无党派抗日志士的合作，抗日联军与八路军纵队的胜利，已给日寇以严重的打击，摧毁了冀东汉奸政权，发动了广大的民众，配合了全国的抗战。我们相信这一支在抗战中新进、生长、壮大起来的生力军，定能在冀东各党派各领袖的合作与正确领导下继续胜利，创造冀热边新的抗日根据地，长期坚持抗战，给日寇的野蛮侵略以更严重的打击，收复冀东。"

暴动胜利后，抗联队伍于10月撤往平西整训。沿途，在日伪军的围追堵截下，许多指战员壮烈牺牲，部分人员星散于各地。10月18日，李运昌等当机立断，带领余部兵分两路返回冀东。是时，冀东抗日联军所剩只有几千人，且分散在不同地区，其中李运昌的直属队仅130多人。

由于没有很好地保持并发展冀东抗日大暴动的战果，抗联部队和解放地区损失了90%以上，冀东的抗战形势由大暴动时的鼎盛时期一落千丈。在严峻的形势面前，冀东儿女没有屈服，1938年11月初，李运昌在迁安县柳沟峪主持召开重整旗鼓会议。会议以冀热边特委的名义，决定学习红军长征精神，攻坚克难，坚持把抗战进行到底。会后，党员干部和抗联骨干奔赴各地，收拢失散人员，重新组建抗日队伍。至1938年年底，恢复与重新组建了一些抗联总队，筹建了"路南办事处""昌乐办事处"和一些交通联络站点等，兵力达到1400多人。经上级批准，1939年3月正式建立了中共冀东地方委员会，并很快恢复了党的近20个基层组织，发展了一批党员。至夏末，丰润、滦县、迁安、乐亭、昌黎、蓟县一带形成了总数约4000人的武装力量和游击队。从此，在中国共产党的坚强领导下，武装抗日暴动点燃的抗日烽火再次燃遍冀东大地，并越燃越旺，直至发展成为冀热辽抗日根据地，彻底打败日本侵略者，实现民族独立的梦想。

三、以史为鉴，开创未来

80年前，冀东地区在孤悬敌后、敌我力量相差悬殊的情况下，中国共产党勇当先锋，创造了自七七事变以来中国北方最大规模的抗日壮举，书写了无与伦比的抗战史诗。2016年习近平同志视察唐山时，对冀东人民抗日暴动作出精辟论述。“知今而不知古，谓之盲瞽；知古而不知今，谓之陆沉。”历史是一面镜子，以史为鉴，从中获得智慧和启迪，对于坚定不移地走中国特色社会主义道路、夺取全面建成小康社会新胜利具有重要的现实意义。

（一）党的领导是取得胜利的根本保证

暴动是按照中共中央的指示、中共中央北方局的部署，在中共河北省委和冀热边特委的组织领导、自上而下的多层级领导体制下进行的，中国共产党发挥了领导核心、骨干力量、组织中坚和方向引领的重要作用。党中央英明决策，并及时派出八路军第四纵队挺进冀东，配合暴动。中共中央北方局书记刘少奇直接负责冀东抗战事宜。河北省委和冀东党组织进行了大改组，对抗日暴动进行了周密组织，培训了暴动骨干，加强了抗日救国宣传，对伪军警做了大量的争取工作。冀东地区共产党员作为骨干参加了暴动，他们粜粮、出地、卖牲畜筹措资金，购买武器。生死关头，共产党人冲锋在前，毁家纾难，为革命牺牲一切。正是共产党人的先机行动，唤醒了民众，组成了血肉长城，才取得了暴动的胜利。中国共产党的领导贯穿于暴动的整个过程，使得暴动有序进行。暴动队伍西撤受损，队伍溃散，唯有共产党的各级组织及其领导的部队坚持下来，并不断发展壮大。

万山磅礴必有主峰，龙衮九章但挈一领。中国共产党在中华民族蒙受苦难、探求光明的逆境中应运而生，团结带领人民进行了艰苦卓绝的斗争，实现了民族独立和人民解放，取得了革命、建设和改革的伟大成就。特别是党的十八大以来，以习近平同志为核心的党中央举旗定向，运筹帷幄，推动党和国家事业发展取得了全方位、开创性的历史性成就，迎来了从站起来、富起来到强起来的伟大飞跃。办好中国的事情，关键在党。党兴则国强，党衰则国弱。我们必须团结在以习近平同志为核心的党中央周围，坚持党的领导，靠党把好方向盘，以党的坚强领导和顽强奋斗有效应对重大挑战，抵御重大风险，克服重大阻力，解决重大矛盾，战胜前进道路上的风险挑战，完成民族复兴的历史使命。

（二）爱国主义是实现梦想的强大动力

冀东人民抗日暴动之所以暴动规模由原定 6 个总队约万人，最终发展到 48 个总队 20 余万人，是因为爱国主义精神发挥了巨大作用。在暴动的组织发动阶段，各级党组织和共产党人捐弃前嫌，深入各行各业、民团组织、富家豪宅、寺庙道院，尤其对伪军、政、警、特等人员开展了大量耐心细致的思想政治工作。星星之火，可以燎原，在爱国主义精神的感召下，各阶层的爱国人士在祖国山河破碎、民族危亡的时候，以国家利益、民族利益为重，纷纷涌入暴动队伍中，很快形成一股反日潮流，并涌现出许多可歌可泣的英雄人物，如打响冀东抗日游击战争第一枪的王平陆、为抗日毁家纾难的魏春波、被誉为“中国夏伯阳”的包森、刀劈鬼子兵的开滦煤矿工人节振国等。他们或沥血敌阵，或碎首沙场，或毁家纾难，形成不畏强暴、血战到底的英雄气概，将燕赵文化的爱国主义思想体现得淋漓尽致，也为燕赵文化注入了新的内容。可以说，没有爱国主义的精神支撑，就没有强大的信念，就没有战胜敌人的勇气，更没有暴动的胜利。

近代以来，中国人民为争取民族独立和解放进行的一系列抗争，就是中华民族觉醒的历史进程，是中华民族精神升华的历史进程。面对民族存亡的空前危机，中国人民的爱国热情像火山一样迸发出来。全体中华儿女众志成城、共御外侮，为民族而战，为祖国而战，为尊严而战，汇聚起气势磅礴的力量，中国人民抱定血战到底、抗战到底的信念，谱写了惊天地、泣鬼神的爱国主义篇章。爱国主义精神是我们凝心聚力的兴国强国之魂，是我们砥砺前行的强大精神动力，我们必须长期坚持，永不动摇，把爱国之情、报国之志融入祖国改革发展的伟大事业之中，融入人民创造历史的伟大奋斗之中，从自己做起，从本职岗位做起，为实现“两个一百年”奋斗目标、实现中华民族伟大复兴的中国梦贡献智慧和力量。

（三）统一战线是凝心聚力的重要法宝

统一战线是中国共产党的一大法宝，无论是战争年代还是和平建设时期，统一战线政策都对实现党的目标和完成党的历史使命发挥着重要作用。国难当头，毛泽东起草了《抗日救国十大纲领》，推动了统一战线的实施。中共河北省委、冀东党组织高举抗日民族统一战线的旗帜，捐弃前嫌，团结对敌，组建了有国民党各派势力代表参加的华北人民自卫委员会。在建立抗日联军时，任命进步民主人士高志远为“抗联”司令、国民党人洪麟阁和共产党人李运昌为副司令。党的统一战线政策极大地调动了各界人士的积极性，广大农民、工人、知识分子及伪职员，不分阶级、不分阶层、不分党派、不分信仰，同仇敌忾，共御外侮。冀东人民抗日暴动恰是抗战早期国共合作的范例，从组织策划、民众动员到协调行动、相互支援，多党派合作与社会力量精诚团结，共赴国难，产生了强大的民族凝聚力，最终夺取了暴动的胜利。

90 多年来，中国共产党运用统一战线凝聚了最广泛的人心，汇聚了最强大的力量，为完成党在各个时期中心任务做出了不可替代的贡献。当前，正值改革进入攻坚阶段，国内外形势正在发生深刻复杂的变化，我们必须团结社会各阶层人士的力量，铸牢中华民族共同体意识，利用其自身优势联合社会各个领域协调发展，发挥他们在中国特色社会主义事业中的重要作用，共同致力于中华民族的伟大复兴。

（四）实事求是是取得胜利的关键因素

鉴于冀东重要的战略位置，中共中央从盘活全局的必要性考虑，适时提出发展游击战争，建立根据地。暴动胜利后，由于部队撤至平西途中受挫，致使冀东抗战形势从巅峰跌落到低谷。西撤途中，许多同志逐渐醒悟到原决定不当，遂召开会议认真总结西撤教训，果断停止西撤，率部返回冀东开展游击战争。这一决定符合客观实际，符合中共中央的指示精神，从而挽救了冀东抗日联军的命运，使冀东的抗日活动重现生机。前后两种决策造成的结果使我们清楚地看到坚持实事求是原则、尊重客观规律的重要性。

纵观中国共产党 90 多年的历史，什么时候坚持了实事求是原则，党就能够形成符合客观实际、遵循发展规律、顺应人民意愿的正确路线方针政策，就能够不断取得革命、建设和改革发展事业的胜利；反之则遭受挫折。新时代，我们要秉持实事求是的原则，解放思想，求真务实，深刻理解和贯彻习近平新时代中国特色社会主义思想，深刻领会党的十八大以来党和国家事业取得的历史性成就、历史性变革，正确认识和看待我国社会主要矛盾转化的重大政治论断，更好地践行新时代中国特色社会主义思想。

硝烟散尽，精神永存。当前，唐山正处于转变发展方式、调整经济结构、推进供给侧结构性改革的关键时期，我们应从那段悲壮的历史中汲取营养和力量，把对先烈的深切缅怀转化为锐意进取的不竭动力，转化为抓住机遇加快发展的实际行动，直面问题，攻坚克难，凝聚起团结奋进的磅礴力量，奏响众志成城谋发展、团结奋进干事业的主旋律，为实现唐山市“三个努力建成”“三个走在前列”和“两个率先”目标贡献力量。

目 录

事件研究

专题研究

回忆录

冀东人民抗日大暴动[①]

李运昌　李楚离

发生在 1938 年 7 月的冀东人民武装抗日大暴动（亦称起义），是我党在敌后组织的一次反对日本侵略者的伟大壮举。参加这次起义的工农兵学商约 20 万人，声势浩大，发展迅猛，在短短两个多月，东起抚宁，西到平谷、顺义、三河，北从长城内外，南至渤海之滨，在 20 多个县的广大地区，组成武装齐整的 10 余万人的抗日部队，占领了蓟县、平谷、玉田、宝坻、卢龙、迁安、乐亭 7 座县城。起义军打起抗日联军的旗帜，横扫敌伪的反动设施。被日本侵略者蹂躏 6 年之久的冀东人民，一扫愁眉苦脸，欢欣鼓舞，高唱凯歌。这一斗争的胜利，沉重地打击了日本帝国主义在冀东的统治，扩大了我党我军的影响，为开辟冀热辽抗日根据地奠定了基础，为配合全国抗战、解放东北、争取抗战的胜利，做出了一定的贡献。

一、大暴动前的冀东情况

冀东历来是兵家必争之地。它北据长城，南临渤海，西控京津，是东北通向华北的咽喉要道。这里不仅有丰富的物产可资军需，而且有深山密林可供迂回，是进可攻、退可守的理想战场。

① 本文是冀东人民抗日大暴动主要领导人为纪念抗日大暴动 48 周年所作。原载唐山市政协于 1988 年编辑出版的《唐山文史资料》第五辑，收录本书时略有修改。另外，文章有些数据与其他史料有出入，特说明。

日本侵略者侵占东北三省后，为吞并全中国，首先夺取冀东。早在 1933 年年初，他们就兴兵攻占长城各关口。驻守在喜峰口、冷口、古北口一带的国民党爱国官兵，在当地人民群众的支援下奋起反击，后因国民党政府不予援助而失败。1935 年，日本侵略者唆使汉奸殷汝耕组织了“冀东防共自治政府”。从此，冀东沦为日本侵略者侵华的军事跳板和兵站基地，600 万冀东人民过着暗无天日的悲惨生活。

李运昌

李楚离

冀东人民具有光荣的革命传统和斗争精神，他们和东北人民有着密切的联系，面对日本侵略者的反动统治，冀东人民进行了不屈不挠的斗争。早在 1934 年年初，冀东北部的迁安县就发生过人民抗日的武装暴动。由于当时“左”倾错误的影响，暴动的队伍被敌人镇压了下去。随后，兴隆县的孙永勤又举起抗日的旗帜，组织数千人的救国军，辗转游击于长城内外，给敌伪以沉重打击。他们的战斗精神激励着广大中华儿女的救国热情和抗日决心。

七七事变后，随着日本帝国主义侵略行径的发展，中共中央向国民党政府和全国人民提出了一系列抗日主张和战略方针。1936 年，西安事变和平解决后，中国政治形势有了很大变化，中国共产党与国民党终于在 1937 年实现了第二次合作，形成了以国共两党为主体的抗日民族统一战线，出现了全国抗战的新局面。

中共中央于8月下旬在陕北召开的洛川会议上通过了《抗日救国十大纲领》，确定共产党领导的军队执行独立自主的山地游击的战略方针，担负开辟敌后战场、配合正面战场、建立抗日根据地的基本任务。当时，毛泽东同志在洛川会议上指出，红军可以一部于敌后的冀东，以雾灵山为根据地进行游击战争，创建冀热边根据地。与此同时，中央军委将在陕甘宁边区的红军改编为国民革命军第八路军，立即东渡黄河，挺进华北抗日前线，创建了包括晋察冀边区在内的抗日根据地。1937年9月，李大章同志代表河北省委到山西临汾向北方局汇报工作，刘少奇同志当面指示说，抗日战争爆发后，河北省委的中心任务是配合八路军，广泛开展敌后游击战争，党的工作重点要放在农村。城市工作由公开、半公开的活动转入秘密工作，埋头苦干，积蓄力量，动员干部和党员去农村，并尽量去平津周围的农村，宣传抗日主张，准备发动游击战争，配合八路军建立以燕山山脉为中心的抗日根据地，不失时机地抓紧准备冀东抗日武装起义。李大章同志带回北方局的决定，命河北省委书记李运昌回到冀东进行起义前的准备工作。同时，为了争取各种抗日势力，团结各阶层人民共同武装抗日，扩大在我党领导下的抗日民族统一战线，根据北方局书记刘少奇同志的指示，1937年8月，将设在天津的华北各界救国会改组为华北人民武装抗日自卫会，吸收国民党人参加，并派王仲华到武汉国民政府备案，取得合法地位。华北人民武装抗日自卫会领导机构由共产党员李楚离、王仲华、张致祥、朱其文和国民党人士王岩僖、张子岐等共同组成。

华北人民武装抗日自卫会组成后，曾召集冀东各派抗日代表人物开会，讨论冀东暴动和组织抗日联军等问题，对扩大冀东抗日民族统一战线和支援冀东人民抗日大暴动起过重要作用。

二、暴动前的准备工作

中共中央关于建立冀热边抗日根据地的任务下达后，各方面开始武装起义的准备工作。1937年10月，李运昌回到冀东，任冀热边特委书记，王平陆任军事部部长，王大中任宣传部部长。11月，在北宁路南又调整京东特委成员，由胡锡奎任书记。特委组成后的首要任务是，迅速向各县委、支部传达中共中央北方局在冀东发动武装起义的有关指示。要求全体党员深刻认识创建冀东抗日根据地、开展冀东游击战争的战略地位和有利条件，继续肃清“左”的路线错误影响；明确在新的形势下，建立和扩大抗日民族统一战线的重要意义；积极筹建“华北人民武装抗日自卫会冀东分会”；通过已有的群众团体（包括抗日救国会、齐心会、工会、农会、教职员联合会、学生会等）广泛宣传抗日救国的神圣任务，吸收各界人士参加抗日民族统一战线，为起义工作创造有利条件。

河北省委从思想、组织准备上投入了紧张的工作。省委先后派出不少党员干部和积极分子到冀东工作，深入农村、矿山发动群众，做武装起义的组织领导工作。除李运昌外，还有胡锡奎、周文彬、李楚离、王仲华等同志。为了充实起义的军事骨干，省委决定由林铁同志负责，在天津秘密开办了军事训练班，把经过训练的骨干输送到冀东前线。另外，北方局派来的红军干部李润民、孔庆同等同志也经天津转到冀东。

1937 年 12 月，李运昌代表冀东党组织在滦县多余屯召开京东 10 县抗日人民代表会议，民团首领高志远和爱国民主人士洪麟阁、杨十三等参加了会议。这次会议决定正式成立华北人民武装自卫会冀东分会，推选李运昌为主任、王平陆为军事部部长。会议除讨论加强抗日宣传、组织工作外，着重讨论组织冀东抗日联军、开展游击战争问题。会后立即组建了以王平陆为司令员、史贞为政委的华北抗日联军冀东第一支队，发动游击战争。不幸，这支队伍在第一次打清河沿据点的战斗中，王平陆同志以身殉国。接着，由彭夫、高存等同志重整旗鼓，继续战斗，攻克兴隆县药王庙据点。这两次战斗虽未取得显著战绩，但却在斗争中锻炼了骨干，增强了胆识，取得了经验，鼓舞了斗志，为后来的大起义提供了一批骨干和一定的经验。随后，游击队化整为零，在冀东各地开展了三三五五的游击小组活动，打特务锄汉奸，捣毁日本和朝鲜浪人开设的赌局、白面（海洛因毒品）馆，搜集枪支，为暴动做准备。

除武装斗争的准备之外，冀东党组织还发动了工人、农民进行有组织的群众斗争。1938 年 3 月，在唐山工委书记周文彬（中国籍朝鲜人）领导下，开滦煤矿的 3.5 万多名矿工为维持起码的生活条件，要求提高工资，掀起了声势浩大的罢工斗争。同日，与英帝国主义及其豢养的矿警保安队展开了激战，在战斗中缴获大枪数十支。经过 50 多天的斗争，以数十人伤亡的代价，终于取得了罢工的胜利。在罢工的影响下，当年 6 月，乐亭、滦南一带的 3000 多名农村雇工，在党的领导下联合起来，要求长活价（工资），并喊出“青纱帐起来抗日”的口号。经过党的抗日民族统一战线政策的宣传教育，广大人民群众的抗日积极性空前高涨，纷纷加入武装自卫会和抗日救国会。到 1938 年 7 月大暴动前为止，参加自卫会组织的正式会员达 1.5 万余人，其中仅蓟县救国会就发展成为有中小学教员、青年学生、贫雇农、上层士绅、民团骨干上千人参加的抗日组织。在迁安、遵化、丰润、乐亭、滦县、昌黎等县有 1.4 万余人参加自卫会。

晋察冀军区于 1937 年 11 月 7 日成立，次年 2 月，聂荣臻同志即按中央的决定和毛泽东同志的指示，从红军骨干比较多、战斗力比较强的第一军分区抽调了一部分兵力，由邓华同志负责，组成了邓华支队，决定进军冀东。邓华同志受领任务后，按照军区的部署，于 1938 年 2 月 20 日从涞源出发，逐步开辟了平西、房山、涿县、涞水、良乡、昌平、宛平等地，在一部分县建立了政权，组织了地方武装，扩充了部队，为挺进冀东建立了前进基地。1938 年 5 月，中央和八路军总部将在晋西北活动的宋时轮支队调到平西，与邓华支队合并，组成八路军第四纵队，由宋时轮任司令员、邓华任政治委员，进行东进前的整训和准备。至

1938 年 6 月，四纵攻克昌平县城

此，冀东人民的武装抗日大暴动的准备工作已基本就绪。在此期间，河北省委曾前后两次派李楚离同志去阜平和平西，向聂荣臻司令员汇报冀东起义的准备情况，并与邓华同志商定了八路军的东进计划和冀东起义的有关事项。

三、八路军第四纵队挺进冀东

第四纵队是一支英勇善战的主力部队，红军骨干较多，战斗力较强，经过短期的休整和动员教育，于6月4日开始向冀东挺进。邓华政委率第三十一、三十二两个大队走北路，沿途与康庄、延庆、永宁、四海等据点之敌作战多次，缴获甚多。6月9日，在沙峪与日军板垣师团从怀柔县城增援四海之敌相遇，激战3小时，歼敌百余人。第四纵队参谋长李钟奇负重伤，大队总支书记郑良武壮烈牺牲。第三十三大队于6月中旬进抵兴隆县境，一举攻克六道河子据点，并于17日攻入兴隆县城。次日清晨，承德日伪军800余人赶来增援，并以3架飞机助战，我军与敌激战半日，歼敌200余人，主动撤出县城。我副大队长陈群负伤，营长赖翰生壮烈牺牲。此后，部队转战雾灵山、古长城之间，进到兴隆县东南的大小水泉一带休整。宋时轮司令员率第三十四大队和独立营走南路，6月3日出居庸关，4日攻克昌平县城敌人据点。接着，东渡潮白河，横扫密云、兴隆两县的敌伪据点，于6月下旬进到平谷县以东的靠山集、将军关一带。7月19日，攻下平谷县城，成立了抗日政府，派姜时哲为县长。同时，蓟县县委负责领导西部起义的李子光与宋时轮同志在平谷县会面。第三十六大队和骑兵大队，于6月中旬攻占延庆县千家店，俘伪警20余人。数日后，东进到花盆，与一营伪满军相遇，激战2小时，全歼300余人，缴获重机枪2挺、轻机枪6挺、长短枪100余支。

第四纵队挺进冀热边长城内外，人民大众欢欣鼓舞，伪军伪组织纷纷瓦解。对此，日军惊呼：延安触角伸进热河，全热河行政无法行使。于是，敌人调集日伪军和民团对第四纵队进行堵击和围攻。

7月初，中央电示第四纵队，要他们迅速向迁安、遵化、卢龙等县挺进，冲破敌人的包围，同抗日联军会合。时值盛夏酷暑，连日大雨，洪水暴涨，跋涉非常困难。7月中旬，邓华率领两个大队，排除一切困难，继续向东挺进。8月，入迁安县境，一举攻克迁安城。第三十三大队开进丰润、遵化、玉田边界，在遵化县的卢各寨建立了丰玉遵联合县政府，刘慎之同志任县长，开展政权工作。8月中旬，邓华同志带领的第四纵队领导机关进驻遵化的铁厂镇，与抗联主力胜利会合。

宋时轮同志带领第三十四、三十六两个大队在西部积极活动，一面牵制敌人掩护邓华部队向东挺进，一面在平谷、蓟县、兴隆一带开展地方工作。在平谷县建立抗日政府后，积极筹建救国会，组织群众投入抗日工作。同时，抓紧时间争取改造民团。在较短的时间内，组成了以张子捷为总队长，以马维密、蔡景茂、王蕴山、王长生、李俊廷等人为大队长的4支游击队，总数约2000人。同时，派王巍同志任蓟县县长，建立了蓟县县政府，与西部武装建立了直接联系。王巍领导的教导队积极深入部队宣传抗日救国主张，传授建军知识，对部队鼓舞很大。8月间，王巍召集西部起义部队负责人开会，将西部所有部队整编为10个大队，由县政府统一指挥。虽然由于部队很快西撤，未容开展具体工作，但是对于稳定当时的部队情绪、指引部队的斗争方向是起着明显作用的。

四、轰轰烈烈的冀东人民大暴动

从1937年8月起，在中共中央北方局、河北省委、晋察冀军区的积极筹划和领导下，经过一年来的多方准备，起义条件已臻成熟。此时，中共河北省委为了加强起义的统一领导，发动全冀东起义，1938年5月，决定将京东特委合并到冀热边特委，胡锡奎任特委书记，李运昌专负责军事工作。这时，冀东党的组织力量如下：冀热边特委下辖迁安、遵化、蓟县、丰润北部和南部、滦县、乐亭7个县委，玉田、昌黎2个特支，有组织的党员500多人，武装抗日自卫会1.5万余人。不久，上报中央北方局的起义计划得到批准。6月下旬，由李运昌主持、在丰润县田家湾子村召开了起义前的军事会议，我党负责同志和同盟者洪麟阁、杨十三以及高志远的代表参加了会议。会议通过了冀东抗日联军行动纲领，按原来决定，推选高志远任抗联司令、李运昌和洪麟阁任副司令。计划组成6个总队，每个总队2000人左右。洪麟阁兼一路司令，政治部主任杨十三，辖第一、第二两个总队；李运昌兼二路司令，政治部主任王瑞清（胡锡奎），辖第三、第四、第五 3 个总队；高志远辖第六总队。为了加强党对同盟军队的领导，河北省委派李楚离、王仲华（董毓华）同志，以“华北自卫会”负责人的身份，分别到洪麟阁、高志远部指导工作。会议决定于 1938 年 7 月 16 日起义。

丰润县田家湾子村貌（1988 年摄）

第四纵队的快速东进，引起华北敌伪恐慌不安，紧急调动冀东各县民团 5000 人，赶到长城沿线阻截。6 月 20 日，被调往蓟县马伸桥镇集中的蓟县民团 300 余人，在听到敌人要下手缴械的消息后，在队长夏德元（我救国会会员）、赵合的领导下，打死警察分局局长王术森后宣布起义。26 日，我地下党员徐志、王维新听到各处起义的风声，也于丰润县四户村起义。这时，我们又在伪冀东防共自治政府内部工作的朱欣陶处得到情报：（1）我八路军部队已到达平谷、蓟县靠山集一带（因无电台联系事前不知）；（2）冀东行将起义的消息已经暴露，敌人准备全力镇压；（3）为防止暴动，日军即将收缴散在冀东民间的 23 万支枪。

形势紧迫，情况危急，起义不得不提前举行。

7 月 6 日，滦县的李润民、高培之、赵玉清、张鹤鸣、张振宇等同志在港北村发动起义。一夜之间，集中了秘密发展的骨干会员 300 多人，成立了抗联第五总队，李润民为总队长，高培之为政治部主任，张鹤鸣为副总队长兼参谋长，下设 3 个大队。起义后，按计划四处游击，活动于昌、滦、乐三县之间，宣传抗日主张，收缴民间枪支，摧毁敌伪政权。部队所到之处，群众欢欣鼓舞，纷纷要求参军，有的带枪入伍。7 月 8 日，北宁路北安各庄警察局局长周维斌率百余人起义，与于振忠领导的昌黎起义军合编为第九总队，随后又与铁局寨、商家林一带起义军合编，迅速发展到 1200 多人。几天后，滦县城内伪保安队 300 多人出发向我起义军进攻，被我设伏于杨家院的第五总队彻底打垮，生俘大队长刘韬以下 200 余人，缴获轻机枪 2 挺、步枪 200 余支。我军首战告捷，军民异常振奋，敌伪统治动摇，在广大人民中很快掀起了参军热潮，第五总队迅速发展到 3000 余人。这时，第五总队南下到茨榆坨，曾家湾起义的高小安同志率千人赶来会合，遂编为抗联第十三总队。后又到司各庄与吴绍周起义军会合，又组编成第十四总队。在倴城与高志远的第六总队会合后，攻克了乐亭县城。这时，阎达开、黎巨峰、李振华、田自修、张其羽等同志在乐亭县起义，千余人编为第十总队。乐亭沿海的盐警起义后，打下汤家河据点，扩大到 3000 多人编为第三十九总队。此外，在滦县的李永玺成立一个独立大队，在渤海滨的渔民石占山和乐亭的王静安起义后也发展到 1000 多人，编为第一、第二独立大队（以后扩编为特务第二、第三总队）。在滦县南部，有曹致福成立的独立总队。到 8 月底，我党在路南昌、滦、乐地区组织的抗日联军总计约 1.5 万人。

7 月 7 日，驻在迁安县西庄村的冀热辽特委和抗联第二路军司令部直接领导了岩口起义，由苏林燕、魏春波、孔庆同、张志超、阎锡九、杨文汉等同志集合了西庄、铁厂、王官营、新集等地 400 多名基本队员，编为抗联第四总队，孔庆同任总队长，阎锡九任副总队长，丁振军任政治部主任，辖 3 个大队。7 月 10 日，遵化县保安队 130 余人，向已被我军解放的铁厂镇扑来。孔庆同同志身先士卒，带领部队到铁厂以北的玉皇庙迎击敌人，激战两小时，将伪军全部击溃，俘 80 余人，缴获战马 11 匹。从此，吓得遵化敌人紧闭城门不敢外出。接着，起义军乘胜攻克兴城镇，三屯营伪警察巡官宣布起义，迎接抗联进城。这样，在北部山区——迁安、遵化、丰润县的边界地带掀起了参军的热潮。在喜峰口、潵河桥、三屯营起义的部队编成第十二总队，总队长张秉东，副总队长叶田，政治部主任程铁军。在新集、兴城一带由魏春波、韩东征、周治国同志发动起义的部队，编成第十四总队，总队长陈汉民，政治部主任韩东征，副总队长才永昌。不久，第四总队从遵化南下，平息了丰润王官营一带民团的叛乱，更推动了入伍抗战的高潮，许多人自带枪支入伍，地主、上层人物也自动献枪捐款。伪警察、民团自动来投诚。几天内，第四总队就发展到4000人。于是，将丰润县刘家营一带起义的部队编为第十三总队，刘锡彤为总队长，谷云亭为政治部主任。又以第四总队一部，成立了第十一总队，阎锡九为总队长，徐振铎为政治部主任。这时，其他各地党组织领导的起义军，如山洪暴发一涌而出：在遵化西部，有李子华、马子敬成立的新五总队；在遵化南部，有石林、甄凤阁成立的特务第一总队；在唐山北，有刘锡纯、蒋林斋、岳武成立的第十五总队；在丰润、玉田之间，有李介人、张树婉、王新维等成立的丰润第五总队；在丰润县南部，有鲍子菁成立的部队（原第五总队一部）；在遵化东北，有高进忠、高存成立的特务第二大队；在王官营，有高树轩、王文龙成立的特务第八大队。截至8月中旬，我党在丰、滦、迁、遵地区成立的抗联队伍有2万余人。

今日岩口村景

7月14日，以蓟县为中心的冀东西部地区正式拉开了暴动的序幕。这天夜间，蓟县县委领导了邦均起义，三区民团副团总王建国（救国会骨干）带领十几名救国会会员攻克了邦均镇伪警察局，活捉伪警30余人，缴获大枪30多支，正式成立三区队，任命王建国为区队长，冀扶朽任政治部主任。7月15日，蓟县党组织领导各区救国会会员同时起义。以一、六区救国会会员为基础成立了第五总队（即原定的第三总队），商香阁任总队长，县委书记王崇实任政治部主任。以二区救国会员为基础成立了第十六总队，刘卓群任总队长，李子光任政治部主任。白坻中、郝希武带领救国会会员打下了七区下仓警察所，缴大枪20多支，随后发动各地民众起义，编为第六总队。在二区南部，廖广荣组建了第十七总队。在二区西部，以救国会分会为基础组成了第十八总队，王济川任总队长，张子丰任参谋长，王作勋任政治部主任。以蓟县五区的民团、救国会会员和蓟县、三河、平谷交界处的7支起义武装为基础，组建了五县联合总队，胡香圃任总队长，卜静安任副总队长。以遵化石门镇起义的警察民团为基础，组建了第十七总队，朱绍卿任总队长，胡光任参谋长。总之，西部地区由我党直接领导和掌握的起义武装约有5000人，前后在蓟县城东壕门、城西贾各庄、大王庄、龙王庙、盘山、邦均以南、马道、别山等地与敌伪军作战十余次，给敌人以沉重打击，并配合洪麟阁部打下玉田县城，配合八路军攻下蓟县县城。

7月16日夜间，我抗联第二路部队策应开滦矿工起义，派出5个总队和1个大队约万余人，破坏北宁铁路，占领了洼里、古冶两车站，把唐山至昌黎间200多里铁路截成数段，使北宁路停车半月之久。赵各庄、唐家庄、林西等地的矿工在周文彬、胡志发、节振国等同志的领导下先后起义，有7000多人参加，编成4个总队和1个特务大队，曾和唐山敌伪军多次作战。节振国带领的工人大队退到农村，成为一支纪律严明、勇敢善战的模范部队。

在起义期间，群英并起，传奇颇多。卢龙县简易师范学校校长高敬之一向为人耿直，急公好义，在群众中颇有威望。7月中旬，他听说滦县抗联总队起义后，在家乡沈官营组织几百名农民起义。他带着部队攻打卢龙城，站在关闭的城门外，大骂伪县长，历数伪县长和日军的罪行，指出他的出路就是投降抗日联军。在他的攻势下，伪军打开了城门。卢龙解放后，许多人纷纷参军，部队很快发展到 2000 多人。他积极找党的领导，编为抗联第二十三总队，高敬之任总队长（暴动后期加入共产党），共产党员阮务德（张德民）任政治部主任。

同盟者洪麟阁、高志远等，根据田家湾子会议决定也相继起义。滦县马城原民团头领高志远和胡各庄一带联庄会头领陈宇寰，在多余屯、小陈庄一带起义，成立了 12 个总队，发展到 1 万余人。在王仲华同志的指挥下，活动于滦县、乐亭一带，曾在我第五、第十总队配合下，打下滦县倴城大据点，攻克乐亭县城。

洪麟阁和杨十三于遵化县地北头村起义，在李楚离同志指导下，成立了第一、第二两个总队，约 4000 人，活动于玉田、丰润一带，曾在我蓟县起义军的配合下攻占玉田县城。在兴隆县，有共产党员高升组织起义队伍约 400 人，配合八路军活动。在青龙县，有刘青山组织的义勇军 900 人，以后开进冀东编入抗联第九总队。

此外，在武装暴动浩大声势的影响下，还有多支自动组织起来的队伍。在昌黎南部有自发组织队伍的丁万有部 3600 人，后来参加抗日联军，曾围攻昌黎县城。在兴隆、遵化一带有绿林英雄杨二拉起来的 2000 多人，号称救国第五路军，抗日很坚决，后被敌人包围击溃，杨二被俘牺牲。在唐山附近，有贩卖鸡鸭的小商贩组织的抗日游击队。此外，其他零星抗日武装也很多。

国民党的“CC 派”“蓝衣社”成员也纷纷起来组织部队。原国民党蓟县党部负责人李维周组建了 500 人左右的“蓟北抗日救国军”。陈维藩在宝坻、武清一带组建了中央直辖“忠义救国军”第七路军，约万余人。“蓝衣社”成员王天魔（即王文）组建了“忠义救国军”第九路军，约 3000 余人。他们都活动于宝坻、宁河、武清一带。还有许多数不上名称来的杂牌军，自立旗号，自封官衔。这些都不同程度地扩大了抗日的声势。

整个冀东武装起义，从 7 月 6 日港北起义开始，经过一个多月的暴风骤雨，首先在以滦县、昌黎、乐亭、迁安、遵化、丰润、玉田、蓟县、平谷、三河地区和开滦煤矿为中心的广大山地和平原发展起来，并推动了周围各县人民参加起义，如卢龙、抚宁、密云、顺义、香河、宝坻、宁河、武清、兴龙、青龙等，总计 20 多个县参加暴动，其结果远远超出我们的预料。仅抗联系统就组建了有

7万多人全副武装的39个总队。国民党和杂牌军还有3万多人。如何掌握这样大的部队和局面，按照中共中央的指示，建立冀热边抗日根据地，我们是没有经验的。正好这时，八路军第四纵队的两个大队（团），在邓华同志的率领下，于8月上旬进入迁安县境，一举攻克迁安城。8月中旬，第四纵队领导机关到达遵化县铁厂镇，与抗联主力胜利会师。这是多么令人兴奋的时刻！全体抗联同志都沉浸在胜利的喜悦中。8月20日，中共中央与中共北方局致电冀热边特委并转抗日联军。电文说："中共中央与中共北方局以十万分的高兴，庆祝抗日联军反日反汉奸起义的胜利及与八路军纵队的会合，并向在起义中在前线上死难的烈士及其家属致以崇高的敬礼！""我们相信，这一支在抗战中新近生长的壮大起来的生力军，定能在冀东各党派领袖合作与正确领导下继续胜利，创造冀热边新的抗日根据地，长期坚持抗战，给日寇的野蛮侵略以更严重的打击，收复冀东。""望你们继续巩固团结，集中注意力，打破敌人对你们的进攻，扩大与巩固部队，武装与组织民众，建立冀东抗日政权，肃清汉奸，扩大与巩固你们的胜利，为驱逐日寇，建立独立、自由、幸福的新中国而奋斗到底。"这一电报既肯定了起义的胜利，又明确了"抗联"的奋斗目标，给冀东抗日军民以极大鼓舞。

8月中旬，四纵党委和冀热边特委以及八路军和抗联各路的主要负责干部在铁厂开会。会议由邓华主持，李运昌、胡锡奎、李楚离、周文彬参加了会议，杨十三代表洪麟阁、张乐天代表鲍子菁参加了会议。会议对冀东暴动后的形势做了正确的分析，指出冀东大暴动是胜利的，但部队多、秩序乱、纪律差，需要统一领导和指挥，要抓紧整顿部队。同时，提出建立抗日根据地的主张，决定成立冀察热宁军区，由宋时轮任军区司令员，邓华、李运昌、洪麟阁、高志远任副司令员，下设5个军分区，并确定了各分区的领导干部。会议还决定成立冀察热宁边区行政委员会，统一领导，建立各县的抗日政权工作，负责统一筹粮筹款、保证部队供给、建立抗日秩序、训练抗日干部、组织抗日救国会等。这次会议的决定是正确的，对于巩固冀东暴动的胜利成果、建设根据地是有重要意义的。可惜，会后没有能贯彻实行，丧失了时机，造成了不可挽回的损失。

1938年冀东人民抗日大暴动、八路军第四纵队挺进冀东形势要图

五、总撤退的沉痛教训

1938年9月中旬，大家正在分头贯彻铁厂会议精神，接到宋时轮同志的部署，要到都山建设根据地，要抗联第二路部队向都山进军。李运昌率2万余人进驻迁安县包各庄一带，准备出冷口进都山，适有伪满军一个营进入我驻地，激战数小时，将该部全部歼灭，生俘敌营长朱宝兴以下200多人，缴获迫击炮2门、轻重机枪4挺、步枪200多支。在胜利声中忽接通知，停止进军都山，令抗联部队撤

回原地。此时，四纵领导同志听说敌人有大举扫荡冀东的消息，对形势估计过于严重。为了保存实力，避敌锋芒，决定把主力和起义队伍全部拉到平西整训。在中央、北方局、八路军总部以及晋察冀军区多次劝阻无效的情况下，于9月下旬四纵主力和蓟县抗联部队开始向西转移，留下陈群（副大队长）、包森（总支书记）、单德贵（营长）各有百余人的3个游击支队坚持冀东。10月，邓华召开了九间房（丰润县一个山村）会议，决定总撤退。抗联部队和地方干部约5万人，经遵化、蓟县、平谷、密云山地，一字长蛇阵，向平西进发。当时，部队既缺干部，又未经训练，刚成立不久的暴动队伍就远离家乡，沿途又遭到敌袭击截击，部队伤亡很大，大规模逃亡的现象发生了。正如刘少奇同志在部队西撤途中所电示的："冀东游击队四五万人一起西撤是很不妥的计划，部队不巩固，纪律不好，不能长途行军，危险极大。"高志远部约万人在八路军掩护下走在前面，过潮白河后，连遭日军阻击，成批成批地散去，只剩下千余人进到平西。洪麟阁、陈宇寰两部共万余人走在中间，行进到蓟县马伸桥一带时，遭到敌人阻击，洪、陈两人不幸牺牲，部队大部溃散，一夜之间逃散了6000人。李运昌带领的部队走在后面，在密云县水峪瓦罐头遭敌阻击，打了一天恶仗，死伤600多人。这时，军心动摇，逃亡严重。我们感到继续西进十分危险，可能全部跑光。于是，在平谷县樊各庄召开了干部会议，经过认真讨论，决定返回丰、滦、迁、遵原地，坚持冀东游击战争。会后，我们带领成建制的部队6000多人回到滦县的杨柳庄一带。此时，日军已从武汉调小林部队1个旅团对我军进行大扫荡。本来已经疲惫不堪的部队，又在滦县北部东西安河、后良庄偏山一带连日苦战，牺牲很大，最后只好分散活动。这次抗联5万人随第四纵队向西撤退，除2000人到达平西外，保留在冀东的就只剩千余人。总撤退使冀东起义部队和解放的地区均损失90%以上，大批失散的抗日战士遭到日伪汉奸屠杀，死者无数，枪也丢了。

11月，冀热边抗日斗争已陷入低潮。

11月25日，党中央、毛泽东同志再次来电，命令我们一定要坚持冀东游击战争，指出"这块地区有许多有利条件，是可能坚持游击战争、创造游击根据地的。但也有许多困难，要经过长期艰苦的斗争才能达到"。这些指示坚定了我们的信心，很快便集合了1400多人重新建立了总队、大队，与八路军留下的3个支队相配合，开展高度分散的游击活动。

1939年2月，党中央决定成立以萧克为司令员的冀热察挺进军。萧克同志明确提出巩固平西、开展平北、坚持冀东三位一体，统一了冀东部队的领导指挥，增强了坚持和开展冀东游击战争的决心。在上级党委和挺进军的指导和帮助下，我们不仅度过了1938年冬季和1939年春季的最困难时期，并在1940年重新打开了局面，开展了游击战争，也战胜了1942年敌人第四、第五次“治安强化”运动时的残酷的“扫荡”“清剿”。经过几年的艰苦斗争，终于到1944年夏，实现了铁厂会议所确定的目标，落实了中央的战略决策。到1945年秋日本投降时，冀热辽已建成有25个联合县、5万党员、约3万军队、20万民兵、560万人口，包括冀东全境、热河大部和辽西的大块解放区。这就为日后收复热河、解放东北准备了突击力量和前进基地。当然，为此我们也付出了巨大的代价，前后有22.5万军民献出了宝贵的生命，其中有许多优秀的共产党员，包括王平陆、包森、周文彬、丁振军、刘诚光、陈群、才山、魏春波、张志超、田野、王崇实、节振国、杨作霖、阮务德、于禾、钟奇、杨大章、廖峰、关旭、谭志诚、王季安、王少奇、卜庸、耿玉辉、耿玉华、夏德元、苏然、王正军、黄天、高小安、姜林、阎祖皋、姜士林、何宜之、陈荻、王常明、卢启明、姚铁民、李杉、欧阳波平、常云卿、任永和、石光、吕光、魏国臣、朱绍卿、苏蕴、于沐之、高进忠、高存、高培之、李润民、刘全民、王子仪、王明远、轩敬一、吴景海、孟贞等县以上的党员干部200多人和一批党外爱国人士洪麟阁、陈宇寰、张树婉、商香阁、赵振威、于振忠、石占山、刘锡彤、刘锡纯、鲍子菁等人。

回忆冀东大暴动这段不平常的往事，我们感到有许多经验和教训值得汲取。最主要的一点，就是我们的革命必须在党的正确领导下才能取得胜利。冀东大暴动的胜利和受挫，从正反两个方面都充分证明了这一点。

冀东大暴动，在不到两个月内就发动了20万人参加，组织起拥有全副武装10万多人的起义军，而且打了许多胜仗，并很快建立了以我党为核心的指挥机构，这是一个伟大的胜利。正如毛泽东同志在1938年11月25日的一封电报里所说：“宋、邓支队深入冀东苦战数月，配合和促成了地方党所领导的冀东起义，恢复了冀东的中国主权，发动了群众，建立了冀东游击区，扩大了我军在敌人深远后方的影响，给敌人以打击，一般说来是获得了成绩的。”胜利的取得，首先是中共中央为建立冀东抗日根据地、开展敌后游击战争确定了正确的方针政策，特别是抗日民族统一战线政策，深入人心。我们就是在这一政策的指导下，先后成立了冀东人民武装抗日自卫会和抗日联军，团结了广大工农基本群众和知识分子，争取了许多地方士绅、民团头目、教育界人士，并通过他们的影响和社会关系，把广大抗日爱国力量吸引团结在党的周围，带动了全民大起义，这是暴动成功的关键所在。其次，是党中央、北方局、晋察冀军区等上级机关正确的领导和指挥，及时地派出大批干部加强对冀东的领导；派八路军第四纵队挺进冀东，不仅牵制和震慑了敌人，直接配合了人民起义，而且振奋和坚定了冀东人民抗日的信心，扩大了暴动规模；晋察冀军区指挥所属各解放区的部队全线出击，牵制了敌人的兵力，有力地配合了四纵东进和冀东起义。当时，敌人正集中兵力进攻武汉，后方兵力空虚也给我们以有利时机。当然，冀东党组织的领导作用和战斗力以及群众的抗日觉悟，是取得胜利的重要因素。

冀东大暴动胜利以后，确实又受到了严重挫折。毛主席在当年的电报中也讲道：“没有尽可能保持和发展这一胜利，没有很好地团结地方党和群众，没有镇静地应付那里的局面，以致退出原地区，军队及群众武装均受到相当大的损失。”从认识问题上来说，由于当时的地方党和军队的领导人把冀东形势看得过于严峻，高估了敌人的力量，忽视了自己的有利条件，缺乏在冀热边创建根据地的决心、信心和在平原开展游击战争的经验。对暴动队伍不可避免的混乱情况缺乏整顿措施，因而认为主力部队少了，不能坚持，部队多了，目标大，也会遭到敌人围攻。地方党有依靠主力思想，缺乏单独坚持冀东武装斗争的信心，也就没有独立自主地、及时地整训部队，加强政权建设，以及开展创建根据地的各项工作，以致四纵主力一撤，党政民干部几乎都跟着一起走，把一个大好的局面轻易地断送了。这是一个严重的教训，是很可惜的。幸得 1939 年 2 月党中央决定成立冀热察挺进军和区党委，明确提出坚持冀东游击战争为冀热察一项基本任务，才稳定了冀东局势，克服了动摇悲观情绪，并采取有力措施支援冀东游击战争，为以后发展奠定了思想基础和组织基础。

六、结束语

抗战初期，八路军第四纵队挺进冀东和冀东20万人民抗日大暴动，是在中国共产党中央、北方局直接关怀领导下进行的，是一次工农兵联合大暴动。在短短两三个月中，在冀东地区收复失地，证明党中央、北方局领导是正确的，冀东共产党组织是坚强的，冀东人民的力量是伟大的，是不可战胜的。暴动是一次真正的全民性起义，是一次很大的胜利，在抗战史上是不多见的。

冀东暴动已经过去48年了，这次暴动仍深深印在冀东人民心中，也在抗日战争历史上留下光荣的一页。我们是这次暴动的参加者，回忆往事，心情很不平静，当年的战友很多不在人世了，但烈士们的鲜血没有白流。在中国共产党的正确领导下，经过8年浴血抗战，终于打败了日本侵略者，取得了完全胜利。我们谨向参加冀东暴动而牺牲的烈士们致以崇高的敬意！向烈士们的家属致以亲切的慰问！

人物研究

REN WU YAN JIU

刘少奇与冀东抗日大暴动

曾文友

一、暴动的准备

抗战时期的刘少奇

通过对冀东形势分析，刘少奇认为冀东不同于华北的其他地区。冀东遭受日军的统治，人民不堪忍受敌伪政权的奴役，有强烈的抗日要求。

刘少奇按照1937年洛川会议上毛泽东提出的“红军可以一部于敌后冀东，以雾灵山为根据地进行游击战争”的战略计划，积极指导9月间八路军东渡黄河、开赴华北前线作战的各项工作。当时，刘少奇意识到华北有全部沦陷的危险。平津失陷前后，中共中央和中共北方局就曾酝酿在平绥、平津以东地区着手组织建立抗日义勇军，准备进行艰苦的游击战争。

在这个时期，刘少奇领导的北方局认真分析了华北游击战争的问题，决定在冀东迅速发动抗日武装起义，配合全国的抗战，坚持游击战争，并把冀东划为华北9个游击战略区之一。

1937年9月，刘少奇给中共河北省委写信，要求不失时机地抓紧准备冀东抗日武装起义。刘少奇在信中强调，党的工作重点要放在农村，动员干部和党员去农村，并尽量去平津周围的农村，宣传党的抗日主张，准备发动冀东游击战争，配合八路军建立以燕山山脉为中心的抗日根据地。

为实现这个战略计划，刘少奇把刚刚担任敌后河北省委书记的李运昌调回冀东，任冀热边特委书记，着手组织发动冀东抗日武装暴动和抗日游击战争。省委书记一职由马辉之接任，吴德任组织部部长，姚依林任宣传部部长兼秘书长，林铁任军事部部长。

按照刘少奇和北方局的指示，李运昌到冀东做抗日暴动的准备工作。李运昌是冀东乐亭县人，又是黄埔军校第四期毕业生，还在毛泽东主办的农民运动讲习所学习过。他既有理论知识，又有实践经验，让他做这项工作是最佳人选。调到冀东工作的同志除刘少奇直接指定的李运昌外，还有胡锡奎、周文彬、张克宇、李楚离、王仲华、赵观民等。这些战略决策的实施，充分体现出刘少奇发动冀东抗日武装大暴动的不失时机性。

刘少奇认为，在冀东发动游击战争的任务是艰巨的，必须有充分的准备才能行动，所以他指示河北省委“应集中力量去加强与布置冀东工作”。根据刘少奇的指示，河北省委从北平、天津等大城市动员一批共产党员、青年学生到冀东农村发动群众，做武装起义的组织工作。

为充实暴动的军事骨干，河北省委决定，由省委军事部部长林铁负责，在天津秘密开办军事训练班，把经过培训的骨干派到冀东第一线，随后派唐山党工委书记周文彬等去开滦煤矿发动矿工，支援冀东游击战争。刘少奇和北方局还派出参加过长征的老红军、原红四方面军的团政委李润民、营长孔庆同等到冀东，开办游击队训练班，参加暴动的军事指挥工作。这期间，刘少奇还从冀东抽调几十名党员干部去晋察冀边区学习游击战争。

为取得冀东武装暴动的胜利，不断扩大抗日的有生力量，刘少奇要求在组织下层群众斗争的同时，积极开展上层统一战线工作。争取冀东各种抗日力量，应与各方面协商组织一个能包括各武装部队、政权机关和群众团体在内的机构，领导抗日工作。

根据刘少奇的指示，1937 年 9 月，将抗战前夕成立的“华北各界抗日救国联合会”改称为“华北人民武装自卫委员会”，简称“华北自卫会”。

刘少奇还指示，对地方民团要注意争取、教育和改造，以扩大我们的抗日武装力量。经过工作，地方民团和保安队头领高志远、陈宇寰等都加入抗日队伍之中。

1938 年 3 月中旬，刘少奇奉命从华北抗日前线返回延安，但仍继续指导北方局的工作。4 月间，刘少奇急电敌后河北省委书记马辉之到延安汇报冀东暴动的准备工作。5 月下旬，马辉之到达延安，中央立即听取他的汇报。会议由张闻天主持，刘少奇、张浩、康生参加了会议。

刘少奇听取汇报后，当即讲了几点意见：一是起义的准备是好的，但冀东是一个战略地位十分重要的地区，敌人是绝不会轻易放弃的；二是中央已派邓华、宋时轮率部队挺进冀东，起义的时间要以八路军到达的时间为准；三是起义后，河北省委撤销，马辉之、姚依林到根据地去。要以八路军为主，坚持冀东抗日游击战争，建立以燕山山脉为中心的抗日根据地，并在根据地建立我党领导下的抗日民族统一战线的民主政权。会后，刘少奇要求马辉之尽快返回冀东，贯彻落实中央的这些指示。

冀东暴动前夕，刘少奇反复强调“冀东游击战争的发动应取得晋察冀边区八路军的直接帮助”。

根据刘少奇的这些指示，河北省委曾派华北自卫会党团书记李楚离去阜平向晋察冀军区汇报冀东群众发动的情况，晋察冀军区司令员聂荣臻请李楚离转告河北省委，晋察冀军区已令邓华率部抵平西活动并准备挺进冀东，配合冀东暴动，河北省委可派人同邓华商量东进计划和武装起义的问题。4 月间，河北省委又派李楚离找邓华商定：在主力挺进冀东时，冀东举行抗日武装起义。这个计划很快得到刘少奇的批准。

二、暴动的发动

1938年7月，冀东抗日大暴动爆发。在这个时期，作为北方局书记的刘少奇全力关注着冀东暴动的每一步行动。

7月8日，毛泽东和刘少奇对起义部队的行动方向作了具体指示：一是冀东我军须用更敏捷的行动，向敌人力量较弱、我党力量较强的迁安、遵化、卢龙地区扩大活动；二是多派小部队破坏北宁、平榆等交通线及通信网络；三是在长城口外建立根据地，必须将长城各口的放在我们控制之下，粉碎敌人的聚歼计划；四是平西部队配合行动，以牵制北平日军，使其不能向冀东转移。

毛泽东和刘少奇于7月8日联合发电报给聂荣臻、彭真，通报了冀东抗日暴动及冀东游击队活动的情况，对冀热边的抗日工作提出具体要求。晋察冀军区命令宋、邓部队向起义地区活动，以便帮助和配合起义部队作战。

8月6日，刘少奇又电报指示八路军第四纵队，应先在蓟县、平谷、密云一带加紧工作，创立根据地，然后再逐渐向东南伸展。

8月15日，刘少奇发出《关于速令宋时轮、邓华派部队和干部去冀东致聂荣臻、彭真电》。

按照这些指示，八路军第四纵队宋时轮一部在蓟县、平谷、密云一带活动，与西部起义队伍会合。按照上级的要术，邓华等率部队向东伸展到遵化、丰润、迁安等地。

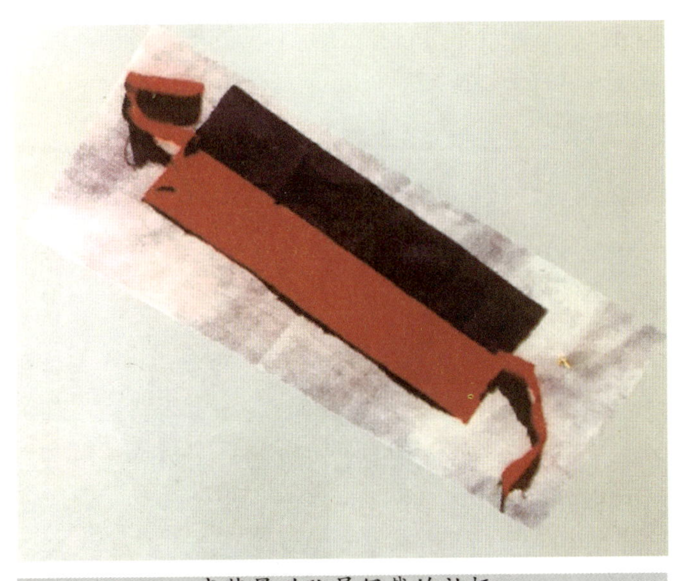
武装暴动队员佩戴的袖标

8月中旬，八路军四纵在遵化县铁厂镇与冀东抗日联军胜利会师。然后召开联席会议，决定成立冀察热宁军区和冀察热宁边区行政委员会，公举宋时轮为军区司令员。统一了冀东军事指挥和政权的领导，使暴动达到了鼎盛时期。

三、胜利的凯歌

冀东抗日大暴动挫败了日军速战速决的战略企图，为支援全国抗战做出了重要的贡献。国内外各种媒体在8月份数日内连续报道冀东暴动的情况。

冀东抗日暴动的消息很快传遍全世界，不但扩大了中国共产党及其领导下的武装力量在国际上的影响，还在客观上支援了世界反法西斯战争，鼓舞了各国人民反法西斯的士气。

8月22日，中共冀热边区委员会发出致朱德、彭德怀请转蒋介石的电报，报告冀东抗日暴动的情况。中共中央、中共北方局得到冀东暴动胜利的消息后，于9月1日发出电报祝贺，电文如下：

“中共中央与中共北方局今以十万分的高兴，庆祝抗日联军反日反汉奸起义的胜利及与八路军纵队的汇合，并向在起义中在前线上死难的烈士及其家属，致以崇高的敬礼！由于冀东国共两党同志及无党派抗日志士的合作，抗日联军与八路纵队的胜利，已给日寇以严重的打击，摧毁了冀东汉奸政权，发动了广大的民众，配合了全国的抗战。我们相信这一支在抗战中新进、生长、壮大起来的生力军，定能在冀东各党派各领袖的合作与正确领导下继续胜利，创造冀热边新的抗日根据地，长期坚持抗战，给日寇的野蛮侵略以更严重的打击，收复冀东。望你们继续巩固团结，集中注意力打破敌人对你们的进攻，扩大与巩固部队，武装与组织民众，建立冀东抗日政权，肃清汉奸，扩大与巩固你们的胜利，为驱逐日寇，建立独立、自由、幸福的新中国而奋斗到底。”

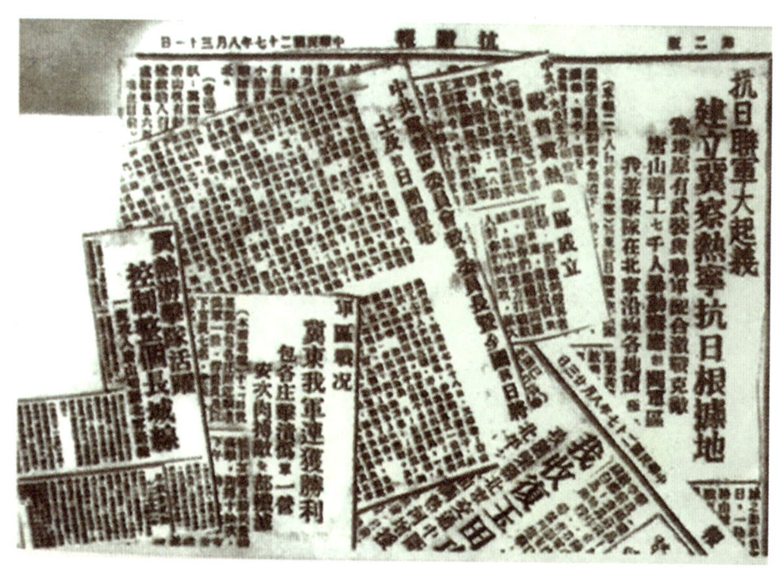
第二版
抗敵報
抗日聯軍大起義
建立冀察熱寧抗日根據地
冀東我軍連獲勝利
我收復玉田

晋察冀军区《抗敌报》有关冀东抗日暴动的报道

党中央充分肯定

了冀东抗日暴动的胜利。为巩固胜利成果，9 月 10 日，毛泽东和刘少奇、朱德、王稼祥致电聂荣臻并宋时轮、邓华，电文指出：为了使冀东游击队迅速正规化，并转变为八路军作风起见，宋、邓部队似应以团营为单位，分散到各区与各游击队合编作为基干，各分区正、副司令亦应以八路军干部及当地干部共同担任为好。其目的是坚持游击战，开辟根据地，站稳脚跟。

四、西撤的挫折

进入 9 月中旬，传来日伪军将要“围剿”冀东暴动队伍的消息。有的领导人认为现有的力量不能应付敌人的进攻，主张向平西撤退。

刘少奇和北方局察觉部队西撤的意图后，连续下达指示，强调在冀热边区创造抗日根据地有极重要的战略意义，深刻指出只要八路军与地方党团结一致，和地方游击队紧密合作，并执行正确的政策与战略战术，创造冀热边根据地是完全可能的。

9 月 26 日，毛泽东与刘少奇、朱德、彭德怀联名发出指示，着重强调必须以高度的革命精神去克服困难，创建冀热察根据地。

10 月 1 日，刘少奇致电河北省委，下达了“冀东同志应坚持游击战争，并进行创立根据地”等指示。

10 月初，八路军第四纵队和抗日联军的负责人在丰润县九间房村召开会议，做出了西撤的决定。

10 月 15 日，毛泽东与刘少奇、朱德、彭德怀等致电冀热区委并告宋、邓：“你们应坚持冀热察边的艰苦斗争，创造根据地，培养基干部队，准备持久，以最大决心克服发展中所遇到的一切困难，为着上述任务的完成而奋斗到底。”

刘少奇要求，冀东同志应坚持游击战争，并进行创立根据地，明确提出不让部队全部西撤，“只有到不得已时才可率主力向白河以西转移”。实践证明，这些指示是及时的、正确的，但少数领导人认为冀东的形势已经到了“万不得已”的时候，所以决定西撤。

10 月 17 日，刘少奇急电河北省委，明确指出“不同意总退却”。刘少奇还指出："冀东游击队四五万人一起西退，是很不妥的计划。""部队不巩固，纪律不好，不能长途行军，危险极大。""到察南边区亦无地安置三四万部队，给养、衣服均无法解决，敌人又正向边区进攻。"刘少奇在电报中就部队整训、创建冀东根据地等做了明确指示。但收到这个电报时，部队已大部西退，结果在西撤途中遭受到了重大损失，使轰轰烈烈的冀东抗日大暴动受到了严重挫折。

为了纪念冀东抗日暴动50周年，
河北省人民政府在唐山市大城山建立了冀东人民抗日暴动纪念碑

（曾文友，唐山市人民警察学校原副校长）

苏林燕同志在冀东抗日大暴动前后

杨文汉

苏林燕（1908—1947）

苏林燕原名苏连庚。1931 年，他在丰润县黄昏峪学校教书时，正值白色恐怖笼罩全国的非常时期。他按照地下党的布置，组织了反对这个村恶霸地主杨文印的斗争，一直坚持达两年之久，终于把杨文印村长和校董的职务撤掉了。

1934 年，苏林燕同志在西胡庄小学当教员，除了继续组织群众同地主豪绅作斗争之外，还参与领导了小学教员联合会的请愿示威活动。请愿事件过后，伪政府将参加请愿的教员分别调到县边缘的村子，以防这些“危险分子”再进行联系。苏林燕被调到丰润县靠近海边的一个村子，以后，他与李一夫等同志又取得了联系，继续开展活动。在教课之余，他利用一切机会，接近贫苦农民，通俗地讲解政治经济学常识，揭露地主剥削贫雇农的手段及其罪恶。在群众提高了阶级觉悟以后，又因势利导，组织雇工进行罢工斗争。通过斗争的考验和锻炼，他发展了一批新党员，后来，这些党员在冀东抗日暴动中发挥了骨干作用。

1936 年西安事变后，苏林燕同志坚决执行我党的抗日民族统一战线政策，积极开展抗战的宣传工作和组织工作。当时，有些同志对党的统战政策理解不深，不愿或不敢与地方的上层爱国人士联系，而苏林燕却不怕被扣上“上层路线”的帽子，主动接近地方上小知识分子出身的小绅士和当时的伪保卫团（地主武装），向他们宣传我党抗日救国的主张和政策，鼓励他们参加抗日工作，使这些人对我党开始表示同情和支持，并对我党开展的活动设法予以掩护。例如，岩口的伪保卫团就曾把敌人的行动计划密告给我们。

1937 年，反动政府开除了苏林燕小学教员的职务，此后他便把全部精力投入到抗日武装暴动的准备工作中来。在他任丰滦边特委书记时，我党曾组织了两次小规模的抗日暴动。苏林燕同志带病夜以继日地动员和组织党员、贫雇农去参加。暴动失败后，有些队员无法回家，他便把这些同志安顿在自己家中。在 1938 年的抗日大暴动中，这些同志都成了抗日联军的军政干部。

苏林燕同志在 1938 年抗日大暴动时做统战工作，那些被争取过来的伪保卫团（如大岭沟、岩口、比古岫等村）给我们提供了数百支枪，其中有少数人还成为暴动中的军事干部，个别小绅士参加了我地方政府的工作。

1947 年 5 月，苏林燕同志参加中共冀察热辽党代表大会，在率队返回冀东的途中，被国民党军队包围，突围时不幸中弹牺牲。

（选自政协唐山市委员会教科文工作委员会编《唐山文史资料》第五辑）

抗日烽火中的孔庆同

孔凤霞　高健　杜君

爷爷孔庆同出生在河南省光山县文殊乡孔塆村一个贫苦家庭。8岁时其父早亡，其母背负生活的艰辛，把5个未成年的孩子抚养成人。爷爷自幼聪明，善思索，爱劳动，深受乡亲们的喜爱。早年读了一段时间的私塾，后因家庭困难被迫退学。爷爷喜欢读《水浒传》《三国演义》等书籍，这样，既提高了爷爷的阅读能力，又对爷爷以后的人生产生了重要影响。

孔庆同（1913—1942）

1927年，土地革命席卷豫南，在中共地方党组织的领导下，爷爷的家乡建立了农民协会和农民赤卫队，一片“分田分地”的热闹景象。1928年年初，爷爷参加了农民赤卫队，不久这支队伍参加了中共鄂豫边区的商城起义，后编入中国工农红军第二十五军。

爷爷在战斗中成长。起初，他是一个出色的司号员，一把擦得锃亮、系着红布的军号从不离身，那清脆嘹亮的冲锋号声，一次次地令战友们热血沸腾，令敌人心惊胆寒。在长征路上，爷爷已经成长为一名英勇善战的红军营长，指挥部队冲杀在枪林弹雨之中。

到达陕北后，爷爷又跨进了延安抗日军政大学的校门。他如饥似渴地投入学习之中，文化知识、理论水平都得到了充实和提高。

1937 年 7 月 7 日，全国抗日战争爆发，中共中央发出“停止内战、一致抗日”的号召，同年 9 月，中共北方局指派孔庆同（营长）、李润民（政委）到河北工作，同年 10 月，孔庆同等人随李运昌到冀东做军事工作，帮助培训游击队军事骨干，组织开展游击战争。他刚到冀东时，身着青布衣，脚穿黑帮布底鞋，头戴礼帽，打扮得很像个商人。经过组织介绍，他很快与丁振军、王平陆等取得了联系。

12 月，在迁安黑洼村（今属迁西）万国来家里召开会议，由王平陆向阎达开、刘永丰、周治国等人介绍了孔庆同和李润民的情况。会后，周治国领着孔庆同跑遍了全县的各个联络点，每到一处，孔庆同总要讲一些红军长征时的小故事，讲红军过草地时如何艰苦等，借以教育群众。这以后，孔庆同常常化装成卖梳篦、篦子的小贩奔波于各个联络点，争取上层人物和民团武装，扩大抗日自卫会组织，举办抗日游击队干部训练班。

1937 年 12 月，冀热边特委在滦县多余屯（今属滦南）召开了冀东 10 县人民抗日代表会议，会议决定在迁（安）、遵（化）一带组织抗联队伍，开展抗日游击战争。会后王平陆、孔庆同等人立即调党员和抗日自卫会骨干 30 余人组成武装队伍。12 月 31 日，在迁、遵交界的茅山诸乐寺召集全队开会，宣布冀东抗日联军第一支队正式成立；宣读了冀热边特委的任命：王平陆任支队司令员，孔庆同任支队长，刘久丰为副支队长，史贞为支队政委、李润民为副政委，周治国为支队特派员。

1938 年 1 月 8 日夜，爷爷和战士们借着夜色的掩护，摸出了岭口，午夜时分抵达清河沿。支队向警防所发起了攻击，双方猛烈交火。激战中支队司令员王平陆身负重伤后牺牲，支队因临战经验不足而未能取胜，损失较重。支队受挫后，有人开始动摇，对坚持斗争失去信心，对此，爷爷坚定地说：“国难当头，民不聊生，我们岂能坐视？一点挫折就能把我们吓倒吗？红军长征时困难大不大？不是照样被踩在脚下吗？身为中华子孙、热血男儿、革命战士，救国救民是我们的职责所在，放弃斗争跟临阵逃跑又有什么两样？我们一定要坚定信心，战胜困难，坚持到底，不打败日本鬼子绝不罢休！”爷爷的话铿锵有力，赢得了阵阵掌声。从此，抗联支队在爷爷的领导下，投入了新的战斗。

1938年2月的一天夜晚，爷爷带领支队攻打兴隆药王庙日伪军据点。当冲到离据点十几米的一片开阔地时，遭到敌人火力封锁。爷爷临险不惧，一边命令战士匍匐前进，接近寺庙放火焚烧，一边不停地向据点喊话："你们已经被包围了，赶快投降吧，抗日联军优待俘虏！"由于他指挥得当，药王庙据点终被攻克。不久，根据战争需要，支队化整为零，分散为游击小组活动，捉特务、打汉奸，捣毁日本浪人的赌局、"白面"馆，奇袭三三两两单独行动的日伪军，搅得日伪军不得安宁。爷爷还着手收集枪支弹药，为冀东大暴动做准备。

1938年春夏期间，根据上级指示，爷爷改做地下工作。他又"重操旧业"，干起了卖梳贩篦的"营生"。他赶集上店，走村串户，操着外地口音连声吆喝："卖刮子！卖刮子！谁要刮子？"以此作掩护，在腰带山周围秘密活动，向群众宣传抗日救国的道理。他为人朴实憨厚，和蔼可亲，又知书达理，很快和乡亲们打成一片，成为乡亲们的知心朋友。碰上阴雨天气，老乡就把他留在自己家里待如亲人，他给老乡谈《三国》、讲《水浒》、话桑梓、拉家常，进而讲到日军穷凶极恶以及我们要团结抗战，等等。在爷爷等人的深入宣传和有力鼓动下，很多人参加了后来的抗日武装暴动，仅丰润县庞庄就有70多人，大岭沟村的七八个民团人员还携带枪支投入暴动队伍。

与此同时，爷爷还经常做当地民团武装的工作，争取他们枪口对外、一致抗日。在潘家峪等村，他参与主办了抗日游击干部训练班，传授军事知识技能，为暴动培养军事骨干。

1938年7月7日清晨，冀东抗联副司令员兼第二路军司令员李运昌下令：岩口暴动开始！东西高庄、苏庄、吕各庄、比古岫等村的暴动队员在孔庆同、张志超、苏林燕等人带领下，举起大旗，向岩口涌去。丰润、迁安两县400多名武装起来的暴动队员很快在岩口集合，打出了冀东抗日联军第四总队的大旗。总队下辖3个大队，爷爷被任命为第四总队总队长，阎锡九为副总队长，丁振军为政治部主任。

总队宣告成立后，人们欢欣鼓舞，集市上一片沸腾。大家高喊："总队长！总队长！我们参加了！我们参加了！"此时的爷爷一改昔日小贩的打扮，戴着军帽，穿着军装，扎着皮带，打着绑腿，挎着盒子枪，目光炯炯，腰身挺拔，步伐稳健，透出英姿勃发的军人气质。他纵身跳上一处高台，高声说道："同志们！乡亲们！我们暴动了！从今天起，我们这支队伍就在中国共产党的领导下，担负起抗日救国的重任！日本鬼子霸占我们的国土，烧了我们的房子，杀了我们的父老乡亲、兄弟姐妹、妻子儿女，我们能答应吗？"

"不答应！"

"对！我们坚决不答应！我们一定要找他们算账，向他们讨还血债！"

他的话音刚落，人群中便爆发出一阵阵震天撼地的口号声：

"打倒日本强盗！"

"把日本鬼子赶回老家去！"

"保卫国土，保卫家乡！"

"誓死不当亡国奴！"

吼声如雷，排山倒海。

抗联第四总队一成立，即在爷爷等人率领下一举占领重镇铁厂，震惊了日伪当局。7 月 8 日，遵化伪军保安队出动 130 多人扑向铁厂。爷爷闻讯后立即带队抢先到铁厂北边的玉皇庙迎敌，经过约两个小时的激战，将伪军全部消灭，俘获 80 余人，缴枪 80 余支，战马 35 匹，致使遵化的日伪军紧闭城门，不敢贸然出动。7 月 9 日，爷爷等人又率部队出击，通过强大的政治攻势，伪满警察所所长王生存带手下 40 余人反正，兵不血刃地拿下了兴城镇。随后，抗联第四总队再接再厉，平息了丰润王官营一带的民团叛乱，进一步扩大了抗日影响，推动了群众入伍抗战的高潮。仅王官营就有 500 多人参加抗联，还有不少人自带枪支投入抗日队伍。很多社会上层人士自动献枪捐款，支持抗日，一些伪警察和民团也纷纷投诚。第四总队在短短几天里就由 400 多人发展到 4000 多人，被改编为冀东抗日联军第一梯队，辖 4 个总队，爷爷孔庆同任梯队长。

1938 年秋季的一天，爷爷带领部队东渡滦河，与节振国的特务大队会合，驻扎在长城白杨峪口里的一个山沟里。次日早晨，爷爷接到侦察员报告：伪满军队一个营 300 多人正向我驻地进发。爷爷当即与节振国商议，决定兵分两路，迅速占据两侧山梁埋伏，同时命令一个大队把守沟口，张网以待。半个小时后，只见伪满军的大队人马钻进网里。爷爷一声令下，机枪、步枪从两边山上一齐开火，伪满军手忙脚乱，一窝蜂地拥向沟口，又被守在那里的抗联战士的强劲火力压了回来。少许，伪军仗着轻重机枪的掩护，试图向抗联阵地反扑。见此情形，爷爷一把抓过司号员的军号，使劲吹起了冲锋号。战士们闻声而起，“冲啊！杀呀”，向山下猛攻。爷爷一边指挥战斗，一边端起大盖枪，和战士们一起冲杀过去。这是他多年形成的习惯，每逢激战，总要亲自吹冲锋号，使用大盖枪，他既是指挥员，又是战斗员。这一仗打得漂亮，战果喜人，装满战利品的骡马驮子、拉炮的牲口车连同俘虏足足排了一里地长。

1938 年 10 月，抗联在西撤中受挫。在极其困难的情况下，爷爷并没有灰心气馁，他带领 100 多人重返冀东，坚持在腰带山一带打游击。1939 年 6 月，在中共冀热边特委领导下，组建了冀东抗日联军第二十三总队，爷爷孔庆同任总队长，杨大汉任政委，后又改编为 3 个团，爷爷任第三十团副团长，苏林燕任团长。

在艰苦卓绝的战争年代，爷爷总是以国家民族利益为重，舍小家顾大家，从不计较个人得失。1938 年冬，爷爷与丰润县何家峪的农村姑娘张树芝——也就是我的奶奶结为夫妻。婚后不久，爷爷便匆匆归队，投入抗日斗争。

1939 年秋，爷爷随部队和中共地方干部奉命去京西整训，驻京西宛平。奶奶因即将临产便随之前往，以便有个照应，去后不久，就生下我的父亲孔久龄。3 个月后，爷爷又被调到中共晋察冀中央分局党校学习，妻儿留在了部队。到 1940 年上半年，抗战形势日益严峻，爷爷担心奶奶带着幼小的孩子会给部队添麻烦，进而影响部队的工作，就写信给奶奶说：“请不要再拖累部队，望携子回乡，自谋生路。”奶奶接到信后，明白爷爷的心事，再三谢绝了部队的挽留，按照爷爷的意见，抱着襁褓中的孩子，辗转奔波，历尽艰辛回到娘家——河北省丰润县何家峪的小山村居住。

1940 年仲夏，学习结业，爷爷离开中共晋察冀中央分局党校，被分配到中共冀中八分区第三游击总队任总队长，后改任中共冀中第八军分区副司令员。司令员常德善牺牲后，爷爷代理司令员职务。

1942 年秋，一个雾霭弥漫的清晨，白洋淀上，水波粼粼，芦荡漫漫，几只小船穿梭般地向淀中心的芦苇茂密之处驶去。第八分区党委紧急会议就在芦苇荡中召开了，爷爷孔庆同向党委成员们传达了彭德怀关于“以武装斗争为主，坚持平原游击战争”的指示，组织大家共同分析形势，指出了抗日斗争的长期性、残酷性，还研究确定了下一步的斗争方式。会议开了整整一天，夜幕降临在白洋淀上，趁着朦胧的月色，几只小船离开淀心，向四处疾驰而去。为了尽快把会议精神贯彻到各个县的游击大队，小船靠岸后，爷爷率领分区手枪班连夜前往河间县。午夜时分，赶到了河间县左庄，与县大队政委杨捷率领的县游击大队会合。爷爷连夜向全体指战员传达了上级指示和会议精神，会后同杨捷共同分析当地斗争形势，并作了重要指示，直至深夜。

次日拂晓，村外突然枪声大作。由于当地汉奸通风报信，数倍于我的敌人连夜扑来，把左庄包围。情况十分危急，爷爷和杨捷指挥分区手枪班和县大队向村西突围，未果。爷爷果断命令向北突围，经过激烈战斗，县大队冲杀到柏桐村南，又遇上日本骑兵部队的截击，部队被压在一道大土坎后面。最后，杨捷率县大队成功突围，而爷爷与警卫员及其他战士以身殉国。

烈士证明书

孔庆同 同志 在抗日战争中 牺牲，被评定为烈士。特发此证，以资褒扬。

中华人民共和国民政部
2014年 9 月 12日

孔庆同《烈士证明书》

（孔凤霞，孔庆同烈士长孙女，唐山医药药材公司退休职工；高健，孔庆同烈士曾外孙，唐山高新区社会事务局干部；杜君，孔庆同烈士曾外孙媳，唐山工业职业技术学院教师）

从联庄会长到抗联副司令

——记陈宇寰烈士

田 英

在1938年7月到10月的冀东抗日大暴动中，滦县南部（今滦南县）参加暴动的农民达两万余人，陈宇寰是滦南暴动的重要组织者和领导人之一。

陈宇寰（1897—1938）

一、在困苦中磨炼

陈宇寰原名陈寰，1897年出生在河北省滦县小陈庄（今属滦南县）一个贫农家庭。家中除父母外，还有兄、姐、妹各一人。父亲陈克明自幼务农，哥哥是个残疾人，全家靠耕种仅有的几亩薄地为生。由于家庭贫寒，陈宇寰少时只读了3年私塾。他20岁时结婚，婚后有了孩子。母亲早丧，哥哥夭亡，生活就更加陷入困境。为了维持一家人的生活，陈宇寰于1926年离家到乐亭县王庄子村，给一个名叫王岳的大地主当长工。陈宇寰在王家春种秋收，吃尽了苦头，但所得工钱却寥寥无几，一家人仍然过着食不果腹的苦日子。1931年，陈宇寰又回到家中，靠经营那几亩薄地勉强糊口。

陈宇寰为人公正，胆大好义，不畏豪门，不惧官府。他常说：“人穷志不能短，受人欺咱不干。”本村和邻近三里五村有人摊上受欺蒙冤的事情，常常请陈宇寰出来主持公道。因此，陈宇寰便在胡各庄一带渐渐有了名望。

二、为民除匪患

20世纪30年代初的滦县南部地区，由于反动政府的压榨，加之土匪猖獗，闹得民不聊生。当时各村为了除掉土匪，成立了联庄会。由于陈宇寰素孚众望，被公推为168庄的联庄会会长。当时小陈庄一带有一股为害最甚的惯匪，匪首名叫张希廷，外号人称“三营长”，经常在小陈庄一带进行绑票、劫道、入户行抢、糟蹋妇女等勾当。因此，陈宇寰决心除掉这股土匪。为了查清土匪的行踪，他经常扮成挑菜的，挎着篮子串青纱帐去侦察。有一次，陈宇寰听说“三营长”这帮土匪正聚集在孙坨村外的北城寺里，便调集各村的联庄会武装，包围了北城寺。经过半天一夜的战斗，打死打伤几个土匪，但“三营长”逃之夭夭。为了根除这股匪患，陈宇寰对各村联庄会作了统一部署，后来终于在曲荒店大桥附近将这股土匪包围，打断了“三营长”一条腿，大快人心！

三、巧驱“保安队”

20世纪30年代初，滦县南部地区不仅有土匪扰害百姓，还有大汉奸刘佐周的“保安队”。这帮家伙大部分是骑兵，经常以“打土匪”为名，到各村敲诈勒索、打骂百姓，人们都在背地称他们为“官匪”。一天，刘佐周的一个骑兵小队来到小陈庄驻扎了下来，小队长名叫王德四。村里人每天都要用好酒好菜伺候他们，稍一应酬不到就遭毒打。陈宇寰对这些“保安队”切齿痛恨，恨不得马上调集联庄会武装把他们打出去。但他觉得：如果这样做，一旦“保安队”报复，会给村里惹出大祸。这时，他想到驻沈阳的伪宪兵司令陈兴亚曾投信小陈庄续家谱之事，于是便来到王德四的住处，对他说：“王队长，你知道小陈庄是什么地方吗？这是宪兵司令陈兴亚的老家（其实不是）。我们老陈家和陈兴亚都是一家子，如果你们再在这里胡作非为，我只要一封小信就够你们受的，到那时候可别说我姓陈的不讲情面！”王德四对陈兴亚来信续家谱一事早有耳闻，听了陈宇寰的话后，连忙向陈宇寰道歉，第二天便灰溜溜地率队离开了小陈庄。乡亲们都非常高兴，称赞说：“咱们陈会长有勇又有谋。”

四、反对大汉奸刘佐周

驻滦县的伪保安总队长刘佐周是日本侵略者的傀儡。为了扩充自己的汉奸队伍，刘佐周派爪牙到各地民团中任队长，妄图借以吞并民团和控制联庄会。陈宇寰对刘佐周的汉奸行径早就看在眼里、恨在心上。这时陈宇寰已由共产党员陈飞介绍参加了救亡会（后改为华北人民武装抗日自卫会冀东分会）。1934 年 12 月，陈宇寰和马城民团队长高志远联合起来，在倴城举行了起义。他们聚集了民团和联庄会 1000 余人，打进倴城，把刘佐周派驻在倴城的“督察处”和“特务队”全部缴械，并且活捉了伪督察处处长李拱之。刘佐周闻讯后，便派其叔“刘三阎王”率“保安队”300 余骑兵前来倴城报复，当行至牛东庄石桥附近时，便被埋伏的起义民团和联庄会击溃。刘佐周大怒，亲率其“保安队”赶到倴城与民团展开激战。由于民团和联庄会缺乏训练，武器又差，不得不趁夜色撤退疏散。这次起义虽然失败了，但它沉重地打击了刘佐周的嚣张气焰，粉碎了其吞并民团的阴谋。

起义失败后，陈宇寰到北京躲了一个多月，后来回到家里。小陈庄有个大地主叫陈文敬，在胡各庄一带包收税款，盘剥百姓，陈宇寰曾组织人夺了陈文敬的收税权，并降低了税金，为此陈文敬一直怀恨在心。这次见陈宇寰起义失败回家，觉得有机可乘，就捏造了两条“罪状”，写呈子告到刘佐周那里。一条说陈宇寰又在暗地联络人马，准备再次攻打刘佐周；另一条说陈宇寰煽动百姓抗捐抗税。刘佐周见了状子便下令逮捕了陈宇寰，威逼利诱，企图使陈宇寰降服，但陈宇寰坚决否认陈文敬捏造的“罪状”。刘佐周见审讯无结果，便将陈宇寰钉镣收监。大地主陈文敬此时十分得意，扬言宁可豁出一顷好地也要把陈宇寰买死在狱里。陈宇寰在狱里被关押了 4 个多月，后经亲友及联庄会首领们多方奔走营救，递上了一张有60多村的知名人士签名的保条，加上刘佐周慑于陈宇寰在群众中的威望，只好把他释放了。

五、发动抗日大暴动

1937年12月，中共冀热边特委书记李运昌，以冀东武装自卫会名义在多余屯召开了冀东10县抗日人民代表会议。会议通过了组织游击队、在冀东开展抗日游击战争的决定，陈宇寰被确定为滦县南部的负责人，从此，陈宇寰在党的领导下，积极投入了抗日暴动的准备工作。他托好友刘瑞发（今迁西南关人）设法买了数箱手榴弹，以驮运核桃为掩护运到小陈庄。同时，在联庄会这个组织里进行抗日宣传。

1938年6月，中共河北省委派王仲华来到小陈庄，协助陈宇寰发动抗日暴动。暴动前夕，陈宇寰白天四处奔走，进行抗日宣传，晚上就和王仲华同志促膝长谈直到深夜。陈宇寰在王仲华的帮助下，懂得了许多革命道理，认清了抗日救国的光明前途。他向王仲华表示："坚决跟着共产党干革命，为了抗日粉身碎骨也在所不惜。"他先后联络了吴紫阳（吴庄人）、曹致福（嗜牛淀人）、曾继先（方各庄人）、宿树柏（麻各庄人）、戚树雨（孙坟人）、高荣之（果园人）、陈家保（大陈庄人）、于从杰（后曲店人）等爱国志士。1938年7月8日晚上，陈宇寰在王仲华协助下，在小陈庄村北一个大坟上召开了暴动会议，会后组建了暴动队伍。在陈宇寰的发动下，仅小陈庄一村就有80多名青壮年参加了暴动队伍。陈宇寰的长子陈希林、次子陈希仆（14岁）也都加入了暴动行列。当天晚上，陈宇寰率队北上，在汀流河与北部暴动部队会合后，一起东进攻打乐亭县城，当夜占领了乐亭城内十字街的拱真阁，搜抄了伪冀东银行乐亭分行，将抄出之款作为抗日经费。抗联部队声势越来越大，不到10天，陈宇寰领导的暴动队伍便发展到1万多人。

暴动后，陈宇寰被任命为冀东抗日联军副司令。不久，冀东抗联在倴城举行了司令部成立大会。1938年8月中旬，陈宇寰以抗联副司令身份参加了铁厂会议。会上，陈宇寰坚决拥护党提出的"坚持敌后游击战争，创建敌后抗日根据地"

的主张。会议期间，陈宇寰会见了八路军第四纵队副司令员邓华，并看到了佩戴“八路”臂章的八路军部队。他从这些八路军的干部、战士身上看到了中国的希望，看到了抗日救国的光明前途，迫切希望他领导的抗联部队能很快成为正式的八路军。

从铁厂回到倴城以后，陈宇寰一面贯彻铁厂会议精神，一面整顿部队，准备再次攻打乐亭县城。9 月 5 日，陈宇寰又同兄弟部队一起第三次攻打乐亭城，陈宇寰部的战士还用上了自制的“土火炮”（炮膛内装有黑色火药和碎铁弹，靠点火发射）。经过激战，终于攻克了乐亭县城，伪县长张培德和伪警务局局长赵毅荪等趁夜从东门化装出逃。至此，乐亭县城被解放。

陈宇寰严肃治军。他经常教育自己的部下要爱护老百姓，对老百姓说话要和气，买东西时不能少给钱。在去铁厂开会的途中，有一个名叫王全的队员因奸污妇女被人告发，经调查属实，尽管王全的父亲与陈宇寰素有旧交，但还是把王全就地枪决了。

六、陈宇寰和王委员

陈宇寰从一个农民成为抗联的领导人，这和王仲华同志的帮助是分不开的。王仲华是他走上革命道路的引路人，也是他亲密的战友。王仲华在抗联部队中享有很高的威望，干部战士们都亲切地称他“王委员”。陈宇寰觉得王仲华既懂军事又懂政治，说出话来头头是道，因此每有重大事情，他总是说：“请王委员来，我们商量一下。”他们彼此信赖，十分融洽。有一次，司令部所属督察处的部队因与另一部分抗联部队发生冲突，被对方缴了械，这件事对大局影响很大，对此，王仲华和陈宇寰首先研究了处理这一事件的方案，然后让陈宇寰出头解决此事，终于为督察处要回了武器，使这一事件得到妥善解决。

七、为国捐躯

暴动后，陈宇寰奉命率部队西进，赴平西整训。出发前，在行军动员大会上，陈宇寰兴奋地对战士们说："咱们这次去平西整训是为了打日本救中国，为了救国就要舍得离开家，有国才有家，国破家也会亡，所以我们不要恋家。出了北口，到了平西根据地，我们就和八路军会师了，我们就可以成为正式的八路军了。"

1938 年 10 月 9 日，部队进入蓟县境内，宿营于老山头。次日拂晓，驻马伸桥的日本侵略军闻讯前来截击。陈宇寰指挥部队占领了村外的一个坟地，与敌人展开了激烈的战斗。陈宇寰指挥部队撤到村里，遭到敌人包围，在指挥突围时，陈宇寰不幸胸部中弹牺牲，时年 41 岁。和他同时为国捐躯的还有卫队大队长于以杰、副大队长王仲杰以及司令部的部分人员和卫队战士 110 人。

在发动冀东抗日大暴动和组建冀东抗日联军方面，陈宇寰功绩卓著。在强敌面前，他坚强无畏，英勇战斗，为国捐躯。李运昌同志在《冀东抗日大暴动》一文中称赞陈宇寰为人公正、打仗勇敢、有威望，是抗联中真心靠拢共产党的好干部。

（选自政协唐山市委员会教科文工作委员会编《唐山文史资料》第五辑）

为革命牺牲一切
——记魏春波一家革命事迹

周鸣岐

魏春波是迁安县西庄（今属迁西县）人，原名魏长和，1890 年生。早年念过私塾，后来当刀笔先生，文才、口才都相当厉害，加上性格刚正，交游甚广，在当地威望很高，所以连官府也惧他三分。

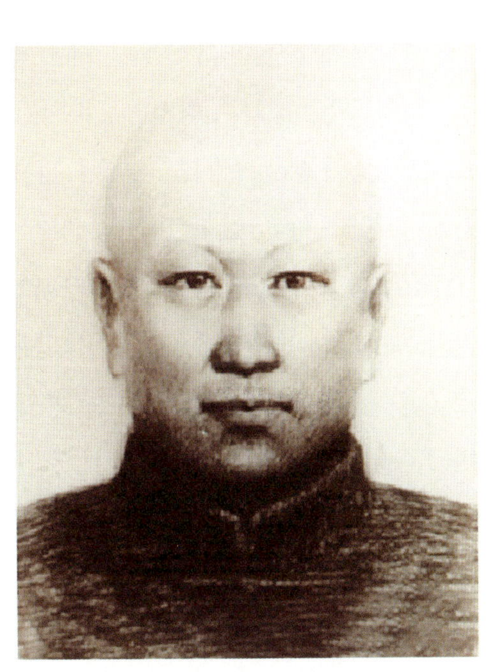
魏春波（1890—1940）

1925 年冬，魏春波为长工李春朴代笔写状子，与大地主员河打官司。员河勾结照燕洲的大地主省议员王连西，把他关进了天津监狱。在狱中，他结识了我党的一些同志，受到了革命思想的影响。1930 年出狱后，他曾在天津以开卷烟公司为掩护，帮助我党做过一些地下秘密工作。1933 年，经王平陆、高存介绍，光荣地加入了中国共产党。入党不久，就按照党的指示搞起武装斗争。他从内兄徐国荣家借来钱，从唐山买来一支大枪。之后，他又说服兄、嫂、弟、弟媳，卖了几亩地，买来几支短枪。哥仨参加了高继先的抗日义勇军，在长城一带打击日本侵略军。

为了打日本鬼子，魏春波动员全家参加革命，把自己的家变成了西庄的一座“红色堡垒”。那时，李运昌、王平陆、苏林燕、阎达开、高存等许多同志经常到魏春波家秘密接头。只要地下党的同志一到，魏家就忙活起来，有的出门放哨，有的烧洗脚水，妯娌们抢着烧火做饭，就连魏春波十来岁的小女儿“四丫头”魏淑敏，也亲热地给叔叔们端茶送水。魏春波家虽说有几亩地，可人多嘴多，打下的粮食勉强能糊口。但是，全家宁可勒紧腰带喝稀碴粥，也要让同志们吃饱吃好。徐桂芝常说：“咱家能扛枪的去打日本鬼子，不能扛枪的就在家招待同志们，这都是革命工作嘛！”因此，地下党的同志们都说：“一进‘老寿星’（因为魏春波须发尽脱，长得又很慈祥，所以同志们这样称呼他）的大门，就算到了家！”

魏春波是个很有远见的人。考虑到以后男人要拿枪杆去搞斗争，生活的担子都要落到女人们肩上，他便把娘儿几个都招呼到一起，立了一条“家规”：“今后，你们谁也不许再裹脚，都要把脚撒开。”大嫂首先反对：“丫头们不裹脚，长大了都是大脚片，找婆家谁还要？”魏春波笑笑说：“大嫂，咱得把眼光放远点儿，以后老少爷们都得出去打鬼子，咱家的地靠谁种？水靠谁挑？柴靠谁打？还不都得靠你们娘儿几个？你们一个个都是小脚，扭搭扭搭的中不中？”他看了看徐桂芝，风趣地说道：“今后一切都得变哪！你们看，自打我从天津回来，四丫头妈就把脚撒开了，我不是还要她吗？”一句话把大家都逗乐了。后来，大爷儿仨和几个男孩子都参加了抗日联军。大嫂常跟妯娌们念叨：“真让他二叔说准了，要不是听了他二叔的话，咱娘儿几个还不得睡凉炕，吃干面，喝西北风啊！”

按照党的指示，魏春波还与本村及左近各村的贫苦农民搞串联，向他们宣传党的主张和抗日救国的道理，给我党在这一带的工作打下良好的群众基础。

1938 年大暴动前，魏春波的家成了地下党的一个重要支撑点，冀热边特委机关就设在他家。彭真、胡锡奎、李运昌、孔庆同等同志来迁西都在这里落脚。

在准备大暴动的日子里，魏春波出谋划策，筹粮备款，承担联络工作，成为李运昌同志的得力助手。他还派大哥长胜、弟弟长庆、妻子徐桂芝和侄子顺龙为党送信、传递情报，去邻村发动群众，组织长工“挂队”。

1938 年 7 月 6 日，冀东抗日大暴动在丰润县北部岩口镇爆发了。抗日联军司令部就设在魏春波家，李运昌任司令员，胡锡奎任政治部主任，魏春波为顾问（后来兼任丰滦迁联合县县长）。

在这期间，大哥长胜担任地下交通站的联络工作，妇女们在家接待抗日联军的同志，魏春波带着兄弟长庆和4个侄子扛起卖地买来的枪，参加了暴动队伍。以后，长庆是迁西八区区委委员、救国会主任，长胜的大儿子顺龙任冀东军分区供给部科长，16岁的顺兴后来担任十二团某连指导员。

1938年秋后，暴动队伍开赴平西整训，在潮白河一带被日伪军堵截，严重受挫。这以后，敌人进行了疯狂的报复。日伪军在离西庄不远的新庄子村安了据点，对西庄严密封锁，进行疯狂搜捕。他们把16岁至60岁的男人抓到据点里去修炮楼，并采取立“户口册”、钉门牌、发“良民证”等手段，妄图切断抗日联军与群众的联系。敌人为了抓到魏春波，还让西庄的大地主汉奸魏老志、魏老紫等昼夜监视魏春波一家的活动。

这年农历十一月初四夜间，魏春波回到家，汉奸魏老志连夜去向敌人报告。第二天天刚亮，敌人就进了庄，直奔魏春波的家。魏春波闻讯后，打算翻墙从邻院突围。他刚登上东墙的梯子，便看到敌人已闯进东院的大门。他跳下梯子后，徐桂芝赶紧让他闪到北院魏丙秀家，被正在铡草的丙秀藏在秫秸垛里。

敌人跳墙而入，闯进屋里，翻箱倒柜地搜寻，不见魏春波的影子，便把徐桂芝和魏长庆押到破城日本宪兵队。敌人妄图从徐桂芝那里得知魏春波的下落和粮食、武器埋藏的地点。一连审问她几次，进行百般拷打、折磨，最后把她的头发都快揪光了，鬼子得到的只是3个字：“不知道！”鬼子恼羞成怒，便把徐桂芝推到冰天雪地里，往两条裤腿里灌沙子，再把水倒进去，天寒地冻，水和沙子很快冻到一起。

农历十一月十八破城大集，鬼子为了恐吓群众，镇压革命，又把摧残得不像样子的徐桂芝押到街头，钉在一个大影壁上示众。敌人用刺刀对着徐桂芝的胸口继续逼问：“魏春波躲在哪儿？都有谁上你家去？说！”徐桂芝回答说：“不知道！”灭绝人性的鬼子竟扒下徐桂芝的上衣，把十几根大针刺进她的乳房。徐桂芝连喊3声“不知道”，就昏死过去了。

鬼子把魏长庆吊在影壁旁边的一棵大树上，用钳子拧掉他的牙齿，用刀劈下他的臂膀……

来赶集的群众，对于日本侵略者的残暴行径实在忍无可忍，一齐往前拥去。

敌人一看大事不妙，慌忙命令把徐桂芝、魏长庆拖到城东大坑沿枪杀。牺牲前，徐桂芝和魏长庆使尽平生气力，高呼："打倒日本帝国主义！""中国共产党万岁！"两位烈士视死如归的英雄气概，使敌人目瞪口呆。

徐桂芝和魏长庆的壮烈牺牲，激起魏春波全家对敌人的更大仇恨。他们抱着与日军血战到底的决心，继续顽强地战斗。

1940年3月的一个深夜，年已花甲的长胜老人从铁厂出发，往古冶送一封党的秘密文件，走到新庄子西山时，被敌人发现。敌人一边开枪，一边紧紧追赶。为了摆脱敌人，长胜老人在山道上跑了起来，但没跑多远，就中弹跌倒在地。长胜老人在地上趴了一会儿，当敌人的手电光开始在他身上乱晃时，他顽强地拖着血淋淋的双腿，艰难地向前爬了几步，然后，向山下滚去。

长胜老人牺牲后，同志们在他的衣袋里发现一块石片，上面写着"西石草"3个字。军分区的同志们经过分析，认为在"西石草"上面可能有文章，于是就派人到长胜老人牺牲的地点去找。果然，在长胜老人中弹地点西边的石缝里和草丛中，找到了那封密件和一支手枪。原来，老人滚下山坡是为了保护党的机密和武器。

长胜老人的大儿子顺龙在任冀东军分区供给部科长期间，不避艰险，埋头苦干，不管环境多么艰苦，总是千方百计地完成任务。1940年4月23日，他被敌人围困在西庄，在突围中不幸牺牲。

在不到两年的时间里，魏春波失掉了兄、弟、妻、侄4位亲人。同志们担心他经受不住，便都来安慰他。可是，魏春波说："干革命还能不流血、不死人？！他们为抗日牺牲，死得壮烈，死得值！这笔血债早晚要鬼子、汉奸加倍偿还！大家不要为我难过，我挺得住！"魏春波还鼓励他最小的侄子顺兴坚强起来，英勇杀敌，为亲人报仇，并把年仅14岁的"丫头"送到战地医院去照顾伤员。

1940年5月3日，魏春波带着警卫员化装来到才庄。当天晚上，他主持召开了新庄子据点四周各村的干部会议，又研究了拔掉新庄子据点的战斗计划，会议一直开到天亮。不料，敌人突然把村子包围了，情况十分危急。全体干部一致要求杀出一条血路，保护魏春波突围。但他坚决反对，斩钉截铁地说："不中！敌众我寡，不能一路突围，必须各奔西东，分散敌人的兵力。我个人的死活事小，会议的决定事大，冲出一个人去，也要把会议决定向司令部汇报！”

在突围过程中，魏春波同志壮烈地牺牲在才庄南山的松林中。在咽下最后一口气前，他把鲜血染红的村干部花名册从胸前掏出来，连同手枪交给了警卫员，让他转交给苏林燕同志。

为了抗日战争的胜利，魏春波把全家引上了革命道路并献出了4位亲人的宝贵生命，自己也为国捐躯。魏春波牺牲后，冀东军分区为他举行了隆重的追悼会，并送了大幅挽联：“为革命牺牲一切，毁家纾难，死兄死弟死妻死侄，鲜血洒遍燕山麓。与倭奴搏斗数年，捐躯殉国，成仁成义成英成烈，勋献洋溢滦河滨。”

这是对魏春波一生革命活动的高度概括，也是党和人民对他和他的一家恰如其分的表彰。

魏春波纪念馆

（选自政协唐山市委员会教科文工作委员会编《唐山文史资料》第五辑）

冀东抗日英雄杨十三事略

刘健泽

杨十三（1889—1939）

杨十三，河北迁安县杨团堡人，原名杨燕伦，字灿如，又名杨裕民，因在堂房兄弟中排行十三，故名杨十三，亦以杨十三名世。

一、主张工业救国

1904年，杨十三在天津直隶省高等工业专门学校附属工厂当学徒，一边劳动，一边学习文化。两年后考入了天津工艺学堂，后又入南开中学读书。1916年，在天津直隶省立高等工业专门学校毕业后，就任天津直隶省工业试验所化学工业课技士。面对贫穷落后的旧中国，他主张“工业救国”，提倡“振兴实业，挽救中华”。

杨十三专注于造纸专业，励志改革手工造纸方法。经过调查研究和多次试验，他首创芦苇制浆造纸，被上海大中华和江南造纸厂首先采用。在任直隶省立工业试验研究所化学工业课课长时，力推机器造纸，在天津积极帮助迁安人李显庭购买造纸机械设备，在三里河建立了一个半机械化造纸厂——显记纸厂，即今华丰纸厂，是为迁安机械造纸之始，推动了迁安造纸工业的近代化。到20世纪30年代，杨十三的造纸方法在中国被普遍推广，工艺和产品也不断创新，为开拓中国造纸工业新原料、新工艺做出了卓越贡献。

1920年，杨十三毅然放弃了直隶省工业试验所化学工业课课长职务，赴美国塞瑞术斯大学攻读造纸专业。留学期间，他遍游美国南北各大造纸厂，为以后发展中国造纸工业积累实践知识和经验。1923年杨十三回国后，以其学成的专业知识，致力于家乡造纸工业的改革。他用故乡盛产的条桑为原料制造桑皮纸，畅销国内，年贸易额达数百万元，乃至千万元。抗战时期，他认识到发展工业对坚持抗战的重要作用，向太行山八路军总部提出了“必须搞工业，以保证军需”的建议，得到了朱德总司令的赞同。1939年奉命留在八路军总部后，朱德鉴于他身体病重的特殊情况，挽留他在总部搞工业。

二、从事社会革命

1911年发生的辛亥革命，推动了中国社会的巨大进步，其中最突出的变化就是剪辫放足。辛亥革命后，杨十三断然剪掉自己的辫子，投身于社会革命的洪流之中。他还专程从天津返回迁安老家，劝导乡亲们冲破封建主义的藩篱。他从自家做起，说服父亲杨立三和家族其他成员，解除束缚在自己身上的封建礼教枷锁，为此，他从天津购买了一些含有新思想内容的书籍，供弟妹们学习使用，引导他们解放思想，追求变革。在他的积极倡导下，他的家人、亲属和一些乡亲也剪辫放足。

20世纪20年代，为尊重女权、反对封建礼教，杨十三取得了父亲杨立三的支持，倾全部家产在家里筹办了一所平民女校——立三私立平民女子学校，不限年龄，不论贫富，女子免费入学。在封建思想的熏染下，“男尊女卑”“女子无才便是德”的愚民伦理深植于中国农村，女子上学更是鲜见鲜闻之事，致使人们不愿意让女孩子出来上学，因此平民女校生源遇阻。对此，杨十三并没有气馁，而是以新思想挑战旧思想，公然写出了“女子有才便是德”的巨幅横匾，悬挂在女子学校里。他先让自己的女儿效昭和侄女入学，然后走村入户，动员附近村庄农民的女孩子入学。经过他的积极奔走，终于有 30 余名女孩子入学，开创了农村平民女子教育的新风气。

杨十三等创办的迁安四团堡职业学校图书馆（杨小冀供图）

杨十三提倡节俭办事。1929 年，杨十三任河北工学院教授，任教期间，为了解决学院中平民子弟生活困难的问题，他与学院斋务科的科员洪麟阁、连以农商议，开办了一个简易食堂——琼饭团，以“自己动手，节约膳费”为宗旨，入伙的同学达百余人，成为工学院中最大的伙食团，保证了平民子弟顺利就学。1933 年父亲病故时，杨十三力行节俭办丧事，说服家里人把为办丧事筹措的 800 块银元，一半支援了抗敌军队，一半捐献给本村，作为赈济鳏寡孤独的基金。他还倡行节俭办婚事，长子杨效藩及两个侄子杨效贤、杨润寒娶亲时，仅令一车迎亲；女儿杨效昭结婚时，仅以月份牌和指南针为嫁妆，借以勉励新婚夫妇珍惜时光，把握正确的人生方向。

三、投身抗日战争

1931 年九一八事变后，日军开始侵占中国东北。时任河北工学院教授兼斋务科主任的杨十三痛愤地说：“御侮复仇，非讲求武备不为功。”在他的倡导下，

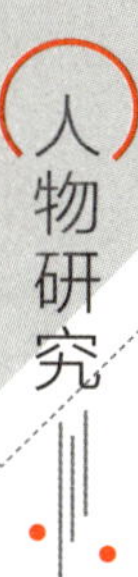

河北工学院特别注重军训、体育和国术，并蔚然形成风气。

1933 年，日军进攻长城各关口，长城抗战开始。杨十三积极声援在喜峰口一线抗击日军的国民革命军第二十九军，呼吁各界“有人的出人，有钱的出钱”。他还动员正在北京高级产科学校上学的女儿杨效昭组织支前救护队，开赴抗战前线。

1937 年全面抗战爆发后，杨十三发出了“吾侪与敌决战之期至矣”“誓当以死报国”的强烈呐喊，号召民众积极投身于抗日救国的伟大事业，并为此勇于牺牲。

1938 年 3 月，杨十三毅然投笔从戎。在遵化县地北头村与洪麟阁秘密策划抗日大暴动，并参加了中共冀热边特委在丰润县田家湾子召开的军事会议，和时在冀东工作的党的负责人李运昌、李楚离、胡锡奎及爱国人士洪麟阁、民团头目高志远等一起，研究暴动的相关事宜。

1938 年 6 月，八路军宋（时轮）、邓（华）第四纵队为策应冀东武装暴动，奉命从平西向冀东挺进。当部队前进到沙峪时，与日军激战，纵队参谋长李钟奇肺部负重伤。此时，在冀东西北部指挥作战的杨十三闻讯后，立即向省委请示，要求送李参谋长到天津自己的家中治疗养伤，经省委负责人姚依林安排，杨十三的侄子杨介人将李钟奇秘密接到天津家中。在日寇严密统治的天津，杨十三不敢有丝毫闪失，秘密地诚请好友名医黎宗尧和池石卿在马大夫医院（现址为天津市口腔医院）为李钟奇做手术，出院后又住在杨十三的家里疗养。随后的一个月里，杨十三的妻子司湘云和女儿杨效莲，主动担起照顾李钟奇的重任，使他痊愈并安全回到冀东。

1938 年 7 月冀东抗日大暴动时，杨十三任洪麟阁（冀东人民抗日联军第三军区司令部副司令）部的第三路军（西路军）政治部主任，曾率部攻占玉田、丰润县城及其许多重镇，搅得日伪军心惊胆战，惊呼“洪杨之乱”实在厉害！ 9 月底，杨十三主持有李楚离、洪麟阁和杨受青等人参加的窝洛沽会议，传达八路军第四纵队九间房会议精神，即决定抗联部队到平西整训。在奉命西进平西整训途中，在蓟县马伸桥附近的台头村遭到敌重兵袭击，洪麟阁壮烈牺牲，杨十三幸获脱险。部队继续迂回向平西挺进，行至潮白河时，西进的路被敌人切断，第三路军指挥部决定杨十三带领连以农、马溪山等 20 余名干部，从另一条秘密路线去平西，余部由李楚离、杨效昭带领仍返回冀东，坚持游击战争。

1938年11月，在去往平西的途中，杨十三先到冀西根据地。朱德总司令闻讯，电招他到太行山黎城八路军总部。1939年6月，杨十三辗转来到总部后，受到朱德总司令和彭德怀副总司令的亲切接见，对他的义举和冀东抗日大暴动给予高度评价。6月27日，新华社发表题为《欢迎冀东抗日联军领袖杨老先生》的社论，高度赞扬了杨十三积极筹划冀东抗日大暴动、领导抗日联军配合八路军邓宋第四纵队对日伪作战所取得的辉煌成就。评论说："杨老先生毁家纾难，潜入故里，游说伪警，教育同胞，进行极艰苦的地下工作，并建立抗日联军，收复失地，一时寒平津敌伪之胆，震撼国际视听，实为民族解放战争之模范。"盛赞冀东抗日大暴动"实堪作我全国民族解放战争之模范，证明民众力量的无比伟大，中华民族潜蕴国力的雄厚，绝非任何外敌所能征服"。

毛泽东为杨十三题写的挽联：国家在风雨飘摇之中，于我辈特增负荷；燕赵多慷慨悲歌之士，于先生犹见典型。

1939年7月21日，杨十三随部队转移到太行山黎城县上遥镇附近时，与前来"扫荡"的日伪军相遇。时值滂沱大雨，激战过浊漳河，躺在担架上的杨十三病重垂危，禁不起颠簸和劳顿，不幸与世长辞，为抗战献出了宝贵的生命，时年50岁。

鉴于杨十三的突出贡献，八路军总部于1939年9月18日在山西襄垣县土河村为他举行了追悼大会。追悼会由朱德总司令主持，彭德怀副总司令致悼词。毛泽东主席、朱德总司令等党政军领导人送了挽联，毛泽东称赞杨十三是"冀东抗日英雄"，朱德称赞杨十三是"渤海毓雄，民族之杰"。

杨十三为抗日战争的胜利和中华民族的解放事业毁家纾难，死而后已。我们学习杨十三的事迹，就是要缅怀他的革命风范，弘扬他的革命精神。不忘初心，牢记使命，为实现中华民族伟大复兴的中国梦尽我们的一份心力。

（刘健泽，唐山市政协文史委办公室主任）

冀东抗日大暴动前后高小安在丰南的抗日活动

王树宁

高小安，原名高瑞泉，化名林海山，直隶省滦县安各庄（今属河北省滦南县）人。1930 年参加革命工作，1932 年加入中国共产党。自参加革命工作以来，历经数百次战斗，屡立奇功。1944 年 3 月在乐亭县焦庄战斗中，以一排的兵力与敌坦克部队搏斗，不幸光荣牺牲，时年 28 岁。本文记述的是 1938 年冀东人民抗日大暴动前后高小安在丰南县境内的抗日活动。

高小安（1916—1944）

1937 年七七事变后，中共中央向全国发出全民族抗战的号召。同年 12 月，李运昌在滦县多余屯（今属滦南县）主持召开了冀东 10 县抗日人民代表会议，研究发动冀东游击战争，确定继续进行抗日宣传和游击战争的准备。高小安被确定为丰（润）滦（县）南部农民游击战争的领导人。

按照多余屯会议精神，高小安为扩充游击部队日夜操劳奔波。他广泛结交开明士绅和有志于抗日的社会名流，更致力于发动广大农民、渔民。他给组织起来的贫苦农民耐心讲解《抗日救国十大纲领》，报告八路军对日作战的胜利消息。他的足迹遍及丰滦边区的村落集镇、渤海岸边的窝铺渔港。

1938 年四五月间，高小安带领游击队袭击了日本和朝鲜浪人开设的白面（海洛因毒品）馆，群众拍手称快，赞扬这支神出鬼没的游击队。

1938 年 6 月下旬，冀热边特委在田家湾子举行军事会议，这是冀东人民抗日大暴动前的一次会议，确定起义时间为 7 月 16 日。根据会议决议，高小安率部举事后，隶属于冀东抗日联军第二路军李运昌部。

7 月初，传来高志远部、李润民部在滦县港北、多余屯提前暴动的消息。高小安分析形势，认为丰滦边区抗日暴动的条件已经成熟，如不从速行动，恐生变故，贻误战机，随即收缴了崔家坨、康各庄、南董庄等村的地主武装，奇袭爽坨、司各庄、曾家湾伪警察所，共缴获长短枪 100 余支并弹药若干。从此，丰滦边区的抗日暴动拉开了序幕。

7 月 12 日夜，群情激奋的抗日暴动队伍在张横坨村北大寺里集合，准备攻打爽坨保安队。高小安向大家明确表示：我们的宗旨是抗日救国，为民除害；凡同情抗日、支持抗日者，不论任何阶级、任何阶层，我们都表示欢迎；国难当头，大家要有人出人，有枪出枪，有钱出钱；严禁坑害百姓，违者严惩不贷。接着，高小安带领部队悄悄出发，经崔家坨径取爽坨。

爽坨当时驻守着汉奸李际春的“战区保安队”第四总队的一个小队。该队到这里以后，鱼肉百姓，无恶不作，乡亲们恨之入骨。

高小安带队来到爽坨外围。为减少伤亡，命令部队从四面八方佯攻，虚张声势，自己则孤身入虎穴，对伪军晓以利害，使之被迫交出全部武器弹药。首战告捷，军民皆大欢喜。接着高小安根据上级“保存实力，发展革命武装，大搞武器，争取胜利”的指示，智取敌人的孤军据点——老铺伪警察所。

高小安乘胜进军，部队进抵交通要冲大新庄。大新庄守敌闻风丧胆，狼狈逃窜。高小安驻足大新庄，一面对部队进行整编，一面派人与抗日联军司令部取得联系。

从暴动之日起，高小安治军靠的就是党的方针政策，处处表现出与旧军队截然不同的特点。他豁达大度，善于团结各阶层人士，组成广泛的统一战线。大新庄村李贯一是一名爱国的知识分子，曾就读于天津函授中西医医学院。李贯一学成医术，面对满目疮痍的社会，苦于报国无门。暴动之后，高小安主动拜访了李贯一。高小安充分信任他，委以医务处处长重任。李贯一携带家中诊所之医疗器械和药物，创建了路南抗日战线第一支医疗队，为军队的发展壮大做出了重大贡献。

一些昔日与高小安有隙的人，生怕他相机报复，因而在暴动后四散潜逃。高小安则以抗日斗争大局为重，给他们捎信，开诚布公地表示愿意捐弃前嫌，携起手来共同抗日。那些自认为和高小安有隙的人，被高小安的诚意所感动，陆续持械来投抗日联军。

为争取地方民团，高小安做了大量工作。当时民团虽属地主武装，但团丁多系各村被雇用的穷人。高小安深入民团，首先争取了两个民团头领，接着唤醒团丁们的民族意识，待高小安高擎义旗之时，民团纷纷加入抗日暴动队伍。

部队在大新庄驻扎期间，高小安从严治军。干部战士为百姓担水、扫院儿，军民亲如一家。对扰民滋事、破坏纪律者则绳之以法。至今，那里还流传着不少高小安的队伍遵纪爱民的故事。经过整编，千余人的队伍面貌一新。

7 月中下旬，部队完成了整编任务。按照抗日联军总司令部的既定序列，高小安被编为抗联第十三总队，高小安任总队长。接着，高小安率队北上，与兄弟部队会合。北进中，沿途宣传抗日主张，收缴地主枪支，惩治汉奸恶霸，没收富户粮食，赈济贫民。队伍经爽坨、辉坨、钱营一带，于 7 月 22 日到达滦县茨榆坨，与滦县抗联第五总队的阎绍先等人会合。

8 月初，高小安会同高志远、李润民等部攻取乐亭县城后，回师故土，进驻小集，赶走反动民团头子王子林，司令部设在小集镇。中旬，高小安率第十三总队摧毁越支联庄会，威名远震。抗联第十三总队进驻越支后，积极向百姓宣传抗日，使逃散的人员陆续返回家乡，旋即率部进驻西葛休整，后全军凯旋小集。9 月上旬，高小安带精锐部队悄悄进入稻地附近，消灭了横行霸道的边庄子土匪，使稻地之敌胆战心惊。

9 月底，高小安带部队攻打宣庄。宣庄有伪警察、保安队重兵把守。初攻，敌火力凶猛，压得战士们抬不起头来。宣庄有个买卖商号“久曾号”，这个店铺的后门一直通到街上。高小安机智地从店铺进街，在背后打击敌人，敌顿时大乱，外围战士乘机猛攻，很快收复宣庄。第二天，唐山的日本鬼子前来围攻，炮轰宣庄。由于敌众我寡，一个多小时后抗联撤出战斗。回到小集后，高小安带领战士抓紧练兵休整，准备扫除稻地顽敌，迎接新的战斗。

高小安率领着农民抗日武装，驰骋于北宁路南到渤海沿岸的百余里战场上，产生了巨大影响。在冀东抗日大暴动中，受高小安影响先后举行暴动的爽坨石占山部、于庄子于小泉部等，后来大多归属于高小安的第十三总队。此间，高小安还整编了侯家班、鲍子箐两支暴动队伍，同时惩治了混进革命队伍中的为非作歹之徒，维护了革命队伍的声誉。高小安部最多时达 2000 余人，声势浩大。

10 月中旬，高小安接到上级指示率队去路北。此时，日本鬼子已经把路卡住，队伍退到大新庄。日伪军集中兵力攻打，抗联第十三总队被迫在李八廒、孙坨一带与敌决战，由于敌我兵力悬殊，加之内部出了叛徒，战斗经过一天一夜，部队被打散千余人。

这时，抗联已经大规模西撤，高小安率领的抗联第十三总队成为唯一的一支留在冀东的暴动总队。日伪军为了扑灭冀东人民的抗日烈火，在各地安设据点，对参加暴动的战士及其家属进行了血腥的屠杀。第十三总队孤悬敌后，处境险恶。为了适应新的斗争形势，保存革命实力，高小安带领战士们与敌人展开了灵活机动的游击战争。敌人曾以十多个据点的兵力进行“围剿”，但高小安率部神出鬼没，与敌周旋。“围剿”不成，

位于滦南县安各庄村的高小安烈士纪念亭

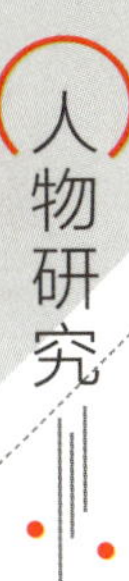

敌人就采取诱惑、收买的办法，到处宣传说：如果高小安投降，愿以高官厚禄相待。同时又贴布告、撒传单，宣称活捉高小安赏洋一万，打死高小安赏洋五千。

1939 年年初，高小安同返回路南的张鹤鸣、张振宇、曹致福、刘守仁、田自修等人，按照冀东特委指示，组建路南办事处，联络抗联旧部，发展游击武装。此时，高小安得知，在冀东暴动队伍西撤中我军不断遇敌截击，陈宇寰、洪麟阁等重要同盟者相继阵亡，李运昌率部分抗联战士返回冀东。高小安和同志们挥泪发誓：一定要继承死难者未竟的抗日大业，不苟且偷生，誓将热血沃中华。高小安等在小集、大新庄至沿海一带的频繁活动，搅得敌人坐卧不安。在反“扫荡”的残酷斗争中，高小安自身也经受了锻炼和考验，逐步成长为一名优秀的指挥员，为冀东抗日根据地的创立做出了重要贡献。

（本文选自中共丰南县党史资料征集办公室编《滨海风云》（第三辑）之《高小安活动在丰南》中的部分章节，收录时略作修改）

冀东大暴动与抗日英雄节振国

张 比

1938年发生在河北东北部冀东地区的冀东大暴动是抗日战争中的一次重大事件，其中开滦工人暴动是冀东大暴动的先声和重要组成部分，具有特殊的历史意义。在暴动中涌现的抗日英雄节振国，表现了崇高的爱国主义精神和与敌人血战到底的英雄主义气概，值得我们敬仰和学习。

节振国（1910—1940）

一、冀东大暴动的发生和发展

1938年，全国抗战形势发生了巨大变化。八路军、新四军根据党中央确定的放手发动群众、全面抗战的方针，在敌后发动群众，先后建立了晋察冀、晋冀鲁豫、晋绥、山东、华中等抗日根据地。位于河北东北部的冀东地区，是华北与东北的咽喉地带，战略地位极为重要，历来为兵家必争之地。因此，利用此时敌寇主力抽向南方、敌后兵力空虚的有利时机发动起义，开展游击战争，建立敌后根据地，是整个抗日战争布局中重要的一步棋。为此，冀东地区的党组织决定首先组织群众，掌握武装，等待时机，广泛开展抗日游击战争。其中，开滦矿区的工人和冀东各县的农民就是参加武装起义的基本群众。5月下旬，冀热边区特委分别在滦县大门庄和丰润县腰带山举办培训班，培训暴动的骨干，特委和北方局派来军事干部讲授政治课和军事课。

冀东大暴动的强大支持者是八路军正规部队。为了发动暴动，开展游击战争，建立抗日根据地，1938 年 6 月 2 日，党中央命令，由宋时轮、邓华支队组成的八路军第四纵队 5000 余人，从平西越过平绥路，进入热河，挺进冀东。6 月 8 日，宋邓支队出平西，一路与敌激战，连克昌平、永宁、四海、兴隆，6 月 24 日到达蓟县。这时，蓟县马伸桥民团 3 万余人起义，迎接八路军，使冀东形势发生了新的变化。

6 月中旬，李运昌司令员召开了华北人民武装自卫会冀东分会田家湾子军事会议，决定 7 月 16 日为冀东抗日武装大暴动日。会议通过了抗日联军行动纲领，包括打倒汉奸卖国贼、推翻冀东伪政府、没收日寇及汉奸卖国贼财产、夺取敌人枪炮武装自己等 10 条。会议还决定成立华北抗日联军第三区（即冀东抗日联军），共 6 个总队，每个总队 2000 人左右。后来，由于八路军提前来到冀东和暴动时间泄密，特委决定暴动时间提前。

自 7 月 6 日起，中共冀热边领导的抗日联军率先在滦县、丰润、玉田、遵化、迁安、乐亭、昌黎、蓟县举行起义，抑郁已久的国恨家仇如山洪暴发，势不可当。接着，兴隆、平谷、青龙、密云、三河、顺义、香河、通县、卢龙、抚宁、宝坻、宁河、武清等 20 余县的大地上，相继燃起了轰轰烈烈的抗日烈火，参加起义的达到 10 万余人。这就是震惊中外的冀东大暴动。

二、冀东大暴动中的抗日英雄节振国

在冀东大暴动形成的抗日洪流中，有一支特别能战斗的工人抗日队伍，这就是有名的节振国游击队。

节振国，出生在山东省成武县刘堂村。10 岁时，因家乡闹旱灾随全家逃荒到开滦赵各庄矿，14 岁时就下井做了童工。节振国从小性格坚毅，刚直不阿。为了不受欺压，他自幼习武，通晓少林拳和太极拳，刀枪棍棒也很娴熟。在传统武德熏陶下，他扶危济困，抱打不平。九一八事变后，他深明民族大义，带领工人抵制日货，砸日本人商行，深受群众拥戴。

节振国在大暴动前是赵各庄煤矿的工人纠察队大队长，参加了罢工斗争。6月下旬的一天，叛变投敌的原纠察队队员夏连凤带领日本宪兵和伪警察来抓捕节振国。节振国勇敢地与敌人展开了搏斗，抢过鬼子的战刀，一连砍死砍伤3个日本兵和2名伪警察，受伤后仍跳墙逃脱。节振国刀劈日寇的消息传遍了唐山附近城乡，是京东地区沦陷以来中国人抗日斗争的壮烈一幕，充分表现了开滦工人的革命精神，显示了中华民族与敌人血战到底的决心。节振国在农村养好伤后，很快聚集了一批工友，收缴了伪警察的枪支，拉起了130多人的队伍。随后，他带队到榛子镇投奔李运昌司令员，被编为抗日联军第二路军司令部直属特务第一大队，节振国被任命为大队长。

7月初，节振国从解放区秘密返回赵各庄组织游击队。他在工人中秘密串联，进行组织和发动，工人的抗日情绪十分高涨。节振国又到榛子镇向李运昌、周文彬汇报，认为暴动的时机已经成熟，决定7月16日举行赵各庄工人大暴动。7月16日，李运昌领导的抗日联军第二路部队为了策应开滦工人起义，派出5个总队1个大队约1万余人，占领了洼里、古冶两座车站，破坏铁路，将唐山至昌黎的200多里铁路截成数段，使北宁路瘫痪。因派到赵各庄的部队中途作战失利，未能按时赶到目的地，原定的起义未能如期发动，但工人的抗日愿望非常强烈，听说八路军已打到附近，要求立即暴动。党组织经过研究部署，决定在7月18日举行暴动。18日夜，参加起义的2000多名工人在周文彬、胡志发的指挥下，由节振国带领，首先进攻赵各庄警察所，缴获了该所的所有枪支弹药。接着，又收集了民间武器，起义的工人把守住各交通要道，巡逻在矿区大街上。7月20日，日军从天津派兵在飞机掩护下来犯，起义工人经过激战后撤退到农村，在敌人退到古冶后又回到赵各庄。随后，为了援助唐家庄工人起义，工人游击队又奔袭唐家庄，取得了胜利，队伍也发展到3000多人。在由唐家庄返回时受到日伪军袭击，部分被打散，余部撤到北部山区，编为工人特务大队，仍由节振国率领，一直活跃在矿区附近。

节振国和他领导的工人特务大队，受到党组织的极大关怀。他们和八路军正规部队一起训练，思想觉悟和军事本领都得到了很大提高。“许多工人战士在战斗中表现了特殊的勇敢和果断，他们已锻炼成冀东英勇善战的精悍部队，是最为冀东人民所拥护和爱戴的。”节振国游击队袭击警察所、处决日本浪人、炸毁敌军车、解除反动民团武装、活捉伪商会会长、制服特务等英勇斗争的事迹，威震敌胆，也给人民群众以极大鼓舞。特别是他大义灭亲，果断枪毙叛变投敌的把兄弟夏连凤，更使百姓无不佩服。这也说明节振国的阶级觉悟进一步提高，已成为工人阶级的优秀先锋战士。1939 年秋，在丰润县霍庄，经周文彬同志介绍，节振国光荣地加入中国共产党。1940 年 5 月，节振国从晋察冀分局党校学习结业，随部队返回冀东。7 月到达丰滦迁地区后，他连夜赶到司令部，向李运昌司令员请求任务。党组织准备让他成立工人总队，在未成立前，先与八路军十二团一起行动。8 月 1 日，在下尤各庄的一次战斗中，节振国左胸中弹英勇牺牲，年仅 30 岁。

三、爱国英雄永远值得学习敬仰

冀东大暴动给了日本侵略者以沉重的打击，有力地支援和配合了其他根据地的抗日斗争，在抗日战争史上写下了壮烈的一页。以节振国为代表的煤矿工人组成的抗日队伍，也在中国革命史和民族解放斗争史上写下了光辉的篇章。1940 年夏天，毛泽东在延安听取吴德关于节振国情况的汇报时说：“这个同志很好，要注意保护培养。”周恩来在得知节振国牺牲后，指示文艺工作者创作关于节振国的作品，教育人民，打击敌人。作为冀东人民抗日大暴动

位于河北滦县榛子镇上尤各庄的节振国衣冠冢

重要组成部分的开滦工人大暴动，在工人运动史和抗日战争史上，都有着特殊的意义。中国工人运动的重要领袖张浩在 1938 年 11 月 5 日发表的《持久战中的职工运动大纲》中评价这次罢工与暴动时说：“这是持久抗战中工人阶级在抗日的前进阵地的号炮和旗帜，是在中国条件下举行武装起义的模范。”几十年后，冀东人民抗日大暴动的领导者李运昌指出：“1938 年开滦工人大暴动，在冀东抗日游击战争中所起的作用确实很大，它超越了一般罢工的范围，它直接参加了冀东人民抗日大暴动，配合了八路军挺进冀东开展冀热边游击战争，形成了工农大联合，是震动全国惊动世界的大暴动，其意义是重大的。”在抗日大暴动中涌现的爱国英雄节振国，永远受到人民的敬仰，他的爱国主义和英雄主义精神世代传颂，永世流芳。

（张比，华北科技学院学报编辑部主任，高级工程师）

记抗联第十四总队总队长吴紫阳

李宝才

吴紫阳，字绍贤，1898 年生于河北省滦县司各庄镇吴庄（今属滦南县）。1942 年 10 月牺牲于河北房山县（今属北京市）庄户台村，时年 44 岁。

吴紫阳（1898—1942）

1938 年 5 月，在中共地下党负责人卞振东指导下，吴紫阳联络吴少舟、刘正奎、戚熙斋等人，进行秘密活动，为冀东人民抗日大暴动做组织准备，组织起一支千余人的抗日队伍。所到之处，受到贫苦百姓的热烈欢迎。到 7 月底，他的队伍发展到 2000 余人，被组建为华北抗日联军第三区第十四总队，吴紫阳任总队长，吴少舟任政治委员兼政治部主任。

吴紫阳领导的抗日联军第十四总队，除总队部百余人外，下辖 3 个大队，第一大队大队长吴景海（已牺牲），第二大队大队长姓王（原是小学教员），第三大队大队长是霍老子。吴紫阳经常教育官兵，一要抗日打日本，解放受苦受难的群众；二要廉洁奉公，不拿百姓财物，不强买强卖；三要和群众打成一片，不让百姓称“老总”“大人”，要有别于旧军队。因此，吴紫阳的队伍颇受群众拥戴。

1938 年 9 月，抗日联军第三军区司令部调集第十二、十三、十四总队（共 5000 余人）攻打乐亭县城。城外挖有 1 米宽、1.5 米深的壕沟，沟外是铁丝网，网外是护城河。在三天三夜的攻坚战中，吴紫阳担任攻城总指挥，经过 3 次攻坚战，终于打下了乐亭县城。

战后，吴紫阳被冀东行署任命为昌（黎）滦（县）乐（亭）联合县县长。吴紫阳到任后，释放了狱中的政治犯，发布安民布告，申明抗日队伍的纪律，号召全县人民动员起来，同仇敌忾，赶走日本侵略者。此时，城内秩序井然，商店开业，百姓照常生产，抗日热情十分高涨。

1938 年 10 月，日军调集华北驻军 3 万余人，大举进攻冀东地区。第十四总队在邓华、宋时轮支队的护送下，奉命向铁路以北转移，队长吴紫阳走在队伍的最前面。11 月 14 日，当吴紫阳的部队转移到京绥线潮白河时，由于叛徒告密，遭到日军包围，吴紫阳指挥队伍沉着应战，激战一昼夜后突出重围。经过一个月的艰苦行军、打仗，部队减员较多，再加上霍老子等 20 余人叛逃，当第十四总队到平西时，只剩 350 人。在抗联战士情绪十分低落的时候，吴紫阳教育战士们说："我们抛家舍子、背井离乡，为的是啥？就是为了赶走日本侵略者，不当亡国奴。我们要经得住艰苦环境的考验。要知道我们是抗日的队伍，是拯救现在还处在水深火热之中的劳苦群众，我们宁可站着死，决不跪着生！"吴紫阳的讲话，深深打动了战士们的心，增强了战胜日寇的信心。

1942 年 10 月，吴紫阳在房山县一带任联合县县长时，日军分四路向房山、涞水地区进犯。吴紫阳接到情报后，当即命令总队部人员将文件和军用物资转移，掩护同志们撤退。他不顾生命危险，带领少数人牵制敌人。在情况十分危急的时刻，他烧毁尚未转移出去的文件，并与敌人展开了激战，最后因寡不敌众，负伤被俘。

吴紫阳被俘后，敌人知道他是县长，便对他软硬兼施，进行劝降，可是敌人什么也没有得到，最后把他活埋了。

吴紫阳的业绩将永垂史册！他的名字，人民将永远铭记在心！

（选自政协唐山市委员会教科文工作委员会编《唐山文史资料》第五辑）

伍晋南在挺进冀东中

伍安丽 伍依丽

伍晋南，广东兴宁人。1928 年加入中国共产党，参加红军长征。抗日战争时期先后任八路军第四纵队政治部主任、冀热察军政委员会委员、八路军冀热察挺进军政治部主任、一二〇师暨晋西北军区第三五八旅政治部主任等职，是中共七大代表。新中国成立后曾任中共广西壮族自治区党委书记处书记、陕西省政协副主席等职。

伍晋南（1909—1999）

一、从雁北挺进冀东

1938 年 4 月至 10 月，根据中共中央部署，八路军总部令宋时轮率领的一二〇师雁北支队和邓华率领的晋察冀军区第一支队组成八路军第四纵队，挺进冀东，配合冀东人民武装抗日大暴动，初创冀热边抗日游击根据地。

1938 年 4 月底，伍晋南所在的八路军宋时轮支队奉命调往平西。宋支队的前身是八路军一二〇师七一六团第二营（该营系由陕北红二十八军改编而成），当时正在雁北朔阳、大同、左云、平鲁一带开展游击战争，人员已发展到 2800 多人。这支队伍由支队司令员兼政委宋时轮和政治部主任伍晋南率领，分两路从山西大同一带出发，向平西挺进。

5月下旬，宋邓两支队在平西斋堂杜家庄合编为八路军第四纵队，共5300余人，宋时轮任司令员，邓华任政委，李钟奇任参谋长，伍晋南任政治部主任。6月初，第四纵队主力集中在宛平斋堂，誓师东进。全场响起了气壮山河的抗日战歌："战火连天响，战号频吹，决战在今朝。我们抗日的先锋军，英勇的武装上前线。用我们的刺刀枪炮、头颅和热血，嗨！用我们的刺刀枪炮、头颅和热血，坚决与敌人决死战！"

第四纵队随即兵分两路东进。一路由司令员宋时轮、政治部主任伍晋南率领，另一路由政委邓华、参谋长李钟奇率领，从不同路线向冀东挺进。出居庸关，跨永定河，过平绥路，五千大军浩浩荡荡，途中攻延庆，克昌平，战沙峪，连战连捷，所向披靡，15天行程500里，直逼伪满洲国"西南国境"重镇——热河的兴隆城下。

四纵所到之处，伪军、伪组织纷纷瓦解，民众备受鼓舞，欢呼四纵的胜利进军。政治部主任伍晋南根据四纵首长要求，组织部队全面教唱当时在民众中广为流传的一首歌："小日本，心不正，一心要把中国征，恶人有恶报，民众上征程，陕北红军到，鬼子要吹灯！好男儿，志气高，八路逞英豪，人手一把鬼子刀，砍得鬼子没处逃，嘿，没处逃！"

二、攻占千家店，激战花盆村

东进中，由宋时轮率领第三十四大队到达平谷，由伍晋南率领的第三十六大队及骑兵大队、独立营留在平北开辟根据地，以保证开赴冀东的第四纵队后方安全，控制平西与冀东的交通联系。

6月中旬，伍部进至延庆县千家店村，已知这里是敌人的一个局子（区伪政权），敌伪人员都闻风潜逃。我军攻占了伪满公所，俘伪警察20多人，教育后释放。在千家店，部队对敌情、民情、地形进行了调查研究。休整数日，队伍东进至花盆村。

这时前方报告，热河伪满军三十五团一个营约400人也进至花盆村。这股敌人原驻四海，从汤河口过来拦截八路军东进。伍晋南与指挥员们当机立断，决定歼灭这股敌人。我军乘夜神速抢占东南高山，骑兵大队又突袭敌后，乘敌不备，突然两路夹攻。敌人惊慌失措，纷纷溃散。经过激战，伪满军见大势已去，纷纷脱去军上衣，只穿白衬衣，以班为单位把枪架好，自动举行了“投降仪式”。此次花盆村打了一个利落的歼灭仗，全歼敌伪军 1 个营，击毙副营长 1 人（日本人），生俘 360 余人，缴获短枪 30 余支、步枪 210 余支、轻机枪 12 挺、重机枪 3 挺、子弹数万发和大批军用物资。我军仅伤亡 5 人。此战胜利，我军打出了威风，沉重打击了伪满军的嚣张气焰，极大地鼓舞了部队指战员的士气和人民群众的抗战热情。

三、领导组建滦昌怀抗日民主政权

八路军宋邓纵队挺进冀东，留下纵队政治部主任伍晋南率领的第三十六大队、骑兵大队与挺进大队在昌平、密云、滦平一带进行游击活动。这支武装以秋场、头道梁、大地为中心，开展游击活动，宣传抗日，建立政权，组织救国会、自卫军，执行策应第四纵队主力东、西往返等任务，并对敌伪统治下的平北的军事、政治、经济、文化、民情、地理等情况做了普遍性的调查。

1938 年 7 月，在怀柔头道梁村建立了滦（平）昌（平）怀（柔）联合县，组建了滦昌怀县工委，隶属河北省委（敌后），这是怀柔地区第一个县级抗日政权。

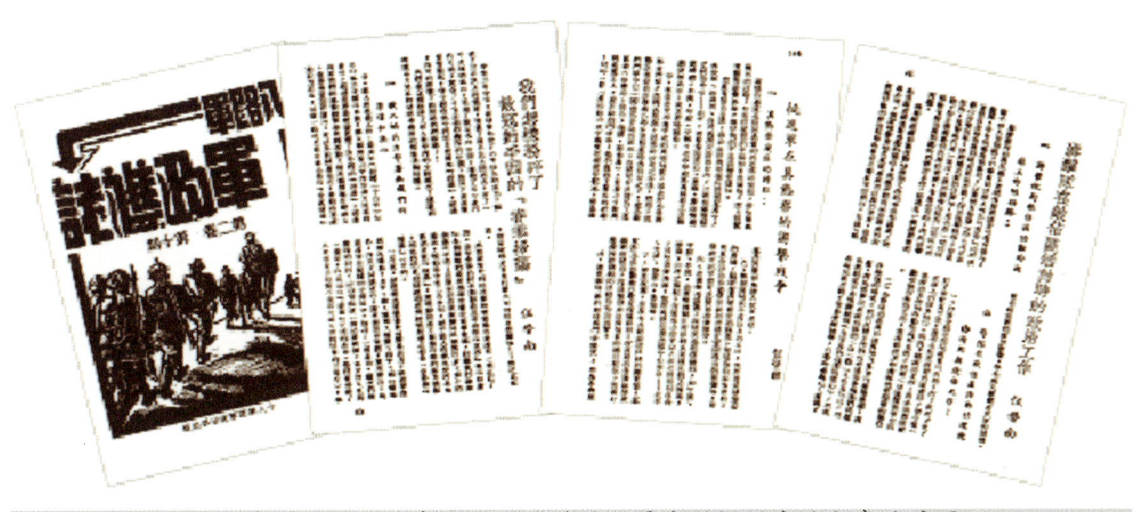

1940 年八路军军政杂志分别刊登的伍晋南所撰写战时文章的首页

滦昌怀联合县创建后，挺进大队、第三十六大队、骑兵大队抽出 4 个步兵连，组成工作组，分散开辟根据地。伍晋南和联合县县长张书砚首先以头道梁为中心组织了区抗日救国会，工作组相继在长园、甘涧峪、辛营、慕田峪、黄花镇等地建立了区、村抗日政权和救国会。

驻怀柔、昌平、延庆的日伪军，对联合县政府所在地区进行了轮番“扫荡”，企图摧毁滦昌怀联合县这个刚刚诞生的民主政权。在极端困难的环境中，伍晋南等指挥 3 个大队多次迎击敌人，给日伪以沉重打击。9 月上旬，伪满军集中了 6 个团的兵力进行“围剿”。在敌强我弱的严峻形势下，伍晋南被迫率部突破包围圈撤出。10 月上旬，冀东形势发生变化，伍晋南奉命带领队伍随四纵主力撤回平西，联合县机关也随部队一起突围后撤销。

（伍安丽，北京市十一学校高级教师；伍依丽，广铁集团铁青公司原党委副书记）

徐志冀东抗战纪事

李世朴

徐志，原名李秀凡，曾用名李介人、李德昭，1910 年出生于河北省遵化市大党峪镇一个 20 多户人家的小山村（要峪村）的一个中农家庭。8 岁上了几年私塾，后到丰润县北西区小学就读，1925 年考入河北省立第五中学。后因家庭遭受变故，经济陷入困境，1927 年冬被迫辍学。

徐志（摄于 1945 年春）

一、接受革命思想

1928 年，徐志考入丰润县一个小学教师训练班，想以后当一名小学老师挣钱补贴家用。训练班中有一位老师名叫贾一云，是燕京大学的一名学生，具有强烈的爱国进步思想。贾一云在给徐志他们讲课时多是讲一些社会科学方面的知识，并向徐志等人推荐一些进步书籍。徐志从训练班的图书馆里找到这些书后，如饥似渴地阅读，初步知道了马克思主义政治经济学和社会进化、发展史等方面的知识，开始接触马克思主义。

徐志有一个婶母的娘家侄子叫安体诚，是当时丰润县有名的共产党员。安体诚经常向徐志介绍“穷人为什么受苦、受穷，富人怎样剥削和压迫穷人，劳苦大众要团结起来斗争才能得解放”的道理。

1927 年 10 月前后，中共顺直省委在玉田县组织了轰轰烈烈的农民暴动。农民革命军在向县城进军时，沿途散发了“打倒土豪劣绅”“取消苛捐杂税”“实行土地革命”的传单并呼喊口号，影响很大。这使饱受失学、失业、经济困难之苦，对旧社会不满的徐志深受鼓舞，使他萌发了改变社会黑暗现状的愿望。

1930 年夏，徐志到乐亭县高小教书，任小学教导主任，同时兼教中学。在此期间，他不仅自己认真阅读、研究鲁迅、郭沫若等人的进步作品，还在学生中秘密传播革命思想，后被学校当局发现而遭免职，同年冬，他被迫回到丰润县。

1931 年春，徐志出任丰润县沙流河镇立小学校长。1931 年九一八事变和 1932 年一·二八事变等一系列日本帝国主义对中国的侵略行径及国民党当局的丧权辱国行为，都深深地激发了徐志寻找共产党、参加革命的强烈愿望。

1932 年，徐志着手组织了全县小学教员联合会（简称“教联”），开展抗日救国活动。同时，组织教工向当局提出保障小学教员的权益和提高待遇等要求。

二、加入中国共产党

1933 年春，经王品珍、李一夫介绍，徐志加入了中国共产党。同时任丰润县教联主任、党团书记，更加积极地在教联中开展工作。1933 年冬，他通过教联组织全县小学教师开展“增薪”斗争。

1934 年春，徐志受党指派参加了丰润县委工作，任秘书、宣传部部长，同时还兼管丰润县北部农村党的基层支部工作。

1935 年，汉奸殷汝耕在通县成立所谓的“冀东防共自治政府”，社会各界极为愤慨。徐志与丰润县委的同志利用当地小学教师在农村分布广泛并受到充分尊重和信任的有利条件，借助小学教员与农村群众的密切联系，积极组织他们开展反对“冀东防共自治政府”的活动，广泛开展抗日教育与宣传发动工作，发展壮大革命力量，进行反日斗争。

1936 年 9 月，徐志任丰（润）玉（田）蓟（县）中心县委书记，领导丰润县南部、玉田全县及蓟县一部分地区的工作。

1937 年卢沟桥事变后，中共中央在陕北洛川召开政治局扩大会议。会上，毛泽东全面深入地分析了抗战爆发后的国内形势，提出了著名的《抗日救国十大纲领》，并主持制订了开辟华北敌后战场的具体计划，明确提出红军可以一部于敌后的冀东，以雾灵山为根据地进行游击战争。中共北方局也讨论部署了全华北的游击战争问题，提出在“冀东应准备迅速发动抗日武装起义，以配合全国抗战并坚持游击战争”。这是党中央关于开展冀东游击战争，创建冀热辽抗日根据地的重要决策。

1937 年 10 月，为了落实党中央决策，中共北方局和中共河北省委决定在冀东组建中共冀热边特委和中共京东特委。两个特委以平（北平）榆（山海关）公路为界，路北成立冀热边特委、路南建立京东特委。两个特委相互配合、呼应，为发动武装暴动做了大量宣传、组织工作。12 月，在滦县的多余屯召开了冀东 10 县人民抗日代表会议。会上成立了华北人民武装自卫委员会冀东分会，同时决定各地组织游击队，开展游击战争。

三、八路军第九支队

多余屯会议后，徐志带领县委的同志到丰润城南，以四户庄、女过庄、白沫子、圪塔圪、刘宗铺和大坎等村镇为重点，在城北以大旺庄和南下庄为重点，组织了多个游击小组，十分活跃地开展了打白面馆（大烟馆）、打日本浪人、收枪、锄汉奸等活动。这些小规模的游击活动，播下了武装抗日大暴动的种子，锻炼了骨干。

1937 年年底，根据中共京东特委书记胡锡奎指示，将丰润县零散的游击小组合编为八路军第九支队，徐志任政委（此时化名李德昭），王维昕任支队长（此时化名王明义），准备参加冀东人民武装抗日大暴动。

第九支队主要由当地的贫苦农民、小手工业者和少部分教员组成，由民间收集了部分武器，但缺乏战斗素养和军事技能。徐志向上级汇报后，中共河北省委派老八路张克宇同志来丰润，以小学教员作掩护，培训第九支队的骨干，讲游击战的战术原则和基本的军事知识，结合八路军的实际战例，介绍经验，提高部队的军事素质，增强大家抗日必胜的信心。

同时，第九支队抓紧做好武装抗日暴动的各项准备工作，撰写暴动的布告，明确各抗日小组武装暴动的分工，对各村极为嚣张的为日寇服务、残害同胞的汉奸，由抗日小组择机坚决铲除。

1938 年 5 月，经中共北方局批准，将京东特委和冀热边特委合并为冀热边特委，胡锡奎任书记。

1938 年 5 月中旬，根据朱德、彭德怀电令，宋时轮支队、邓华支队合并组成八路军第四纵队，为配合冀东大暴动，挺进冀东。

这时，地下党员王化孚听到敌特汉奸要逮捕从事抗日救亡运动的小学教员，并集中民团截击八路军东进的消息，立刻派人给住在四户庄学校的县委送信，要县委提防敌人的破坏。得此消息，徐志与支队长王维昕商量后，于 6 月 26 日主持召开了第九支队部分党员和骨干 20 多人参加的会议。大家一致认为：为了防止敌人破坏暴动，配合第四纵队东进，必须争取主动，提前发起暴动（冀热边特委原决定暴动统一行动时间为 7 月 16 日）。会后，大家按分工分头行动，一面派人向上级汇报，一面于当晚 10 时举行暴动。

四户庄抗日暴动旧址

晚10时整，徐志和王维昕带了3个人，一人一把短枪，突袭了三女河民团驻地，在事先派进去的几个老乡的配合下，把100多名团丁从梦中叫醒，站队集合。徐志对团丁们晓以民族大义，号召团丁们参加抗日队伍。

他俩带领队伍连夜出发，路过女过庄时，叫上了在女过庄小学教书的鲍子菁和张乐天，又先后打下了中部的警察局和王官营民团部。

丰润抗日暴动的消息，很快传到唐山开滦煤矿。当时，矿工们已经秘密组织起以节振国为核心的工人武装。节振国一路打听着追赶第九支队的暴动队伍，在古石城追上后，他表示要把他组织起来的工人武装队伍拉出来跟第九支队一起走，迎接八路军。徐志等人热情地接待了他，但节振国（尚未入党）的队伍不在丰玉蓟县委领导范围，只好请他去联系开滦的共产党组织，根据党组织的统一部署行动。

徐志自小喜欢武术，参加革命工作后为防身自卫也曾拜师学艺，除学了点儿小擒拿术，其他都是套路花架子。他听说节振国的武功造诣很高，就请节振国在古石城的戏台上表演了几套拳术和剑术，受到了抗日暴动队伍的热烈欢迎。

送走节振国，队伍继续北上迎接八路军四纵主力。经过左家坞时，徐志考虑到队伍中全都是农民，没有懂军事的，就派人请来住在南户庄的张树畹，动员他加入暴动队伍。张树畹欣然同意参加暴动。

在向遵化铁厂集中的路上，徐志带领队伍以各种形式宣传抗日道理，教育并吸收了大批青壮年加入八路军。第九支队发展到500多人。

四、冀东抗联第五总队（丰润）

第九支队在遵化县铁厂一带与岩口暴动的队伍会合，跟李运昌、李楚离等领导接上头。李运昌决定，将八路军第九支队编为冀东抗日联军第五总队，后称第五总队（丰润），政委仍由徐志担任，队长由张树畹担任，鲍子菁为参谋长、张乐天为政治部主任。原支队长王维昕和高庆潭（1934年入党）、凌云（1938年入党）和李鸿文（1937年入党）4名共产党员做后勤工作。

刚刚改编后的队伍，接到司令员李运昌的命令，要第五总队配合第四总队去打玉皇庙敌人据点。张树畹、鲍子菁和张乐天表示不想帮兄弟部队打仗，要回老家打鬼子去。在张乐天的怂恿下，鲍子菁坚持南下攻打七树庄和三女河日军据点，并擅自做主拉走队伍。徐志极力劝阻，并找来共产党员马吟南（马宗周）、齐见思（田心）和李梦春等一起阻止鲍子菁的行动，与鲍子菁、张乐天发生了激烈的争执。徐志无奈，只得带着另 3 位党员同志离开队伍。

离开第五总队后，徐志在沙流河、党峪、左家坞一带深入各村，宣传抗日，发动群众，很快又新组建了一支 200 余人的抗日游击队。8 月，知道八路军四纵主力已经到了遵化铁厂，徐志随即带队伍北上去找八路军四纵。当队伍行进到左家坞时，恰遇王维昕也带领一支 200 多人的队伍抵达。

俩人相遇，甚为欣喜，互道别后详情：

第五总队（丰润）在徐志离开以后，王维昕等几位共产党员仍然留在第五总队，尽力协助张树畹等人工作，队伍很快发展到 1000 多人，但队伍的武器装备较差，军事素质也不高。

8 月初，在没有认真侦察了解敌情的情况下，就决定攻打丰润县城。张树畹命令王维昕带 300 人攻打丰润城西门，鲍子菁、张乐天带 300 人攻打北门，张树畹亲自带 300 人攻打东门，丰润城南门已经被敌人用麻袋封死。王维昕对丰润城西门的地形比较熟悉，和住在城里西门附近的老乡关系也很好。王维昕带人潜入西门，动员城内老乡里应外合，很快打开了西大门。队伍冲入城内，迫使 80 多名伪警察缴械投降。王维昕正组织队伍支援东门和北门时，遭到城内日本鬼子居高临下的机枪扫射。为避免遭受更大的损失，王维昕果断带领队伍撤出丰润县城。

第五总队攻打丰润县城，损失惨重，士气低落，王维昕组织几位党员骨干研究，大家一致认识到带队伍北上、找八路军四纵、找上级党组织是唯一出路。队伍即将出发的时候，鲍子菁、张乐天等六七人找到王维昕，要挽留王维昕等人在故乡就地抗日。王维昕等人坚持去铁厂一带找八路军，找上级党的领导，并邀鲍子菁一起走，但无果。至此，冀东抗联第五总队（丰润）分裂成两支队伍，一支由徐志、王维昕等共产党员带领，一支由鲍子菁、张乐天带队，后称为鲍子菁部。

鲍子菁部借助于八路军第九支队的影响力和第五总队的余威，收编了几支当地的私人武装，招兵买马，扩大到 8000 多人，鲍子菁自任司令，后被国民党委任为忠义救国军师长。冀东暴动队伍西撤以后，仍坚持在故乡抗战，后遭到日伪军围剿，部队被打散。鲍子菁只身避难到天津，1940 年年初，通过朋友又联系到王维昕，要求参加八路军。徐志说“只要抗日，我们就欢迎”，鲍子菁正式参加了八路军。1944 年，在与日寇的战斗中，鲍子菁牺牲。

五、八路军四纵第五支队

徐志的游击队跟王维昕的队伍汇合后，遵化县石佛寺的果润军组织的抗日暴动游击队 200 多人也加入进来。联系到八路军第四纵队后，徐志向四纵领导介绍了起义部队的基本情况。四纵决定将这 3 支队伍合编为四纵司令部直属第五支队，下辖 3 个大队，由四纵参谋长李钟奇直接联系。为加强第五支队的领导力量，四纵还派来一批军事和政工干部，由参加过长征的红军老干部赖邦、龙水文任正、副支队长，徐志仍任政委。为加强部队思想政治工作，徐志将四纵派来的有经验的政工干部分配到各大队任教导员、指导员。从此，第五支队就在四纵司令部的领导下进行活动，主要负责带路、警戒、侦察和后勤供给等工作，也曾随司令部执行攻打迁安县城和卢龙县城的任务。

八路军打下迁安县城后，四纵司令部给第五支队下达缝制部队被服的紧急任务。这项工作要求的时间紧、任务重，不仅要缝制第四纵队所属各大队需要换装的军服，而且要准备越冬的冬装、被服等。徐志派人到唐山，在地下党的协助下，从纺织厂购买了一大批洋白布，染成灰色，在新建立的迁安县抗日政府的大力帮助下，动员全县城的裁缝，将所有的缝纫机集中起来，成立起被服厂，赶制军服，使第四纵队和第五支队的同志很快都换上了自制的八路军新军装，配戴上了“八路”臂章。

正当四纵与冀东抗联汇合并取得初步胜利、冀东人民抗日斗争风起云涌的时候，1938 年 9 月中旬，八路军四纵主力进军都山失利，原准备在都山建立抗日根据地的计划未能实现，又侦知日寇要对冀东地区进行秋季大扫荡。四纵领导和河北省委对不利形势估计过于严重，决定第四纵队主力 10 月中旬开始西撤，并要求冀东暴动后组建的抗联队伍也西撤到平西整顿。

六、部队西撤

四纵命令第五支队随军西撤，同时将原派往第五支队的军政干部全部调回纵队。为避免影响军心，徐志只好让正、副支队长及几位教导员、指导员带警卫员等少数人悄悄撤离。

时值深秋，部队冬衣无着，沿途粮食给养日渐困难，加之进入狭长的山路后，不断遭敌截击，部队受到严重损失。一天，第五支队过密云潮白河，晚上驻白岩村。次日拂晓发现敌情，徐志立即招呼同志们到村南集合，组织部队迅速转移。徐志等人突围时从山南坡爬上西山顶，遇到王维昕等人顺山沟爬了上来，两股队伍汇合，清点人数只有63人，其余都被敌人冲散了。徐志、王维昕俩人又一次不期而遇。

此时，徐志等人既没有地图，又不知路线，只知大方向是在北平的西边。于是，他们顺着先行部队的足迹，依靠群众引导，昼伏夜行，走了近一个月，才率领部队到达平西根据地——斋堂，知道赖邦、龙水文等同志已先期安全抵达。徐志将队伍移交给四纵后，按照冀热察区党委的指示，先后任冀热察区党委组织干事、特派员及党校总支书记等职务。

七、创办《救国报》

1939年7月，原中共冀东地方委员会改为中共冀热察区委员会冀东区分委，简称冀东区党分委。9月，徐志由冀热察区委党校调回冀东，任冀东区党分委宣传部部长。

徐志积极配合区党分委，周密制订计划，开展联络失散党员、发展新党员、恢复党的基层组织，组织原抗联和地方干部1000余人到平西整训，为建立、扩大抗日根据地打下基础。

为建立抗日的舆论宣传和教育阵地，提高军民的思想水平，区党分委急需办一个自己的报纸，派徐志具体组织实施。徐志先后到各地考察，最终选定在遵化县卢各寨村。卢各寨村群众基础好，有多个抗日堡垒户，村中有多人参加八路军。

村中有一所小学，早就是我党的秘密活动据点，办报人员可以小学教员的身份作掩护，当时卢各寨完小的校长正是自己人计明达。徐志通知计明达：上级马上要派一位同志到卢各寨，以小学为依托，筹办区党分委报纸，嘱咐他做好掩护配合工作。计明达很高兴地接受了任务。

徐志向区党分委汇报后，选派了具有丰富地下工作经验的崔琳同志任报社社长、总编辑。崔琳以小学教员的身份住进卢各寨学校，开始了报纸的筹备工作。最初，崔琳既撰稿又编辑，还要自己刻蜡纸。计明达为学校聘了几位勤杂工，实际做报纸的油印工作。1940 年年初办起了冀东我党的第一份报纸——《救国报》（抗战胜利后更名为《冀东日报》，1949 年新中国成立后更名为《唐山劳动日报》）。为了更及时地听到党中央的声音和全国各抗日战场的重要信息，计明达花了 35 块大洋，托人组装了一台短波收音机，可以收听延安新华社的广播，大大增加了报纸的信息量。徐志多次到卢各寨村了解办报的情况，传达区党分委的有关指示，叮嘱大家注意安全。敌人对这个报社虽然有所察觉，几次来卢各寨村搜查，在群众和学校的掩护下，报社都安然无恙。后来，报纸的规模越来越大，人员也多了，特别是日军直接进驻卢各寨村，为安全起见，《救国报》报社于 1941 年夏转移到遵化鲁家峪根据地山区继续工作。《救国报》积极宣传党中央的指示精神和全国各战场胜利消息，宣传党的抗日政策，有力地鼓舞了冀东抗战军民的斗争士气，为激发人民群众的抗日热情发挥了重要作用。

八、鲁家峪根据地

鲁家峪包括东峪、西峪、北峪等 10 多个山村，号称“九沟十八峪”，地处丰润、玉田、遵化三县的交界，面积 15 平方公里，1 万多人，中心村鲁家峪有 400 多户人家。这里山势复杂，沟壑纵横，且有许多火石洞可供隐蔽，有利于开展游击战。我党早期在鲁家峪就开展有广泛的革命活动，鲁家峪的人民具有光荣革命传统和斗争精神，鲁家峪有大批农民曾参加冀东人民武装抗日大暴动。此地具有建立抗日根据地的自然条件和群众基础。

1940 年年初，冀东区党分委在遵化县阁老湾村召开了第一次分委扩大会议

（称阁老湾会议）。会议决定由李运昌、徐志率部队开辟以鲁家峪为中心的丰（润）玉（田）遵（化）游击根据地。

进入鲁家峪后，李运昌、徐志等率党政干部和游击队先是从消灭土匪入手，安定社会秩序。坚决除（汉）奸反（敌）特，继而通过上层关系，积极开展统一战线工作。广泛宣传抗日，发动群众，恢复建立党的基层组织和村政权。组织起民兵、青年报国会、妇女联合会等群众组织。

我老家和鲁家峪村仅隔一道山梁，父亲徐志回到老家要峪村，先后动员了他的两个妹妹即我三姑鲁芝（后任宝坻县妇联主任，在辽沈战役中因劳累过度病逝）、二姑李慧民和本家兄弟李秀保、李秀明、李秀柱（1942 年牺牲）及多名村民参加了八路军。

1940 年 3 月，王维昕从平西根据地返回冀东，先后任中共丰玉遵县委组织部部长、县委书记。至年底，鲁家峪根据地已经发展扩大，中央北方分局和晋察冀军区相继派军政干部来冀东根据地。我二姑父柳达（在军区电台）和三姑父冯寿天（后任第十地区队区队长、丰蓟宝联合县县长）都是这个时期从山西老区过来的干部。

中共中央北方分局还从北平、天津的大中学校中选派了一批革命青年知识分子到抗日前线。我母亲李远，原名徐文瀛，1937 年在天津上学时加入中国共产党领导的中华民族解放先锋队（简称“民先”），从事抗日救亡工作。1939 年加入中国共产党，1941 年被党组织从天津派往冀东，先做妇女工作，《救国报》社搬到鲁家峪后，先后担任报社记者、副总编辑。母亲和父亲在冀东相识、相爱、结婚，取“非淡泊无以明志，非宁静无以致远”之“志”“远”为名，以示抗日的决心，并互换姓，化名徐志和李远，一直沿用下来。

李远（1919—1945）
牺牲于迁安（李世朴提供）

鲁家峪游击根据地不断巩固、扩大，

初具规模，军分区司令部、政治部、卫生部、电台、供给处等机关及野战医院、被服厂、兵工厂、救国报社、仓库等单位陆续搬到鲁家峪，成为冀东抗日根据地的政治军事指挥中心和后勤支援基地。

九、新的工作

1943 年 7 月，冀东抗日游击根据地有了相当大的发展。为此中共中央北方局决定建立新的冀热边特别委员会（简称冀热边特委）。

徐志被任命为第三地委书记兼归属于晋察冀军区第十三军分区的八路军第十二团政委，团长是曾克林。

在十二团期间，徐志与曾克林等密切配合，在冀东人民和民兵的支持下，共作战数十次，歼敌千余人，先后攻克锦承路南的上峪车站、平泉东老丈子等据点，使敌人终日不得安宁。到 1944 年春，徐志领导的第三专署将全区 135 个伪大乡摧毁了 95 个，将 61% 的伪大乡变为我们的一面政权，将 15% 的伪大乡变为两面政权。

1945 年 1 月 4 日，冀热辽区党委、行署、军分区成立。徐志任第十六地委（驻滦东）书记兼在十二团基础上扩大组建的第十六军分区政委，军分区司令员为曾克林。1945 年 2 月—4 月，第十六军分区部队与兄弟部队密切配合，协同作战，机动灵活地打击敌人，共毙伤、俘虏日伪军 5000 余人，缴获大量物资装备。6 月，冀热辽军区根据晋察冀分局的指示，决定发动夏季攻势，由第十四、十五、十六 3 个地委各组织挺北支队，配合地方武工队向北发展，将解放区扩大到热南、辽西地区，为全面反攻建立前进基地。

（李世朴，徐志之子，原石油部青海石油管理局干部）

疾风知劲草 国难显忠臣

——追记王少奇烈士

张锦红

王少奇（1912—1944）

王少奇，1912年生，河北省香河县城内北街人，原名王毓琨，号季如，化名王少奇、王瑛、李广等。自幼聪敏好学，有很强的组织能力。曾参加过一二·九学生运动，1936年3月加入中国共产党，历任蓟县人民抗日救国会宣传部部长，蓟县工作委员会宣委，宣（化）涿（鹿）怀（安）联合县救国会主任、县委宣传部部长，挺进军蓟（县）遵（化）兴（隆）游击支队政委，蓟县县委武装部部长，蓟（县）宝（坻）三（河）联合县县长，冀东西部地分委委员，冀东军分区卫生部部长兼政委等职务。1944年10月17日，在丰润县杨家铺突围战中英勇自尽，年仅32岁。

一、播撒抗日火种

1926年，王少奇考入河北省立通县师范。他经常阅读李大钊等人的进步书刊，积极向学校地下党组织靠拢。九一八事变后，日寇占领东北全境，华北危急，他毅然参加了反帝大同盟，带动同学积极从事抗日宣传活动。

1931 年秋后及 1932 年初春，他先后两次率领同学好友卜荣久等一行 6 人回到香河，在渠口、刘宋等村镇公开进行抗日演说，号召群众抵制日货。王少奇的宣传鼓动能力极强，每次演讲总是慷慨激昂。一次，在香河县城演讲时，感动得当时观音阁的老和尚打开山门，请他到二楼演讲。他从五卅运动讲到九一八事变，从东北沦亡讲到华北危急。在他的感召下，不少人积极投身抗日救亡的洪流中。王少奇还参与创办了《晨钟报》，为在群众中开展抗日革命活动打下了基础。

1935 年 12 月 9 日，一二・九抗日救亡运动爆发。时在北平医学院读书的王少奇积极投身于这场斗争，并被推选为西城区抗日先锋队队长。当天，他率领学生到街上游行，高呼“打倒日本帝国主义”“反对华北自治运动”等口号。游行队伍行至地安门时，国民党军官乘车带领一队荷枪实弹的武装军警迎面而来。王少奇和同学们一拥而上，拦住汽车，要求停止华北自治，停止内战，抗击日寇。国民党军官假意答应学生的要求，调转车头溜走了。随后，反动军警对学生们大打出手。面对敌人的皮鞭、棍棒和高压水枪，同学们与军警展开了激烈搏斗。终因寡不敌众，王少奇等 30 多人被捕入狱。面对严刑拷打，王少奇始终坚贞不屈，后经党组织营救，王少奇和另外两名同学出狱。

二、策划冀东抗日大暴动

1936 年年底，根据党的北方局指示，王少奇和卜荣久等学生党员被派往蓟县农村，开展抗日救国活动。次年 2 月，他们二人变卖家产，在蓟县板桥村开了一个诊所，取名“大同医院”，以医生的身份为掩护，为革命四处奔走。王少奇每日身背药箱，为群众解除病痛，开展抗日宣传鼓动工作。由于他医术很高，看病认真，待人和蔼，深得劳苦群众爱戴。半年多时间，就在周围 20 多个村庄建立了抗日救国会。大同医院还是我党秘密联络点，蓟县党组织领导人经常到这里活动，发展组织，传递消息，转运枪支，为抗日救国做出了重要贡献。

1938 年 4 月，王少奇被任命为蓟县抗日救国总会宣传部部长，负责筹划冀东抗日大暴动。他和战友一起，在蓟县各地大力开展抗日宣传活动，建立救国会，发展会员。此间，他经常向学生、教师和群众讲演，宣传抗日救国的道理，号召人们参加抗日游击队。7月5日，王少奇与卜荣久一起刻印关防印信、红蓝臂章、收枪收据、命令布告、标语传单、医疗药品等，完成了暴动前的准备工作。7月中旬，大暴动在龙山、太平庄等中心爆发。他们配合八路军第四纵队，一举攻克蓟县县城，建立了蓟县抗日民主政权。

三、艰苦的抗战岁月

从1936年到1944年，王少奇与战友们在冀东地区并肩作战，与日伪军展开殊死斗争，足迹遍布蓟县、遵化、兴隆、宝坻、三河等地。

1939年9月，王少奇率蓟遵兴游击支队返回盘山，途中历尽艰辛，多次遭日伪围攻堵截，与上级失去联系。王少奇决定就地开展游击战，运用灵活的战略战术，沉重打击了日本的嚣张气焰。

1940年，日寇在蓟县、平谷调重兵把守，敌我力量悬殊，抗日斗争面临很大困难。王少奇了解到伪警防区队队长董雄飞有抗日倾向，决定亲自做他的工作。经周密安排，王少奇化装只身前往董雄飞的驻地，向他详细阐述了我党的《抗日救国十大纲领》，经耐心细致的说服，董雄飞表示将以实际行动支持抗日。此后，警防队每次出城，董雄飞事先都给王少奇通风报信。1940年8月，八路军冀东主力第十三团建立，但由于日伪的经济封锁，战士们一时没有军装，正在大家一筹莫展之时，王少奇想到要董雄飞帮助解决。他和团长包森一起秘密会见董雄飞，听说要做1000套军服，董雄飞面露难色，但王少奇几句话就打消了他的顾虑："真抗日假抗日不是表现在口头上，要用实际行动来证明自己。我们静观董队长的爱国行动！"董雄飞思索片刻，最终应允。时过不久，十三团战士就穿上了崭新的军装。

不管斗争多么残酷，王少奇总是对胜利充满信心，表现出对党的无限忠诚。1943年2月的一天，王少奇正在和几个干部研究工作，突然大批日伪军从四方包围上来，企图将抗日干部一网打尽。在盘山班民兵的掩护下，王少奇等同志钻进一个石洞里隐藏起来。敌人一无所获，便命令几百名日伪军日夜搜查。当时正值数九寒天，缺衣少食，王少奇坚定自若，耐心做宣传鼓动工作，巧妙与敌人周旋。这样，王少奇率领大家一直在山中奋战了 15 个昼夜，最终突出包围，安全转移。

1940 年 8 月，王少奇任蓟宝三联合县县长。他率领该县的民兵，配合活动在盘山地区的八路军十三团，机智灵活地打击敌人，多次粉碎日伪军对蓟宝三联合县和盘山地区的“扫荡”和“围剿”。他经常领导民兵开展割电线、破坏交通和锄奸反特工作，为主力部队作战扫清障碍。1943 年，他在东峪率 20 多名民兵埋设地雷，一次就炸死日伪军 30 多人。他活跃在蓟县的盘山、兴隆的茅山一带，吃树叶，住山洞。他带兵打仗，做党务工作、政治工作、地方政权工作，每天只睡三四个小时，年仅 30 多岁就已经生出许多白发。他还遵照上级指示，推行新的赋税制度，减轻群众负担，改善群众物质生活，被群众誉为“穷苦人的好县长”。

1944 年 10 月 17 日，时任冀东军分区卫生部部长的王少奇，在丰润县杨家铺参加区党委扩大会议。当会议正在进行时，遭日伪 5000 多人突袭。情况紧急，

杨家铺烈士陵园

王少奇指挥体弱同志和妇女同志先撤，让自己的警卫员护送伤员撤离，他负责掩护。经过激烈战斗，王少奇终于冲出敌人火力网。这时，卜荣久同志腹部中弹倒地，王少奇见状，冒着敌人的弹雨返回为战友包扎。突然，他胸部中弹，不幸身负重伤。王少奇意识到突围已不可能，他沉着镇定，把仇恨的子弹准确地射向敌人。为了严守党的机密，当剩下最后一颗子弹的时候，他停止了射击。停了片刻，一名汉奸叫喊着“投降吧，保你连升三级，月薪 300 大洋”。王少奇丝毫不为所动，厉声痛斥汉奸的无耻行径。敌人劝降不成，蜂拥而上。王少奇从容举起手枪，向自己的头部射出了最后一颗子弹，壮烈殉国。

1958 年王少奇烈士的遗骸迁葬于盘山烈士陵园，同时在唐山冀东革命烈士陵园建墓以供后人凭吊。2014 年，民政部公布首批 300 名抗日英烈名录，王少奇烈士名列其中。

（张锦红，王少奇烈士孙媳，香河县第九中学教师。本文是张锦红根据王少奇烈士之子王从舜生前保存的资料整理）

投笔从戎的昌黎抗日烈士韩立平

孙洪滨

韩立平（1905—1938）

韩立平，昌黎县荒佃庄镇韩营村人。由于家境贫寒，无钱读书，只能在教室窗外偷听老师讲课。他边听课边拿草木棍在地上练字，日子久了，杨献亭老师发现了年少好学的韩立平，深为感动，便免费收他入学。

韩立平在校期间学习刻苦，尤其喜欢作文。上四年级时，全县会考作文，题为《卫生》，因其才思敏捷而挥笔写就。他写道："人之一生乐强健乎？乐疾病乎？甚矣，卫生之道不可不讲。善卫生者，饮食有节，运动有时，作息有一定之规，卧起有一准之则，此乃卫生之道也。"寥寥数语，短小精悍，说理透彻。因此，深得县主考卢芝兰的赞赏，并获得了双奖。

后来，韩立平入昌黎师范讲习所。毕业后任小学教师，兼学法律，并毕业于天津法律函授大学。他常给人写诉状，帮人辩护，人称韩大律师。早年加入共产党，曾在东北做过地下工作，负责学生运动。

九一八事变后，韩立平从东北回到关里，在田上庄教书，工作勤奋，成绩突出。他选派13名学生参加全县会考，有8名得了奖，受到群众夸赞。后来，韩营村派校董请韩立平回村任教。回到故里后，因人地熟悉，利用各种便利条件，边教书边向群众宣传抗日救国的道理。一次，全县师生集会、游行，纪念九一八国耻日。他在大会上公开演讲道：“外强侵入，国家不安，国难当头，人人有责，我中华全民，炎黄子孙，均应奋起抗争。”慷慨激昂，听众无不动容，对唤起民众抗日起了一定的鼓动作用。在他的影响教育下，不少学生和普通民众后来投身革命，并担负了革命队伍中的重要职务，为中国人民的解放事业做出了贡献。

韩立平对学生要求严格，一丝不苟。除教正课外，他还把在师范学习的课程编选为补充教材教给学生。他讲课深入浅出，通俗易懂。他经常给生活困难的学生资助学费、书本费，并且自己出钱买奖品，奖励优秀学生。1933 年冬全县会考时，在前五名中，第一、二、四名都是他的学生。他还非常重视体育课，常常带领学生进行体育锻炼，故该校体育成绩也很突出，曾在全县运动会上得银盾 3 枚、银杯 1 只。另外，他还经常为群众办事，深受群众拥护，全村上年岁的人至今仍对他念念不忘。

韩立平烈士安葬在昌黎烈士陵园

韩立平是一位抗日烈士。1938 年，他毅然投笔从戎，不幸在攻打泥井的战斗中以身殉国，时年 33 岁。他的崇高品格和爱国主义精神，为全县教育界和广大人民所敬仰。

（孙洪滨，昌黎县周庆恩中学退休教师，昌黎县文史资料研究员）

冀东抗日大暴动中的李守善和东兴书局

李逢源

李守善，原名韩树仁，曾用名韩有为、王治平，1915 年生于唐山市东矿区（今古冶区）王辇庄。家境贫寒，靠父亲种田和当泥瓦匠维持生活。少年时好学上进，在姐姐的帮助下，1937 年毕业于赵各庄开滦小学。之后再也无力继续上学，随父学泥瓦匠手艺，农忙时种田。

李守善（1915—1986）

李守善目睹日寇和汉奸的暴行，激起了强烈的抗日情绪，决心走出去寻求抗日救国之路。1936 年 4 月，经人介绍来到古冶东兴书局。

东兴书局有两间门面，后院有住室，地处古冶大街，对面是伪警察所，附近驻有日本兵，临街市人很多，特务、伪军混杂其中。书局的营业项目是卖文具、纸张和图书，很吸引一些有知识的青年人。

李守善在书局做了一年多的店员，结识了不少有志之士，其中有王玉振（电话工人，大暴动之前参加了革命）、郜山河（小学教师，参加了暴动）、杨春华（现名王子玉，后为沈阳国防工办副主任）、王克如（地下党员）、王大中（原名傅锡和，后到司法部工作）、吴宝书（地下党员）、刘伯翔（本名丁振军）、张鸿武（地下党员）、张述先（地下党员）、王明德（后为吉林省总工会主席）。这些人给李守善以极大的影响，逐步成为自觉为党做工作的抗日战士。他要把东兴书局变成党的地下联络站。

李守善和东兴书局的主要任务是：负责冀东党的主要领导人李运昌、阎达开、李楚离等同志以及地下党员的交通联络。李守善作为联系人，负责传递信件、转达消息、保管钱物、转送党的地下干部以及筹集抗日活动经费等。在地下党的领导下积极发展力量，组织抗日队伍，择机暴动。

地下党同志都有社会职业。李守善利用书局经常人来人往的条件，即使周围敌伪特密布，也能巧妙地蒙蔽敌人，掩护自己的同志。1937 年夏，古冶东雷庄铁路大桥被炸，敌人在桥下发现了东兴书局的包装纸，于是产生了怀疑，四五个特务盘查李守善几个小时，李守善说："卖东西就得给包装，顾客拿去做什么，我怎能负责得了？"无论怎么问，都是这句话。敌人无法，只能作罢。这样，李守善在东兴书局为党做了许多工作。李运昌同志常在书局落脚，特别是 1937 年秋，李运昌频繁来书局，为组织冀东抗日大暴动部署工作。

1938 年，李运昌、杨春华等同志指示：想不当亡国奴，非组织力量抗日不可。李守善一有机会就进行个别串联，首先发展了牟云中（书局对门自行车铺少掌柜）、刘子奇（恒太昌百货店团丁）。同时，杨春华也发展了一些人。经过一段时间的工作，到当年 7 月初，丁振军同志来书局指示：凡是具备力量的，马上组织暴动。李守善立即组织同志制订暴动计划，研究了集合地点、收缴民枪、扩大队伍及开展宣传等有关事宜。

1938 年 7 月 20 日下午 4 时，李守善、杨春华从古冶书局出发，直奔北面青龙山，住在大庙里，当晚进山 30 余人。

他们以青龙山为据点，发动群众，宣传抗日，收缴民枪。山下农民和赵各庄矿工人纷纷参加，几天后扩大到 200 余人。李守善同杨春华、牟云中、刘子奇、孙玉山共同领导了这次行动。

这次行动是冀东抗日大暴动中的一个组成部分，给日伪军以很大的打击，显示了东矿人民抗日救国的伟大力量。组织这次暴动之后，李守善历任游击队长、区长、县委民运部部长、联合县工委书记、县委书记、地委组织部部长以及土改工作队队长等职。

（选自政协古冶区委员会编《唐山文史资料大全·古冶卷》）

高敬之与冀东抗日大暴动

高小平

一、出道轶事

高敬之（1903—1997）

高敬之，原名奎圃，河北卢龙县沈官营（今属滦县）人，家境贫寒。因高敬之从小就聪明，其大伯与父亲等家中长辈们希望高敬之长大后有出息，便依靠伯父的面子，加上全家老少节俭过日子，送其到本村上了几年“冬学”（私塾）。因为学习成绩总是名列前茅，大伯与父亲见高敬之的确是读书的料，又送其去姥姥家上“洋学”，即直隶省第三师范（后来的河北滦师）附属小学。

此时的高敬之，知道父辈们的苦心与希望，所以在上小学期间非常刻苦认真，学习成绩年年考第一名，仅用 6 年时间就学完了 7 年的全部课程，最后以优异成绩考入京东著名学校——河北滦师。

高敬之从小胆大顽皮，喜欢冒险，好打抱不平。面对日本浪人在滦县城里开设大烟馆毒害百姓，非常气愤，为此高敬之曾联合爱国友人及与自己要好的小伙伴砸过日本浪人在滦县城里开设的大烟馆、吗啡馆。

1925 年，高敬之带着河北滦师的同学也曾闹过学潮、罢过课。他会说能打，懂点儿武术，因此当了纠察队队长，在学生中有一定的威信。从河北滦师毕业后，高敬之到迁安县张督庄小学任教。

1927年，张督庄村子里来了一群兵。他们买卖公平，不打人，不骂人，还帮助老乡干活，唱的歌是“打倒列强，打倒列强！除军阀，除军阀”这触动了高敬之的灵魂。高敬之从心里佩服这支军队。那一年，他接受了三民主义，参加了国民党组织。

1928年，高敬之随中国国民党卢龙县登记处开进了卢龙县城。这一年选举教育局局长，高敬之竟意外当选。

高敬之对国民党登记处办的许多事感到厌恶，于是就张贴标语骂他们。有一次，高敬之封了登记处，奉上一副对联：“民为鱼肉党作护符得意洋洋新土劣，官是爹娘钱当命根大名鼎鼎旧豪绅”，横批“祸国殃民”。因此惹怒了国民党登记处，高敬之被开除了国民党党籍。

高敬之当了教育局局长，首先整顿学校。没收学校的庙产，又惹怒了吃庙产三分利的绅士们。一个叫傅五老爷的绅士大发雷霆，一天夜晚带着十几名打手，闯进教育局欲打高敬之。傅五老爷进屋便气势汹汹地问：“你们谁是局长？”

高敬之一看来头不善，灵机一动，先发制人，抢上一步:“我是局长，怎么样？”冷不防掴了五老爷一个嘴巴，将桌子掀翻，把五老爷弄了个仰八叉。高敬之便借机抽身跑进县衙门告状。

进了县衙门，高敬之就跟县长说:“有人来砸教育局，赶快下捕票捉拿暴徒！”

那时的卢龙县县长叫刘鹤汀，即刻下了捕票。衙役带着县长的手令到了教育局，一看是傅五老爷。衙役们犯起了嘀咕：“连刘县长都惹不起的主儿，咱们谁敢惹呀！”于是，衙役们便想息事宁人。高敬之有理不饶人，说啥也不干。刘县长几番撮合，又请客，又换帖拜把，才不了了之。

通过这件事儿，高敬之对卢龙县县衙的黑暗深恶痛绝，更不屑与他们为伍，于是常常找县衙门的茬。有一次大白天，高敬之便打着灯笼去县衙，有人问其为什么白天打灯笼，高敬之随口答道：“衙门口太黑，不打灯笼进了衙门啥也看不见。”因此，“高局长白日挑灯进县衙”的故事随即流传开来。

不久，高敬之被罢了官，在家闲居。

1933年，曾有一股子东北军进驻油榨镇一带，县长、区长逃之夭夭。驻军师长翁兆元将军向老乡打听，这一带谁有威望。老乡推出高敬之。翁师长派人备马把高敬之请到了司令部，奉为上宾，拜为参谋长兼区长，为驻军筹粮。

几年以后，高敬之受聘当了卢龙师范附小教员，不久荣升为主任。1936 年任卢龙师范学校校长。

1937 年，高敬之在河北卢龙县乡村师范学校当校长期间，面对冀东的形势，进行了反思。

1933 年，高敬之参加了长城抗战。1935 年，大汉奸殷汝耕在日本帝国主义的支持下，搞出个“冀东防共自治政府”，实际上完全是日本人说了算，处处提防共产党和反满抗日志士。冀东成了“二满洲”，民众成了“亡国奴”。由于汉奸当道、日本“浪人”横行，加上土匪蜂起，恶霸盘剥，弄得民不聊生，广大同胞衣不蔽体，食不果腹，冀东变成了人间地狱。

高敬之所在的那个学校，也派去了一个日本教员高桥，实际上是监视师生言行、推行奴化教育、培养亲日分子的特务。高桥非常仇视中国人，一天晚上，高敬之从高桥的屋前过，见高桥在屋里手持木棒，满脸杀气，向放在桌上的枕头猛打，嘴里还咕噜着侮辱中国人的话。

看到这种情形，真把高敬之气坏了、民族自尊心使其再也忍耐不住了。于是，高敬之把高桥狠狠地训斥了一顿。这下子坏了，没过几天，来了一个日本人，据说是卢龙县政府的顾问，还带着个翻译，说是来“视察”的。一到学校，就横挑鼻子竖挑眼，四处找岔子。最后竟威胁高敬之，经费不足，学校停办。

二、寻找共产党

有一次，高敬之去天津办事，乘火车返回卢龙时，手拿一张《大公报》，上面的头条新闻即张学良、杨虎城发动西安事变之事。他和邻座一位穿黑色洋教袍的青年传教士聊得很投缘。这位传教士高高的个子、略黑的脸膛，非常健谈，但他没有宣传上帝和耶稣，只是慢条斯理地讲抗日，说西安事变以后，国共两党合作抗日，中国有救了。还说他到延安传教，遇见过共产党，知道一些共产党的主张。下车前，传教士从旅行箱里取出一本《马可福音》送给高敬之，高敬之回赠名片。高敬之回家后打开那本《马可福音》时又惊又喜，里边都是共产党抗日救国的主张，高敬之如饥似渴，一口气读完。

人民的苦难，自身的遭遇，使高敬之常常彻夜苦思：怎么办？逆来顺受，当亡国奴？不甘心，起来反抗？“秀才造反，三年无成。”正在“山重水复疑无路”的时候，高敬之想起了中国共产党关于团结全民族进行抗日的事。关于共产党，高敬之以前就听说过，心想：“既然共产党主张抗日，我为什么不去找共产党呢？找共产党去！”想到这，心里豁然开朗。可是到哪里去找呢？高敬之发现反动派的报纸上登着“共产党煽动开滦工人罢工”“共产党煽动滦师学潮”等，由此高敬之断定滦县一定有共产党。于是，他跑到滦县去找自己认识的一些人，可是谁也不说自己是共产党，白跑一趟，但他认定滦师中就有共产党。

1938 年春，高敬之借口辞退了 3 名原有教员，又设法从滦师毕业生中聘请了 3 位新教员。其中一位女教员叫刘兰香，经过一段观察，高敬之觉得这个人很正直，于是向她表示了要找共产党的诚意。刘兰香说她不是共产党，但她五弟有个朋友叫阮务德，在滦县城里养病，可能是个共产党员。高敬之诚恳地说：“我要去见他！”刘兰香非常爽快，当下给高敬之写了一封介绍信。

高敬之拿到介绍信后，便匆匆地赶路。由于心里高兴，脚底有劲，很快到了滦县城里。经过询问，终于找到了这位阮先生——这不就是那位传教士吗？只可惜当时没留下名字。当年一个给对方出示名片，一个给对方出示《马可福音》。

阮先生看了介绍信之后说：“我叫阮务德，从信中我也知道高校长的尊号为高敬之了，咱们有话就直说吧。”

高阮二人从家庭生活和学校情况谈起，一直谈到当下时局。高敬之抓住话题，以试探的口吻问：“国难当头，匹夫有责，应该怎么办呢？”

阮先生看了看高敬之，也许有些不放心，也许是在故意进行考验，回答说：“当亡国奴呗！”

高敬之说：“当亡国奴？不甘心，不把日本鬼子赶出去，还能算是中国人？”

“要把鬼子赶出去，当然好！”阮先生看了看高敬之，接着庄重地说道：“抗日不是少数人的事，不能只凭热情。要多交朋友，多学知识，团结起来才有力量。”

高敬之还不理解这些话的意思，焦急地问：“找不到共产党，又想不出办法，究竟该怎么办呢？”

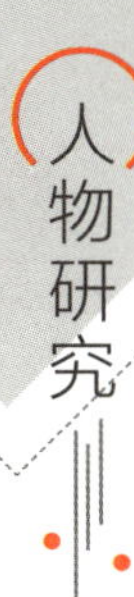

阮先生未动声色，慢腾腾地说道：“会有办法的，等待时机嘛！”

阮务德给高敬之讲了许多团结抗日的道理，并告知：“抗日是全体中国人民的事情，既要有热情，还要会团结人，练好本事，做好充分准备，驱逐日寇是早晚的事儿。”高敬之很受教育和启发。

三、准备暴动

1938年夏，高敬之听乡亲们在街头巷尾小声议论：“去冀中贩牛的人回来讲，那里的老百姓都起来和日本人干了。”高敬之听后，精神为之一振。

这时的冀东，到处谈论抗日的事。高敬之想，原来阮务德说“等待时机”，现在就是时候了，于是请人到城里去找阮务德商量起事，可是阮务德早已走了。

不能再等了。高敬之听说东北已经有不少民众奋起抗日了，便下定决心挑头抗日。他开始做起事的准备工作，成立华北人民抗日第八路军第九总队，接着又派人到滦县车站秘密刻了一个印章（那时叫关防），用毛边纸印了一些委任状，准备拉起部队后使用。

决定起事以后，在组织人员方面，高敬之委托给了王殿。王殿与高敬之同村，是高敬之的表兄。王殿家贫如洗，曾给地主看过坟，扛过活，当过兵，坐过牢，讲义气。因为个子高大，人们在王殿姓名前边加了个“大”字。

在这以前，高敬之曾对王殿做工作：“大王殿，家贫出孝子，乱世显忠臣，日本鬼子压得咱们喘不过气来，你就不能做个精忠报国的抗日英雄吗？”

大王殿回答说：“高校长，如果你领头，我就跟着干！”

高敬之说：“咱们组织人，抗日！”

大王殿说：“你说咋干我咋干！”

高敬之说：“中！”

果然，大王殿很能干，没过几天，就联络起一大批人。

自那天以后，大王殿背着一个用红布包裹的匣枪壳，直奔商家林，这是一个很大的村庄，高敬之曾经在那里当过小学校长。大王殿到后，立即找到几个穷朋友，对他们说：“高校长当了抗日军司令，有志气的哥们跟咱走！”大家听说

“跟着高校长打日本”，很快就有一批人加入进来。凭借高敬之在那一带的威望，大王殿很快就拉起400多人的队伍。

四、首战剿匪

队伍拉起来后，全部集中到无税庄。一天夜里，高敬之骑着毛驴来了，他挨户看望了新集合到一起的抗日志士们，表示欢迎和感谢。经过交谈，得知这些人有的是给地主扛活的长工，有的是从关外跑回来的苦力，有的是青年学生，有的是学校的教员，还有所谓的江湖好汉。这支刚组织起来的队伍，尽管穿戴得形形色色，武器也各式各样，但不愿当亡国奴的心愿是一致的。

第二天早饭后，队伍到村西孙家坟地集合，高敬之站在一个坟头上开始讲话。他说：“亲友们！弟兄们！如今咱们造反不为别的，就是为了打鬼子，除汉奸，可不是为了升官发财！”

“此话在理，怎么干，你说吧！”下面有人喊话。

高敬之接着说：“愿意抗日到底的请往东边站。”话音未落，人群刷地移到东边，西边留下一块空地。高敬之又说：“想升官发财的站到西边去。”这时，人群纹丝不动，西边那块空地仍然空荡荡的。

大家如此齐心，何愁打不垮鬼子？高敬之内心很激动，不由得向大家恭恭敬敬地三鞠躬。然后说：“乡亲们，弟兄们，众人一条心，黄土变成金。只要大家团结起来，就能赶走鬼子，过安生日子。”高敬之的话还没有讲完，就被洪亮的口号声打断了。

接着，高敬之把事先准备好的油印委任状当场授给大王殿、董进信2个大队长和6个中队长。大王殿和董进信站在队前，高举拳头宣誓：“打倒日本帝国主义和汉奸走狗”“不扰民、不害民”“服从命令听指挥”。这样，一支抗日武装组织起来了。出师第一仗，决定先打当地的马各庄联庄会（18个庄子的地主联合起来的封建武装），头子叫王明甫。他们给地主催租要粮，勾结日军、汉奸，鱼肉乡里，人民恨之入骨。一说打马各庄，大家都想报仇雪恨，劲头十足。队伍刚走到马各庄的东头，大伙怒吼着海潮般向庄里冲去，这个气势把反动武装吓坏了，瞎放几枪，便向村西逃窜。进村后，高敬之把司令部设在一个姓任的大地主家，并派人张贴安民布告，开仓济贫。

队伍拉起来了，暂住油榨镇一带。当时，老百姓找高敬之来告石崖村土匪的状。于是高敬之决定先打这股土匪。石崖村离油榨镇两里，是个大村子。土匪的大头子姓邵，二头子姓瓮。他们为非作歹，强奸幼女，老百姓恨他们恨得牙根疼。高敬之像打马各庄一样，把石崖村包围住。这里的土匪比马各庄的武装厉害得多，他们扼守村庄，一步不退，打了一天一夜也冲不进去。后来，高敬之叫人把一户地主的房子点了，大火燃起，土匪乱了阵脚，夺路而逃。

土匪逃到韩家寨子，高敬之又带人把这伙土匪包围在韩家寨子。暴动队伍人多势众，老百姓又拥护。土匪只有 200 人，一离开老窝儿，心就虚了。高敬之抓住他们的心理，说服他们，让他们投降。遂后，高敬之把部队开到了石崖庄。经过整顿，把联庄会的人与这帮土匪改编为第三大队，任命姓邵的当大队长。到此，高敬之名声大振，队伍壮大到 1000 多人。

五、骂开卢龙城

卢龙城西门

高敬之随即召集大王殿和董进信等几个领头的大队长合计，决定攻打卢龙县城。

卢龙紧挨着滦县，伪县长叫牛会卿，绰号“牛犊子”。听说高敬之要打卢龙，“牛犊子”把日本顾问送到了昌黎县城，又领了几万发子弹，把全县伪军警 500 人全部集中到城里，每天紧闭城门。高敬之挑选了70人组成一支敢死队，由大王殿带领，跟着高敬之去攻城，其余人员留在滦河以西，控制渡口。

大清早，高敬之就带着两个卫兵过滦河，并把敢死队隐蔽在高粱地里。走到卢龙南关，只见城门紧闭，城墙上站着不少伪军官兵，还夹杂着几个戴草帽、穿长衫的士绅。此时，高敬之已下令把所有的电话线都剪断了。

高敬之登上城东南的娘娘庙，放声喊道："喂！城上的弟兄们听着，让你们牛县长出来，我要和他说话。"过了一会儿，城上喊道："牛县长来了。"听说"牛犊子"来了，高敬之提高了声调："牛县长，大天白日，关着城门，不让抗日军进城是何道理？"

"牛犊子"朝高敬之点头哈腰地说："高校长，你在河西剿匪有功，辛苦了，缺粮缺饷，我可以供给！"高敬之说："抗日部队有百姓支援，谁要你的！废话少说，抗日救国，人人有责！开门相迎，共同抗日，人民可以饶恕你；执迷不悟，认贼作父，打进城去，要你脑袋！"

"牛犊子"听后连声说："我们商量商量。"便转身溜走了。

高敬之继续向伪军警喊话："弟兄们，我们都是好朋友，听我良言相劝：日本鬼子占了咱中国半壁河山，妻女姐妹遭奸淫，父母兄弟被残杀，你们耳闻目见，难道还甘心为他们卖命吗？就是卖了命，人们也要指着尸首骂你们是汉奸骨头。有热血、有骨气的中国人，应该抗日救国，血洒疆场，留名千古，欢迎你们掉转枪口，对准敌人！"

过了一会儿，城墙上系下6个人，说是前来和谈的。高敬之听说不让暴动队伍进城，来气了。当这伙人走到离庙台还有五六米远时，高敬之举起手枪说："是朋友，帮我开城，共同抗日，'牛犊子'还可当县长；劝我不进城的是冤家，别怨我不客气。"这伙人只好寒暄几句，抓住绳子被城墙上的人拉了回去。

下午，高敬之暗暗派人通知大王殿在黄昏时把敢死队带到城下，从东南角往上攻。接着，高敬之往北门转，一边走一边喊："咱们都是本县人，都是好朋友，咱们的敌人只有两个——日寇、汉奸'牛犊子'。"

守北门的是伪保卫团的队长刘斋和团丁董洪才。这两个人平素对高敬之有好感，见其来到北门，便与其搭话。董洪才小声说道："高校长，刘督察长也在这里呢。"

刘督察长是“牛犊子”的亲信，铁了心的汉奸。董洪才这样说，是暗示高敬之提防点。于是高敬之大喊：“姓刘的听着，你敢动我一根毫毛，我就把你剁成肉酱！”那姓刘的小子始终没有搭腔。

太阳刚刚入山，大王殿在城东南角下手了，顿时枪声大作。高敬之马上跳起来，装着很着急的样子：“命令部队，先别开炮。”其实，哪里有炮！高敬之又转头向城上喊道：“弟兄们，东门已经打开了，快开门立功吧！”董洪才也喊：“弟兄们，交枪，跟他们打鬼子去！”随后从城墙上扔下几支大枪。

城门用沙袋子堵着，好半天才打开一道缝，高敬之和警卫挤了进去。只见门洞里还挤着七八十个伪警，高敬之叫他们倒背着枪，到师范学校集合。高敬之一路走一路喊：“八路军进城了，‘牛犊子’活捉了。”其实，“牛犊子”在哪儿，高敬之自己心里还没底呢！

到了师范学校，听说警察一分局有一批伪保卫团丁在受训，高敬之赶忙带几个人跑去，把他们同一些伪警一齐俘虏了。伪保卫团队长（姓雷）和一分局局长（姓张），分别把自己的手枪交给了高敬之，高敬之当即勉励了他们。

清查俘虏时，不见了“牛犊子”。高敬之立即通知四门戒严，全城搜查，可就是不见“牛犊子”的影儿。几天后，才知道“牛犊子”乘夜间混乱，由西北角跳下城，把腿摔断，由他外甥背着逃走了。

在卢龙，除了“牛犊子”，民愤最大的要算警察总局刘督察长了，百姓纷纷控告，要求严办，高敬之遵从民意，将其公审枪决。卢龙古城重获新生，这是卢龙县人民奋起抗战的成果。

六、部队归宿

高敬之赶走了伪政府，成立了卢龙县抗日政府，轰动了冀东。

这时有人来送信。写信人是在滦县港北村暴动的华北抗日联军第三军区（简称冀东抗联）第五总队总队长李润民。信中表彰高敬之的抗日义举，希望互相配合抗日。高敬之问送信人：“李润民是不是共产党？”送信人说：“是，还是走过二万五千里长征的老红军呢，曾经当过工农红军的团政委！”高敬之表示欢迎。

当天深夜，李润民司令（总队长）把队伍开到卢龙，高敬之到城外河沿儿村迎接。

第二天，卢龙逢集，商店已经恢复营业。高敬之在街上巧遇阮务德，阮务德说："自从那次在滦县会面之后，组织上就派我到昌黎汇文中学去当英文教员。不久，冀东人民举行武装抗日暴动，我也就投笔从戎，参加了抗日联军第九总队。"阮务德一边说着，一边陪高敬之向李润民司令（总队长）那里快步走去。

李润民热情地接待了高敬之和阮务德。谈话中，高敬之把心里话直截了当地吐了出来："李司令（总队长），我这个教书匠不懂兵法战术，也不会带兵，还是把部队交给你们吧！"李润民司令（总队长）笑了笑，操着河南南部口音说："你这不是搞得很好嘛，司令还得你当啊！"高敬之说："叫我干也可以，不过得派几个党员来。"高敬之顺手拍了拍阮务德的肩膀，说："就让阮务德（张德民）同志到我们那里去吧！"李润民司令（总队长）又笑了笑，拿出一捆钞票，说："高校长，你们刚暴动，可能资金上有些困难，给你们点钱，虽然数目不大，也可解燃眉之急。"高敬之急忙说："李司令，我们啥也不要，也不缺钱，就是想要阮务德（张德民）同志，你舍得给吗？"

两天后，组织上决定阮务德（张德民）到高敬之的队伍里担任政治部主任。同时决定将高敬之部队的番号改为华北抗日联军第三军区（冀东抗联）第二十三总队，高敬之任总队长。至此，高敬之这支队伍接受了共产党的领导。

华北抗日联军第三军区（简称冀东抗联）第五总队在冀东大暴动中不断扩大，所管辖的总队除第五总队外，还管辖第九总队、第十总队、第十三总队、第二十三总队、第三十九总队及几个特务总队和独立大队，为此升格为华北抗日联军第三军区第二路第一梯队，第一梯队司令部司令（总指挥）李润民，张鹤鸣升任华北抗日联军第三军区第五总队总队长。

之后，高敬之率部参加了华北抗日联军第三军区副总司令李运昌二路指挥部攻打双望、抚宁的战斗，又配合华北抗日联军第三军区总司令高志远一路指挥部攻打乐亭、糯米庄、滦县等许多大大小小的战斗。高敬之部随兄弟部队征战，为民族的解放屡立战功。

（高小平，冀东抗联总司令高志远嫡长孙，原河北省地方国营滦县水泥厂退休干部）

爱国人士王建国与冀东抗日大暴动

吴竹亭

王建国，原名王俊明，字景轩，素有“盘山王”之称，1891 年农历十月初五出生在蓟县盘山脚下的塔院村。从小同情弱苦，急公好义，疾恶如仇。1927 年，被推举为塔院村村长，办事公道，清正廉明，深为村民拥戴。1932 年任三区保董，3 年后改任民团团总。在此期间，曾率领民团围剿烧杀抢掠的军阀逃兵，追捕过盗窃盘山文物珍宝的土匪，在盘山周围几十里很有声望。

1937 年下半年，中共蓟县县委领导李子光拜访了王建国。在和李子光交往中，王建国逐步认识到要驱逐日本侵略者，只有在中国共产党的领导下才能实现。在谈到收集民团的枪支、组织抗日武装时，王建国说：“日本人绝不让中国人拿起枪来，这部分枪（民团武装）你们共产党应该拿起来。只要你们共产党敢干，我王建国也绝不含糊。”在李子光的帮助下，王建国秘密参加了救国会。

1938 年 4 月 4 日，中共蓟县县委根据冀热边特委关于全面发动抗日武装暴动的指示，在盘山千象寺召开县委扩大会议，王建国作为 18 位代表之一出席了会议。会议总结了救国会工作，决定进一步开展统一战线工作，放手发动群众，开展抗日救国宣传；发展救国会会员，争取民团武装和进步士绅，准备暴动。会上，成立了由参加会议的 18 位代表组成的“蓟县抗日救国总会”。卜荣久任主任，王少奇任宣传部部长，王坤载任组织部部长，李子光任武装部部长，王崇实、王建国、商香阁、冀扶朽、王揖为武装委员。

会后，王建国积极进行抗日救国宣传，秘密发展救国会会员。营房村张克增，旧军人出身，粗犷豪爽，富有民族正义感，经王建国做工作，不仅本人参加了救国会，又在村中发展了另外两人。同时，王建国又发展了本村的白秀江、白秀丰、白荣华、白棠武等人成为救国会会员。

1938 年 6 月初，八路军第四纵队根据八路军总部配合冀东暴动的指示，在司令员宋时轮、政委邓华的率领下，从平西根据地出发，分两路挺进冀东。一路所向披靡，连克昌平、延庆、永宁、兴隆等县城。中旬，四纵一部到达蓟县北部的靠山集、将军关、下营一带。喜讯传来，人们欢欣鼓舞，抗日热情空前高涨。

6 月间，为配合暴动，四纵派参谋苏甦到塔院，通过在塔院小学教书的地下党员刘曙光找到王建国，共商暴动事宜。

1938 年 7 月 5 日，王建国参加了县委在三区塔院村北栗树沟召开的紧急会议。会上，冀热边特委丁振军传达了特委田家湾子会议决定：确定 7 月 16 日冀东举行统一暴动，批准蓟县暴动队伍为冀东抗日联军军区总队，决定由王建国和苏甦负责组织领导三区的武装斗争。后察觉敌人正下令收枪、谋划镇压，县委遂于 7 月上旬末在盘山天成寺和城南板桥村，两次召开紧急军事会议，认为暴动时机已经成熟，决定立即在冀东西部发动暴动。

会后，李子光、苏甦、王建国共同商议认为，邦均扼京蓟交通要路，是密集 18 村的大镇，战略地位重要，打下来会产生重大影响。虽然敌人控制严密，驻有警察分局及地方民团训练队几百人，但邦均镇门多，地理熟，可进可退，只要准备充分，措施得当，胜利是有把握的。

决定后，王建国立即通知救国会会员到塔院西北碾子峪开紧急会议。碾子峪在一条山沟里，十分隐蔽。除李子光、苏甦、王建国外，到会的有张克增、吴荣先、纪凯、王君、王全、魏品卿、白凤祥、白荣华、白永生、白崇武、白秀江等人。苏甦作简短的动员。救国会会员们听说要打邦均警察三分局，个个摩拳擦掌。大家分析了敌人的兵力布置、活动规律、地理位置，决定采取突袭、速战速决的战术。王建国做了任务的分工：长枪组负责守道口，防止敌人逃跑，阻击增援的敌人；

苏甦、纪凯负责喊话，进行政治攻势，宣传抗日道理，分化瓦解敌人；其余全部攻打警察分局。张克增还带来了12枚手榴弹，并由他做示范，教大家如何投掷。

暴动原定7月11日开始，因该夜大雨，后改为7月14日举行。为了把情况掌握得更加准确，王建国派白秀桐去邦均侦察。白秀桐利用其兄在邦均当团总这层关系，把敌人的口令和段甲岭到邦均的情况摸得一清二楚。当晚8时许，王建国便带着暴动队伍一行14人乘着夜幕向邦均进发。

路过大孙各庄戒毒所时，通过宣传抗日道理，和平收缴了枪支。为了避开敌人的流动哨，他们绕开大路，在青纱帐中迂回到警察分局后面，敌人毫无察觉。当时，天气炎热，警察们都在警察局东院有围墙的广场上铺着炕席聊天乘凉。由于围墙外地势高，里面的情况看得一清二楚。张克增先扔过去一个手榴弹，跟着别人手里的手榴弹也甩了过去。随着手榴弹的爆炸声，救国会会员冲进了敌警察分局。在突如其来的爆炸声中，敌人一窝蜂地争相逃命。

枪声、手榴弹的爆炸声及敌人逃命时的哭喊声，惊动了警察分局对面的民团集训队，集训队员便胡乱地打起枪来。民团绝大部分是当地的老百姓，除极少数坏人外，都是地道的庄稼人，是被敌人强迫参加集训的。苏甦、纪凯轮流向他们喊话："我们是八路军，打日本的。中国人不打中国人。不愿当亡国奴的拿起枪来抗日！"经过喊话，民团停止了射击，随即大家立即收缴了敌警察局所有枪支弹药。整个战斗只用了30多分钟，就胜利结束了。这一仗打死敌人1名，伤2名，缴枪30余支、子弹7000余发、电话机1部。归途中，路经太平庄时，顺手解决了钨钢矿敌伪驻所。翌日，暴动队伍砸开了邦均警察三分局的粮库，将所有粮食分给当地贫苦百姓。

邦均暴动拉开了蓟县大规模武装暴动的序幕，打响了冀东西部暴动第一枪，极大地鼓舞了人民群众的抗日热情。尔后，七区、二区、县城所在地的一区，在党的领导下相继暴动。

暴动后，李子光等县委领导商议：邦均乃三区重镇，盘山又地处三区，决定由参加暴动人员组建"蓟县抗联三区队"，王建国为队长，冀扶朽为政治部主任。下设3个大队、1个骑兵大队，一大队大队长白崇武，二大队大队长白老四，三大队大队长张克增，纪凯任骑兵大队大队长。后来，李子珍又将白涧一支农民抗日队伍带来参加三区队，增设四大队，李子珍为四大队队长。

三区队成立后，树起抗日救国大旗，以各村救国会会员为骨干，开始收枪扩军。三区人民踊跃报名参军，不少人亲手把孩子交给王建国，表示只要打日本，死而无怨。仅一个多月的时间，三区队就发展到700多人，从地方武装收枪千余支。

队伍壮大后，三区队活动在二、四、五区和宝坻、三河一带平匪灭奸，打击敌人。他们曾设伏贾各庄、邦均、南营、小孙各庄、三百户，痛击日伪军，烧毁敌军车；也曾袭击新集敌人，拔除过敌人据点，给予敌人以一定的打击。

9月末，带队转战马伸桥一带的王建国接到通知，到遵化县西部的西龙峪村，参加由县长王巍、县委负责人李子光召开的各路抗联负责人会议。会上，传达了上级关于抗联随四纵西撤平西根据地整训的指示。王建国当时虽已年近五旬，仍以革命大局为重，毅然决定抛家别子，随部队西撤。会后，王建国率队赴果香峪与其他抗联队伍汇合。10月初，四纵的两个团前来蓟县接应。抗联第十六总队、第十八总队、第五总队一部、县政府特务大队和教导队及王建国领导的三区队等共5000余人开始沿北部小路西行。

进入平西根据地后，驻斋堂。在平西受训的9个多月里，王建国通过系统的学习，不仅思想觉悟和理论水平有了新的提高，而且在斗争实践中进一步受到锻炼，增长了对敌斗争的经验。1939年8月，蓟县西撤平西整训的队伍按上级指示组成“蓟平三游击支队”“蓟遵兴游击支队”和蓟遵兴地方工作团，准备返抵盘山，与坚持盘山的抗日队伍会师。王建国被任命为蓟平三游击支队队长，王克兴任政治部主任。返回盘山后，“蓟平三游击支队”积极开展对敌斗争，扩大队伍，为创建盘山抗日根据地打下了基础。

（选自政协唐山市委员会教科文工作委员会编《唐山文史资料》第五辑）

爱国士绅李盛瑞与冀东抗日大暴动

周宏仁

李盛瑞，本名李发，昌黎县欧坨人，1893年出生。祖辈贫寒，父辈哥四个，老大李庆春，老二李庆丰，老三李庆云，老四李庆远。

李盛瑞是李庆云的长子，他二爹李庆丰早年闯关东去了吉林省，发迹于郑家屯（今双辽市）和四平街（今四平市），是这一带有名的大商人，与当地的巨商富贾郑家屯的商会会长于文斗交往笃厚，曾任于文斗在郑家屯开办的丰聚长商号的大掌柜。

李庆丰在关东发财以后便在家乡盖房子置地，为兄弟4股都盖了当年最阔气的深宅大院，成了欧坨庄的豪门望族，尽管置地不多，左近各庄都称其为李大财家。同辈堂兄弟共有7人，大排行李盛瑞为老二，自幼习文练武，热心于公众事务，好打抱不平，在富家子弟习练快枪的热潮中练就了一手好枪法，长大成人后，成了本庄的“村不错”，在全区也有一定的威望。

20世纪30年代初，昌黎境内土匪猖獗，各庄都组建了保卫团，李盛瑞被推选为欧坨和王各庄联庄保卫团的团总。就任后他钻研兵书，阅读了以《孙子兵法》为主的兵法名著。保卫团在河西儿常坨五区总团的统一领导下训练团丁，李盛瑞与时任总团书记员的张其羽志趣相投，一起研讨兵法战例，从而成了情投意合的好朋友。

民国初年军阀混战，两次直奉交战，昌黎西部蛤泊、石门、靖安一带都是战场。老百姓不只是在交战时遭受兵灾之苦，更使人们烦恼的是，一些败军中的溃散官兵就地落草为匪，明火执仗，劫道抢掠，常年祸害百姓。其中有一股人数众多、装备精良的匪帮，匪首绰号“老耗子”，就是败军中的一名军官，战败后部队溃散，战后他纠集旧部，招揽各地散兵游勇和惯匪，扩充为拥有3000人的土匪队伍。这一股匪帮于1933年从辽西流窜到关内抚宁一带，攻占抚宁县城，砸商铺，抢民财，杀人放火，无恶不作。其中一个绰号叫“四海蛟”的匪首，率领匪众1000多人流窜到昌黎境内，并妄图攻占昌黎县城。当时驻县保安队只有百数十人，显然寡不敌众。县政府一面调集各庄保卫团前来助战，一面向省保安队求援。李盛瑞率领本庄保卫团参加了围剿“老耗子”匪帮的战斗。全县武装力量组成联军，在县保安队队长窦光甸的统一指挥下，设计击退了进犯的匪众，击毙匪首“四海蛟”和匪徒70多人，伤者未计其数。当省保安队前来增援时，昌黎联军配合省保安队进军抚宁，收复抚宁县城，最终将这股穷凶极恶的匪帮击溃，并将其残余驱逐口外。战斗中，李盛瑞有勇有谋，荣立战功，受到表彰，人人称赞。

1938年夏，冀东人民武装抗日大暴动爆发，信庄的共产党员张其羽的任务就是负责发动昌黎境内的武装暴动。此时，滦河出槽的大水刚退，张其羽便泅水渡沟到欧坨找好友李盛瑞商议暴动事宜。两庄相距不足1里，一袋烟的工夫就可到达。

张其羽和李盛瑞经过深入详尽的谋划，一致认为：搞武装抗日首要的是武器弹药，昌黎为了建立治安模范县，全县各乡镇都组建了警察分所或分驻所，配备了精良的枪支和充足的弹药，一定要把这些东西弄到手。赤崖有水旱码头，是通往昌、乐两个县城的交通要道，每天人来人往络绎不绝，打响后会产生巨大的轰动效应，起到一定的宣传作用。赤崖警察分驻所共有30人，都是刚从各庄招募来的新手，没有受过训练和战斗经验，就先从赤崖开刀。投入人员宜少不宜多，举事日期宜早不宜迟。为此，二人制订了详细周密的作战计划。

张其羽带领信庄的冯德盛、黄家强、李秋富等5名好兄弟，李盛瑞带领欧坨王凤梧、张兴州等16名有枪的富家子弟和亲信团丁共计20多人，发动了赤崖抗日暴动。1938年8月4日拂晓，攻破了赤崖警察分驻所，缴获了30支枪，打响了昌黎境内武装抗战的第一枪。天亮后召开群众大会，升红旗，贴标语，张贴布告，组成冀东抗日联军第二总队，李盛瑞任大队长，张其羽为教导员。抗日救国的旗号打出后，附近各庄的保卫团团丁、习练快枪的富家子弟纷纷加入，队伍迅速扩大，不几天就发展到500多人。期间李盛瑞动员欧坨的老姑子王凤英抗日，由于王凤英的表率作用，队伍中有了几名挎枪的女兵，这在当时是极其罕见的新鲜事儿。这支队伍大部分人参加过围剿土匪“老耗子”的战斗，训练有素，纪律严明，对百姓秋毫无犯，又打着抗日救国的旗号，顺应民心，深得民意，受到老百姓的衷心拥护。 其他民间武装，如丁万有也与李盛瑞一道，实现了抗日的联合。新集人董锡福，听说张其羽、李盛瑞等人在赤崖举行了抗日暴动，便串联有抗日救国之心的乡亲们在新集发动了抗日暴动，拉起了一支800多人的抗日队伍。新集新庄子人蔺乃功，1927年从保定讲武堂毕业后回到家乡，历任过几个区的区长，1936年任县伪保安队大队长，1938年带手下一些爱国官兵到赤崖参加了抗日部队。至此，实现了昌黎全县抗日队伍的大联合。

1938年8月4日昌黎赤崖村抗日暴动起义部队旧址

昌黎的抗日队伍又实现了与滦河西岸滦县、乐亭一带的抗日队伍联合，把昌黎的起义军通编为华北人民抗日联军昌黎支队，下设5个总队。丁万有为华北人民抗日联军昌黎支队司令，张其羽任政治部主任，蔺乃功任参谋长，并任命了5个总队的总队长，第二十七总队总队长为王二虎，第二十八总队总队长为刘成玉，第二十九总队总队长为董锡福，第三十总队总队长为李盛瑞，第三十一总队总队长为肖连许。全支队有6000多人。

华北人民抗日联军昌黎支队先后拔除了靖安、泥井、新集、大夫庄、团林、刘台庄、石门、大蒲河、裴家堡、施各庄等警察分所或分驻所，以及其他一些日伪据点。1938年8月中旬，两次配合滦河西高志远部的抗日联军攻打滦县县城及滦县火车站，并一度攻取滦河东朱各庄和石门两个火车站，切断日伪增援和逃跑的交通要道，并于1938年8月22日攻打昌黎县城，虽然未克，但打击了敌人的嚣张气焰。

不久，上级命令整个支队转移到平西进行整训。当时李盛瑞主张：支队的首要任务是利用滦河两岸和海边沙丘的有利地形，建成一片可进可退的根据地，在根据地里整训部队，在提高军事素质的基础上，寻机打击敌人，在实战中不断锻炼队伍，增强战斗力，把支队建成敌后的一支坚强有力的武装力量。张其羽和蔺乃功也同意这个主张，但还是要执行上级西进平西的命令。

整个支队兵分三路向西挺进，主要兵力居中，右翼是司令部和董锡福总队，张其羽率领李盛瑞总队居左翼。司令部在遵化南部宫里遭遇敌人袭击，李盛瑞总队前去增援，但局势变化很大，此时丁万有、蔺乃功、董锡福几位主要领导干部和100多名战士全都牺牲，肖连许和200多人被俘，两个总队也已溃散。在这种情况下，李盛瑞决定停止西进，把部队带回家乡就地潜伏。

李盛瑞跟定共产党抗战到底的决心矢志不渝。这次挫折后，他转变了斗争方式，充分利用自己在上层社会的威望，协助岳泽普、张其羽等共产党人开展统战和宣传工作。

（周宏仁，北京二轻党校退休干部）

韩阿訇掩护抗日县长

刘绍友

1938年8月5日凌晨，八路军邓（华）宋（时轮）第四纵队第三十一大队，攻克沦陷5年之久的迁安县城，成立了迁安县抗日政府，县长姜馨山和党代表李向之发动全县人民支援抗日，参军参战，筹建各区抗日政权和镇压汉奸的工作。

9月下旬的一天，姜馨山、李向之召集县政府各科长参加工作会议。突然，县城内枪声大作，据哨兵报告，日军已攻进县城。原来，敌人瞒过人们耳目，将船只化装成商船，停泊在峡口，派出的密探侦得我主力已不在县城后，就乘船急驶至黄台山脚下，登岸进攻县城，妄图全歼迁安县抗日政府。因为当时守卫县城的只有王晓岚、唐义臣的便衣队，所以敌人很快夺取了县城的四门，扑向县政府，打死了县政府门岗，用机枪封锁了大门。

情况危急，从大门突围已来不及了，姜县长带领几名科长从西院墙的豁口处往外突围。突出包围后，便拐进县政府西隔壁的一户叫李沛林的群众家里。李沛林母子劝阻姜县长不要忙着出城，建议先就近到清真寺里躲躲，然后再见机行事。

清真寺坐落在城里西北角，姜县长很快到了清真寺内，寺内的韩景祥老阿訇认识姜县长。老阿訇是一位爱国人士，见到抗日县长来到寺内，毫不犹豫地领着姜县长走进自己的住室，拿来纸笔和一本《古兰经》，让姜县长装作寺内人员，坐在一张桌子前抄写经文，并按回民装束，给姜县长戴了一顶礼拜帽。

姜县长下意识地摸了摸腰间的撸子枪，自忖决不当俘虏，便拿起毛笔在纸上抄写经文。时间不长，只听“咣当”一声，清真寺的大门被踹开了。姜县长透过窗缝，看见闯进来两个日本兵，手中端着上了明晃晃的刺刀的三八枪，后面还跟着两人。姜县长仔细一看，是城内回民张占奎、洪恩祥。

这时，凶神恶煞般的日本兵，径直朝姜县长的屋子走来，韩阿訇立刻紧张起来，跟在日本兵后面。张占奎、洪恩祥见到姜县长时，都流露出惊讶的表情。姜县长立即向他俩投去个眼色，表示要他们镇静。日本兵闯进屋发现了姜县长，立刻用刺刀逼住了姜县长的胸膛，用生硬的中国话问道：“你的，什么的干活？”没等姜县长答话，韩老阿訇赶忙上前说：“太君，这是我的‘海里凡’（回族语即学生的意思）在抄写经文。”日本兵盘问了一阵，没看出啥破绽，就用刺刀挑开了柜盖，朝柜里乱扎了一阵，又到院子里去搜查。两个日本兵在院子里折腾了好大一阵子，没有发现什么，就滚出了清真寺。其实，民政科科长孟迅修和一名警卫员就藏在清真寺西配房的夹道里。

日本兵在城里掠夺了大量物资，抓走了一部分暴动队员，下午朝建昌营方向撤走。张占奎、洪恩祥赶忙来到清真寺向姜县长报告消息。姜县长、孟科长等人在回族爱国同胞的掩护下，终于安全脱了险。

（选自政协唐山市委员会教科文工作委员会编《唐山文史资料》第五辑）

组织抗日救国军抗击日本侵略者

——记绿林英雄杨二

王旭东

杨二，满族，1889年出生在遵化马兰峪古楼后的一间小草房里。初小文化，幼年叫杨玉庭，被逼造反后曾叫杨森、杨占山，抗日暴动后叫杨振荣。他排行第二，因此人称“杨二”，绰号“野山鼠”。

一、在绿林中强势发展

1924年，因用菜刀砍死裕营房恶霸谭庆丰（乳名小贵子），杨二逃到兴隆莲花瓣子山避难，开始了绿林生涯。起初，在姚永兰手下干了一月有余的土匪勾当，见姚永兰和另一名匪首孙宝贵之间矛盾重重，便决计自己拉杆子（即拉队伍），另立门户。1925年年初，杨二带领十几个绿林弟兄离开莲花瓣子山，先在兴隆县倒流水二店子山上的一座大庙里待了两个多月。这时，一些零散土匪投奔了他。之后，杨二带领几十名弟兄转移到兴隆县金山子锅台杖子山，不久，又到兴隆县牛筋洞安盘子（即安营孔寨），在此地树起一面半边红半边黄的三角大旗，上书“杀富济贫，替天行道”，并为自己的队伍规定三条纪律：一不许抢劫平民百姓，二不许奸淫妇女，三不许将钱私入腰包。杨二为人义胆侠肠，率领弟兄们惩恶扬善，杀富济贫，在遵化、兴隆一带的贫苦农民心目中很有威望。

1927 年，杨二队伍发展到 300 多人。队伍扩大了，纪律也加强了，杨二又率部从燕飞岭到遵化和蓟县交界的黄花山上的瓦岗寺安盘子。黄花山巍峨峻峭，是清东陵西侧的天然屏障。驻马兰峪的奉军第七补充团闻听杨二率部在黄花山安营扎寨，颇感不安，决定剿灭杨二。1927 年初冬，双方大战于马兰峪镇东的奶头山，第七补充团团长贾文辉大败而逃。此后，大天、亚九省等几股土匪也归顺了杨二，杨二队伍发展到 1000 多人。杨二率部回到黄花山后，按团的建制进行了整编。队伍分为 3 个营，第一营营长四海红，第二营营长黑老虎，第三营营长老杂毛。同时，绣一面三角大旗，上书“天下第一团，富人都献钱”10 个大字。从此，杨二部队在遵化、兴隆一带威名大震。

1927 年年底，奉军第七补充团被调防。第二十八军军长岳兆麟派一个师的兵力驻在马兰峪。师长武汉青率部进驻马兰峪后，收编杨二部，任命杨二为奉军第二十八军二十二团团长。1928 年 3 月，杨二部调防至赞皇县，因粮饷不济，与师部发生矛盾，杨二旋被免职。同年 11 月，杨二带四海红、老杂毛、大天和亲兵等十几个人，从赞皇县返回唐山，住在小山的一家客店里，发誓重整旗鼓，东山再起。

1929 年初春，杨二在滦县一带招兵买马，聚集 200 多人。半年之后，他率队转移到玉田县，队伍又发展到 300 多人。1930 年年初，杨二率部来到遵化县平山堡安营扎寨，又树起了那面“天下第一团，富人都献钱”的三角大旗。

二、早期的抗日斗争

1932 年 9 月，杨二从遵化平山堡返回兴隆县牛筋洞。他目睹日军侵略，民不聊生，决心抗日。1933 年 4 月，杨二带领 300 多名弟兄，去兴隆县孤山子收缴自卫团的枪支，行至离孤山子不远的洋房子村时，发现日军正在村里抢劫，杨二命令弟兄们迅速将洋房子包围，经一个小时激战，一个小队日军全部被歼。杨二部缴获 30 多支长短枪、子弹若干。

日寇经多方侦探，知杨二是当地一股土匪，作战骁勇，便欲收买。一天，日军给杨二写了一封信，派土匪温瘸子持书到牛筋洞找杨二劝降，许杨二投降后给其高官厚禄。杨二接信一看，将劝降书撕得粉碎，破口大骂温瘸子：“你们不知羞耻，忘了祖宗，还有脸来劝我！”杨二骂着，挥笔写了10个字：“不当亡国奴，至死不亲日！”写罢，他扔给温瘸子，喝道：“给我滚！”

1935年，马兰峪日伪办事处处长尤伯陆横行霸道，老百姓恨之入骨，杨二意欲除之。5月间，尤伯陆由马兰峪日伪办事处调往蓟县任县长。在他前去赴任的那天，有一小队日本兵和300多名伪军护送。杨二得到情报后，预料尤伯陆必定从马兰峪绕道石门口。于是，他率领300多名弟兄，火速从牛筋洞奔到石门口，埋伏在大路两侧的山坡上。天近中午，尤伯陆在日伪军的护送下，从东缓缓而来，行至石门口时，由于天热饥渴，日伪军都很疲乏，纷纷坐在山脚下歇息。杨二见此，鸣枪呐喊，顿时两侧山坡上枪声大作，弹如飞蝗。敌人遭到突然袭击，许多人毙命。部分敌人企图顽抗，杨二命令弟兄们一个猛冲，300多名绿林英雄与敌人展开肉搏战。激战两个多小时，一小队日本兵全部被消灭，大部伪军被俘。狡猾的尤伯陆在战斗刚刚打响之际，就在部分伪军的掩护下逃窜了。此战缴获300多支长短枪、子弹若干发。

1936年春的一天，马兰峪警察署得知杨二部有几十名散兵驻在兴隆县花市里，于是派一个连兵力前去围剿。其实，杨二队伍全部驻在花市里。杨二闻听马兰峪警察署派一个连前来围剿，便设伏在花市里。花市两山夹一沟，地形险要。那天上午，一个连伪警走进了花市山沟，待敌人全部进入埋伏圈后，一声令下，花市两面的山上枪弹齐发，打得敌人措手不及，晕头转向。不到一小时，一连伪警只逃跑了两个人，其余全被击毙。此战杨二部又缴获200多支长短枪，并有一挺重机枪、子弹若干。

杨二率部与敌人几经作战获胜，日军惶恐震惊，人们奔走相告。杨二率部在反侵略的战场上，凭着朴素的民族感情和爱国主义精神，在极端艰难的环境里，与敌巧妙作战，创造了许多具有传奇色彩的辉煌战绩。

三、参加冀东抗日大暴动

1938年7月，冀东抗日暴动风起云涌。杨二在冀东抗日大暴动热潮的影响下，于7月中旬在遵化县花椒园宣布抗日起义。起义的那天上午，杨二改了旗号，在那面半边红半边黄的三角大旗上，书写了“民众抗日救国军”7个大字。400多名战士列队集聚在那杆大旗下，聆听杨二宣读暴动宣言。他最后说：“我杨振荣抗日不成功，誓不为人，永不出世！”

杨二部队暴动后，进行了整编。杨二任司令，杨振吉任副司令，黄乐之（马兰峪人）任参谋长。部队分为两个团，一团团长丁贺（遵化县西留村人），二团团长刘贺勤。

杨二率部暴动后，遵化、兴隆的平民百姓纷纷前来参军。仅半个月的时间，队伍扩大到1000多人。队伍壮大，军饷日艰，杨二没有死吃死嚼黎民百姓，而是着眼于日本的金矿。经侦察，得知汤泉日本据点存有黄金白银，他和副司令杨振吉周密谋划，决定攻取。

汤泉据点驻有30多个日本兵，他们捕了许多劳工开采金矿。据点设在一座大庙里，庙周围设有铁丝网，门口日夜有岗。7月的一天傍晚，杨二率领300多名战士，从花椒园出发直奔汤泉。夜间10点钟左右，杨二率部到达，他命战士迅速将据点包围。战士在远离岗哨的地方，割断铁丝网，悄然逼近大庙。日本兵岗哨发觉后，刚要鸣枪报警，就被战士们开枪打死。睡在大庙里的30多个日本兵，听见枪声，翻身取枪，意欲抵抗，但杨二已冲进大庙，未容敌人还手，十几个日本兵当场被打死，其余残敌赤身裸体，仓皇逃窜了。杨二命战士砸开大铁柜，取出黄金白银，胜利返回花椒园。

袭击汤泉据点后，杨二为防备敌人报复围剿，命战士在花椒园附近的山丛树林里隐蔽了一天，于当日夜间10点钟，率部向南转移，越过京遵公路，夜宿在大辛庄、小辛庄、西马各庄等村。部队在此休整一天，于夜间又向平安城进发。在平安城一带休整六七天后，开到玉田县南天门和小泉。部队途经各地，张贴布告，宣传抗日。杨二率部在南天门、小泉一带驻有一月有余，招兵买马，练兵习武，收缴枪支，筹集军饷，部队很快壮大到2000余人。杨二率部在此进行了整编，司令部下设政治处、参谋处、机械处、军需处、训练班。部队分为3个团，每团分为3个营，并建立了卫生院和兵工厂。

1938年农历七月的一天，400多伪蒙古军在队长甘珠的指挥下，从马兰峪到平安城抢掠。丰玉遵抗日游击队独立第一大队大队长李维廉、副大队长肖清明、吴振生等人决定阻击。在敌人凶猛的火力攻击下，李维廉负伤，游击大队被敌人打败。伪蒙古军攻进平安城后，烧杀抢掠，奸淫妇女，平安城的群众苦遭涂炭。李维廉派人到小泉向杨二和驻西龙虎峪的沙四喜、梁福旺部求援。

杨二接到李维廉的求援信后，当夜抵达平安城，与李维廉部兵合一处。那时平安城敌据点围墙高垒，易守难攻。是夜 10 点多钟，攻城战斗打响。杨二命本部一团攻打北门，二团攻打东门，三团攻打西门，沙四喜、梁福旺部 200 余人攻打南门。杨二亲自督战，率领战士架梯攻城，但攻打三次均遭失败，许多战士阵亡。杨二见此，命令部队停止攻击，伏在掩体里打冷枪，消耗敌人火力，以逸待劳，这样进行了整整一夜。天近拂晓，杨二闻敌人枪声虽很密集，但听不见子弹溜响，原来敌人在铁桶里放的是鞭炮。他判断敌人已经弹尽，立即发出攻城命令。冲锋号刚一吹响，杨二率一团首先从西门攻入，接着二团、三团相继攻破北门、东门和南门，平安城的大街小巷成了杀敌的战场。甘珠无心恋战，率余部冲破重围，夺北门向平安城西河方向逃窜。此战杨二部歼敌 200 多人，缴获长短枪 300 余支、子弹 13 箱、军马 24 匹。

1938 年 9 月 13 日，杨二率部转移到遵化县北营、南营和东贾子庄子一带，司令部、卫生院设在北营。

日军屡遭打击，决心歼灭杨二部。马兰峪日伪办事处命杨二的两个外甥徐志学（马兰峪警察局警长）、沈子珍（马兰峪警察）刺探杨二部队军情。9 月 18 日上午，徐、沈二人来到北营，见到杨二后，说马兰峪日本据点人不多，武器装备也差，老百姓苦遭蹂躏，要求杨二率部攻打。杨二知徐、沈二人根底不正，说的情报又含含糊糊，听后将信将疑，又命令他俩回马兰峪继续侦探。两天后，徐、沈二人又来北营找杨二，说马兰峪据点只有三十几个鬼子，伪军都愿投诚，再次要求杨二率部攻打马兰峪据点。当时杨二正想率部向遵化北部山区转移，在山区开辟抗日根据地，并计划将部队休整好后，接受冀东抗联的武装收编，如果不消灭马兰峪之敌，对开辟根据地是个严重威胁。为此，杨二决定攻打马兰峪日本据点，并命徐、沈二人速回马兰峪做好内应工作。

9 月 23 日下午 4 点左右，杨二率部从北营向北进发。当天杨二率本部一团驻在遵化县大安口，司令部设在杨义堂家里，二团和三团分住在离大安口五六里路的腰子岭等村。部队刚刚住下，徐学、沈子珍又来大安口找杨二，以送情报为名，刺探了杨二部队驻防情况。

马兰峪日本警务队队长白井，接到徐、沈二人的情报后，连夜纠集遵化日本队长渡边和汤泉，兴隆的八挂岭、倒流水、牛圈子等据点之敌约2000多名日伪军，于当夜12点多钟向大安口包剿而来。

24日凌晨3点多钟，敌人开始缩小包围圈。西山娘娘庙的岗哨未及时发觉，就被敌人摸掉。敌人先从南部发起进攻，驻在腰子岭、三道沟的二、三团奋勇抵抗，战斗打得很激烈。二、三团新兵较多，许多战士既没武器又无作战经验，遭强敌突然袭击后，被打得措手不及。激战不到半小时，二、三团战士伤亡溃逃过半，余部仓忙向北撤退，到从山中据守。

南部战斗打响后，杨二便组织一团准备增援，正要出发，二、三团余部已退到大安口。杨二见此，便率部向北撤退，未出大安口村北，迎面之敌众弹齐发。杨二急令部队返回，继而率部向西，又遭西面之敌猛烈阻击，只好率部退回村里。杨二决定向东突围。时近中午，杨二命副司令杨振吉率一个团的兵力佯作向西突围，待西部战斗打响后，他率余部猛然向东发起进攻。下午3点左右，杨二率部杀出重围，迅速冲上东山。当天夜晚，杨二率残部突出重围后，沿着长城一线来到冷嘴头，在此住了一夜。翌日清早，杨二命十几名战士护送妻子和儿子杨海山到唐山，投奔谢增荣，他则率残部北出长城，途经小水泉、分水岭，最后来到兴隆县郭家庄南沟。南沟是条大山沟，两侧奇峰绝壁、怪石嶙峋，其中还有条小山沟，名叫洞沟。沟内有草房12间，杨二率残部在此休整。

1938年10月13日清早，600多名日军偷偷摸进了洞沟。杨二得到情报后，急忙率部撤走，时近中午，杨二被日军围在兴隆县双关铺旁的老君台。杨二见已无退路，便组织队伍据险与敌决一死战，下午3点，杨二被迫率领仅有的41名战士退到一所木栏牛圈里。日军离牛圈只有几十米的时候，杨二命徐志中等18名战士突围，他则带领23名战士集中所有的火力猛然向敌射击。徐志中等18名战士杀出重围，敌人见杨二没有跑掉，又集兵向牛圈围歼。杨二和余下的23名战士与敌激战一阵后，子弹殆尽，杨二命战士把枪摔碎。敌人听不见枪声，立刻肆无忌惮地冲了上来，喊叫声此起彼伏。敌人离牛圈十几米的时候，杨二用最后一发子弹射进了自己的胸膛。杨二，这位反压迫、反侵略的绿林英雄，为抗击民族敌人流尽了最后一滴血。

原冀东军分区司令员李运昌在《冀东抗日大暴动》一文里高度评价了杨二："在抗联起义的影响下，绿林英雄杨二也拉起了一支2000人的部队，活动在兴隆、遵化一带，打日本很坚决。"

（选自政协唐山市委员会教科文工作委员会编《唐山文史资料》第五辑。编入此书时有删节）

事件研究

SHI JIAN YAN JIU

挺进冀东的沙峪战斗

邓贤诗　邓　欣

1938年2月，八路军晋察冀军区根据中共中央和八路军总部的指示，组建以邓华为司令员兼政委的邓华支队，挺进平西，开辟平西抗日根据地。邓支队从阜平出发，一路打击日伪军，连克矾山堡、桃花堡、金水口、门头沟等日伪据点，建立了宛平、房涞涿、延昌怀三个县级抗日政府。

八路军第四纵队政委邓华

1938年5月，一二〇师宋时轮支队来到平西，与邓支队合编为八路军第四纵队，宋时轮任司令员，邓华任政委，奉命挺进冀东，配合冀东人民的武装起义。

宋时轮、邓华分两路向冀东开进。邓华率领第一支队沿途作战和发动群众，于7月初到达延庆的黄花城附近，北面的四海镇是日军的一个重要据点。如果不冲破敌人这道阻击线，部队就不能顺利前进。邓华决定打掉它，扫除前进障碍。

四海是一个只有1000多人口的小镇，约有一个中队的日本兵驻守，外围设有铁丝网，防守严密。命令下达后，指战员连夜进行准备。为了打得有把握，先派出一部把附近的一个敌人据点控制起来，使敌人不能及时增援。而后派一个尖兵班，趁黑夜摸进镇内潜伏。拂晓前战斗打响，我军向敌据点发动猛烈攻击。日军从睡梦中惊醒，有的衣服没穿就往外乱窜，尖刀班一阵手榴弹甩出去，10 多个日本兵被炸死。等到敌人回过神来，我主力部队已冲了上去，枪声、喊杀声响成一片。八路军斗志高昂，火力猛，把敌人震慑住了，日本兵还未弄清楚八路军从何处来，就糊里糊涂地命归黄泉。战斗不到一个小时，打死 100 多名日本兵。

战斗结束后，我军迅速撤离战场。邓华召开团以上干部会议，研究部队下一步行动。他们研判敌人一定会来报复，可能由顺义、怀柔方向增援四海，因此决定再打一仗，以减少我军东进路上的麻烦。于是，当夜即派出侦察连的一个便衣排，沿着沙峪方向搜索前进。

次日拂晓，侦察人员报告：板垣师团的一个中队约 200 多人，由怀柔出发增援四海，其先头部队已进至沙峪以东 20 余里的渤海所。邓华决定由三十一团在沙峪设伏，歼灭之；由三十三团为预备队，并监视其他方向可能来援之敌。三十一团立即跑步前进，于早晨 7 时全部进入伏击地区。

沙峪是怀柔县城至四海镇的通道，一条自南而北的小山谷约 2 里，两边山崖陡峭，怪石嶙峋，荆棘丛生，地势十分险要。11 时许，敌人大队人马来了，几个日本军官骑着马走在前面，来到山谷前站住，迟疑了一会儿，叽里呱啦交谈了几句，只见指挥官军刀一挥，日军便耀武扬威地进了山谷。看着日军进了口袋，我军指挥员立即发出战斗信号。刹那间，阵地上轻重机枪、步枪、手榴弹齐发，打得敌人晕头转向，横尸遍野。20 多名日本兵在两名军官指挥下，凭借一条小河沟死守顽抗，我军以强大火力掩护，派一个班迂回到敌人侧后，七八个手榴弹一齐甩过去，把敌人全部消灭。经过两个小时的战斗，除 7 人逃跑外，200 余名日军全部被歼灭。

这次拔点打援统称沙峪战斗，先后歼敌 300 余人。它极大地坚定了冀东人民反抗日本侵略的决心和意志。人们奔走相告："八路军的大部队来了，咱们有救啦！""八路军是鬼子兵的克星，打得鬼子缩进乌龟壳里不敢出来。"不久，在八路军第四纵队的支援配合下，冀东地区爆发了历史上著名的冀东人民抗日大暴动。

（邓贤诗，开国上将邓华的长子，成都市人大常委会原秘书长；邓欣，邓华上将的小女，原北京市西苑医院干部）

马城起义始末

高小平

高志远

马城，位于河北省滦县（今属滦南县）城东北方向18公里处，北界滦县，东邻昌黎。在这个小镇上，1935年2月21日（农历正月十八）曾发生过一场震动冀东的武装起义事件，这就是该区民团（也称自卫团或保卫团）大队长高志远发动的旨在反汉奸的起义，史称马城起义。

一、民团首领高志远与长城抗战

据《滦县志》载："溯自民十以来，地方不清，匪患频仍，绑抢各案，屡见不穷，乡民夜不安枕，甚至一夕数惊，地方警力单薄，不足以资捍卫，于是保卫之设，虽为要政。"在这种情况下，滦县各地于1926年纷纷建立民团以自卫。

民团的主要任务是维护地方治安。县设总团长一人，由当时滦县县长孙荣彬兼任；副总团长若干人，滦县财务局局长田涤云及孙治洲等兼任副总团长，孙治洲主管滦县民团总团的事务。保卫团设有文牍、会计、稽查等部门及若干职员，总部设在滦县政府院内。滦县各区设民团大队，隶属于县总团。各大队设大队长一人，下设若干中队、小队，中队设中队长一人，小队设队长一人，团丁若干人。民团团丁饷银与枪支均来自各区按地亩数分摊，大队及中队、小队的首领及队长均由当地富户且有侠肝义胆又兼会玩枪练武之人担任。

马城区（当时属滦县三区）民团的大队长便是高志远。

高志远，原名高翔云，字腾宵。1907 年 6 月出生于滦县马城镇多余屯村一个富户家庭。8 岁入私塾，学业 6 年，成绩优秀，深得塾师李麟生先生的赏识，“志远”就是李麟生先生在冀东大暴动后给起的，意寓“志向高远”。

高志远自幼喜好练武玩枪，未及成年就练得一身好功夫，蹿房越脊如履平地，擒拿格斗三五人近不了身。20 岁时，便练就了“枪举飞鸟落，枪顺逃兔亡”的好枪法。

高志远一向为人正直，待人谦和，扶危济困，仗义疏财，颇受公众拥戴。他担任民团大队长后，从者甚多，先后消灭了刘兰亭和胡宝山等数股土匪，为此民团队伍发展很快，年余即达 300 多人。高志远对团丁善于治理，训练有方，故马城民团大队战斗力颇强，对于维护当地治安起了较大作用，以致“匪患得以弥平，地方赖之以安”。

高志远深受李麟生先生的教诲，以关羽、岳飞为崇拜的偶像，以“孔孟之道”为毕生的信念。进入青年时期，熟读孙中山的《建国方略》《建国大纲》等著作，接受新思想的熏陶，逐渐产生爱国爱民、忧国忧民之思想。

1933 年 1 月 1 日，日军铁蹄践踏山海关，进攻长城各口。山海关守军中国东北军将领何柱国派人到冀东找到高志远筹措钱款及招募兵员，高志远当即率先典地筹款，并找当地士绅募捐，把募捐得来的钱款送达山海关抗日前线，得到何柱国的盛赞。随后，高志远又招募 200 多人的义勇军准备开赴山海关，支援长城抗战。未及编伍，何柱国的东北军败走，高志远遂又典卖土地，将所得款项按道路远近分发给士兵，每人两三块大洋不等，遣散回乡。临行时，高志远向大家说：“各位走后，千万不要给倭寇和汉奸办事。俗语说得好，国家有难，匹夫有责，总有一天我老高扯旗抗日时，还望各位壮士踊跃前来！咱们同心戮力，尽早把倭寇消灭掉！”

二、高志远结识中共党员王仲华

1931 年九一八事变后，日本侵占了东三省，东北各学校的爱国学生纷起抗日。那时候，东北大学的学生杨莲芝和她弟弟由于参加了抗日爱国的学生运动，遭到日伪通缉。杨莲芝姐弟俩为了躲避日伪的抓捕，从东北逃到老家多余屯，在叔叔杨吉青家避难。因杨莲芝与高志远有亲戚（杨莲芝的父亲是高志远的妻舅）关系，加之杨吉青家境比较贫寒，所以杨莲芝姐弟俩的生活费都是高志远家出的。高志远常常向杨莲芝姐弟俩询问东三省抗日救国的事情，当听到杨莲芝讲东北成立义勇军的事，非常激动，也想有朝一日拉起一拨子人马打击日本侵略者。后来东北大学由沈阳迁到北平（今北京），送杨莲芝姐弟俩到北平上大学的一切费用也都是高志远家出的，并由高志远亲自护送杨家姐弟到北平。

1933 年春夏之交，杨莲芝告诉高志远，西北军冯玉祥将军在张家口成立了抗日同盟军，全国许多有志报国之士都踊跃前去参加，杨莲芝要求高志远组织队伍前往。高志远马上带着挚友陈维前去投奔冯玉祥的抗日同盟军，不料，在赶往张家口的途中于康庄车站受阻，只得返回北平。在北平住下之后，高志远常到东北大学找杨莲芝姐弟俩，积极参加学生们的抗日救亡活动。一天，高志远在街上听学生们做抗日救亡的宣讲，一个操南方口音、挺瘦的年轻人滔滔不绝地讲演，吸引了高志远。后来通过杨莲芝的介绍，高志远结识了那位令他佩服的演讲者王仲华（董毓华，董必武的族侄，1926 年经董必武与陈卫东介绍加入共产党）。当时王仲华正在中国大学上学，很受北平各大学学生的拥护，被推举为学生领袖，当时王仲华已担任中国大学第一届学生会主席。

当时北平城内各大学都有一批进步的学生领袖，杨莲芝就是东北大学学生运动的积极分子之一，对王仲华比较熟悉，她把高志远的情况介绍给了王仲华，也把王仲华的情况介绍给了高志远。通过杨莲芝的介绍，高志远与王仲华初步相识了。后来，高志远与王仲华在北平相处了大约两个多月，出于共同抗日、抵御外侮的志向，彼此成了好朋友。

高志远从北平回家之前，与王仲华深谈了“如何抓枪杆子、搞武装、为抗日积蓄力量”之事。高志远回到老家之后，与王仲华仍有书信往来。

1933年秋冬，高志远任滦县三区民团大队长后，在马城三区组建了12个中队，高志远所部的团丁大都被教育成爱国锄奸的抗日骨干。高志远的这些措施都与王仲华有极其重要的关系。

三、高志远举抗日义旗战古城

1934年年底，伪保安队第一总队队长大汉奸刘佐周为了抓武装，以向各民团派驻副队长和教练员辅导训练为幌子，实则妄想吞并有武装实力的民团，仅多余屯一庄就派了4个副队长。这些人依仗刘佐周的权势，又有日本主子撑腰，所以到任后趾高气扬、横行乡里，百姓怨声载道，纷纷找高志远诉苦：“这伙人（指刘佐周派的人）比土匪还可恶，不把这伙人整回去，老百姓别想好了。”高志远也早有铲除这伙人的想法，加上老百姓告状，于是就联络也有同样想法的小陈庄陈宇寰（滦县四区、五区168个村的联庄会会长）和殷庄的殷焕章（滦县大马庄一带的联庄会会长）等，共同商量把刘佐周派来的人在同一天捆绑起来，进行教育后退回滦县刘佐周处。

1935年2月19日，高志远、陈宇寰、殷焕章等人共同商议：定于2月21日（农历正月十八，那天夜里恰好南坨子有皮影），将民团、联庄会成员全部拉到傍城，然后宣布起义，开到北部山区打游击。这天下午，高志远率先发动马城民团举事，并把刘佐周派来的几名教练员和副队长绑押到傍城。此后，陈宇寰率168个村的联庄会成员、殷焕章率大马庄一带的联庄会成员与马城民团会师于傍城中大街。会师后，将刘佐周派驻傍城的督察处和警特队全部缴械，活捉了督察处处长李拱之。

大汉奸刘佐周得知马城民团起义和他的督察处处长李拱之被捉的消息后，大吃一惊，遂派其叔父、伪保安总队骑兵大队大队长“刘三阎王”率300余骑兵追剿起义民团。对此，高志远早有准备，他把起义队伍埋伏在古城之下，正当“刘三阎王”的马队尖兵刚一接近牛东庄石桥时，就被起义民团打得人仰马翻，后边的骑兵见状，便拨马北逃。起义民团初战获胜。

打退了“刘三阎王”的骑兵队伍后，高志远便带着民团队伍回到倴城中大街。他做了慷慨激昂的讲话：“现在我宣布民团起义了，明天就要开到路北山区打游击。起义的目的是消灭汉奸、日寇。”高志远还对李拱之等俘虏官兵们说：“我姓高的为人豪爽，礼义为先，我们起义民团一不要你们的枪，二不要你们的人，现在我决定马上放你们回去。奉劝你们回去后不要为日本人卖命了，要走光明正大之路，并请各位替我给刘佐周捎个口信，告诉他不要当汉奸了，再当汉奸绝没有好下场。”

俘虏们回去后，将高志远说的这番话如实地向刘佐周做了汇报。刘佐周一听，勃然大怒，立即率兵千余，急驰倴城，围剿起义民团队伍。在古城之下，双方激战多时，坚持到午夜以后，起义民团南撤沿海，疏散他乡。

这次起义虽未成功，却沉重地打击了汉奸刘佐周的嚣张气焰，粉碎了他妄想吞并昌黎、滦县、乐亭、迁安等县民团，为日本侵略者所用的阴谋。

高志远是这次马城起义的组织者和领导者。刘佐周没抓住高志远，就把高家洗劫一空。同高志远共同领导起义的主要人物也是有家难回，十几人跟随高志远连夜逃到李八廒，其中有陈国武、陈维、殷勤章、殷焕章、于柱国、吴紫宣等人。

四、高志远与汉奸刘佐周对簿公堂

高志远带一行十数人在海边的鱼铺暂住了几天，期间派人探听风声后才知道大汉奸刘佐周不只抄了高志远一家，还抄了所有起义领导者的家。陈宇寰为躲避刘佐周的搜捕，逃往北平。其余参加起义的人都各自投奔到不易被刘佐周搜捕到的地方，暂时隐蔽起来。刘佐周在各处贴出的告示上诬蔑起义的民团是土匪、高志远是匪首等。高志远听后非常气愤地说：“这次起义未能成功，怪咱们没有本事，君子报仇十年不晚，刘佐周如此胡说八道，咱们不能让他，到天津河北省政府告状去，让官府给咱们评评理！”高志远和殷勤章、殷焕章哥俩一商量，决定到天津找当时的河北省政府主席于学忠，与大汉奸刘佐周打官司。

刘佐周听说高志远带人要与他打官司，于是就到日本人跟前邀功买好。他告诉日本华北驻屯军司令梅津美治郎：滦县的“土匪刁民”如何聚众闹事、怎么有反日情绪等，表白他自己如何当机立断，及时派队伍进行“围剿”，把这伙儿“土匪刁民”全部击溃，只跑掉了几个“土匪头子”，并把高志远列为第一“匪首”。要求日本方面给河北省政府施加压力，争取把这场官司打赢，然后把高志远等人一起逮捕治罪，为他夺取昌黎、滦县、乐亭、迁安等县地方武装的领导权扫清障碍。

对于刘佐周的上述心思，高志远早已获悉。此时的高志远到了天津，和殷家哥俩通过关系提前找了河北省政府主席于学忠，诉说了刘佐周欺压百姓的事实，陈述了刘佐周以向各区民团派副队长和教练员为名、行控制地方武装之实及效忠于日本人的罪恶勾当。

于学忠是东北军第五十一军军长，恨日本鬼子、恨大汉奸刘佐周是显而易见的，由于事关重大，于学忠说话还得拿捏分寸，避免触动中日两国政府最敏感的那根神经。

高志远在天津落脚后，立即给投奔到锦州的陈维写了封信，叫陈维见信后立即到天津打官司。高志远用同样的方式联络了不少滦县具有爱国心的地方绅商富户，一齐来天津打这场官司。此时，高志远身边聚集了殷勤章、殷焕章、陈维、吴紫宣以及邱营村的一位张姓富户等一大批人。这些人联名以被害人的身份，向河北省政府主席于学忠呈上了状纸，控告刘佐周率大批保安队用武力抄家，反而恶人先告状，诬蔑民团是“土匪刁民”等，恳请省府长官予以明察，替老百姓做主。

尽管刘佐周找的靠山是日本华北驻屯军司令梅津美治郎，还想方设法治罪于高志远等人，但河北省政府主席于学忠认为高志远等人呈送的状纸属实，确认高志远等民团属地方武装，是保护当地老百姓的，不是土匪，高志远等人更不是“匪首”，而是地方武装的领袖，民团起义是为反对刘佐周往各区民团派教练员和副队长的民变。双方的官司打了多日，最后判定双方都未追究什么责任，判令刘佐周不得再往各区民团派教练员和副队长。官司虽然没达到预期的目的，但也没败给刘佐周。

在天津过堂时，中国方面有河北省政府主席于学忠等，日本方面有华北驻屯军司令梅津美治郎和参谋长酒井。当事人高志远等与刘佐周等均各执己见，唇枪舌剑，互不相让。特别是高志远在外部条件于己极为不利的情况下，仍能据理力争。通过多次过堂，日本方面的梅津美治郎和酒井看到高志远有胆有识、豪爽仗义，曾对高志远以封官许愿的方式进行拉拢和收买。

官司最终宣判完了，就在大家陆续从宣判大厅往外走的时候，日本华北驻屯军司令梅津美治郎和参谋长酒井同时向高志远竖起大拇指，并对高志远说：“你在家乡很有威望，你要有能力把昌黎、滦县、乐亭、迁安的地方武装统统管起来，我们大日本皇军给你的地位比刘佐周还高，你看怎么样？能合作吗？”高志远当着众人的面不无讥讽地哈哈大笑，说：“我们中国人的事情还做不过来呢，咋能为你们日本人干事呢？”听了这话，这两个日本人面面相觑。

当时，打官司的钱大部分都是高志远出的。高志远看到中国政府对日本人软弱无力，觉得依靠官府是解决不了问题的，所以才想出要刺杀大汉奸刘佐周，以谢昌黎、滦县、乐亭、迁安父老乡亲们的决定。

五、高志远刺杀大汉奸刘佐周

1935 年 8 月 3 日，高志远通过打入滦县警务局的内线张受民（原东北民众自卫军邓铁梅部师长）的情报，准确地掌握了刘佐周的行踪。8 月 4 日，高志远

高志远刺杀刘佐周事件的发生地——滦县火车站（今滦县东站）

把同乡陈国武安排在临近火车站北面的横山上予以接应，自己化装成厨师，暗藏短枪、手榴弹，潜入滦县火车站。中午时许，果真发现了大汉奸刘佐周，正待刘与日华北驻屯军司令梅津美治郎互相谦让进汽车之际，高志远遂开枪射击，第一枪就把刘佐周击毙在站台上，第二枪打伤了日本守备队队长温井亲光少佐。高志远随手又抛出一颗手榴弹，趁着烟雾弥漫之际撤走。刺杀刘佐周时，高志远因甩手榴弹不慎炸伤了自己的脚。秦庄农民李贵之在谷子地里发现高志远后，为他包扎了伤口，并搀送到滦河岸边。随后，高志远乘坐捕鱼的小船顺流而下，来到乐亭县汀流河镇爱国人士刘冠英开的民生医院养伤。

高志远为国锄奸，为民除害，万民欢腾。“刺刘事件”轰动华北，震惊了中日朝野。天津《益世报》《大公报》都争先载文，发表消息和评论文章。“一枪存国脉，铁血正民心”，原《滦县志》即以此作为《纪事》的压卷之笔。

《滦县志》（卷十六）载：“（民国）二十四年己亥，夏六月二十五日，戌刻，有大星五，自西而东，光芒夺目，游行天空中，缓缓而灭。秋七夕前一日，驻滦战区保安队第一总队长刘佐周，在滦站被人狙击，创重而卒。”

六、高志远任冀东抗日联军总司令

1937 年七七事变后，平津相继失陷，国内局势发生重大变化，抗日浪潮更为高涨，国共两党第二次合作，全国抗日民族统一战线逐渐形成。1937 年 9 月，华北人民武装自卫委员会在天津成立。高志远应中国共产党之邀，与遵化县国民党爱国人士洪麟阁、迁安县教育界知名人士杨十三一起参加了自卫会，并当选为领导成员。

1937 年 12 月，冀东 10 县人民抗日代表会议在滦县马城镇多余屯高志远家召开，宣布华北人民武装自卫委员会冀东分会正式成立，高志远主动承担了会务之全部经费，并全权负责各位代表的接送、食宿、安全等。在此次会议上，高志远当选为华北人民武装自卫委员会冀东分会主要负责人，具体负责北宁路以南的暴动准备工作。

多余屯会议旧址

1938年5月，在天津召开的第二届华北人民武装自卫委员会会议上，高志远被国共两党及无党派爱国人士一致推举为冀东抗日联军总司令。同年7月，在中国共产党的领导下，爆发了有20余县20多万人参加的冀东人民抗日大暴动。刘少奇曾高度评价这次暴动："这是真正地发动了几十万群众来进行反对日寇汉奸的武装斗争。"

（高小平，冀东抗联总司令高志远嫡长孙，原河北省地方国营滦县水泥厂退休干部）

冀东人民抗日大暴动轶事

白燕　白倩

我们老家在河北省丰润县北部的一个小山村，那里是迁西、遵化和丰润的交汇处。燕山山脉有一座很大的山叫腰带山，之所以叫腰带山，是因为在半山腰处横着一条裸露的石灰岩，远远望去像一条白色的带子缠绕腰间，故得名。还乡河从腰带山的北面缓缓流过，这里的河面平时有几十米宽，到了雨季，河水暴涨，水流湍急，水面也会宽出好几十米。但在平时，这里真的是一片寂静，河水最深处有两米，河底大大小小的鹅卵石一颗一颗地在那里静静地躺着，随着水面上轻轻荡漾的涟漪，不停地变换着它们的形状。还乡河的两边长着高高的白杨树，从它们身边过，但见树干上一个一个的树疤长得像一只只眼睛，看着来来往往的人们，见证着世事变迁。河的北面就是我们村，叫“东高庄”。我特别爱我的老家，因为那是爸爸生长的地方。

我爸爸叫白云声，这是他参加革命后的化名，曾用名张云章。在老家，爷爷给他取的名字叫张福臣，因为是1920年农历的九月在这里出生，小名就叫九子，是家里的长子。

1937年5月的一天，他和同村的一个小伙伴一块儿，背个篓子到山上拾柴火。回家的路上，那伙伴突然问：“你入共产党吗？”我爸问：“啥是入共产党？”“共产党就是打日本！”“参加！打日本谁不参加呀？”回到家把柴火篓子往院儿里一扔，俩人急急火火地来到本村张克栋家。

张克栋，30岁出头，是村里最早的党员。为了抗日把家里的地都卖了，买了十几条枪，组织了抗日游击队，在后来的抗战中牺牲了。他俩进屋，只见屋内有六七个人，谈到日本入侵占了我们的东北，现在又进占华北。那小日本国才多大点儿，中国岂能让他们占领？大家都是中国人，就是不要命了也要把日本鬼子打出去，绝不能当亡国奴，当时屋里的人情绪都非常激昂。从那天起，我爸爸加入了中国共产党，同时参加了共产党组织的抗日游击队，活动在燕山深处、还乡河畔，开始了他的革命生涯。

1938 年春，孔庆同来到了我们老家。孔庆同是河南省光山县人，1927 年参加革命。15 岁就参加了农民赤卫队（后改编为红二十五军），长征时任红军营长。1937 年被中央派到日伪统治比较严密的冀东地区创建抗日根据地。作为年轻的指挥员，他离开了延安，到天津中共北方局工作。他常常化装成小贩奔波于各个联络点，争取上层人物和民团武装，扩大抗日自卫会，组织开展敌后游击战，培训军事干部，着手组织抗日武装大暴动的准备工作。我爸爸就是在孔庆同来到腰带山周围秘密联络的时候认识了他。当时的他，个子不高，衣着朴素，面色黝黑消瘦，看上去有 40 岁上下的年纪。其实 1912 年出生的他因为从小跟着红军，吃了很多苦，虽是 25 岁，却没人能看出他的实际年龄。因为是南方口音，老家那边的人背地里都叫他“侉子”。

我们老家地处山区，那时候的孩子发育都比较晚，我爸爸见到孔庆同的时候不到 18 岁。个头儿没有长全，人小机灵，常常跟在孔庆同身后，成了他的警卫员。

1938 年 7 月，冀东人民武装抗日大暴动开始了。整个冀东地区的抗日武装 20 余万人参加暴动。他们拉起队伍拿起枪，还有很多人拿起大刀、长矛，一起奔赴抗日战场。我们老家东高庄当年是一个只有 50 余户人家、210 多口

岩口抗日暴动纪念碑

人的小村庄，参加暴动的就有30余人。除张克栋外，其他人都是十七八、二十来岁的小伙子。在当年，全村那个年龄的青年人几乎全都加入了暴动的队伍。他们都是家里的好劳力，在那个穷山沟里，好劳力意味着一家人的饱暖。当年老家的人没有文化，没有金钱，但却有着一颗颗爱国的心！

我爸爸所在的部队是第四总队，总队长是孔庆同，他是孔庆同的警卫员，他们这个总队7月7日在离我们老家8里地的岩口镇暴动了。当时附近爱国青年们聚集在山口子南侧站了一大片，把镇上的大道都堵上了。孔庆同和所有战士都换上了军装，孔庆同站在高台上对暴动队伍作了动员报告。我爸爸穿着新军装，腰扎大皮带，挎着盒子枪，郑重地站在慷慨激昂的孔庆同的身旁。会场上口号声震天，第四总队的红旗飘扬。场面让所有人心里沸腾，精神振奋！

孔庆同骑马，我爸爸也要配一匹马。听说队伍上有一匹马谁都弄不了它，性子烈，只要有人骑上去，它就使劲地跳、折腾，几下就把上面的人翻下来，最后说让我爸爸试一试。那时他个子没长起来，比起别人个儿小腿短。上得马上，两只脚正好卡在马镫上，腿上一点富余都没有，像粘在上面一样。那马就闹哇！怎么样都没把他翻下来，结果这马就归我爸爸了。听他说在后来的行军中，这马简直是跑起来无敌手！过河的时候恨不得都踩不到河床，欻欻就冲过去，有时会觉得它把别的马给踩在了脚下。

爸爸当兵了，跟着队伍要去抗日的最前线。他们走在大路上，这时候就见我爷爷身上背着一个粪箕子，一直跟在我爸爸的马后，嘴里一直念叨着："九子，咱回去吧！咱土里刨食啊！本本分分做个人，咱们不弄这个呀！"一面走一面说，老泪纵横。

我爷爷十几岁就没了爹妈，十七八岁就到唐山火车站"扛脚行"，也就是现在的搬运工。因为他老实厚道，干活实在，为人诚恳人缘儿好，老早就当了打头的，也就是现在意义上的调度。那时火车站附近的人都知道"火车站老张"。

因他无父无母，在唐山不常回老家，老大不小了也没说个媳妇。在他37岁那年，经人保媒说了我奶奶。奶奶当年17岁，哪儿都挺好，就是眼睛角膜上蒙着一薄层黄色的膜，视力不怎么好。我爷爷自己攒了很多年钱，除了回家置了点地以外，就是给奶奶家彩礼娶她过门。我爸爸的前面有个姐姐，爷爷41岁时才有我爸，到这时爷爷已经59岁了。在那个“人活七十古来稀”的年代，59岁算很老了。再看他的长相，瘦高个儿，浓眉毛，一脸的沟壑纵横，一生的辛苦、沧桑、冷暖都写在他整个人的身上，就不是现在意义上的那个年纪的模样。我爸是他第一个儿子，爷爷眼看就不能养家了，在他眼里我爸爸就是他的命。这个大儿子又走了，还是去当兵，说不定什么时候打仗就死了，这对他无疑是一个天大的打击。追着部队走了十几里地，队伍上的同伴都帮我爸爸说情，说：“大爷，你回去吧！没事的！你看我们不都挺好的吗？回去吧！……”他回去了。一步一步往回走，神情落寞像是丢了魂儿一样。他身上背着的粪箕子随着他龙钟的脚步一晃一晃地远去。

听爸爸说当年暴动部队像潮水一样在大道上前行，马蹄声、大部队众多人的脚步声嘈杂一片，走到哪里都扬起一片片黄尘。各个村子都在传说：“起八路军啦！人多了去啦！”那时的老百姓也不知道八路军是怎么回事，是干什么的，为什么就起了八路军了，只知道都是兵。

爸爸讲过，刚刚组建的部队，成员大多是年轻的农民，当时国难当头，要团结一切可以团结的力量，一致抗日。也有不少其他社会成分的人参加，绝大多数人不识字，他们政治上没有受过教育，军事上没接受过训练。就这么突然间为了抗日组成了20多万人的大军。

他们走到一个村庄停止前进。我爸爸随孔庆同进到一个院子，看见院内有十五六个人被五花大绑面朝里，围成一个圈跪在那里。这些都是严重违反纪律的，他们中有拿着个大枪跟老百姓诈钱儿的，也有个别强奸妇女的。针对这种情况，孔庆同在这里召集了总队干部会。我爸爸是警卫员，当然也在场。听着领导们开会发言，先是孔庆同早在部队出发前就已经强调了的纪律，现在出现了问题，而且很严重。“我们是抗日的队伍，是老百姓的军队，就要爱护老百姓，就要有铁的纪律……”在座的都发言，一致表示一定要严惩这些违反纪律的人。只有严惩，才能让坏人不敢坏，才能让好人不学坏。怎么处理？所有与会人员一致表示：“杀！”这下部队传开了，那些违反纪律的人都被砍了。从此，再没有违反纪律干坏事的人，部队从此整齐划一，纪律严明。

部队经过整训，严肃了纪律。从我们老家往西不远处有个铁厂镇，长期被敌人盘踞。孔庆同率领第四总队一举拿下，占领了铁厂镇。后又遭到日本顾问督导下的伪骑兵保安队和伪警察2300多人的疯狂反扑，经过两小时激烈的战斗，抗联大获全胜，共俘虏敌人80多人，缴获200多只支枪、35匹战马。

他们路过一个山沟，突然遭到当地土匪的阻击。言说：这里是他们的地盘，谁都不能从这里过。几经交涉，双方谈不拢，打起来了。

土匪共有四五十人，一打起来就知道这伙人很厉害。孔庆同早就看清楚了，告诉部队，尽量不要伤他们的性命，能多保留为最好。因为第四总队人多，土匪终于被打败了。他们年纪最大的土匪头儿被击毙，年仅22岁。爸爸说那人的腿长得左一节、右一节的，就是腿断一次再长上，断一次再长上，因为没有治疗，自己乱长，就长成了那样了。其余那四五十人都是十七八岁的人，被孔庆同收编加入了第四总队。20世纪50年代，我爸爸去北京开外交工作会议，住在北京市交际处，曾碰到那里的处长，一听说话：“唉！你是冀东人哪？”对方说：“是。”我爸爸说：“你是哪部分的？”对方说是第四总队某大队的（我不记得是几大队了，当时爸爸说得很清楚）。我爸爸说：“你们原来是土匪来着！我们收编的你们哪！”对方还直道歉。我爸爸笑得不行，说：“都多少年了，早就是同志了，还道什么歉！”

这年深秋，孔庆同又带领第四总队东渡滦河，与节振国的工人特务大队会合，一起在迁安白杨峪歼灭伪满军一个营和日军一个小队，缴获的战利品用骡子驮着，足有一公里。爸爸告诉我们，那时候的孔庆同真的是让他这个山沟里刚出来的孩子大开眼界，就看他打仗的时候神出鬼没主意多，只觉得孔庆同脑袋里不知装了多少办法！

跟节振国会合后，我爸爸认识了节振国。20世纪60年代，拍节振国的电影时，还请我爸爸去看彩排提意见。我问爸爸：“爸，那节振国像吗？”他说：“像。”我问：“长得像吗？”他说：“英雄人物，主要是精神。”后来他告诉我：“节振国的性格相当活跃，好多人见他来了都会笑，他常常干出与众不同的事。比如有一次，他去赶集，上衣只穿一个袖子，另一只袖子就在后面逛荡着，一根棍子横在腰的后面，两个胳膊弯曲挎着那棍子，仰着脸晃来晃去地走，大家见他老远走来无不发笑。其实他是个特别胆大心细的嘎小子，每次行动都少不了他的鬼点子。”

根据上级的指示，组建不久的暴动队伍要到平西整训。当部队快到平西时，走在一个山坡上，坡面朝南，山下紧挨着铁道。突然间铁道南面枪声四起，为主的武器就是机关枪。“突突突！”随着枪声，一片一片的人倒下。我在明，敌在暗，山坡上很开阔，没有任何掩体，我们的武器又不行，而敌人是事前埋伏在铁道斜坡下面的，眼见得死伤无数。枪一响，我爸爸和孔庆同的马就惊了，乱跑乱跳，几下就跑散了。爸爸的马驮着他跑了很远才停下来。下了马，看了看周围，除了山就是山。他把马扔了，记挂着孔庆同，掉头往刚才的战场走。听到那里已经没了枪声，回到刚才的战场，走到近前放眼一望，只见山坡子上是“一片黄啊”！我问爸爸：“什么是一片黄？”他说：“是黄军装啊！”死伤战士身上穿的是黄军装。

他去寻找部队，可我们的部队在哪儿？不知道。于是，他决定往回来的方向走。因为在首长身边，他学会了很多。比起别人，他知道在陌生的地方如何隐蔽自己。白天，他会在深山里找一个不易被发现的地方躲起来，看好方向后夜晚再走。

又到了晚上，一片漆黑。刚走到大道边儿，就听着“嗒嗒”的大皮鞋声，是日本兵。他停下来，坐在道边的一块大石头上，一队日本兵就从离他很近的地方排着大队走过去了。听听走远了，他起来接着走。

走了三四个晚上，突然听到了歌声。他一愣，嗨！只有我们的队伍才唱歌啊！高兴啊！在一个山沟里，他看见了冀东的主力部队二团，还看到了孔庆同等领导同志也都在。他终于找到了自己的部队！

回到冀东队伍，重新组织休整。在这期间，孔庆同还和我们队伍上的一个叫张树芝的女同志结了婚，由于环境非常恶劣，张树芝怀孕，孔庆同不愿给部队增加麻烦，就让她先回娘家——丰润县何家峪。1940年，他的儿子出生，名叫孔久龄。为了抗战，他们一家三口两分离，再没相见。

1939年秋后，组织上派孔庆同和我爸爸去华北联大学习。孔庆同去高级班，我爸爸去初级班。临分手前，孔庆同把我爸爸叫住，对他说：“来，我给你点钱吧，留着你买个本儿买个笔什么的。”说着掏出几块钱给了我爸爸。然后他们去了各

20世纪60年代父亲白云声和孔庆同之子孔久龄在位于石家庄的华北军区烈士陵园孔庆同烈士墓碑前合影

自的班级学习。这一别，俩人竟再没见面。

多少年，孔久龄一直在寻找他的祖籍。以前只知道老家是河南省光山县，具体是哪个村，谁都不清楚。2015年11月10日，在好心人的资助下，在河南省信阳市和光山县政府的大力支持下，著名抗日英烈的后代终于得以认祖归宗，找到了他的老家——河南省光山县文殊乡龙塘村孔湾。当地政府为了不忘初衷，弘扬先辈的革命精神，在那个村前建了一所小学，叫“孔庆同小学”。

如今我们老家已经没什么近亲了，但我有时候还是会去看一看。看看那里的山、那里的水，看看那儿的一草一木，觉得特别亲！2006年村里修路，我送去了5000元钱。钱不多，聊表心意。

老家村头儿不知什么时候多了一个小亭子。亭子里面有块碑，上面记载着当年冀东武装抗日大暴动时参加暴动的人。那年参加暴动的30多名青年，暴动后幸存下来的只有我爸爸一个人！

父母的结婚照
1945年抗日战争胜利后，党组织批准父母结婚
（1945年摄于河北省遵化县城）

腰带山，还乡河，白杨树，还有河里的鹅卵石，都记得当年那群热血青年！他们的英灵不散，精神永存！

我爸爸 1993 年去世，和妈妈的骨灰一起存放在冀东烈士陵园革命干部骨灰堂。后来我去遵化县马兰峪，见那里的燕山塔陵环境优美，人杰地灵，就将他们的骨灰送到了那里安葬，为他们立了一块大理石墓碑。

正面文字：白云声、谷逸群之墓，以及他们的生卒年月。

背面碑文：父 1937 年加入中共，1938 年参加冀东抗日大暴动。母 1942 年亦追随其后。二老性刚直达，一生虽受尽磨难，然为国为民之耿耿忠心不变。吾辈未继其产，惟承其刚正，继其坚毅，为其女，终生之幸。

（白燕，交通银行唐山分行干部；白倩，铁路唐山站职工）

特委联络站——泰康书店

峻 钟

1938 年春，冀东重镇——稻地大街上，在一阵“噼噼啪啪”的鞭炮声中，一家小小的书店开业了。买卖字号叫“泰康”，门脸不大，只有两间临街门市，坐落在大街街中路北、当时有名的大商号蔚兰馆斜对面。店里卖的都是些念书人用的东西，诸如纸墨笔砚、小学生课本之类，伪商会、伪联庄会的头目、各买卖字号掌柜一齐来抱拳恭喜，祝贺小店生意兴隆。张掌柜浓眉大眼，大高个儿，身穿长袍，大有买卖人的气派。他满面春风，操着浓重的天津口音，连连答谢，手下的几个伙计精明强干。这个书店，就是我党冀东特委的一个秘密联络站。

这时，在稻地已经建立了在特委直接领导下的党支部，这个党支部起初归李运昌领导，后来由丁振军负责。1937 年年底，当时的特委书记胡锡奎接替丁振军的工作来到稻地，领导了这个支部的工作。胡锡奎肩负着重大使命来到稻地，化名地图，住在范庄小学。杨春华正在那里任教，他们以师生关系，为胡锡奎安排了住处。

胡锡奎（1896—1970）

1938 年春，为特委工作之便，也为省委派来组织暴动的张克雨提供职业掩护，胡锡奎提议建立秘密联络站作为特委机关，公开办成一个书店，取名泰康书店。杨春华等同志积极响应，并与共产党员张洪儒（张逢春）一起，分头筹办。按胡锡奎的意见，这个书店的资金由党员捐款集资，每人拿出 5 块钱。许多人都主动拿了钱，张洪儒的关系人杨玉山、张林贺、张林祜、王子儒等每人拿了 10 元，杨春华自己出了 20 元，并且到唐山鱼市街的一个书局办来纸墨笔砚等货物，又经郑士骧找稻地大乡长张麟阁、警察队队长王武运等联系了门市场地，共两间，一间卖货，一间住人，泰康书店就这样办起来了。

张克雨以掌柜的身份公开住在书店里，常住在那里的还有店员身份的张洪哲（张洪儒的弟弟）和账房先生冯树人，张洪武游学卖货（实际是特委交通员）。杨玉山、张林贺、张林祜等住在边各寨他们的家里，这几个人都是刚刚毕业的进步青年。胡锡奎经常来店里，有时还住在那里。杨春华是胡锡奎的秘书，虽和书店没有直接工作关系，但为了做好掩护工作，也经常来店里照料一下。他会拉京胡，张克雨又能唱两句，为掩人耳目，招徕顾客，他们还时常拉起胡琴唱上两段。

就在这个看起来和别的店铺并无两样、一派生意兴隆的气氛的背后，我党的秘密机关正在这里紧张地工作着。胡锡奎不辞辛劳，日夜奔走，发动群众，宣传我党抗日主张，广泛接触工商各界。他常常是天不亮就出发，夜间回来，有时隔三四天才能回来。张洪儒每周到书店来两次，他们事先约好，定时碰头会面。在书店的小里屋，胡锡奎、杨春华、张洪儒、张克雨，以及在杨相庄小学教书的郑士骧每次总要研究工作到深夜，有时甚至还通宵达旦。特委的高培之、卞振东、闫达开及彭鸿泉等，也曾到书店进行秘密集会。

为了给大暴动做好思想准备，书店秘密印刷了许多党的文件。他们把毛泽东著作《中国共产党和中国革命战争》《抗日游击战争的战略问题》《论持久战》《中国共产党抗日救国十大纲领》等刻印成小册子。此外，书店还有一台三管直流收音机，是张洪儒的族兄张洪庭献出来的。每天夜深人静，他们就打开收音机收听延安广播，及时地把党中央的指示、全国各战场的抗日捷报收抄刻印出去。书店同时转发的还有经杨春华转来的安机寨支部办的刊物——《大华》周刊。这份油印刊物的大多数消息，都是从英文版的《华北明星》上翻译选摘的。胡锡奎、杨春华都懂英语，他们见到报上刊登了我国抗日前线的胜利消息和有关抗战局势方面的文章，便立刻译成中文，编好稿件，由安机寨支部的同志秘密刻印出版。

为了秘密传送方便，泰康书店发行的这些印刷品，一般的版幅都很小，约有32开大小，纸也很薄，字体也小，这样既便于隐蔽、保存和传送，又节省开支。负责刻蜡版印刷的是边各寨的进步青年杨玉山、张洪哲、张林贺、张林祜等。为了不暴露目标，他们刻印这些东西不在书店里干，而是非常谨慎地带回家里，在夜间完成。当时，河头有个致善书局，书局里有个店员姓陶，很进步，经常偷偷把书局里的蜡纸和纸张拿出来送给杨玉山等人，积极支持他们的抗日工作。

负责秘密传送这些印刷品的，是张洪儒、张洪武等同志。张洪儒利用他哥哥张洪庭在唐山当邮差的便利条件，经常将文件先转到他家，再利用邮信的车子将文件藏在自行车大梁上，用信兜子盖好或藏在车子的内外胎之间混出市区，由张洪儒转送到丰润、玉田、蓟县盘山一带。张洪武负责为胡锡奎跑交通，他经常将文件带好，设法转送到滦县、乐亭一带。

经泰康书店转发出的党中央文件和抗战胜利捷报等材料，一时间遍及了冀东城乡各界，有力地宣传了党的抗日主张，扩大了我们的政治影响。敌人对这些秘密文件的传播十分恐慌，千方百计地破坏印发这些文件的我党机关。驻守唐山的日本宪兵队司令部下令在唐山市区及各县的要路口，设下了许多道关卡，严格搜查来往行人，企图通过大搜查来破获抗日文件的传送。

一次，张洪儒化装成游学的先生，将秘密文件用蜡纸包好，藏在一个小筐里，上边放上几斤小鱼，用自行车驮上，一连闯过了敌人的几道关卡，来到了唐山西山口栅栏门子前边。这个卡子处在市中心，又是丰南通往北边丰润、遵化、玉田、蓟县的要道，所以敌人盘查特别严，日本宪兵队、侦缉队在这设了许多岗哨。张洪儒挤在人群里，想混过卡子，结果被日本人拦住了。他们端着枪，刺刀尖紧对着张洪儒的胸膛，气势汹汹地盘问他是干什么的，张洪儒镇定自若地回答是游学的。接着又过来两个特务将他浑身上下搜了个遍，也没有发现破绽。鬼子刚想放行，却有个特务大喊道："筐里藏的什么？"张洪儒一震，随即又冷静下来，从容地笑着说："老总，这是几斤小鱼，你拿去吃吧！"说完还颠颠筐给敌人看。敌人虽然没有解除怀疑，可也实在搜不出什么东西，本想从他驮着的筐里捞点外快，一看又是小腥鱼子，便没好气地命令说："把车子留下，走吧！"说完不容分说，将张洪儒推出了栅栏门子。这下可把张洪儒急坏了，车子上党的文件可比自己的性命还要紧哪！张洪儒知道和他们讲道理是不行的，来硬的更不是他们的对手，便立刻心急如焚地跑到邮局找到了张洪庭想办法。两个人左思右想，绞尽脑汁，终于想到他们村里有个叫李玉恒的，在伪公安局上班，便一起来到公安局找到李玉恒，经过耐心地做工作，终于说服了他为张洪儒作保取出了车子。尽管敌人戒备森严，想尽一切办法想破坏我们秘密文件的印刷和传送，但最终还是枉费心机。泰康书店印发的文件一直在顺利地向冀东各地传送着，抗日的捷报不断鼓舞着冀东军民的斗志。

1938 年 6 月，冀东抗日斗争的形势迅猛发展，大暴动的组织工作已经到了最后阶段，组织上调张克雨到冀东专门从事暴动的准备工作，泰康书店也就在完成了使命之后停业了。停业后，杨春华与同志们一起将书店剩下的商品打包，退回到唐山书局，并进行了最后结算。这个书店前后共投资几十元，半年来，除去负担了大批印刷品的开支外，还保障同志们到机关来开会、碰头、联络工作的食宿费用，为党的秘密工作解决了一定的经费。更重要的是，这里还培养和锻炼了一大批革命青年，为冀东大暴动输送了一支生力军。在胡锡奎、杨春华等同志的努力工作下，党的抗日统一战线工作也取得很大成果。当时的警察队队长王武运就曾坚决地表示："等八路军过来，我一定去投八路，要是不去，我就对不起你们这些人，也对不起自己的良心！"就连伪大乡长张麟阁也积极同情抗日，提出每个月向我们交 10 块大洋钱，算作他对抗日工作的一点心意。

是年大暴动前夕，胡锡奎离开了稻地。临走前，他把同省委联系的办法和电报码交给秘书杨春华，要他留在稻地继续坚持秘密斗争，并交给他几个关系人，责成他在必要时掩护他们并与其保持联系。同时，胡锡奎还就稻地一带的共产党员的分工问题作了详尽的部署，决定留下来的有杨春华、彭鸿泉等，去参加暴动的有郑士骧、谭德润、葛风英、高云舫、边万朋等教师党员，还有安机寨学校的校工和两名学生党员。

泰康书店的进步青年张林贺、杨玉山等大部分参加了暴动。同时，他们联系河头的刘宗英、肖贵勤、葛 ××、张克良等同志，一行十几人由张洪武负责接头，直奔曾家湾，去参加沿海地区的暴动队伍。此外，安机寨学校的十几名党员师生也在特委的安排下，坐火车分赴铁路沿线参加暴动。在稻地及其附近地区，通过一段时间的组织发动和思想准备，孕育和形成几支暴动队伍，掀起了一场大规模抗击日寇的革命风暴。在这场震撼全国的冀东抗日大暴动中，稻地泰康书店作为重要的革命策源地之一永垂史册！

（选自政协丰南区委员会编《唐山文史资料大全·丰南卷》）

狗背岭阻击战

赖 富

抗日战争时期赖富在海坨山营帐前留影

1938年6月邓华、宋时轮率第四纵队挺进冀东途中，转战到靠山集将军关一带。我当时任四纵三十一大队一营副营长。

6月18日，邓华、宋时轮将主力主动撤出兴隆城后，便开到兴隆的西部和西南部的北庄、镇罗营、靠山集、将军关一线。

6月22日，四纵党委在长城一侧的将军关开会研究聂荣臻司令员指示，四纵宜依靠雾灵山向四周发展，以兴隆、遵化、迁安地区为根据地。

这天，鬼子突然重兵来袭，侦察参谋紧急报告，在南面靠山集我军一个营被日军冲散，靠山集被占领。原来四纵进军冀东地区时，一路上给日军一连串的打击，日军迅速调兵遣将，纠集了邦均、蓟县、平谷、承德、兴隆之敌5000余人，内有日军1个中队，想趁四纵在冀东立足未稳之际消灭之。

四纵决定：避实就虚，反其道而行之，跳出包围圈。

这时需要一支部队在北面兴隆的狗背岭一带阻击敌人，掩护主力在狗背岭西北沟集结，准备黄昏后转移，继续向东挺进。

狗背岭阻击战旧址

紧急时刻，宋时轮司令员和邓华政委首先想到由我担当此任。速命我即刻赶到三十一大队三营任营长，并率部占领兴隆县的狗背岭（位于平谷县东北、兴隆县西南，距将军关北十几里山路）阵地，阻击从北面承德、兴隆进攻的日伪军，掩护纵队主力在沟内集结，待天黑时从阻击部队的左翼向北，即向 50 里外的兴隆以西马圈子一带转移。

我临危受命，即刻赶到三十一大队向季光顺大队长报到。他命我速去三营赴命，我心急如焚，快马加鞭，途经西陡子峪，十几里山路仅用了不到 30 分钟，就到了三营指挥所，紧接着就了解情况，查看地形。

狗背岭东西相对的两座大山分别为东沟、西沟，北面山峰错落，沟深、崖陡，南面群山峻岭，四周群山环抱着中间的小高地，虽只有几十米高、300 多米长，但高地上有两个突起的小山头，中间有较平缓的地带连接，南稍高，北稍低，刚好可以控制东北面兴隆六道河方向的山路及东南方向从西陡子峪出平谷将军关的山路，是一个打阻击牵制敌人的理想阵地。

我当即布置：要用有限的兵力，坚持持续的战斗力，不能直接把营主力先放上去，要把主力用到刀刃上。因事发突然，来不及侦察了解敌人的后备力量及动向，尽管前面有 700 余日伪军，也不敢轻易把全部兵力投入进去，遂命教导员罗永祥率营主力部队十一连及九连(缺1个排)到指定地点休息,做好后备行动准备,并要十连和九连的1个排送饭到阵地上,保障部队吃饭,必要时随时准备投入战斗。我率十连和九连的1个排在狗背岭阵地部署完毕后,战斗很快打响了。

日伪军700余人在两架飞机的掩护下,分两路夹击进攻我军阵地,我率部坚决击退了敌人多次冲锋。日军久攻不下,便凭借两架飞机和重炮轮番向我军阵地猛轰,其中刚好有一颗炸弹落在我身旁,所幸未爆炸。

针对敌人的轰炸,我大声地告诉连长:“我们必须弃空打地。我们的武器无法打到飞机,还会把自己暴露在敌人面前,造成更大的人员伤亡。大家必须节约子弹,敌机轰炸时和重炮攻击时要两手捂住耳朵,蹲下来尽量隐蔽,以免被密集的重击震死。敌机轰炸间隙时,集中兵力在敌人发起冲锋时瞄准对付地面的敌人。”

我将此战术称为“弃空对地”。

敌机的几次轮番轰炸,使我军伤亡很大。我告诉战士们,我们拼死也要坚守到天黑,保证纵队主力的沟内集结转移。

1990年4月怀柔县沙峪烈士纪念碑揭幕式上合影
前排左二起:黄之修、陈瑞钧、赖富、钟辉昆、李钟奇、李运昌、侯德祥

我灵活地运用了有限的兵力和武器装备，弃空中，坚决打击地面敌人。将士们在激战中顽强战斗，屡次挫败敌人的进攻，圆满地完成阻击任务，掩护纵队主力集结并安全向北之兴隆以西的马圈子一带转移，进而跳出敌人的包围圈。我率三营也趁雨夜顺利脱敌转移，赶上主力部队。

在乡亲们的帮助下，几十名牺牲的战士遗体被就地掩埋在山林中。他们用自己年轻的生命完成了掩护部队转移的任务。八路军战士继续奔赴抗日战场，直至将日本侵略者赶出中国！

（赖京力整理。赖京力，赖富之女，北京四海洁龙科贸有限公司总经理）

智取老铺警察所

孟祥策

1938 年春，冀东第十三抗日总队发展到 200 多人。高小安总队长按行署关于冀东“保存实力，发展革命武装，大搞武器，争取胜利”的指示，根据部队实力，决定首先拔掉敌人的孤军据点——老铺据点。

一天夜里，高小安派小诸葛陈国生、神枪手郑希焕，带 25 人化装成伪丰润县警备队和日本宪兵的一支队伍。陈国生扮作日本人（无护照），郑希焕装成县警备小队长。到了老铺警察所门口，哨兵警惕地要口令，二人没有答出来。陈国生说：“混蛋！八格牙鲁！”郑希焕说：“你们眼瞎！？我们是县警备队跟着皇军夜巡敌情，到处都去，口令乃是当日绝密，不能事先通知，哪里知道？”他边说边走，离敌人越来越近，又说：“瞎眼的东西，看我们的军装，不比口令真吗？”端枪的警察也越看越是日本宪兵的“巡查队”，就信以为真了。郑希焕带着战士离哨兵 1 米多远，哨兵刚向两人行军礼，“小诸葛”飞起一脚踢倒岗哨，夺过枪，掐住哨兵脖子，迅速用手帕塞住他的嘴，蒙上眼并绑好，牵走了这个活舌头。把哨兵带到我二班警戒地，将他们的军装脱下，待我军战士穿上后，代替伪军警哨兵站岗。

为了弄清院内所有实况，“小诸葛”追问哨兵，向他讲清了我军政策。之后，这个哨兵很快把真实情况和口令告诉给我们。

我军按哨兵说的路线，潜踪进院。果然看见前排正房的东屋里警察们正在打牌，西屋毫无一人，未惊动他们。到第二排正房北的西配房，南北一顺 3 间，南、中两间一明，是伪兵宿舍；对过东配房 3 间，北间是伪警长的专人宿舍，因其公出未归，空了房，足见密报很准确。

进伪兵宿舍一看，没人看守，只有挂在墙上的枪支和弹袋。19 名战士很顺利地将 17 支枪和所有子弹全部拿走。当伪警打完牌回屋睡觉时，才发现枪、弹被取走了，但这时我军已走远了，那些被缴了械的伪警还蒙在鼓里呢。

抗日联军捉的“舌头”杨占桂，原是庆云县人，是个单身汉，因家里很穷当了“长芦队员”，后做了伪警。因其出身贫苦，经我们对他进行爱祖国、共赴国难拯救危亡的政治教育后，他很快觉醒了，参加了抗日联军。

（选自政协丰南区委员会编《唐山文史资料大全·丰南卷》）

冀东人民抗日大暴动中的大门庄

张俊山

一、一个平常而不平凡的村庄

大门庄是坐落在滦河下游平原上的一个普通村庄，位于滦县县城西南15里的溯河东岸，西面与港北村隔河相望，南面是张边庄，北接范庄，东去是高官营。据大门庄的老人们回忆，在20世纪30年代中后期，全村约有400多人，在当地属于一个中等村落。全村约有土地2800多亩，50%以上集中在门耀庭等7家大户手中，广大农民仅有少量的土地，过着饥寒交迫的生活。

早在1936年，大门庄已成为中共滦县县委西南区委的所在地，也是滦县农村较早成立党的基层组织的村庄之一。1938年冀东人民武装抗日大暴动前，滦县早期中共党员赵玉清、丁振军、张鹤鸣、张振宇（张钧）、张瑞贞等在此从事抗日救亡运动。

当地广大民众在中国共产党的领导下，采取各种形式与日本侵略者进行着艰苦卓绝的斗争。日本侵略者更是对这一带的村庄恨之入骨，称其为“匪区”，经常来此地疯狂地烧杀抢掠，残害百姓，广大民众义愤填膺。

二、燃起抗日的星星之火

1933年日寇进犯长城沿线各关口，长城抗战爆发。日寇铁蹄由关外踏入华北，冀东人民陷入日本殖民统治的深渊，各地抗日救亡运动随之蓬勃展开。

当地的土豪劣绅为补偿他们在长城抗战中所受的损失，加剧了对广大贫苦农民的剥削和压榨。在大门庄，以门耀庭、门老四为首的土豪恶霸依仗权势，企图趁火打劫、发国难财，强行把战争的损失摊派给贫苦百姓，而贫苦村民则要求按贫富水平合理担负，但敢怒不敢言。在大家无计可施、土豪劣绅步步紧逼的关键时刻，村中进步青年张振宇挺身而出，联合几名进步人士，代表广大贫苦民众的利益，向土豪劣绅提出“合理负担”“谁被扰谁承受”的口号，动员贫苦百姓与门耀庭、门老四等土豪恶霸展开针锋相对的斗争。

在张振宇的带领下，经过艰苦抗争与不懈努力，广大贫苦农民最终取得了胜利。土豪劣绅们强行摊派的图谋未能得逞，此次斗争打击了其嚣张气焰，鼓舞了贫苦农民与土豪恶霸进行斗争的勇气。

为此，张振宇被冠以“共党嫌疑分子”被捕入狱，遭酷刑折磨。他坚贞不屈，经多方营救出狱后，更加坚定了继续带领贫苦民众同土豪恶霸斗争、捍卫广大贫苦民众利益的决心。

尽管当时村里还没有党组织，但是大门庄的先进分子、进步青年引起了中共滦县党组织的重视，先后引领张鹤鸣、张振宇、张瑞贞、李永春、王顺等进步青年走上革命道路，并陆续加入了中国共产党，逐步建立起党小组、党支部。张鹤鸣和张瑞贞以大门庄小学教师的身份做掩护，发展新生力量，团结进步人士和广大农民，积极宣传党的抗日救国主张，组织抗日骨干砸洋行、大烟馆，没收土豪恶霸的不义之财，充作抗日经费。张振宇带领“穷人会”同土豪、恶霸、汉奸和日伪政府进行斗争。

三、敌后抗日堡垒村

七七事变前，日本华北驻屯军有5700多人，其中3000余人驻守在冀东地区北宁铁路沿线的山海关、秦皇岛、昌黎、滦县、唐山、塘沽及通县诸地。1937

年8月底，日本在华北的总兵力骤增到37万人，并将驻屯军改编为日本华北方面军。

此时，大门庄以张鹤鸣、张振宇、张瑞贞为首的党员骨干在村中已先后发展了近20人加入党组织，并带领这些党员和进步青年积极配合上级党组织开展抗日救亡活动。

在冀东开展抗日游击战争、组织抗日武装大暴动是党中央在敌后放手发动广大民众、独立自主地开展敌后抗日游击战争、建立抗日根据地战略决策的重要组成部分。中共冀东党组织遵照中共中央、北方局和河北省委的指示，为开展敌后抗日游击战和发动武装暴动做了大量宣传和组织准备工作。

1937年12月底，冀东10县抗日人民代表会议在滦县多余屯（今属滦南县）召开。会议决定成立华北人民武装自卫委员会冀东分会，成立华北抗日联军冀东游击第一支队，王平陆任司令员，在北部山区率先发动敌后游击战。

1937年年底，以大门庄的张振宇、张鹤鸣、张文等人为骨干的18人受京东特委书记胡锡奎的委派，奔赴长城脚下参加了华北抗日联军冀东游击第一支队，以迁安为中心，在遵化、丰润、兴隆等地同日伪军展开了艰苦卓绝的游击战。后来，他们也成为冀东人民抗日大暴动的生力军——冀东抗日联军第五总队的中坚力量。

四、第五总队的中坚力量

伴随着冀东抗日武装大暴动准备工作的全面展开，1938年6月冀热边特委选定在大门庄举办抗日游击队骨干军事训练班。党组织的主要领导人胡锡奎、李润民、高培之等人都是训练班的任课教员，参加军训班的学员有地下党员、救亡会会员、县城学校的民先（即抗日民族先锋队）队员和进步学生。大门庄主要有张鹤鸣、张振宇、张瑞贞、李永春、张文等参加培训，他们不仅自己积极参加军训班学习，还为军训班里所有学员提供食宿和安全保护。通过培训，学员们了解了党中央抗日救国的方针政策，学到了军事常识和游击战术思想，拓宽了视野，坚定了信心，坚定了意志。大门庄学员们的家就是抗日大暴动准备工作的重要活动据点、堡垒户，大门庄也成为冀东人民抗日大暴动的堡垒村。

自从中共中央决定在冀东发起武装抗日起义后，经过近一年的艰难准备，条件逐渐成熟。日伪势力发现后，开始加强兵力部署，强行收缴民间枪械，出动伪军警到处抓捕“匪首”。

1938年7月5日凌晨，正在组建抗日联军第五总队的李润民、高培之、张鹤鸣、张振宇等几位领导人被伪军警包围在大门庄。在张振宇的掩护下，李润民、高培之成功冲出包围圈，随后张振宇、张鹤鸣等也分别突围脱险。在此危急时刻，中共滦县县委召开紧急会议，分析研究了当前形势和暴动的准备情况，大家一致认为应当提前举行起义。

1938年7月6日夜，中共滦县县委集结了参加武装暴动的骨干300余人，果断决定在港北村提前起义，冀东抗日联军第五总队正式成立，总队长李润民，政治部主任高培之，副总队长兼参谋长张鹤鸣，副总队长张振宇。总队下辖3个大队，张振宇兼任第一大队大队长，阎绍先任第二大队大队长，高纯一任第三大队大队长。

此时，张瑞贞带领大门庄妇救会的妇女们贴标语、发传单，积极宣传党的抗日主张；动员广大青壮年踊跃参军抗日，为参加大暴动的子弟兵加油鼓劲；鼓励民众有钱出钱，有枪出枪，有力出力；站岗放哨，传递情报；为子弟兵烧水送饭，救治伤员。她们是抗日大暴动的又一支生力军。

大门庄是滦县重要堡垒村之一。据统计，大门庄全村422人，参加冀东抗日大暴动的青壮年高达38人之多，占全村青壮年的50%以上，尚不包括在抗日大暴动之后参加革命的人员。大门庄的张鹤鸣、张振宇、李永春、张文、张瑞贞等地下党员是抗日联军第五总队的中坚和骨干力量，其中张鹤鸣、张鹤儒、张鹤轩、张瑞贞、张文、张福、张森、张学、张峻山、张景山、闫少文、温珠、王哲、门永昌、李瑞、钱永海、钱永增等20多人先后为中华民族的独立和解放献出了宝贵生命。这些人中只有张鹤轩、闫少文等6人安葬在家乡，大部分人牺牲后就地安葬，张鹤鸣、张瑞贞等3人安葬在唐山冀东烈士陵园。

（张俊山，张振宇第六子，供职于中国石油天然气股份公司）

岩口抗日暴动

张国才

岩口，是丰润县腰带山东麓的一个山村，地处丰润、迁西（当时属迁安县）、遵化3县交界处。1938年夏，在冀东抗日暴动中，岩口是冀东抗联第二路率先起义的地点，岩口暴动是冀东抗日暴动的重要组成部分。

全面抗战爆发后，党中央正确分析了全国抗战形势，于1937年8月在陕北洛川召开会议，作出了在冀热边开展游击战争的决定。根据洛川会议精神，晋察冀军区派遣八路军第四纵队开赴冀东。同时，中共河北省委也把注意力和工作重心转向农村。1937年10月，李运昌来到冀东任冀热边特委书记，随后胡锡奎被派往北宁路南，任京东特委书记，与冀热边特委配合，开展抗日游击战争。

岩口暴动之前，丰润地下党组织做了广泛深入的准备工作。丰润的形势大有一触即发之势，岩口暴动条件基本成熟。

7月7日，冀东抗日联军副司令员兼二路军司令员李运昌发布命令，岩口暴动开始。当天上午，很快就集合了迁安、丰润400多名暴动队员，宣布成立了抗联第四总队。7月8日一举攻占了铁厂重镇，摧毁了玉皇庙的伪警局，歼灭了增援铁厂的遵化伪保安队大部。

7月9日，抗联第四总队兵不血刃占领了兴城，收编了三屯营起义的巡警，剿灭了王官营叛乱的民团。这支抗联部队与八路军第四纵队配合作战，连克县城，控制北宁铁路，沉重地打击了日伪在冀东的统治势力。在抗联部队西撤受挫之后，冀东形势严重恶化，第四总队仍在党的领导

下，重整旗鼓，坚持冀东抗日游击战争。

岩口暴动是冀东党组织认真贯彻洛川会议精神、推行抗日民族统一战线政策的结果。

为纪念岩口暴动50周年，缅怀革命先烈，继承光荣传统，丰润县委、县政府于1988年7月在岩口村立了岩口暴动纪念碑。碑文记载了1938年7月7日在中共冀热边负责人李运昌、胡锡奎、魏春波、苏林燕等领导下发动的震惊中外的抗日武装起义，以及后来这支抗日队伍发展壮大的过程，使岩口暴动的丰功伟绩永远彪炳于史册，成为鼓舞人民前进的巨大精神力量。

岩口抗日暴动纪念碑

附：

岩口抗日暴动纪念碑碑文

一九三三年长城抗战失利后，日军侵略冀东大地。我广大民众不甘受凌辱，在中国共产党领导下，抗日运动蓬勃兴起。一九三八年七月七日，在中共冀热边特委负责人李运昌、胡锡奎、魏春波、苏林燕等领导下，西庄、苏庄、东高庄、西高庄等地的四百余名抗日群众聚集于岩口，树义旗、举刀枪，发动了震惊中外的抗日武装大暴动，暴动队伍组编为冀东抗日联军第四总队。孔庆同任总队长，阎锡九任副总队长，丁振军任政治部主任。第四总队攻铁厂、破兴城，接管三屯营，转战丰滦迁遵四县。暴动队伍所向披靡，敌伪统治土崩瓦解。队伍很快发展到四千多人，扩编成四个总队。同年十月，暴动队伍八路军主力西撤受挫。随后，返回冀东坚持抗日游击战争。

岩口暴动是冀东人民抗日暴动的重要组成部分。岩口暴动唤醒了人民的抗日觉悟，锻炼了斗争意志，为创建丰滦迁遵抗日游击根据地奠定了基础。广大群众在暴动中所表现出的崇高的爱国主义思想、民族尊严和牺牲精神，必将成为鼓舞全县人民前进的巨大精神力量。岩口暴动的丰功伟绩将永远彪炳于史册。

为纪念岩口暴动五十周年，缅怀革命先烈，继承光荣传统，促进社会主义现代化建设，谨立此碑！

中共丰润县委员会

丰润县人民政府

一九八八年七月

（选自政协丰润区委员会编《唐山文史资料大全·丰润卷》）

刘家营抗日暴动

董宝莹

1997年11月20日，原唐山市新区区委、区政府在该区刘家营乡刘家营村东1公里的小山峪建起了一座纪念碑，用以纪念1938年7月13日发生在这里的那场史诗般的刘家营武装抗日大暴动。

刘家营附近有着一片英雄的土地，这里许多仁人志士自从日寇占领丰润之后就投身了宣传、组织、筹备大规模抗日活动。他们痛斥日寇罪恶，号召奋起反抗，着手武装暴动准备。

刘家营村的谷云亭，1930年在滦县师范读书时就接受了马克思主义，加入了共产党。1932—1937年在唐山开滦医院工作期间，就以护士身份作掩护，在院内、在家乡发展党的组织，蓄积抗战力量。1938年4月，他卖掉家中13亩好地，加上在开滦医院的积攒，筹资1000多元，在王官营镇办起复生药房，作为党组织活动联络站。他借着行医卖药之便，一面接受上级指示，一面发展党员，联络抗日人员。

刘家营村的徐珍，1933年加入共产党，在党的交通联络组中当交通员。他在板桥一带的17个村庄中发展了40多名共产党员和多名抗日积极分子。根据党组织的指示，他在牛栏山警察分驻所中进行统战工作，通过关系发展了二等警长赵连增和警备分队队长常苍为地下党员。该所管辖的武装有70多人，均成为抗日的力量。

上水路村的刘锡彤因生活所迫，早年赴东北和海参崴谋生。在那里他了解到十月革命的情况，思想受到革命影响。1934年回乡后很快与地下党员谷云亭、程铁军取得联系，参加到抗日暴动的准备中来。1937年他筹了一笔款子和程铁军去北口外买了5杆大枪。刘锡彤带枪返回时在迁安青河沿被扣，家人卖了20多棵大树、5亩好地，凑足了500块大洋才把人和枪赎回来。以后刘锡彤继续与谷云亭在王官营一带发动群众准备暴动，光在他家乡上水路和鲍庄两村就发展了近200人。与此同时，这一带革命志士还控制了各村保卫团的武器和人员。

刘家营抗日暴动纪念碑

暴动原计划在王官营举行，由于在该村驻守的警备队二中队还有100多人工作没做通，而上级指示暴动时间还要提前，于是决定改在刘家营举行。7月9日，谷云亭、刘锡彤带十几名暴动队员来到刘家营村东小山峪，住在峪北端西侧看坟人袁老三家的茅屋里，派出共产党员徐珍到板桥村通知民团于化臣，到国持营村通知民团张守礼。而后张守礼又到小营、贾庄、大小杨家营、铁城坎一带通知了马维善、李长荣等人。这些人又都四处通知联络，到了13日，集合人数已达93人。上午10时，谷云亭宣布暴动开始，大家佩戴红蓝袖标，斗志昂扬地向南黑山沟、刁庄、北黑山沟、郭庄子、吴事庄、古石城进发。一路上宣传发动，群众踊跃参加，队伍扩展到200多人。伪县政府闻讯十分恐慌，急派警备队前来截击。而此时警备队队长王文龙已是我们的地下党员，他一面行动，一面秘密通知暴动队伍北撤，到了古石城村头打了一阵枪，假意阻击一下之后返回县城。

刘家营暴动队伍继续北进，经大港、大小松林、王务庄、古仁庄、果家峪、赵庄子到达迁西铁厂。在那里休整三日，又经石盘炉、东西高庄、火石营回到王官营。此时队伍已发展到1500多人，编为冀东抗日联军第十三总队，总队长刘锡彤，政治部主任谷云亭，参谋长吕大光，下设3个大队，一大队大队长李焕章，二大队大队长姚云祥，三大队大队长杨宝元。

刘家营暴动队伍主动向敌人发动进攻，除单独在古冶火车站、丰润板桥村、迁西后窝子与敌激战外，还与兄弟部队一起攻克兴城、王官营、大佛坨、任各庄、国持营等敌据点，消灭伪警察所、伪警备队之敌数百人，摧毁了伪乡保甲政权，解放了丰润东半部、唐山市以北的广大地区。刘家营暴动在冀东抗战中建立了卓越的功勋。

附：

刘家营抗日暴动碑碑文

一九三三年初，长城抗战失利，日军入侵冀东，广大民众不甘受辱，愤起抗日，新区刘家营一带农民和原开滦医院部分爱国青年近百人，在共产党人谷云亭，爱国志士刘锡彤等领导下，在八路军四纵队的配合下，于一九三八年七月十五日在小山峪举起武装抗日旗帜，并在黑山沟、尖山峪、古石城等地发动群众，扩大队伍，收集枪支弹药。后去岩口、迁西、王官营等地与冀东抗联总部汇合，编为冀东抗联第十三总队，部队有千余人，刘锡彤任总队长，谷云亭任政治主任。十三总队攻古冶、破兴城、进三屯营，转战丰滦迁。是年十月奉命西撤整训，途中遭敌袭击，伤亡严重，余部重返冀东开展游击战争。

刘家营的抗日暴动，振奋了人民抗日激情，鼓舞了人民斗志，培养了一批抗日骨干，为捍卫民族尊严做出了不可磨灭的贡献。为缅怀抗日先驱，弘扬民族正气，教育激励后人，在纪念刘家营武装抗日暴动五十九周年之际，谨立此碑，永志不忘。

刘家营抗日志士英灵永垂不朽！

中共唐山市新区区委
唐山市新区人民政府
一九九七年七月十五日

（选自政协丰润区委员会编《唐山文史资料大全·丰润卷》）

冀东抗日大暴动在爽坨

李贺文

在1938年冀东抗日大暴动前，爽坨于1935年年底建立了丰南较早的地下党组织，是丰滦边委员会丰润县南部县委所在地，并建立了最早的抗日游击队——便衣队，为冀东抗日大暴动做出了重要贡献。

一、建立中共党组织和抗日武装

1932年9月，李运昌回到乐亭县、滦县，主持成立京东御侮救亡会，担任主任，开展革命活动，深入商户宣传抗日救亡活动，发展地下党组织。义和斋22岁的少掌柜李玉秀认识了比他年长3岁的李运昌，并接受了李运昌的抗日救亡主张。李玉秀介绍安各庄的高小安（高瑞泉）认识李运昌，高小安思想进步很快。1932年，李运昌介绍高小安加入中国共产党。高小安也经常到爽坨集市玩耍，与爽坨的李忠、李正成了拜把子兄弟。

1935年3月，中共地下党员苏林燕（丰润县委组织部部长农工委员）在爽坨国立初等小学（校址设在药王庙）任教，积极发展党组织。义和斋成为苏林燕争取的对象，义和斋老掌柜李东生、掌柜李荣九、少掌柜李玉秀，积极支持抗日救亡活动。到1935年年底，苏林燕在爽坨陆续发展了18名中共党员，他们是：曾经当过渔民后来习武当过乐亭县第一刘家护院的石庆成（化名石占山）、在爽坨集市从事贩卖鸡鸭生意的杨春山（化名杨永学，绰号杨老二）、杨庆云（化名杨光林，杨春山的堂叔）、农民石玉成（石庆成的叔伯兄弟）、刘运宽、刘成全（爽坨完全小学学生，刘运宽的族孙）、郑友邦、郑贵新、郑昌元、郑继友、邢喜荣、孙文庆、做豆腐的高永清、义和斋长工李寿明、伪镇公所少爷徐继云、伪警察所警长李宗元、爽坨完全（高等）小学校长张兴亚、在崔坨小学任教的王振申（爽坨人），他们成立了爽坨党支部，爽坨党组织成为丰南县最早的党组织之一。

1935 年 8 月，高小安根据冀东特委指示，到爽坨与苏林燕接头并接受其领导，为了安全和隐蔽，高小安通过义和斋关系找到苏林燕，在义和斋接头。

1935 年苏林燕在爽坨以 18 名党员为基础，建立了武装游击便衣队，发展了王作芝、史进庆等 30 多名武装队员，杨永学任便衣队队长，石占山、石玉成任副队长。爽坨抗日便衣队是丰南最早的抗日武装力量，因杨永学从事贩卖鸡鸭生意，故又称鸡鸭队。

为了便于来往抗日人员隐蔽工作，苏林燕在爽坨以义和斋为基地建立了堡垒户和交通站。义和斋以进送货形式赶马车传递情报，接送抗日干部。

1935 年 12 月成立了伪冀东防共自治政府，在爽坨成立了伪镇政府时，苏林燕、高小安授意李忠接受伪镇长的任命，并派李正打入伪警察队伍，充当内线。

1936 年 5 月，丰润县委改组。在丰润县南部成立丰滦边委员会（即丰润南部县委），书记苏林燕驻爽坨秘密工作，爽坨成为丰滦边即丰润县南部县委所在地。

1937 年 11 月，为了加强对冀东南部抗日暴动的领导，冀东特委特派冀东特委卞振东以卖梳子为掩护来到路南爽坨，卞振东通过爽坨义和斋交通站前往安各庄高小安部。

二、抗日大暴动的发动

1938 年 5 月，爽坨一带 40 多天连降大雨，夏天作物颗粒无收，群众生活悲惨。在爽坨党组织领导下，在便衣队配合下，爽坨一带的部分村庄开展了小规模增资、增米、增布斗争，并取得了胜利。斗争锻炼了群众的组织性，也激发了群众抗日求生存的热情。

7 月初，高小安与爽坨石占山、石玉成、李忠、李玉秀等人商量，攻打爽坨保安队据点和伪警察所，以铁匠庄吴俊民团为后援，以李忠、李正为内应。7月13日凌晨，高小安部隐蔽地来到爽坨外围，与爽坨党组织和便衣队会合，包围了爽坨敌伪据点、伪警察所（老爷庙南的一个大院）。战斗打响后，部队隐蔽前进到敌伪据点、伪警察所南大门，根据暗号由内应李正打开了大门，高小安带领战士们冲进院子，伪警察所所长李宗舟和保安队队长以及30多名保安队队员、伪警察，还没有来得及穿好衣服就被缴械。爽坨暴动取得了胜利。

7月13日早饭后，高小安部回师南下大新庄，石占山、石玉成带领爽坨便衣队，在李氏祖坟四家盘南竖起爽坨抗日暴动起义军的大旗。周边村庄纷起响应，抗日队伍不断壮大。参加爽坨暴动队伍的有：崔坨的苏义、韩继山、韩继永、刘庆珍、卢万尚、王义功、张浩先等40多人，纪各庄的孙百顺、董春华、张作臣、裴作前等先后拉起两股队伍会合，大河庄、小河庄在孟凡泽等人带领下有40多人，杜林在张墨林带领下有20多人，郭李王沟四个岭坨在李佐光、郭风良带领下有80人，桥北坨、太各庄在居向荣（北石各庄）带领下有30多人，枣园、八户、黑坨、菜园、双港、龙湾、柳林、大小韩庄、狼坨、瓦子庄、南董庄子、北董庄子、钱庄等周边村庄也有人加入爽坨暴动队伍。

爽坨抗日暴动起义后，爽坨抗日暴动队伍首先收缴了马狼坨乡团、冯家狗庄冯振亚地主武装的枪支弹药，并不断搜集散落在民间的枪支弹药。周边的人民群众纷纷自带枪支弹药参加队伍，人员达到1000人。

三、抗日大暴动的发展

1938年8月17日，高小安请求爽坨抗日暴动队伍协助攻打越支联庄会，石占山带领爽坨抗日暴动队伍到越支村外，配合高小安部攻打越支，并大获全胜。

8月18日，为了加强爽坨抗日斗争的领导，冀东特委派在开平从事教学工作的爽坨人张树先到爽坨。到整编时，爽坨抗日暴动队伍达到2000余人。抗联任命爽坨抗日暴动队伍为抗联特务第二总队，隶属李运昌部，石占山任冀东抗联特务第二总队总队长，张树先任政治部主任。下设6个大队，第一大队大队长爽坨李太发，第二大队大队长大河庄孟凡泽，第三大队大队长爽坨刘云宽，第四大

队大队长崔坨韩继山，第五大队大队长爽坨李宗舟（警官），第六大队大队长郭岭郭风良。

爽坨抗日暴动队伍与高小安部协同作战。继攻打越支联庄会后，9月又攻打宣庄镇，经过一小时战斗，打死日伪军30多人。后来，爽坨抗日暴动队伍开到钱家营，攻打伪警备队。由于敌众我寡，加之暴动队伍人员缺乏训练，结果失败，爽坨抗日暴动队伍剩下不足1000人。

10月6日，冀东特委下达西撤指示。冀东南部爽坨石占山抗联特务第二总队和高小安抗联第十三总队北移北宁路北山区集结待命，准备西撤。石占山安排副官处长石玉成，去大新庄附近通知高小安准备西撤的消息。10月7日，石占山、闫西连把队伍拉到张各庄休息一天，过了中秋节后，夜间乘着敌人巡逻的空隙，从雷庄铁路过道，沿着榛子镇方向北移。

在北进期间，爽坨抗日暴动队伍的主要领导意见不一。10月9日，部队到达榛子镇北的孟家峪、七家峪一带，闫西连、孙义军带着第四、六大队在孟家峪驻扎，反对西撤；石占山、苏义带领其余各大队及支队也在这一带驻扎下来，总部设在七树峪，等待李运昌部的命令。10月10日早晨闫西连、孙义军带着第四、六大队投奔了民众救国军杨二司令。石占山所带部队经过4天修整后得到李运昌部消息，一路追赶李运昌部。

石占山率部北进后，高小安仍然留在大新庄、小集一带坚持战斗。石玉成去大新庄，通知高小安北移西撤的消息，被混进高小安部的盐务队的王鹤朝打死在大新庄二村。

高小安闻讯来爽坨吊唁，方得知西撤的消息。高小安部几次打退敌人进攻，最后与副队长孙文英兵分两路：一路由孙文英带领，在南田庄群众帮助下，将伤病员护送进草泊；另一路由高小安率领，被迫在李八廒、孙坨一带突围。经过两天两夜的战斗，高小安率领余部仅十几人，回到安各庄一带，与孙文英会合一处。此时，部队所剩无几，只能进行隐蔽斗争。

（李贺文，唐山市人力资源和社会保障局干部）

三屯营伪警团起义

庞乃河

迁安县三屯营（今属迁西县）是古代九关重镇之一，历史悠久，交通畅达。在1938年中国共产党领导的冀东人民抗日武装大暴动中，三屯营警察和民团挥戈起义，参加了抗日斗争。

伪冀东防共自治政府成立后，三屯营驻有3支武装力量：一支是滦河桥四分局管辖下的三屯营警察分驻所，地址在钟楼西北角，警官叫赵玉（武清县人），有警察10余名。一支是驻在大西门以里三官庙内的警察队，1937年冬以前为保卫团，团长赵荣三（山东人），全团30来人，多是退伍士兵。他们对日本侵略军的侵华罪行深恶痛绝，具有强烈的抗日要求。后来，在通州事变中被日军击溃的伪冀东战区保安队起义士兵，也陆续加入了三屯营保卫团。1937年冬，保卫团改编伪警察队，团长赵荣三改任警察队队长。第三支武装力量是三屯营城内的民团，团部设在小西门内，团佐陈宽（滦河桥人），团丁30来人。这三支武装，各司其职，若遇大事，三方又联合行动。这三支武装共有80来人、几十条枪。

早在全面抗战爆发前夕，我党就十分注意对这三支武装力量的争取工作。从1936年11月开始，中共冀热边特委组织部部长高存就曾指派共产党员宋起兴打入警察分驻所当了警士，着手警察起义的动员工作。后经组织同意，辞去警士职务，在牛家峪“庆鑫金矿”开设饭馆，作为秘密交通站。他利用社会职业作掩护，积极宣传抗日民族统一战线政策，动员全民奋起抗日，并与共产党员张志超、程铁军一起组建人民抗日武装队伍。宋起兴曾先后4次进本县警务机关任职，同事、旧友较多，交友甚广，这为他在三屯营警团中开展工作、最后促成三屯营警团起义提供了极为有利的条件。

1938年春，中共冀热边特委决定发动冀东抗日武装大暴动，高存指示宋起兴要积极在警察和民团中串联亲朋好友，晓以民族大义，宣传团结抗日，尽快争取他们起义。经过深入细致的工作，他先后秘密争取了民团团佐陈宽、警察队队长赵荣三、警长任凤贤及部分团丁、警士。他们都向宋起兴表示："你啥时下命令，我们就啥时跟你走。"二三月间，高存、魏春波、刘锡彤又写信给宋起兴，要他在本县三屯营、潵河桥和遵化县洪山口一带尽快拉起一支队伍。经过在各界人士中广泛宣传、串联、发动，宋起兴在端午节这天，将暴动人员集合到三屯营城东牌楼沟牌楼后面开会，成立了华北人民抗日联军第十一支队。这是一支以淘金工人和贫苦农民为主的暴动队伍，虽然只有80多人，又没多少武器，但他们的抗日爱国精神，对后来警察和团丁们的起义起了促进作用。

7月上旬的一天，宋起兴正在三屯营西关南车店6号召开秘密会议，商讨尽快争取三屯营警团起义事宜，突然传来了李润民、高培之、张鹤鸣等领导的滦县港北起义和李运昌、胡锡奎、孔庆同等领导的岩口起义的消息。大家异常兴奋，当即决定分头加紧工作，争取马上起义。会后，又不断传来县内各地农民暴动的消息，振奋了三屯营镇民和警团的情绪，人们街谈巷议抗日救国。至此，警团起义已水到渠成。

这时，由李运昌任司令员的抗联第二路军司令部驻在兴城。在起义的前一天，宋起兴决定一面由警察队队长派代表去兴城联络，欢迎抗联派队伍进驻三屯营；一面又派出抗联第十一支队战士张连棣去潵河桥与刚调到潵河桥负责驻防二道拨子的警长任凤贤联系，通知他率所属警察和带管的保卫团连夜起义。

7月12日（一说7月10日），抗联第四总队应邀进驻三屯营。当先头部队进入三屯营南街时，立即鸣枪联络。这时警察队、民团和分驻所警察一齐涌到街上集合。他们排成四路纵队，人人帽檐朝后，枪支平挎，枪口朝后，表示反戈起义。队伍穿过西街、南街，欢迎抗联大军进城。上午10点左右，张炳东、程铁军、宋起兴又率潵河桥、高家店一带暴动队伍800多人像潮水般涌进三屯营。总队司令部设在傅老生面铺，院内竖起的"华北人民抗日联军"的红色大旗迎风招展。

大街小巷、商号、学堂到处活动着佩戴上红下蓝双色袖标的抗联战士，到处是笑逐颜开欢迎抗联的人群。警察分驻所临时设立报名处，有成批的青壮年踊跃报名参加抗联。

（选自政协唐山市委员会教科文工作委员会编《唐山文史资料》第五辑）

盐警队倒戈抗日

李荣亭

在冀东抗日大暴动的影响下，驻在南部沿海的盐警队愤然倒戈，起义抗日。后经我党的争取教育，他们参加了我党领导的冀东抗日联军。

盐警队，即盐务缉私队，驻昌、滦、乐沿海一带。队长刘定为人正直，具有一定的民族意识。

大暴动开始以后，刘定等人深受广大群众抗日的影响，激于民族义愤，倒戈抗日，汇入了大暴动的洪流。他们收缴枪支，发展队伍，在昌、乐沿海一带打游击。当时，大暴动在乐亭蓬勃发展。在昌乐联合县委的领导下，侯辅廷、翟文彬等在大、小黑坨一带组织暴动，组建抗联第十总队。一天，侯辅廷带领新成立的第十总队三四十人，在小黑坨收缴地主枪支时遇上了盐警队。开始，盐警队认为是遇上了土匪。经联系，听说都是抗日的队伍，就邀侯辅廷去谈判。在谈判中，外边双方就交了火。第十总队被打散，侯辅廷被扣留。刘定等人从侯辅廷身上搜到了我党关于组织冀东暴动和组建抗日武装等机密文件，以及一些传单等。他们这才知道大暴动是共产党领导的，刚才被打散的是共产党领导的抗日武装，被扣留的侯辅廷是党派到第十总队的政治部主任。此时，他们如梦初醒，感到既然暴动是共产党领导的，只有找到共产党，才有出路。于是，他们马上改变了态度，放了侯辅廷，并强留侯辅廷做他们的政治部主任。侯辅廷说："我不能留下，那边我还有一部分人，我要回去安排一下，我一定回来。"刘定同意了，并要归还刚才缴去的全部枪支。侯辅廷一摆手说："不要了，都是为了抗日，我们不缺枪。"以后，刘定等人听说岳泽普是老共产党员，就找到岳泽普，请他去当党代表。岳泽普受党组织委托，答应刘定的邀请。为把这支在大暴动中起义的旧军队改造成我党领导的革命武装，岳泽普只身来到盐警队，向刘定等讲我党的统一战线政策，讲七七事变后国内外斗争形势，讲我党对冀东抗日暴动的安排部署，指出团结抗日、共赴国难的光明前途，从而坚定了刘定等人的抗日决心。

当时，全县各镇只有汤家河的伪顽势力还在顽抗，刘定即率队攻打汤家河。经过激烈的战斗和岳泽普的内线瓦解，终于在7月24日攻下汤家河镇，全歼敌伪武装。至此，全县各镇均告解放。

岳泽普鉴于自己年岁已大，随军行动不便，遂荐阎达开继续做盐警队的工作。后在阎达开主持下，刘定的盐警队被编为冀东抗日联军第三十九总队，刘定任总队长，全总队约3000人。这支部队随阎达开转战路北，和日本侵略军打过几次硬仗。

（选自政协唐山市委员会教科文工作委员会编《唐山文史资料》第五辑）

抗日联军
昌黎支队宫里村罹难纪略

李永春

1938 年冀东抗日大暴动中，华北抗日联军昌黎支队是由共产党员张其羽同志联合昌黎县各路暴动队伍组织起来的一支抗日队伍。

这支队伍的士兵，多系不堪日伪压榨而有朴素爱国主义思想的贫苦农民、渔民、无业游民和旧军人，除少数共产党员、爱国知识分子外，一部分是地方武装，一部分是土匪、市侩，一部分是哗变的伪长芦盐务管理局的盐警大队。司令员丁万有、参谋长蔺乃公、军需处处长丁义成，下设 5 个总队和 1 个炮兵营：第二十七总队队长王树贵（绰号王二虎）、第二十八总队队长刘成玉（刘海洲）、第二十九总队队长董锡福、第三十总队队长李盛瑞、第三十一总队队长肖连芹、炮兵营（土炮）营长曹致芳。

1938 年 10 月，昌黎支队接到上级指示，司令丁万有率领部队越过北宁路，到遵化集结后赴平西整训。第三十总队在前，第二十七总队和第二十八总队断后，第二十九总队和第三十一总队保护司令部居中，沿山路向西进发。暴动队伍没经过训练，对家乡难割难舍，分离故里越远，恋乡之情越浓，致使开小差的很多，加之战斗减员，当进入遵化境内时，部队已由 5000 人减员到 2000 人。

10 月 21 日（农历八月二十六日），昌黎支队司令部和第二十九总队、第三十一总队宿营于遵化县宫里村，其余 3 个总队分别宿营于宫里村南山下的刘各庄、常各庄和柴王店村。第二天，部队行进到蓟县边界时，遭到日伪军堵截，不得已又返回宫里村宿营。

昌黎支队是西撤抗联部队中的最后一支队伍。回到原驻地宿营后，其行动被遵化日本宪兵队队长冈布侦知，当夜集结小松队、小高队 200 多名日军和遵化县警备队 3 个中队 300 多人包围了宫里村。第三十总队副总队长去司令部办公深夜未归，总队长李盛瑞派人去接，途中发现周围山上有人影移动，便向副总队长报告，但没引起警惕。直到敌人包围圈缩小、日伪军堵住街口、机枪打响、炮弹在村里爆炸之时，暴动队伍才匆忙应战。本来就不愿接受改编的第二十七、第二十八总队队长王树贵和刘成玉，听到枪炮声后，不但不去接应司令部，反而率队逃回昌黎投降了日军。第三十总队独立奋战了三四个小时，得知第二十七、第二十八总队早已撤退，见日伪军火力强大，便也撤出战斗，向昌黎方向退回。

宫里村的进步青年王树堂听到枪声后，忙到街上观察动静。见街里人马嘈杂，联军官兵因不明地理环境，左冲右突不得章法，他便主动当向导，领着 300 多名暴动队员，从街中心沿胡同出村，奔向柴王店。当返回村想再领第二拨儿突围时，胡同口已被日军的机枪封锁。战斗进入白热化阶段，司令丁万有指挥指战员奋力反击，终因缺乏战斗经验和武器粗劣，又四面受敌，丁万有身中数弹光荣牺牲，参谋长蔺乃公和军需处处长丁义成等皆战死。

日伪军见强攻受到抵抗，便开始放火烧房，从前街路北的东西两端点火，暴动队伍被迫撤到村子北面地主张锡三的两个大院里，把临街门房和院墙凿开枪眼，进行顽强战斗。坚守到次日清晨，子弹打光了。日伪军冲进院，连同本村的群众张子杨、刘永祥等人，逮捕了 200 多人，待一架飞机降落在村北平坦地里、装上 20 多具日军尸体飞走后，日伪军拉着一辆汽车缴获的枪炮，赶着几十头大牲畜，押着被俘人员返回城里。

宫里村的 12 名群众，经过商会疏通花钱具保赎了出来。被俘人员押在省立五中（市老一中）东南角的女生部，饭不管饱，饮水不足，不给饭具，只把粥饭放在猪槽子里，让战俘用手捞抓着吃。不给放风，吃喝拉撒全在屋里，室内臭气熏天，粪尿从墙孔溢于室外。被俘人员受到非人的虐待，隔三差五就有一具尸体从囚室中抬出来。几天后，日军提出 40 多名战俘，绑赴县城北关乱葬岗子，残

暴地用狼狗撕咬、用刺刀挑、开枪打死，以震慑民众。两个月后，把没死的100多人，转运到东北煤矿当劳工去了。

敌人围剿昌黎支队，宫里村也遭受了巨大损失。村民刘万富、赵忠、魏富等13人遇难，187间半房屋被烧毁，几十头大牲畜被牵走，衣被等物被焚毁。在抗日救国会的组织下，群众在村西公路西面掩埋了73具烈士遗体，在村东大阶子（地名）掩埋了44具烈士遗体，在东南长条坑掩埋了7具烈士遗体。刘振华冒着生命危险，假称抗联队伍的遗属，把王友及其两个姐姐，以及刘素华姐妹俩5个儿童认作自己的子女，骗过日伪军的追查，进而掩护起来。后来把王友姐弟3人送回昌黎县冷各庄老家，认孤儿刘素华姐俩为干闺女，并将其抚养成人。

（选自政协遵化市委员会编《唐山文史资料大全·遵化卷》）

专题研究

ZHUAN TI YAN JIU

1938 年 冀东人民抗日大暴动在滦县

陈　发

七七事变后，日本侵略者加紧了对冀东地区的侵略和控制。中共冀东组织根据党中央和北方局的指示，配合八路军四纵挺进冀东。在中共冀热边特委的领导下，于 1938 年 7 月举行了一次大规模的武装抗日暴动。这次暴动中，举起第一面旗帜的是滦县抗联第五总队。

一、首举义旗

1938 年 6 月下旬，中共冀热边特委召开了田家湾子会议，通过了起义纲领，确定了起义队伍的名称番号，起义时间定于 7 月 16 日。中共滦县县委根据多余屯会议和田家湾子会议精神，决定立即进入组织发动阶段。

在农村，主要由特委和县委委员赵玉清、李光宇、丁振军、张鹤鸣、高培之等串联各地党支部（或小组），号召抗日骨干积极购置枪弹，在全县 50 多名党员中，除组织上点名留下三五人做地方策应工作外，其余都必须做好充分准备。

在县城，主要在省师、滦中、简师三所学校的“民先”（抗日民族先锋队）组织中发动。“民先”从 1938 年 4 月到 6 月共召开两次会议，第一次会议传达外界抗日活动情况，学习省委刊物《火线》上的几篇关于游击战争的文章，部署了发展对象；第二次会议人数略有增加，传达了高培之关于准备暴动的指示，动员大家做好思想准备。在这段时间里，县委委员高培之经常到简师作简短布置，或通信相约到城外僻静处面交一些书刊，如《通俗资本论》《唯物辩证法》《共产党宣言》《火线》《先锋半月刊》等。

在充分发动群众的基础上，集中骨干参加了中共滦县县委在大门庄举办的训练班，继续培训暴动干部。胡锡奎讲政治，李润民讲游击战术，如抗日游击战原则、地形地物的利用、侦察方法和手段等。

事态的发展，暴动的风声，引起了滦县日伪的注意。7 月 4 日凌晨，伪政府派出大批马步警察包围了冀东抗日联军司令高志远家所在的村子——多余屯，高志远闻讯出走，继续组织暴动的准备工作。5 日凌晨，伪警又包围了大门庄，企图逮捕张鹤鸣、张振宇、李润民、高培之等同志。此时，李润民、高培之、张鹤鸣等正在这里检查工作，听到敌人围庄，他们亦夺路而走。

突如其来的变化，使形势急剧紧张起来。中共滦县县委果断决定：滦县的暴动必须提前于 7 月 6 日举行。暴动队员把冀东抗日大暴动的第一面旗帜插在了滦县港北村唐家大院的大门口，并郑重宣布冀东抗日联军第五总队正式成立，李润民任总队长，张鹤鸣任副总队长兼参谋长，张振宇任副总队长兼第一大队大队长，赵玉清任秘书，当时的伪大乡长唐谐尧为第一大队副大队长。暴动队伍立即进行宣传，收缴各村枪支，募集枪款，组织队伍，充实力量。唐谐尧带头抗日，影响很大，仅在本村就收集大枪 13 支。许多青年加入暴动队伍，声势很大。

7 月 7 日（农历六月初九）正是张各庄集日。赶集的人流中，有一拨“群众”直奔驻防在张各庄的警察局和盐务局，为首的是伪大乡长唐谐尧。只见他故作惊慌地大喊：“不好了，起便衣队了！”随着喊声，那股赶集的“群众”跟着他一齐涌进了大院，迅速占领了警察局和盐务局，先缴了局长的枪，然后命令他部下交枪。警察和盐警还没弄清怎么回事，就乖乖当了暴动队伍的俘虏。第五总队一枪未放，拿下了张各庄，随即开仓放粮，救济贫民，群众蜂拥而来，凡是赶集的人都能得到 5 斤盐、10 斤米。在青黄不接的时节，群众自然欢呼雀跃，称赞“便衣队”。由此，第五总队迅速壮大，又一大批爱国青年投入到队伍中来。

与此同时，滦县路北安各庄、高各庄、铁局寨一带，在李光宇、高纯一、杨鹤轩等同志的发动下，组建了第五总队第三大队，高纯一任大队长，杨鹤轩任副大队长，并于7月8日在铁局寨发起暴动。路南甄庄、陈庄、姚庄、杨家院、柴各庄一带，在赵玉清、阎绍先、赵宪章等同志发动下，组建了第五总队第二大队，阎绍先任大队长，赵宪章任副大队长。第五总队完善了3个大队的编制，队伍发展到千人。

二、各路队伍揭竿而起

第五总队率先起义、发出通电之后，各地暴动队伍相继而起。

第五总队拿下张各庄之后，在川林、刘庄一带（今滦南川林乡）有李玉玺（刘守仁）的暴动队伍，编为独立第一大队，大队长李玉玺，教导员张致祥（张合）。

7月，滦县南部马城、胡各庄一带（今滦南境），由高志远、陈宇寰发起暴动。

滦县西北部丰、滦、迁边区，有孔庆同、丁振军组织起抗联第四总队，带动了榛子镇、杨柳庄、城子、古冶、赵各庄即青龙山以西以南的抗联队伍。这个地区队伍众多，但都是小股，无番号，只称“×××队”。举例如下：

（1）韩树仁队。韩树仁即李守善，1936年与王大中、王克儒联系开办古冶东兴书店，作为京东特委联络站，与李运昌直接联系。港北起义后，韩树仁接李运昌指示，关闭店门，拉起队伍70余人，开赴青龙山。在青龙山附近王店子、赵百户营等村收缴枪支，队伍扩大到四五百人，主要负责人是韩树仁、杨春华、刘子奇、穆元中等。

（2）张太队。7月初拉起30多人的队伍，缴了东上五岭的警察局，后编入第五总队。

（3）田明远队。田明远，韩辛庄子人，赵各庄矿工，队伍有200人。

（4）张洪队。张洪，苍官营人，队伍有100多人。

（5）陈景海队。这是以民团和警备队为骨干的暴动队伍，有100余人，后只剩20余人，编入第四总队。

7月10日，第五总队兵临安各庄（路北），安各庄伪警察所和该地民团响应起义，所长周维新为总队长，但周在发出通电之后便去而不返。正好从滦河东岸滦昌边界过来一股暴动队伍，为首者名叫于振忠，遂把于部编入周部，命名为第九总队，总队长于振忠。

7 月中旬，在爽坨（今属丰南区）一带，石占山拉起暴动队伍，称抗联特一总队，总队长石占山，政治部主任张树先。

在滦县南部即今滦南境内，先后有殷焕章、戚树雨、张子川、陈家宝、高小安、卞振东、吴子阳、吴绍舟、曾纪先、刘天瑞、姜有余、高荣久、张润之、赵培兰、宿树柏、曹致福、于从杰、曹中汉等组织暴动队 50 余股，其中有番号的计 10 支队伍，如第六总队、第七总队、第八总队、第十二总队、第十三总队、第十四总队、第十五总队、第十六总队、第二十二总队等，重复番号的有 3 个独立大队，2 个第十五总队、2 个第七总队。总计 2 万余人。

在原卢龙境无税庄（今属滦县）一带，有高敬之组织的华北抗日军 1000 余人，后编为第二十三总队。总队长高敬之，政治部主任阮务德。

根据当时伪情报记载，滦县（旧治）境内的暴动队伍曾分别于 7 月 19 日、8 月 15 日以总兵力 1.5 万之众围攻县城、火车站、日军守备队、滦县大桥等日军守备森严之地。滦县境内的主要据点和各警察局（所），亦被暴动队伍在短期

冀东人民抗日大暴动中的抗联战士

内收缴，敌伪政权完全瘫痪。暴动队伍给日寇以沉重的打击，暴动的胜利使敌人晕头转向，他们惊呼起义队伍“名目繁多，盘踞各地，毫无系统，猖獗已极。冀东22县9/10现均在红军势力范围之内，各县的村镇都被起义军占领，只有通县、武清还在我们手里”。大暴动摧毁了冀东的伪政权，乡镇政权全部瓦解，县一级政权也处于瘫痪或瓦解的状态。抗联攻占的县城，县长、警察局局长等官吏，或随日军弃城逃走，或被杀被俘。即使没有被攻占的县城也是日伪军麇集在县城，完全不能自拔，既不能相互支援，也无力进行策应战斗。例如，卢龙县高敬之率领起义军攻打县城，城内警团哗变，起义部队与城外进攻里应外合。卢龙县城距离滦县、抚宁、昌黎各县城都只有几十里，但在危急时刻并没有任何救援，在起义队伍打击下，伪政权垮了。

三、第五总队征战东西

在冀东抗日大暴动的诸路队伍中，滦县第五总队是中共党员最多、兵力最强的总队之一，是当时暴动队伍的先驱。

（一）杨家院战斗首战告捷

第五总队3个大队及第九总队于7月中旬（15—16日）返回路南，第五总队队部、第三大队约200人驻糯米庄，第一大队约300人驻杨家院，第九总队400人驻甄庄。

伪警察局侦获第五总队驻屯消息后，向伪县长告密，伪县长王培焕在日本顾问的催促下召开紧急会议，成立“剿匪总指挥部”，以伪警察长王子万为总指挥，保安队第一中队为主力，配以民团、警察共约300余人，准备“围剿”第五总队。

敌出发前，不少伪军小头目到县城“惠中”饭馆吃早点，他们无意中泄露了军机，并被地下交通员、当时在饭店跑堂的肖生同志听到，肖乘机将敌人的行动路线和兵力配备了解清楚后，脱身向第五总队作了详细汇报。第五总队领导讨论了这个情况，有的主张打，有的不同意打。这时，大家把目光都集中在李润民、张鹤鸣身上，他俩认为这仗不仅要打，还要打好打胜，打出灵活性来！大家不理解什么是灵活性，他们解释说，能打就打，打不胜就走，既要取胜，又不受损失，这就是灵活机动。大家心里一亮，有了根底，决定打敌人的埋伏。

溯河西岸，甄庄、杨家院、邹家洼3个村沿河呈南北一线，间隔各1里，西枕沙地，东傍洼地，杨家院村南、邹家洼东北是一片开阔地，形成一个半盆地，地形对抗联有利。

第一大队埋伏在杨家院村东伪军必经之路的树林里，第九总队埋伏在甄庄村东，与第五总队第一大队形成南北夹击状，第二大队在杨家院按兵不动，诱敌深入，第三大队和总队部驻糯米庄，指挥战斗并警戒雷庄、张各庄方面的伪军。布置妥当后，队伍按要求进入阵地隐蔽起来。他们虽然都是没经过战斗的农民，但有经过训练的游击小组做骨干，又有红军干部李润民坐镇指挥，因此由开始的慌乱渐转镇静，精神振作起来。

上午10点左右，刘韬率队姗姗而来。在他们的眼里，这群造反的庄稼汉只不过是徒手的乌合之众，不堪一击。因此，耀武扬威，排成一字长蛇阵向杨家院而来。其先锋已经进了杨家院村东头，而队尾还在溯河东岸慢腾腾地挪动，队伍整整拉长了一里多。

保安队渐渐进了第五总队的埋伏圈。第五总队第一大队和第九总队耐心地等待第二大队接火的枪声，他们注视着每一个钻入口袋的敌人。

“啪啪啪”第二大队开火了！第一大队、第九总队一跃而起，迅速卡住了敌人的退路，然后紧缩包围圈。保安队前后受敌，首尾不能照应，慌作一团。骑马的一见情况不妙，拨马逃窜，步兵被截成数段。经过一场激战，大部保安队投降，或被俘被歼，只有刘韬一帮被压缩在这片开阔地中的一个坟圈里，凭借坟堆顽抗。

暴动队伍人多、枪少、子弹奇缺。第五总队火力不济，很难一鼓作气全歼保安队，遂保持一定距离重重包围，使之无法逃脱。这样的困兽术十分危险，在这关键时刻，3个村的老乡前来劳军，送水送饭。杨家院开明人士李灿得知暴动队伍断了子弹，东拼西凑，搞到2000余发子弹，一筐手榴弹，亲自送到火线上。队员李恩良的祖父李蔚春鼓励孙子说：“你给爷爷捉个‘活鬼’来！”在群众的支援和鼓舞下，第五总队又发动了几次射击，但仍不奏效。队长李润民唯恐拉长战斗时间而上来援敌，一会儿上房瞭望，一会儿派人了解战情。秘书赵玉清与政治部主任商议解决战事办法时，决定采取攻心术，即政治瓦解。高培之带领政治部一部分同志奔赴火线助阵，他们高唱抗战歌曲，战士们一看政治部的领导前来助阵，备受鼓舞，一阵猛烈的射击，把这股敌人打得不敢抬头。政治部的同志们乘机喊话：“弟兄们！咱们都是中国人，要共同打鬼子，我们只要枪，不要命，只要交枪，都是好弟兄，如果继续顽抗，只有死路一条！”这一喊真解决问题，原以为只有拼命一死的保安队，一个个举枪投降了。

此役生擒保安队中队长刘韬，俘敌200余人（后全部释放），缴轻机枪2挺、长短枪200支、马2匹、子弹军需1部。杨家院首战告捷，在冀东抗日大暴动的历史上首创战功。

（二）与高志远部合围乐亭县城

杨家院战斗后，第五总队、第九总队南下。沿途收拾了兴隆庄、高各庄等据点，并在茨榆坨、爽坨、扒齿港、司集庄、倴城等地与该地暴动队伍会师。

8月3日，第五总队与高志远部联合攻打乐亭县城。高部标志是红蓝臂章，第五总队是白蓝臂章；高部占西北两面，第五总队占东南两面。在重兵围困下，乐亭伪县长张培德答应拿出一批款和枪支药品、布匹等慰劳军队，并声称在抗日联军攻下滦县时起义。抗联这次并没有进入县城。在此段时间里，第五总队一部进攻汤家河、胡家坨重镇，并获胜利，同时还帮助乐亭组建第十总队。

（三）暴动队伍局部合编

从乐亭回滦县期间，第五总队的编制作了变动。原第五总队领导机关升格为第一路指挥部（即第一梯队）指挥各总队。李润民为指挥部司令，张鹤鸣为参谋长兼第五总队队长，赵玉清为指挥部秘书，张振宇为第五总队第一大队大队长，阎绍先为第二大队大队长。

（四）挺进都山，会师卢龙，麻姑营突围

遵照抗联司令部关于创建都山根据地的指示精神，第五总队与其他总队奉命东征。正是初秋雨季，道路泥泞，行军非常困难。经一夜零半天的行军，到达卢龙。高敬之部已解放了卢龙城，并组织了抗日民主政府。在卢龙期间，八路军宋邓支队第三十一大队也进驻卢龙北横河。第五总队与八路军举行联欢，暴动队伍第一次亲眼看到八路军军容风纪，钦佩之中备受教育。部队继续东进途中，在抚宁麻姑营驻屯的第五总队一部突然受到台营方向伪军的袭击。敌人从东南

方向迂回包围麻姑营，关键时刻，驻台营的第九总队回师增援，抄了敌人后路，第五总队趁势反守为攻，与第九总队共同打散了敌人。

（五）森罗寨战斗

麻姑营战斗发生之际，第二十三总队遭日军轰炸退回滦河西岸，第十总队也退出卢龙南下乐亭。接上级命令，停止东进，返身西进。第五总队遂沿长城，取道重峪口，过青龙河，向迁安森罗寨一带进发。在森罗寨，第五总队获悉，伪满军一个营去迁安建昌营换防路过此地，总队部认为良机不可错过，应该打它的埋伏。张振宇带第一大队埋伏于青龙河沿，第二、三大队埋伏在森罗寨四周的山梁上。当敌人进入森罗寨时，四面一齐开火，敌损失大半，其余敌人被压缩在北面山脚。政治部主任高培之一面组织炮火射击，一面发动政治攻势，最后迫使敌人全部缴械投降。伪营长朱宝兴带头放下武器，表示抗日。此役俘敌 200 人，缴迫击炮 2 门，轻重机枪各 1 挺，其他物资 1 部。这次战斗是第五总队第一次异地作战，也是继杨家院战斗之后的又一胜利。

（六）西进受挫，返回冀东

10 月初，数以万计的抗联队伍西进，途中遭到日伪军的堵截和伏击，损失严重。一梯队所部随李运昌为后军。瓦罐头一战，第二十三总队、第十总队、第九总队伤亡严重，大批队员逃离部队，第五总队在平谷县常峪沟遭敌夹击，队伍被分割成数段，在敌人炮火猛烈轰击下，第五总队溃不成军。李运昌司令在平谷西樊各庄召集紧急会议作出停止西进返回冀东的果断决策。第五总队余部随其他总队之余部沿三河、平谷、玉田、丰润、迁安一带撤回。撤到迁安柳沟峪，又整顿了队伍，把第一梯队所辖总队的余部编为新五总队。新五总队在原地坚持游击战，最后也因环境残酷，只留下一部分党员和骨干，其余就地分散。随之而来的是艰苦卓绝的抗日游击战争。

（陈发，中共滦县党史研究室主任）

1938年倴城商民各界热情支援抗联

田　英

一、欢迎抗联

1938年7月14日，滦县南部地区（今滦南县境）暴动的抗日队伍首先向倴城进发。当时伪滦县警务局倴城第四分所所长任大柴火（绰号）闻风丧胆，狼狈逃跑了。在商会会长张荣先和开明士绅梁远峰等主持下，大开倴城四门，欢迎抗联部队入城。各界人民群众纷纷走上街头，热烈欢迎抗日队伍，没有逃跑的伪警全都归降了抗联，路南重镇倴城和平解放。

抗联部队入城后，纪律严明，秋毫无犯，民商各界，人心大悦。抗联司令部当即贴出了布告，向广大群众阐明抗联的抗日纲领，号召各界人民和衷共济，团结抗日。各商号及民户都主动为部队腾出房子，准备铺盖，安排住处。

抗联刚刚组建，军需物资全都要当地供应。当时，地方又没有一套行政办事机构。为了支援抗日，保证抗联部队的给养及其军需物资供应，倴城商民各界主动组成了一个商民办事处，设在商会院内（娘娘庙）专门为抗联筹措军粮及其他军需物资。这个商民办事处（以下简称办事处）由各大商号的代表、地方士绅和乡民代表30多人组成，商界代表有永隆号李老玉、富有泉刘老荣、德聚号梁老振、富有涌刘子恒、益成合王致谦、合顺成汤恩筵、正兴公司高明阁等 20 多人，地方士绅和乡民代表有王延弼、刘玉侯、梁远峰、刘德先等 10 多人。办事处设两个管账先生（益成合庞贵玉、兴顺厚王老敬）负责登记每天收支的粮、款、柴草等。办事处与抗联军需处直接联系，凭军需处的条子给各部队付物、付款，实际是抗联的间接后勤。

二、筹措粮草

由于华北抗联司令部设在侪城，侪城便成了当时路南部队的指挥中枢。上万人的队伍住在侪城和附近村庄，吃粮就成了头等大事。那时，战士口粮不定量，菜金每人每顿 3 分钱，为了保证给养，办事处人员每天千方百计为部队筹粮筹款。当时粮食的来源，一是筹款买粮，一是从附近村庄派购，有时粮食供应不上，就由经营粮食商号暂垫。除人吃外，几百匹军马也需马料，有一次筹措的粮食接济不上了，正发合（烧锅）经理马老振主动说：“我们柜上存粮多，派车拉去吧，战士吃饭要紧。”由于商民各界的大力支援，保证了抗联部队的粮秣供应。

侪城一带主要种植高粱、玉米、小麦等杂粮，筹来的粮食必须经过加工，那时侪城只有裕顺合（经营铸造）附设一个机器碾米房。为保证部队吃饭，该号经理赵秉彝主动把给抗联碾米的事承揽过来，说：“抗联战士是打鬼子的，是救国救民的，我们宁可停业也要让战士们吃上饭。”当时大米是稀有细粮，为给抗联战士改善生活，办事处还设法从外地弄到一些大米，发给各部队。9 月，抗联要攻打乐亭县城，侪城商会杀猪慰劳战士，同时办事处还给侪城街上 10 多个饭馆发放了白面，动员他们为抗联攻城战士烙大饼送往前线。这对解放乐亭战斗的胜利，起到了后勤保障作用。

三、赶制军装

抗联部队的成员，都是参加暴动的农民，官兵们还都穿着便衣，所以人们管抗联部队叫便衣队。为了让官兵都穿上军装，办事处设法筹措了上千匹白布，需要染成灰色，但要把这么多布很快染出来，实在不容易。当时侪城东门外有个于慕芝开的大染坊，听说抗联要染军衣布料，便慨然承担了这个任务，几位染坊师傅连夜忙活，很快就把布染了出来。

为了赶制军装，併城街上所有裁缝和有缝纫机的民户，全都被动员起来。当时有汤子和开的军衣庄，还有张凤山、王凤山、梁老生、唐福德、唐文瑞、潘老明等8家裁缝铺，另外还有20多户人家有缝纫机，听说要给抗联战士做军装，无不欢欣鼓舞。为了加快速度，分裁剪、缝制两摊，几位艺高手巧的师傅负责裁剪，其余人缝制。为了早日赶出军装，併城东街茆昌善全家起早贪黑，一天能缝制24套军装。经过一个多月的突击，制出了1万多套军装。战士们穿上崭新的军装，扛着枪、排着队、唱着歌，雄赳赳地从大街上走过，大家高兴地说："这回再没有人叫咱们便衣队了。"

四、献枪修枪

1938年，併城大小商号有八九十家（加入商会的有46家），每家都有护院的枪支，多则七八支，少则一两支。为了抗日的需要，抗联要把这些枪收上来。抗联政治部召开了民商各界献枪动员大会，说明"国难当头，匹夫有责"的道理，号召大家有枪的出枪，有钱的出钱，有人的出人，军民团结一致，共同抗日。会后，併城商民各界立即掀起了献枪热潮。义增隆经理刘国华开完会回到本柜，对大家说："开的献枪会，抗联打日本没枪怎么行？我们柜上的枪，马上交出去，也算我们为抗日出了力。"随即吩咐店员王焕章、李春阳二人把4支枪（3长1短）连同全部子弹送到商会。不到3天，併城商民各界的300多支枪全部交给了抗联。

抗联的枪支大多来自民间，种类繁杂，如老套筒、马金钩、步金钩、水连珠、湖北造等，有些枪已破旧，急需马上修理。可是，抗联部队里又没有修械人员。当时，併城大寺头有两家小修理厂，一是李老四的百顺工厂，有四五个师傅，一台小型旋床，以修造轧花机和修自行车为业；另一个是夏德深的同义兴，主要是修自行车。两个厂家听说抗联需要修枪，便主动承担了这项任务，成了抗联临时修械所。每天来修枪的战士络绎不绝。几位师傅劲头很足，一位姓杨的年轻师傅为修枪往往忘了吃饭，该师傅后来也参加了抗联。

暴动后，抗联计划攻打乐亭、滦县、昌黎等县城。为攻城作战的需要，要研制一种点火发射的土炮。为此，办事处请来了一些铁匠、木匠和炒制火药的手艺人，并在城东北角上一个叫公所的独立小院里设了临时作坊。裕顺合铧炉暂停本业，专门为抗联铸造“土炮弹”。后来攻打乐亭时，土炮发挥了很大威力，对攻城胜利起到很大作用。

抗联部队从 7 月 14 日入城到 9 月转移平西整训，在倴城驻扎的两个多月中，倴城商民各界对抗联大力支援，使部队得到了充足的军备、军需供应。

（选自政协唐山市委员会教科文工作委员会编《唐山文史资料》第五辑）

抗日大暴动在丰南

王俊忠　关仁山

1938 年，为抵抗日本侵略者，在辽阔的冀东大地上，中国共产党领导 20 万工农群众，举行了大规模武装起义。这场波澜壮阔的斗争以排山倒海之势，很快席卷了整个冀东。在这次抗日大暴动中，丰润县南部（今丰南区）人民积极响应党的号召，纷纷揭竿而起，奋勇挥戈上阵，一时间，红旗漫天，刀枪遍野。革命的队伍所向披靡，有力地动摇了日伪政权的血腥统治，为扭转整个冀东的抗战局势做出了应有的贡献。

暴动之前，丰润县南部广大城乡时有革命活动发生，抗日救国的思想早在人民群众中扎根。1930 年秋，京东特委负责人宋维新来稻地南关小学开展工作，发展党员，壮大革命队伍。这期间，发展了小学教员赵玉清入党，并与原教师中的党员毛树德、郑洪勋等组成党支部。1932 年春天，毛树德、赵玉清在稻地一带，借当局组织识字运动和学校师生游行之机，印发了大批传单，大大激发了人民群众的爱国热忱。同年秋，毛树德、赵玉清、秦霁晴等人又在稻地发动了原属滦县的七、八、九 3 个区的小学教师增薪运动。在宣庄地区，丰润县委负责人李一夫也在次年组织小学教员罢教斗争和宣庄以西 8 个村的农民抗税斗争。

在广大农村，高小安于 1932 年拉起队伍，活动在小集、大新庄一带，并深入南部沿海，发动了盐民的反缉私斗争。1933—1935 年期间，京东特委组织部部长赵玺珍，在曾家湾、司各庄、小集一带开展工作，动员群众，并发展了一批党员。到 1936 年，高小安已经组建了一支抗日武装游击队，活动在爽坨、大新庄、小集一带，他们惩叛徒、除恶霸，不断壮大，一时间声名大振。1937 年，在县西部地区，以徐志、王明义为首，又组建了游击小组，不断给日伪势力以有力打击。

到 1938 年上半年，丰润县南境抗日暴动的条件基本成熟。经过滦县党的负责同志丁振军的努力工作，以安机寨小学为中心，发展了师生彭巨川、熊子玉和张兴民等人入党，并组织 10 余人奔赴抗日前线。高小安变卖家私，购买了部分枪支弹药，队伍不断发展壮大。4 月间，他们首先攻打了日本浪人在倴城、曾家湾的白面馆。又在 6 月间，攻打了爽坨伪警察所，缴获枪支弹药一大车。后相继袭击了司各庄、曾家湾的伪警察所，很快将千余人的队伍武装起来。革命的火种已经遍播丰南大地，只待党的春风将其吹燃。

1938 年 6 月 8 日，宋（时轮）、邓（华）支队从平西分两路浩浩荡荡挺进冀东。6 月下旬，冀热边特委邀请各党派和民主人士在丰润、滦县的交界处——田家湾子召开了一次重要军事会议，冀东特委书记胡锡奎、抗日同盟者洪麟阁和爱国民主人士杨十三参加了会议。会议通过党提出的成立抗日联军司令部和冀东抗日联军行动纲领，组织抗日联军 6 个总队，决定冀东抗日联军司令为高志远，副司令为李运昌、洪麟阁，决定于 7 月 7 日举行冀东地区人民抗日大暴动。

7 月 6 日，滦县港北首义，组成抗日联军第五总队。部队开到茨榆坨，高小安率起义部队 2000 余人来到茨榆坨，其编为抗日联军第十三总队。副司令李运昌任命高小安为第十三总队队长，裴振东为政治委员，孙文英（又名孙焕文）为副总队长，高朝喜（高小安之父）、孙万俊为军事顾问。他们率部队到爽坨、宋家营、小集、曾家湾一带与敌人战斗。

与此同时，在丰南东部两股暴动队伍揭竿而起，一支是闫家班，以闫西连为首组织起 100 余人，活动在钱营以南的广大地区；另一支是侯家班，人数 200 余，以侯五、侯六为首，活动在爽坨一带。

同年秋天，闫、侯两班汇成一支人马，从杜林出发，经董庄子一直开到西纪各庄，把该庄的地主裴庭本家的反动武装打散，收缴了全部枪支。同时，开仓济贫，受到当地人民群众的热烈欢迎。

尔后，这支队伍又向沙河以西进发。他们准备好煤油和火把，浩浩荡荡地过了河。首先击溃了高各庄的反动武装联会，然后，一鼓作气，攻下了林屯、赵各庄和小王庄。

接着，队伍连夜开到了钱营，与钱营警备队交火，但因敌我兵力悬殊，被迫撤退。

在稻地附近的于庄子，于小泉与高小安部队取得联系，打算拉起队伍打日本，得到了高小安的支持。于小泉首先带村里几名青壮年收缴了本村保卫团的20余支枪，组织起30余人的队伍，自起番号第五总队。尔后，他们又到孟庄、刘唐保、大长春、豆庄子等村收枪200余支。同时，王庄、霍庄等几个村又有百余人加入队伍。于小泉任总队司令，于文丙任秘书。这支队伍冲向稻地，驻扎在稻地的伪商团和保卫团仓皇应战，被打得望风而逃，起义部队很快占领稻地，随即撤到姚庄。在日伪的强力追剿下，一部分人投奔了高小安部队。

在霍庄一带，还曾出现一支人马，名为霍家班，后因战斗失利而解散。

麦收后，爱国人士鲍子菁等人在丰润县三女河一带暴动。他的部分队伍很快来到县西半部地区。胥各庄、宣庄、王兰庄等地农民积极响应，组织起几千人的队伍，其中以赵德光为首的暴动队伍约200余人到胥各庄伪警察局、伪商会等处收缴长短枪百余支。与此同时，另一支暴动队伍曾攻打王兰庄敌据点，消灭敌警备队120余人。

高小安部队越战越勇，在连续攻下曾家湾、小集等地后，乘胜追击，攻打越支据点。部队开到越支庄外，开始攻击。由于庄的四周除一条小路外，都是水，加上敌人火力凶猛，部队伤亡很大，几次都未攻下。高小安当机立断，带领几名战士从黄各庄轧花厂借来许多棉花包，放在船上作掩体。在岸上战士们猛烈火力的掩护下，划船攻打，消灭敌人百余人，一举攻下越支。然后，高小安率领部队经过一场激战，攻下宣庄敌人据点。

8月下旬，高小安率部队在李八廒、孙坨一带与敌人交火，因敌众我寡，加上内部出了叛徒，部队被敌人打散。高小安率残部转移到路北，与抗联主力汇合。

这时，八路军第四纵队的领导机关到达遵化铁厂，与冀东抗日联军胜利会师。

丰润南境地区人民在暴动中，组织各股武装力量，其军事活动虽然大都比较短暂，但其势已足以震慑日伪势力，为后来建立冀东抗日前线的革命秩序奠定了坚实的基础。广大人民群众在大暴动中所显示的爱国热情和强烈的民族精神，永远被后人所传颂！

（选自政协丰南区委员会编《唐山文史资料大全·丰南卷》）

冀东抗日大暴动中的玉田

袁春普

冀东抗日大暴动爆发后，玉田人民的抗日热情顿时高涨起来，迅速形成强大的抗日洪流。

一、麻山脚下吹响抗日号角

1938 年 6 月，冀热边特委决定冀东抗日大暴动以后，要求各县党组织动员共产党员筹建抗日队伍，丰润县委派联络员李大苏来玉田。李大苏到玉田以后，与丁子箴取得联系，向他传达了丰润县委的指示，并与其共同筹建抗日武装。他们先在曹庄村曹子和家建立联络点，而后深入麻山寺、郭家屯等麻山脚下的一些村庄，宣传群众，动员群众，秘密组织群众建立抗日武装，不久便拉起数十人的队伍，收集枪支，举旗抗日。

这支队伍纪律严明，密切联系群众，灵活机动地打击日伪势力，很受群众欢迎，许多青壮年自愿加入这支队伍。后来，又有县城东部高木庄、黄林等村十几名青壮年在李兴的带领下，投身于这支队伍，使其迅速发展到近 200 人。这支队伍的组建与发展情况向丰润县委书记李德昭（徐志）汇报后，经冀热边特委同意，编为冀东抗日联军二路军第五总队第十五大队，李大苏任大队长，丁子箴任政治部主任，田心任参谋长，下辖 3 个中队，经常在玉田、蓟县及丰润北部沿山一带活动。

7 月中旬，第十五大队出兵蓟县龙山太平庄，在蓟县抗日联军的密切配合下，对驻扎在龙泉寺小学校内的一股日军发动攻击并取得胜利，不但缴获一批武器，壮大了自己的武装力量，而且消除了群众惧怕日军的心理，鼓舞了群众对敌斗争的勇气。

8月初，李大苏、丁子箴率队去蓟县大王庄一带收枪，正逢伪蒙古军攻击已被抗联收复并建立了抗日民主政府的蓟县县城。李子光率抗联第十六总队在马伸桥以东、石门以西设伏截击，丁子箴、李大苏与李子光取得联系后，第十五大队便迅速投入了截击伪蒙古军的战斗。双方发生激烈的战斗，由于敌人装备精良，很快冲破拦截网而涌进大王庄。此时抗联战士们发现了伪蒙古军的子弹驮子，在获得武器弹药的强烈欲望的支配下，各路抗联队伍紧追不舍，包围了大王庄，并取得了围攻战的重大胜利，击毙伪军近30名、日军3名，生俘日军2名，缴获一大批武器弹药。消息传开，军心大振，民心大振，给进犯蓟县城的日伪军以强有力的打击。

9月以后，日伪重兵对各地抗联队伍“清剿”，形势趋于紧张，环境日渐残酷。为保存抗日力量，第十五大队决定投奔八路军第四纵队，与日伪军战斗到底。经丰玉遵联合县县长刘慎之的介绍，第四纵队接收了这支队伍，改编为邓华司令所属特务第二连，候占山任连长，田心任指导员。丁子箴、李大苏先后离开部队，去做地方抗日工作。

抗联第十五大队是一支精干的抗日队伍，在与日伪战斗中多次取得胜利，为抗战锻炼出一批军事与地方干部。

二、第九路军在洼地兴师

第九路军全称为“忠义救国军第九路军”，司令员王文（王天魔），参谋长齐庆彬，受国民党“蓝衣社”天津站领导，是抗日联军的一支友军。

冀东抗日大暴动爆发后，各地抗日联军如雨后春笋，“蓝衣社”天津站派王文、齐庆彬到宝坻县北部与玉田县南部低洼地区，在蓟运河沿岸村庄举起抗日义旗，很快便拉起五六千人的队伍，建立了忠义救国军第九路军司令部，下设1个师（师长王中发，实际只有1个营的兵力）、3个旅（旅长分别为蓝向龙、郑国光、宋哲三）和1个独立团（团长白向春），在宝坻县滩沽到玉田县林南仓一片洼地内驻守，形成了宝坻、玉田两县较有影响的抗日力量。第九路军将士身着军装，佩戴蓝底白十字臂章，装备略好于抗日联军。他们还采用《义勇军进行曲》的曲调自己填词搞了“军歌”，以“抵御外辱，清除汉奸”为口号，进行抗日活动。

10 月初，第九路军在林南仓老爷庙内消灭了 15 名日伪特务，因此遭到日军的报复。10 月 8 日，日军派飞机轰炸林南仓镇，后又派重兵包围林南仓镇，妄图一举消灭镇内的第九路军。第九路军奋起抵抗，但终因缺乏作战经验和武器装备简陋而败退，使驻守在玉田境内的第九路军被重创。此役之后，王文离队去天津，齐庆彬也不再公开活动，大部分士兵交出武器回家务农，最后只剩 300 余人，多数系无业游民，到农历年底也自行解散。

另外，共产党员宋哲三曾在玉田县九丈窝、柳沽一带组建一支抗日队伍。开始时这支队伍投靠国民党系统“中央直辖忠义救国军第七路军”，后因与第七路军首领产生矛盾，又率领部分队员投奔第九路军，成为第九路军中独立活动的一个旅，驻守在玉田流涧头与宁河丰台镇一带两县交界处。在第九路军被日军击溃之后，宋哲三受伤回家休养，其余首领与士兵不久便涣散。

三、抗日民团投身抗日洪流

在玉田人民的抗日大暴动中，一股相当大的势力是在全县各地相继而起的抗日民团。

冀东抗日大暴动的烽火在玉田燃起以后，社会上流中的一些爱国人士和开明的地主富农，纷纷组织镇乡村青壮年，成立旨在“保家御侮”的民团，并按部队建制。除公推的团总或司令带有一定的职业性质外，一般的队长和团丁均不脱产；除有集体军事行动外，一般也不离村。因为当时玉田尚无日本驻军，民团只是倡导抗日或做武装御敌的准备，与驻乡镇伪警察队多数也是各自相安，很少发生冲突。

从 1938 年 6 月到 9 月，在全县相继建立了十几支抗日民团。在 100 人以上并在抗日大暴动中产生过一定影响的是如下几股力量：

（1）鸦鸿桥镇一带的民团。鸦鸿桥是玉田县东南部的大镇，政治、经济、文化均较发达，同时当地群众富有革命斗争传统。在 20 世纪二三十年代，这里就发生过武装暴动,进行反捐抗税的斗争。1933年日军进关(山海关)侵犯冀东时,王承祖建立抗日民团,与冯寿朋的伪军进行针锋相对的斗争。抗日大暴动一爆发,鸦鸿桥一带便有反应。知识界知名人士王锡朋率先行动,他以这一地区的原有民团为基础,通过串通,很快拉起来100多人的队伍,其中包括秘密入伙的驻鸦鸿桥警察队的数名警察。随后地主乡绅王曾、刘朝仪、马文灿等人也聚敛枪支人员,先后成立民团,人数也都在百人左右。后来这几股民团联合建立了司令部,王锡朋任司令,下设4个大队和1个特务队,王曾等人分任大队长和特务队队长,总人数超过了500人,成为玉田抗日民团中声势最大的一支。

(2)石臼窝一带的民团。大体在第七、九路军在玉田南部水区组队的同时,地方名流王绍武便在水区大镇石臼窝筹建抗日民团,并且很快拉起百十余人的队伍。后来,这股民团与王锡朋部民团为伍。在洪麟阁部抗日联军于玉田兴师以后,先后加入抗日联军。

(3)大山王庄一带的民团。大小山王庄、唐自头、三乐台等玉田北部沿山一带村庄的地主和富户,为了抵御日伪军的骚扰,以“抗联”提出的“有钱的出钱,有枪的出枪,有人的出人”为旗号,把十几个村庄的100多人编为民团,田秀为团总,率队在各村活动。李大苏、丁子箴所率抗联第十五大队,以及洪麟阁部抗联第二总队先后都想收编这股民团,但田秀一直没有接受收编。这股民团存在时间较长,大约到1939年八九月间。田秀投靠日伪被八路军包森支队处决后,民团也就随之解散。

四、抗联第二总队在全县扬威

冀东抗日大暴动计划获中共中央北方局批准以后,1938年6月下旬冀热边特委在丰润县田家湾子村召开军事会议,会议在李运昌主持之下建立了抗日联军,拟定了抗联的行动纲领,同时建立司令部,高志远任司令,李运昌、洪麟阁(洪冲霄)任副司令,下辖3路军。洪麟阁兼任一路军司令,杨十三任政治部主任,中共河北省委以“华北人民武装自卫委员会”的名义派往抗联的代表李楚离随洪麟阁部活动,负责一路军的指导工作。

特委军事会议以后，洪麟阁等回到家乡——遵化县地北头村，以此为立脚点与联络点，分别在遵化、玉田、丰润3县组建与发展抗日联军。因为洪麟阁的岳父家在玉田县于家铺村，十里坨村杨绶青（李征）又是他的老同学，所以洪麟阁在地北头起事不久，便到玉田县与杨绶青取得联系，并与其共同秘密筹建抗联一路军第二总队（李楚离、杨十三负责在丰润县组建抗联一路军第一总队），同时任命杨绶青为第二总队总队长。杨绶青首先在十里坨村拉起十几个人的队伍，随后又与洪麟阁一起以于家铺村为中心点，在附近丁家桥、李家桥、江家桥等村庄动员青壮年参加抗联，使第二总队很快成为一支有近40名骨干队员的“框架”大队（因当时有些人同意加入抗联，但一时又未离村入队，故无精确人数）。

冀东抗日大暴动原定于7月16日在各地同时举行，但7月初日伪已有闻风而动之势，急令收缴民间枪支。迫于形势的变化，大暴动便于各地提前发动。7月6日，滦县李润民、高培之等首先在港北村起事。得知这一消息后，洪麟阁、杨十三便拟定：先把第一总队（总队长赵振威，李楚离、杨十三均在此队）与第二总队在玉田县小狼山村汇集，再一并去遵化县地北头发动暴动。然而，由于第一总队在去小狼山的途中遭到伪玉田县政府警察队队长杨尚志所带警察队的阻击，队伍被打散，第二总队到达小狼山时已无法与之汇合，只得临时改为洪麟阁去遵化与李楚离、杨十三联系，杨绶青带队回十里坨待命。

7月9日，洪麟阁来找杨绶青，告诉他已决定第一、第二总队分头行动。于是洪麟阁与杨绶青便率第二总队近40名骨干队员，从十里坨出发，经散水头、石家铺、潮云铺到刘学庄，沿途宣传抗日救国，招收抗联战士，第二总队到刘学庄时已有近70人。当日，洪麟阁下令攻打玉田县东南大集镇窝洛沽。慑于冀东抗日风暴的强大压力和受到群众已沸腾起来的抗日热情的感染，驻窝洛沽镇警察队在抗联战士进攻时缴械投降。在窝洛沽，第二总队还收受了镇上商会和富户捐出的粮款、枪支。攻占窝洛沽后，第二总队亮出抗日旗帜回师北上，直逼鸦鸿桥镇，胜利地收缴了驻镇警察队的枪支。在鸦鸿桥镇，经洪麟阁与当地抗日民团首领联系，名义上收编了王锡朋、王增、刘朝仪、马文灿等人领导的民团，但这些民团未正式纳入抗联建制，也未随第二总队一起活动，仍留当地驻守。

至此，洪麟阁领导的抗联一路军声威大震。洪麟阁派人分赴附近村镇，一面张贴告示宣传抗日，一面招收爱国人士和农村青壮年参加抗联部队。时第二总队人数越千，分编成9个中队，任命周德然、肖亚兴、高连科、张尧年等为中队长。

次日，第二总队继续挥师北上，向丰润县沙流河镇进发，并约定与第一总队在攻打沙流河镇时会师。沙流河镇当时有警察30余人，并驻武装保安团200多人，交战不久便溃不成军。洪麟阁率队攻占沙流河镇后，缴获了警察队和保安团的枪支，很多警察和保安团团丁投降后自愿加入抗日联军，进一步壮大了洪麟阁部的力量。

7月25日，洪麟阁率队回师，经亮甲店向玉田城关进军，准备攻打玉田县城。同时，派人通知已接收的民团首领王锡朋，命令他集合队伍，在第一、二总队攻打县城时配合行动。王锡朋接到命令后，马上集合起队伍，包围县城。

抗战时期的玉田城

在县城遭围之前，玉田县伪县政府已闻到风声，县长郎惠和调集6个区的警察队和部分武装自卫团，与城内警察队、保安团约400人同守县城。然而，由于伪冀东防共自治政府约500人的保安大队在卢沟桥事变后调离玉田，在抗日联军包围县城之后，郎惠和自感身单势孤，如果武装抵抗，必然势同以卵击石。同时，在抗日大暴动的浪潮中，城内各界爱国人士的爱国热情已被鼓舞，抗日呼声日高，甚至纷纷要求县政府欢迎洪麟阁部抗日联军进城，致使警察队、保安团均不愿与抗联为敌。在强大的军事压力与群众抗日热情的威慑下，郎惠和先是不准守城警察开枪，进而派出城内名士联系抗联。抗联在攻打玉田县城时与警察曾有过局部摩擦，王锡朋部抗联战士在攀登城墙时，警察曾鸣枪警告，并把登城战士推到城下，但未发生人身伤亡。经协商达成协议以后，郎惠和命令把东、西、南 3 面城门打开（玉田城无北门），放抗日联军进城。警察队队长杨尚志因与县长意见分歧，在抗联战士进城时带少数警察从北城墙坠城逃跑。王锡朋进城后，将郎惠和及其家眷保护起来，并马上派人护送出城，从小路送往天津。随后，抗联第一、二总队大军胜利进城，洪麟阁、李楚离、杨十三等也随部队进驻城内。

洪麟阁、李楚离、杨十三等进城后，正式收编王锡朋部抗日民团，编为抗日联军一路军第十一总队，委任王锡朋为总队长。同时打开监狱，放出所有犯人，并处死了借日伪势力为非作歹、民愤极大的警察小队长傅少云，广贴告示，派抗联战士维持秩序，城内各界各司其业。

在县城社会秩序恢复正常以后，一路军在城内召开群众大会，政治部主任杨十三讲话，宣布成立玉田县抗日政府，王锡朋任县长。稍后又有王绍武领导的抗日民团接受抗联的收编，被编入第十一总队，使玉田抗联扬威全县。

占领玉田县城后，洪麟阁部抗日联军进入鼎盛时期，一路军下辖第一、二、十一总队 3 个总队和 1 个特务大队，总数超过 4000 人。

3 天以后，除第十一总队所属 4 个大队和 1 个特务大队共 500 多人在县城留守外，洪麟阁又率大军进入遵化县境，准备攻占遵化县城。此前，洪麟阁又在玉田珠树坞、果各庄、栅楼王庄等地收编了自发暴动的小股抗日队伍，使整个部队的武装力量又有所增强。

洪麟阁率部行至遵化县南部龙山受阻后，洪麟阁放弃攻占遵化县城的计划，重返玉田境内，到玉田南部老君堂村一带休整。在此期间，日军曾派飞机轰炸玉田县城，炸毁部分民房，炸死一些无辜百姓。随后，日军又派内海混成大队 800 多人沿唐山至玉田的公路，途经丰润直扑玉田。王锡朋曾派第十一总队第二大队大队长王振邦部于城东公路上拦击，但很快败退下来。至此，王锡朋不得不带领第十一总队撤离县城，转移到城北沿山一带相机行动。日军进城以后，重新恢复伪政权——玉田县公署，并分兵去城北、城西、城南“扫荡”抗联队伍，伪县长王统一于9月12日到玉田就职，玉田县抗日政府遂告结束。

10月11日，洪麟阁率部从窝洛沽动身，计划途经蓟县、平谷、密云撤到平北，再由平北转向平西。部队走到蓟县马伸桥附近台头村时，洪麟阁在战斗中不幸牺牲。司令部决定由李楚离接任一路军司令职务，部队继续西撤。当部队行至蓟县压积山脚下，又遭到日伪重兵堵截，全军只得就地休整待命。后分两路返回玉田，一路沿穿芳峪、马伸桥、五百户、团城、大小山王庄等村镇返回玉田北部，这部分返回后便自行解散；一路经上仓、下仓、新安镇返回玉田南部，李楚离随此路活动。此路部队到达玉田县新安镇村，正有国民党第九路军驻守，经协商，第九路军同意抗联经过其驻地前往窝洛沽。到窝洛沽镇去找河北省委，所余部队由第一总队总队长常铁汉统辖。不久，常铁汉部被编入留在冀东坚持游击战争的原属八路军第四纵队的包森支队。

（选自政协玉田县委员会编《唐山文史资料大全·玉田卷》）

大暴动时的遵化概况

陆占山　程水星

遵化抗日武装大暴动是在冀热边特委领导下于1938年7月7日爆发的。参加暴动人数达1万多人，暴动烽火遍及遵化全县。

1937年9月，遵化县在原有的救国会、工会、学生会、农会等群众组织的基础上，成立了遵化县人民武装自卫委员会。县委书记马子敬兼任主任，范子明任副主任，会员很快发展到1500多人。城子峪村的开明士绅徐贞五、芦各寨村的著名林果实业家尹福清等上层人士，也都站到抗日民族统一战线一边，积极参加抗日工作。地北头村的爱国知识分子洪麟阁，在天津执教时就参加过学生的抗日救亡活动，1938年2月，按照中共河北省委（地下）的指示，返回家乡组织抗日队伍。为了筹措抗日经费，不但卖掉家中土地和妻子的簪环首饰，还说服岳父捐出巨款购买枪支弹药。洪麟阁以自己的家乡地北头为大本营，在丰润、玉田、遵化边界地区颇为活跃。通过打据点、收编民团和收缴地主武装，到暴动前夕，组织了一支上千人的队伍，成为遵化境内一支影响很大的抗日力量。

冀热边特委认为，冀东抗日形势已成干柴烈火，大有一触即发之势，便召集遵化、迁安、滦县三路起义军负责人，在滦县田家湾子举行军事会议，宣布正式建立抗日联军，由高志远任司令员，李运昌和洪麟阁任副司令员。会议决定，1938年7月16日冀东6县同时举行暴动。会后，起义各部分头扩大队伍，赶制红旗、袖标，印发传单和布告，发委任状，收缴地主武器弹药，抗日烽火燃遍冀东大地。

冀东区党分委从敌人内部得到情报，因抗日武装的不断壮大，敌人有所察觉并准备镇压，遂把暴动时间提前到7月7日。武装起义开始，遵化县在很短的时间内，就组建起数十支抗日队伍，总共约1万人，长短枪7000多支。主要队伍有：

城西，县委直接组成了抗日联军第五总队，马子敬任政治部主任，周文顺任参谋长，岳雨田任特务队队长，周文瑞任侦察队队长。下设3个大队，分别由王品一、孟昭信、耿玉华任大队长。另外还有1个警卫队，总共约有300多人。

石门警察所所长胡光和原通县保安队队长警卫员朱绍清，在抗日风暴的激励下，率20多名警察宣布起义，并争取了遵化驻石门的警察队100多人加入抗日联军，编为第十七总队。

城南地北头一带，在党代表李楚离的协助下，洪麟阁起义后组建了抗日联军第一总队，队伍最多时发展到5000多人。

遵化市地北头镇1938年抗日大暴动旧址

城东南铁厂一带，由石林（徐林庭）、甄明阁（甄风鳌）组建了抗日联军特务第一大队，约2600人。

抗日联军特务第二大队也在铁厂组建，高进忠任大队长、高存任政委。下设

3 个中队，一中队队长王月初，二中队队长高秀，三中队队长李天喜，约 500 多人。

城西南平安城、藏山庄一带，由王济川、兰小川、耿玉辉、李维廉等组建起抗日联军第十八总队，起义队伍约 600 多人。

夔占一在平安城、朱官屯一带，组织了一支约 300 人的暴动队伍。

西庄的刘永生、山里各庄的张信、朱官屯的李鸣秋和汤继海、后河北庄的冯卓等人，组建了约 600 余人的抗日联军第九大队。

城东南岳各庄的耿兆江、冯各庄的冯士文，组建了约 100 多人的抗日联军第十六总队。

城东北亢港的岳雨田组织了 100 多人的抗日联军第五大队。

绿林好汉杨二（杨占山），早在 1935 年就组织队伍跟日伪军周旋，在大暴动兴起的 1938 年，率领民众义勇军约 1000 人汇入了抗日洪流。

另外，还有多股 30 ~ 50 人不等的小股暴动队伍。

在抗日洪流中，难免泥沙俱下，鱼龙混杂。遵化县的暴动队伍大多是跟着共产党抗日的，但也有各行其是的少数队伍头目，不但不接受改编，而且另有目的。如沙四喜在平安城一带组织 300 多人，在抗日联军队伍联合围剿伪蒙古骑兵队的平安城战斗中，不但临阵脱逃，而且战斗胜利后又抢占战利品，经劝告无效被杨二枪决，武力收缴了沙部。高普照组织了 1000 多人的独立大队，自封司令，不但不接受抗日联军改编，而且还以武力对抗，在杨家峪被八路军击毙，队伍亦解散。

遵化的抗日暴动队伍与冀东各县其他暴动队伍汇成抗日洪流，冲垮了敌人苦心经营 5 年的殖民统治基础，配合八路军攻克 7 座县城，一度占领开滦矿、洼里车站及其附近大村镇，使北宁路半月不能通车。洪麟阁部在丰（润）玉（田）遵（化）交界地带，连连击败日伪军的袭击和“围剿”，配合其他抗日联军队伍先后攻克鸦洪桥、窝洛沽、沙流河三个据点，拔掉了日军扎在冀东心腹的三颗钉子。

1938 年 8 月，伪蒙古甘珠尔扎布骑兵队约 400 多人在平安城一带骚扰抢劫，先后杀害群众 48 人，烧毁民房 400 余间。人民群众找到抗日联军队伍，杨二、刘永生、夔占一、李维廉等部协同作战，打垮一个骑兵整连，缴获枪支、弹药、马匹若干，大长了抗日军民的志气，狠杀了日伪的威风。

暴动队伍的发展壮大及其抗日活动，迫使日伪集中优势兵力“围剿”，妄图将新兴的抗日武装一口吃掉，冀东的抗日形势日趋严峻。9月中旬，八路军第四纵队领导致电晋察冀军区，提出“冀东形势很难坚持”的意见，主张“主力转到潮白河以西，地方抗日武装则尽量争取到平西根据地，进行整训再返回冀东”。经军区同意，10月中旬，八路军第四纵队主力和抗日联军开始西撤，不断遭到日伪军的围追堵截。洪麟阁、陈宇寰在作战时中弹阵亡，只有跟八路军第四纵队主力一同西进的高志远部和遵化、蓟县小部分起义队伍顺利到达平西。李运昌见西进形势极其不利，毅然率残部返回冀东，与八路军包森支队汇合，顽强地坚持冀东敌后游击战。

（选自政协遵化市委员会编《唐山文史资料大全·遵化卷》）

冀东人民抗日大暴动在迁安

吴振强 尹成清 刘铁栅

迁安地处冀东腹地，南临北宁路，北扼长城各口，具有重要的战略地位。日本侵略军占领东北三省后，进而攻占冀东。1933 年 4 月，攻取长城要塞——冷口，直驱迁安县城。从此，迁安沦陷于日寇统治之下，迁安人民过上了亡国奴般的生活。不甘忍受日本侵略者蹂躏的迁安人民，在中国共产党的领导下曾多次进行反抗斗争。迁安成为冀东人民抗日大暴动的中心地区之一。

迁安抗日暴动纪念碑

一

1937 年七七事变后，在中共中央洛川会议上，毛泽东提出“红军可以一部于敌后冀东，以雾灵山为根据地进行游击战争”。北方局根据中共中央指示，派河北省委书记李运昌回冀东，任冀热边特委书记，发动

武装起义。李运昌首先到迁安的下梨树峪与党的负责人王平陆取得联系，冀热边特委机关也设在这里。冀热边特委与迁安县委再次总结了1934年暴动失败的教训，并明确新形势下冀东党的任务是：继续肃清“左”的错误路线的影响，宣传党的抗日主张，建立和扩大抗日民族统一战线，积蓄力量，准备暴动。

1937年12月，冀热辽特委召开京东十县由共产党、国民党、地方武装三方代表参加的多余屯会议，结成了抗日统一战线，正式成立了华北人民武装自卫会冀东分会，推选李运昌为主任，王平陆为军事部长。会后，在王平陆游击队的基础上，组建了以王平陆为司令，史贞、李润民为正副政委的华北抗日联军冀东第一支队（下称“抗联第一支队”），开展游击战争。

抗联第一支队有13名队员、8支大枪。在王平陆的指挥下，深入长城外青龙县，首克青河沿伪满警察所。不幸的是，迁安党的主要领导人，冀热边特委主要负责人王平陆在战斗中负重伤壮烈牺牲。王平陆打响了武装起义的第一枪，揭开了冀东暴动的序幕。1938年2月，魏春波率领抗日联军第一支队再度出击兴隆日伪药王庙据点，给敌人以沉重的打击。

抗联第一支队两次游击战，锻炼了骨干，增强了胆识，鼓舞了斗志，取得了经验，为后来的大起义提供了大批骨干和一定经验。姚依林在1939年12月发表的《一年来的冀东游击战》一文中高度评价说：“这两次游击战争，在冀东的武装斗争史上有不可磨灭的重大意义。它扩大了政治影响，它鼓舞了广大冀东人民的斗争情绪，它给了冀东人民以新的信心，它给了以后开展游击战争以许多宝贵的经验教训。虽然这两次英勇斗争，从它本身的意义上来说，并没有很大的成功。然而它却是发动大规模的成功的游击战争的先声。冀东的共产党员以及全冀东的人民学习了这两次斗争的经验与教训，终于在去年7月的大起义里，英勇地组织了抗战以来全国各地所仅有的大规模的人民武装斗争。”

二

当时中共冀东党的指挥机关——中共冀热边特委、冀东抗日联军第二路司令部，均由下梨树峪移至迁安西部与丰润岩口交界的西庄村，机关设在魏春波家。

魏春波是一位对敌斗争颇有经验的共产党员，被任命为抗日联军顾问。

1938 年 7 月 7 日，正值七七事变周年纪念日。冀热边特委和抗日联军第二路司令部主要负责人李运昌、胡锡奎等在这里直接发动和领导了路北岩口起义，与 7 月 6 日起义的路南港北庄李润民、张鹤鸣部遥相呼应。起义的当天，西庄村的何永全率先集合了百余名队员，向岩口汇集，沿途起枪扩大声势。苏林燕、魏春波、孔庆同、张志超、阎锡九、杨维汉等同志迅速集合了岩口附近的迁安、丰润、遵化等地的 400 多名基本队员，编为抗日联军第四总队，总队长孔庆同，副总队长阎锡九，政治部主任丁振军。总队辖 3 个大队，第一、二、三大队大队长分别为何永全、李宝森、常庆丰。

这时，徐志在丰润县组织的暴动队伍编为第五总队，到遵化铁厂后，与李运昌部会合。7 月 8 日，遵化县城 130 余人的伪保安队直扑铁厂，妄图消灭暴动队伍。第四总队总队长孔庆同率部给敌人以迎头痛击，歼敌 80 余名，抗联第四总队首战告捷。

7 月 9 日，抗联第四总队乘胜攻占兴城镇。兴城警察所所长王生存遂率 40 多名警察反正，加入起义队伍。随后，收编三屯营起义巡警 80 余人。

此时，迁安各地起义队伍揭竿而起。

迁安县委书记韩东征与魏春波、周治国在杨店子、新集和滦河以北地区发动起义。

共产党员叶启兴（叶田）联合东北军旧军人程铁军在潵河桥一带发动起义。

在新集、钓水院、褚庄、救驾岭一带，傅金来拉起 150 人的暴动队伍。

在龙王庙、白沟、孙家峪、东营一带，孙明、郭福庸、王云成等率百余人起义。

在荆子峪、旧城、东荒峪、大店子、九山、大寨一带，马赢州组织了百余名农民暴动。

在黄槐峪、鱼户寨、总府一带，侯瑞福组织百余名农民起义。

在郭庄户、庙岭头、河北庄一带，韩继武、韩继臣组织 200 余名群众举行起义。

在常甸、黄岩、马蹄峪、马家沟一带，白老山、田得川组织百余名农民暴动。

共产党员韩家尧在长河一带成立了迁卢抚青抗日第一支队，支队长韩绍荣，指导员韩家尧，全支队 150 余人。宋、邓支队第三十三大队进驻兴城后，该支队编为抗日联军第三总队。

各路起义队伍纷纷向兴城汇集。抗日联军第二司令部在该镇仁术堂药店召开军事会议，决定扩编队伍。平定王官营民团叛乱以后，抗联第四总队已增到4000余人，遂扩编出4个总队，即第十一总队总队长阎锡九、副总队长王玉堂、政治部主任徐振铎；第十二总队总队长张秉东、副总队长程铁军、政治部主任叶田；第十三总队总队长刘锡彤、政治部主任谷云亭、参谋长吕大化；第十四总队总队长陈汉民、副总队长才永常、政治部主任韩东征。其中第十四总队、第十二总队均由迁安兴城、新集等暴动队伍组成，第十一总队由丰润、迁安两县暴动队伍组成，第十三总队主要由王官营一带暴动队伍组成。这些起义队伍成为抗日联军第二路军的生力军。

7月16日，迁安县境内的抗日联军，出动一部策应开滦7000余名工人起义，开滦煤矿成立了4个工人总队。此时，冀东各地暴动队伍风起云涌，东起山海关、西至通县，北起长城、南到渤海岸边20多个县。此时，迁安的抗日烽火正在迅猛地向东发展。

三

冀东人民抗日大暴动之后，日本侵略军惊恐万状。为巩固其后方和保证铁路交通的安全，慌忙从关外增兵冀东，在昌平、顺义、通县、密云、三河一线完成包围计划，企图将我主力部队迫至蓟县北部聚歼。

八路军宋、邓支队第三十一大队迅速挺进迁安境内。第三十一大队在大队长季光顺、政委杨克武的指挥下，拔掉了罗屯据点后，便派干部隐蔽活动，发动迁安东部的武装暴动。

县城坐落在迁安东部，且接近长城重要关口——冷口，日伪军对这个地区（即今迁安辖区）的统治和控制更为严密，不但建立了伪大乡，实行了保甲制，而且先后在建昌营、杨店子、马兰庄、沙河驿、野鸡坨、杨各庄等地安上了据点，修筑炮楼十几座，分别由进驻的日伪军把守。日军还在冷口附近修筑了飞机场（未使用），并在冷口派驻日军驻守。

四纵三十一大队三营长吴伟奉命到杨店子、张官营一带活动。首先与北屯村张维藩和贫苦农民周达、上午村东北军旧军官刘振武取得了联系，酝酿暴动。吴伟一面做发动工作，一面培训骨干，经过一段时间的准备，7 月中旬的一天，发动了武装抗日暴动。吴伟将经过培训的二十几名骨干编成两个分队，吴伟率第一分队一举攻克杨店子伪警察所，周达带第二分队打下杨店子民团，俘虏了伪警察 40 余人，缴获几十支长短枪，并在刘东庄捉住了赵店子伪警察所所长高春山。

与此同时，四纵三十一大队政治处主任孔瑞云进驻马兰庄。通过内线工作，马兰庄伪警察所杨兴政率伪警 10 余人起义，参加了暴动队伍。

这时，在迁安境内再次掀起了抗日暴动热潮：

海瑞祥在三港湾首先发展了本村 30 名骨干，继而组织了几十人的起义队伍。

东北军旧军人赵国军在大五里、大石河、车辕寨一带组织了 180 余人的暴动队伍。

杨臣在北营、崇家峪、尚庄一带组织农民并联合民团一部组成 100 余人的暴动队伍。

郭满、赵友在蔡园、马兰庄一带组织了 40 余人的暴动队伍。

李树贯在沙河驿、太平庄一带组织了 30 余人的暴动队伍。

邱义军、李臣分别在北营、榆山、马家冲、莲花院、贯头山、水峪一带相继组织了 80 多人和 40 余人的暴动队伍。

各路起义队伍纷纷向张官营刘振武部汇集，起义队伍已发展到 400 余人。经四纵三十一大队政治处主任孔瑞云和三营长吴伟整编后，定名为迁卢抚青抗日游击大队，刘振武为司令，周达为大队长，张维藩为参谋，下编 5 个分队。

迁卢抚青游击大队在刘振武的率领下，配合主力部队主动向敌伪进攻，敌伪军闻风丧胆，纷纷投降或主动投诚起义，迁安境内敌伪据点被攻克大部。

这时，县城东南部的夏官营，由东北军旧军官唐义臣发起组织了 200 人的暴动队伍，县城东部的杨各庄民团团佐王晓岚率部起义后，组织百余个村庄的 1000 余名青壮年汇集于万军村，成立迁安县抗日游击队第一大队，王晓岚任大队长，张自权任副大队长，马成瑞任参谋长，齐占一任参谋。大队下设 3 个中队，张弼臣、裴金、陈文庆分别任第一、第二、第三中队中队长。

8月1日凌晨，八路军四纵三十一大队政治处主任孔瑞云率一营600余人攻取迁安县城，毙敌9名，俘虏300余人，活捉汉奸孙翻译。伪县长朱颐和日军顾问田中晨一慌忙逃命。

8月6日，由四纵第三十一大队政治负责人程万里、刘笑玉在县城政府大院主持召开了全县各界民众大会，选举原教育会会长姜馨山为县长，中国共产党领导下的迁安第一个抗日民主政权——迁安县抗日政府诞生。

8月8日，八路军第四纵队司令员宋时轮进驻县城，与县长姜馨山、迁卢抚青游击大队司令刘振武会晤，对县抗日政府的军政建设作了重要指示，并任命姜馨山兼任迁卢抚青游击大队副司令。

8月9日，上级党派李向之做迁安抗日政府的党务工作。

8月10日，三十一大队及抗日联军一部，进驻建昌营敌据点，同日下午，日军入冷口顺沙河绕道直扑建昌营南关、西关，企图消灭我军。交战半日，歼敌一部。

8月11日，驻建昌营日军一部猖狂反攻，攻占迁安县城。迁安县抗日政府在四纵三十一大队的掩护下主动撤出，转移到杨店子、柳沟峪、莲花院一带。

这时，冀东各路起义部队与八路军第四纵队密切配合，主动出击，连克卢龙、迁安、玉田、平谷、乐亭、蓟县、宝坻7座县城，作战数百次，歼敌大部，摧毁了遍布冀东农村的伪政权，并切断北宁路达半月之久，冀东人民武装抗日大暴动取得了很大胜利。

8月20日，中共中央和中共北方局致电起义部队："中共中央与中共北方局今以十万分高兴庆祝抗日联军反日反汉奸起义的胜利及与八路军纵队的会合，并向在起义中在前线上死难的烈士及其家属致以崇高的敬礼。""我们相信这一支在抗战中新进、生长、壮大起来的生力军，定能在冀东各党派各领袖的合作与正确领导下继续胜利，创造冀热边新的抗日根据地，长期坚持抗战，给日寇的野蛮侵略以更严重的打击，收复冀东。望你们继续巩固团结，集中注意力打破敌人对你们的进攻，扩大与巩固部队，武装与组织民众，建立冀东抗日政权，肃清汉奸，扩大与巩固你们的胜利，为驱逐日寇，建立独立、自由、幸福的新中国而奋斗到底。"

四

9月初，迁安县抗日政府再次进驻县城。进城的第三天下午，日军乔装商船从西峡口沿滦河顺河直下，在黄台山秘密登岸，包围了迁安县城，企图消灭抗日政府。县政府卫队及王晓岚、唐义臣率部奋力抵抗，终因寡不敌众，抗日政府被迫撤出县城。唐义臣200余人的暴动队伍被打散，部分队员被捕。姜馨山、孟迅修等抗日政府领导人分别在清真寺韩阿訇和群众李沛林、张振奎、洪恩祥的掩护下撤出县城，再度返回杨店子、柳沟峪一带。

不久，宋时轮指示四纵三十一、三十三大队东渡滦河、青龙河开赴口外向都山进发，试图建立热南都山抗日根据地，并命令抗联精锐部队跟进。9月20日，中共冀热边特委负责人李运昌率抗日联军第四、第五、第九、第十、第十一、第十二、第十三、第十五、第二十三总队和特务第一、二、八大队等起义部队到达界岭口、桃林口一带，抗联司令部和第五总队进驻包各庄。在迁安境内，西起沙河驿、东至建昌营几十里全住上了抗联部队。这时，驻青龙伪满军朱宝兴的一个营在燕河营与宋时轮部交战后想回青龙休整，李运昌率部将其包围在森罗寨，一举全歼。

四纵三十一大队三营长吴伟带两个连出白羊峪口，开赴青龙的凉水河一带，全歼日军40多名，缴获武器一部，炸毁汽车一部。

四纵挺进都山，在狮子坪受挫。日军调集大批伪满军驻在冷口、建昌营、界岭口、燕河营一带，堵截我军。宋时轮改变在都山建立根据地计划，命三十一、三十三大队和抗联部队返回滦河以西。

9月底，四纵三十一大队北进受挫后返回迁安，与抗日联军一部二次攻占建昌营，经与敌人激战一夜，攻取镇内，后又主动撤出。

李运昌率抗联部队返回滦河西，在迁安新庄子与邓华会合，并在这里召开会议。胡锡奎、邓华、李运昌等冀东党的主要负责人决定：坚持丰（润）滦（县）迁（安）遵（化）蓟（县），开展长城内外的游击战争，建立冀热边抗日根据地。此时，宋时轮已率部西渡潮白河，挺进平北地区。

9月下旬，邓华在九间房主持召开了河北省委、冀热边特委、四纵和抗联部队负责人会议，宣布四纵和抗联部队及各抗日政府全部西撤。

9月底，刘振武率迁卢抚青游击大队400余名战士编入四纵三十一大队，从建昌营经罗屯、太平寨离开迁安县境去平西整训。

八路军西撤后，留下了苏（梅）陈（群）、包（森）、单（德贵）3个支队进入迁安西部山区，坚持冀东抗日游击战争。

李运昌率抗联部队西进，沿途受到敌人袭击，部队损失很大。抵达平谷樊各庄后，又率部返回丰滦迁地区，与苏陈、包支队配合，开展游击战争。迁安县抗日政府也来到这里，保存了小部分抗日阵地。

10月初，王晓岚、唐义臣分别率领队伍西渡滦河，进驻刘总旗营（今北营），追赶八路军主力部队。10月7日清晨，驻迁安县城的日伪军数百人围攻刘总旗营，妄图消灭这支暴动队伍。王晓岚、唐义臣率领战士英勇作战，兵分两路抢占村南和村西山头，多次击退敌人进攻。但终因敌强我弱，损失严重，唐义臣的队伍伤亡过半，王晓岚的部队也损失大部，参谋长马成瑞壮烈牺牲。后来，唐义臣被日军抓捕，在黄台山英勇就义。

刘总旗营战斗后，10月20日，王晓岚率迁安县第一游击大队余部继续向西挺进，追赶八路军主力部队，10月底到达遵化县铁厂。此时，大部队已经西进，因此失去联系，又因时值秋末冬初，故所剩百余名队员就地分散潜伏。不久，东北抗日义勇军将领唐聚五率部300余人进驻迁安县柳沟峪一带。1939年春，日军猖狂“扫荡”丰滦迁地区，唐聚五率部与敌激战于马蹄峪西平台山，唐聚五与绝大部分抗日义勇军壮烈牺牲。

迁安人民的抗日斗争是冀东人民抗日大暴动的重要组成部分，影响很大。刘少奇曾高度评价冀东人民大起义，认为“这是一次很值得研究的人民抗日大起义”，“这是真正地发动了几十万群众来进行反对日寇汉奸的武装斗争”。全国人民从这一伟大事件中受到了鼓舞，冀东人民从中得到了锻炼，培养了干部，为以后创建冀热辽抗日根据地奠定了基础。

（吴振强、尹成清、刘铁栅，均供职于原迁安县委党史研究室）

冀东抗日大暴动在乐亭

李天林

1938年7月爆发的抗日武装大暴动，声势浩大，发展迅猛，参加暴动的工农群众达20万人。乐亭县是这场抗日烽火的中心区域之一，全县人民同仇敌忾，发展起5000余人的抗日队伍，给日伪在冀东的统治以沉重打击。

一、暴动的背景和准备工作

乐亭县地处冀东一隅，孤悬敌后。七七事变后，伪县长张培德在日本顾问小林铃一的控制下，极力强化伪政权，扩充反动武装，将原有之警察队、保安队、保卫团，改编为拥有650人的警察大队，分驻各乡、镇，伙同乡村伪政权加紧对人民的控制，动辄以“通匪”“赤化”为罪名，肆意抓捕百姓。当时乐亭县许多人在东北经商，不少家庭靠东北汇款维持生活。九一八事变后，工厂、商铺纷纷倒闭，工人、店员失业后陆续回到家乡谋生。即便在东北有职业的，由于断绝邮汇也失掉了“财源”，加上伪政权的横征暴敛，致使民生凋敝。

全面抗战爆发以后，中共昌乐县委按照京东特委的部署，展开了抗日的宣传和组织工作。当时乐亭全县有7个农村党支部，以这些党支部为核心，在周围各村发展抗日救国会组织。经过宣传发动，抗日救国会相继在城东木瓜口、大黑坨、何官营、小米庄子，城西徐烧纸庄、南店、葛庄、范庄、大吕庄，城北宁庄等二十几个村子建立起来，发展会员

400余名。除大批贫苦农民和一部分店员外，还发展了一批热心抗日工作的中小学教师。在发动基本群众的同时，对乡保长、士绅和民团上层人士也进行了宣传和教育工作，争取他们同情抗日。

1937年秋季，县委为推动游击战争的开展，组织了一个突击队，成员有田自修、李兆禹（晓光）、张雪村等木瓜口学校教员。他们翻印了一些有关游击战争知识的小册子，秘密传播，准备夺取武器，积蓄力量。

1937年12月底，冀热边特委在滦县多余屯召开冀东十县抗日人民代表会议。会议确定乐亭县暴动的组织发动工作由京东特委代理书记阎达开、昌乐县委书记李振华（海涛）和黎巨峰负责。会后即组织力量，展开了暴动的秘密发动工作：

（1）联络雇工、进步青年、教师等，动员他们参加暴动。

（2）对伪警备队、保卫团进行争取工作。保卫团分驻6个区，有178个班，每班5 ~ 10人。它虽是敌伪武装，但其基层成分多是破产农民、旧军人。大敌当前，他们多数是倾向抗日的。即使其上层人物，有的尚有民族意识，只要对他们晓以民族大义，也是可以争取的。对这些力量，从一开始就给予重视，在一些警团中还发展和派进了党员，以便从内部进行争取工作。

（3）摸清民间枪支底码。乐亭县散布在民间的枪支很多，为了组织保卫团，全县按50亩地由群众摊款买1支枪，这些枪支都掌握在保卫团和地主、乡绅手里。摸清这些底码，暴动时即可以缴武器。

1938年五六月间，乐亭县爆发了3000名雇工罢工增资斗争，县委对这场斗争给予了积极的领导与支持。雇工们提出“青纱帐起来抗日去”等口号，它既包含了党在抗战时期的统一战线政策，又反映了雇工阶层的抗日愿望。罢工增资斗争不仅取得了经济上的胜利，也提高了雇工的思想觉悟，成了大暴动的一个前奏。

二、各起义总队的组建及主要活动

田家湾子会议后，暴动的最后准备工作正在紧张地进行。这时得知中央派来支援冀东暴动的八路军第四纵队已挺进到蓟县，冀东人民心情为之振奋。又得知日军为防止暴动，要收缴散在民间的枪支。形势紧迫，暴动不得不提前举行。7月6日，大暴动的号角首先从滦县吹响。李润民、张振宇等在滦县港北一带组织了300余人提前暴动，成立抗联第五总队。8日，起义队伍到达路北安各庄，警察所和民团起而响应，与昌黎起义队伍合编为第九总队。15日以后，滦县南部茨榆蛇、司各庄、杜各庄的高小安、陈家宝、曹致福、吴绍贤相继带领群众暴动，分别组成第十二、十三、十四总队。在迁、滦、丰、遵地区，李运昌、胡锡奎等同志领导的第四总队400余人于7月7日在岩口镇暴动。蓟县、邦均、玉田和开滦矿相继起义。

乐亭县的暴动准备工作也基本完成，并按上级决定，准备组建抗日联军第十总队。拟于城西组建第一大队，城东姜各庄一带组建第二大队，大黑坨、木瓜口一带组建第三大队。确定以徐烧纸庄、李家寺、杜林、庞各庄、大小黑坨、木瓜口、苇厂、姜各庄、冯哨、纪各庄、马各庄、范庄、三义庙等村为暴动点。后来只因未接到行动指示，未举行暴动。

7月下旬，李润民带第五总队南下支援乐亭，到达庞各庄一带。正在等待命令的乐亭暴动领导人开始行动。8月3日，城西部在黎巨峰、葛成斋、曾文楼等同志的组织发动下，杜林保卫团12人首举义旗，随后到李家寺，该村民团30多人参加暴动。到三义庙，从大乡收缴大枪十七八支。在青坨，10余名青年参加暴动队伍，收枪百余支。然后去烧纸庄，加入队伍的20余人，14名共产党员在支部书记徐国兴领导下全部拉出。队伍经庞各庄、罗庄、苧榆坨到刘马庄，一路上张贴布告，号召各阶层群众起来暴动，武装抗日。五六天时间，队伍发展到400余人，遂编成抗联西第十总队和第一大队，曾文楼任总队长，葛成斋任政治部主任，李文学为第一大队大队长，孙耀武任副大队长，高寅任指导员，下辖3个中队。8月底该队随李润民去铁道北活动。

在城东部，阎达开同志几次到木瓜口一带指导暴动的组织工作。首先在大黑坨拉起了暴动队伍，不久，这支队伍受到些挫折。第五总队来乐亭后经李振华和第五总队李润民同志联系，派第一大队到木瓜口一带，于8月20日拿下胡家坨，缴了警察和保卫团的枪。在第五总队策应下，李振华、侯辅庭、田自修等同志在大黑坨、木瓜口、小黑坨、甘草坨等村组织、扩大暴动队伍。到姜各庄一带，刘东升、武兴率领夏庄一带起义队伍 80 余人前来会合，攻下姜各庄据点，到苇厂与张其羽所带姜各庄、赤崖一带二三百人暴动队伍会合。

这些队伍会合后进行了编队，张其羽所带队伍和夏庄的队伍编为东第十总队第二大队，大黑坨一带队伍为第三大队。另编了一个独立大队。编队后，由李振华任总队长，田自修任副总队长，侯辅庭任政治部主任。这支队伍于 8 月下旬奉命去路北活动。

第十总队是共产党领导的乐亭暴动队伍的主力，此外还有两支党领导的暴动队伍，即特务第三总队和第三十九总队。特务第三总队是在 8 月 4 日紧随西第十总队暴动而在南店、三义庙、断火庄、李家寺等地组织起来的，全队二三百人，由王静安、陈国珍分任正副总队长，田厚轩任政治部主任。中旬，该队转去路北活动，在沙河驿缴获枪百余支，武装了部队，经上级批准编为特务第三总队。

第三十九总队是东部沿海的缉私队起义组成的，在阎达开、岳泽普同志的争取下，接受党的领导，编为第三十九总队，刘汝俊任总队长，刘定任政治部主任，钱崇实任参谋长。该队于 8 月 24 日拿下汤家河据点，队伍发展到 3000 人。

除党领导的这 3 支队伍外，在汀流河一带还有两支暴动队伍，即第二十总队和第三十七总队，属高志远部。第二十总队是由汀流河民生药房医生、国民党员刘冠英在汀流河、徐家店一带发动警团和群众五六百人组成的，下辖两个大队，刘冠英任总队长。第三十七总队是小二里庄的刘毓芝、刘狼窝村的刘国勋发动这一带六七百名群众组成的，刘毓芝、刘国勋分任正副总队长，下设两个大队。这两支队伍，活动于汀流河至马城一带。

在城南部和西部，还有不少青年加入了在西部滦乐边界暴动的第十二总队，这支队伍由陈家宝领导，曾打下新寨，收缴了警团枪支。此外，还有不少自动拉起的小股队伍，有的或并入大队，或在大队撤走后自行消散。

在大暴动的高潮中，也有一些反动警团骨干分子乘机鱼目混珠。阎各庄地主武装头子刘金堂、胡家坨警察所长臧振林、付家埝恶霸地主张自恩等人，打着抗日的旗号，搜罗人马，实际是拥兵自保。

第十总队东西两部先后到达路北后，在商家林会合整编，由李振华任第十总队总队长，田自修、曾文楼任副总队长，侯辅庭任政治部主任。下辖 3

个大队和 1 个特务队，一大队大队长李义学、副大队长孙耀武，指导员高寅；二大队大队长刘东升、副大队长武兴，指导员张其羽；三大队大队长王俊生，指导员徐国兴，特务队队长翟文斌，全总队近 1000 人，整编后开到沙河驿。翌日，受到该地联庄会和从杨店子方面来的日本侵略军袭击。部队阻击后撤出战斗，奉命返回路南，攻打乐亭城。

8 月底，抗联部队按照司令部的部署围攻乐亭城。特务第三总队在西门，第三十九总队在南门，第三十七总队在城北教军场。第十总队于 9 月 3 日赶到，驻扎在城东救阵一带。还有卢龙第二十三总队等，共 1 万余人。指挥部设在城西育英学校。城内守敌恐慌万分，增设了碉堡，围城加固了土垣，调集警团 400 余人防守。抗联指战员斗志旺盛，并自制了土炮（把树干抠空，装了火药、铁钉等物）攻城。据旧乐亭县志记载："是夜先由西门和西南角进攻，昼夜不息。西门大桥外，匪人据西门炮台不过数十武。匪以机枪掩护进攻彻夜。"经 3 日激战，守敌崩溃，大部溃散或投降，残敌由伪县长张培德、警察局局长赵毅荪带领从东门逃出，被第十总队阻击，俘其二三十名，余者奔东南冯哨逃遁。第十总队首先进城，把红旗插上十字街拱真阁，乐亭城首次解放。

抗联解放县城，随之成立抗日民主政权——乐亭县政府。推举吴绍贤为县长，孙善蛟为警备司令。高志远和王仲华（共产党员，以华北自卫会委员身份在高志远部做政治工作）进城，召集城内商绅开会，由王仲华阐明我党团结抗日统一战线政策，动员各阶层支持抗日救国事业。第十总队撤出县城，留少数干部组成留守处在城工作。他们组织起"华北自卫会乐亭分会"，由刘作元、杨芳田等主持，组织各阶层开展抗日活动。

不久，第十总队转到迁安上五岭、杨柳庄一带，与李运昌等领导会合，在这一带开展抗日宣传工作。

三、抗联部队西进受挫

乐亭县城解放后一个月，中共河北省委和八路军四纵领导邀请冀热边特委和抗联各路将领于 10 月 8 日在九间房召开军事会议，决定八路军主力和抗联部队全部撤到平西整训。会后，第十总队和各路抗联部队按照司令部的命令在路北集结开始西撤，以八路军第四纵队和高志远部为前卫，洪麟阁部随高部前进。李运昌带3个梯队及直属队为后卫，第十总队为司令部卫队。全军约5万余人走上西进征途。

刚刚暴动起来的抗联队伍，没有经过整训，让他们远去陌生的外地，思想产生很大的波动，几万人队伍的粮食给养没有准备，使得供应发生困难。加上沿途日伪军袭击阻截，部队士气低落，发生了严重的逃亡离队现象。前面部队过潮白河时，遭到敌人袭击，四纵过去后，高志远部仅过去一部分，大部溃散。后梯队洪麟阁、陈宇寰部在蓟县马伸桥遭伏击，洪、陈阵亡，队伍除伤亡者外多数散掉。

10月18日，李运昌等同志率后卫部队进入密云一带，受到由承德方面袭来的日军和伪满军截击。瓦罐头一战损失很大，部队情绪不稳，成批溃散，禁令不止。严峻的形势摆在面前，如果继续西进，日军沿河已布有重兵，将面临危险局面，冀热边特委李运昌、胡锡奎等领导同志在平谷县北樊各庄召开干部会议，根据中央来电指示精神，决定停止西进，返回冀东，建立抗日游击根据地。

在东返途中，第十总队仍做司令部卫队，行至三河县箭杆河边，后部受到日伪军追袭。第十总队奉命派出第一、二大队去佯攻平谷和三河，第三大队抢占有利地形阻击敌人，掩护部队撤退。当撤退到丰、滦、迁边界之柳沟峪一带时，部队只剩不足2000人。

乐亭县农民暴动的主力——抗联第十总队，一向纪律较好，从西进到东返全部行军作战中，始终未发生逃亡现象。但由于形势恶化，根据司令部决定，于11月中旬从迁安回乡，只留下十来人编入抗联司令部特务队。乐亭县另一支暴动队伍——特务第三总队，西进到潮白河受阻后，与司令部失去联系，自行东返，在滦县军师庄全部散掉。沿海盐警队起义的第三十九总队，由于不服从司令部的指挥而哗变，一夜之间，2000余人的队伍自行溃散。刘冠英的第二十总队被打散于昌平八家子。第三十七总队一部过了潮白河，多数星散了。

大暴动虽受到严重挫折，但影响深远。它沉重打击了日本帝国主义在冀东的反动统治，在乐亭县抗联队伍摧垮了敌人的全部政权，第一次建立起抗日的人民政权。它向人民宣传了党的统一战线政策，显示了团结抗日的力量，培养了干部，锻炼了人民，成为民族解放运动史上光辉的一页。虽然受到挫折，却仍然留下了革命的火种，抗联司令部和少数部队坚持下来了，许多党员、干部也坚持下来了，成了开展抗日游击战争的骨干。

（选自政协乐亭县委员会编《唐山文史资料大全·乐亭卷》）

蓟县人民抗日武装大暴动

杨福臣

1937年七七事变后，全面抗战开始。1937年8月，中共中央政治局在陕北洛川召开扩大会议，确定了党的中心任务是“动员一切力量，争取抗战的胜利”。会议还根据毛泽东同志关于“红军可以一部于敌后的冀东，以雾灵山为根据地进行游击战争”的提议，确定发动冀热边地区的游击战争，创建抗日根据地。

根据上级指示，中共蓟县县委在冀热边特委的领导下，开始了抗日武装大暴动的组织发动和武装准备工作，主要组织形式就是建立抗日救国会。这个组织就是在七七事变后党在冀东领导的抗日民族统一战线组织，通过这个组织宣传群众，组织群众，争取民团伪警，团结上层人士，共同参加抗日。

1937年10月12日，蓟县各地党组织负责人张筱蓬、卜荣久、王少奇、徐智甫、王磊、铁华等同志以登山为名，在城南翠屏山秘密举行会议，提出了当前党的工作重心，即加强宣传动员，积极组织力量，准备武装暴动。会议决定，在全县各地建立抗日救国会，通过救国会争取各阶层人民组织起来，一致抗日。会后，各地党组织以原来党小组、反帝同盟小组、抗日救亡小组为基础，吸收抗日积极分子，组建了救国会。从当年冬开始，陈富轩、徐智甫等在二区太平庄一带建立救国会，卜荣久、王少奇在城南一带建立救国会，张筱蓬、廖益之、周华庭、蒋之洲在二区洲河南一带建立救国会，白砥中、郝希武在七区建立救国会，王学黎、高才在四区建立救国会，王崇实在六区别山镇一带建立救国会。

救国会建立后，首先以日军在中国的侵略暴行、东北和冀东人民的悲惨遭遇、八路军在敌后战场上的胜利消息和党的《抗日救国十大纲领》为内容，向人民群众进行宣传教育。其次以自己从事的职业特点，采取多种形式宣传群众。以教书为职业的救国会会员，通过教学、办夜校的形式教育学生、宣传群众；农村中的会员则通过串亲访友、赶集上店、街谈巷议、农闲聊天等形式进行宣传。广大群众在救国会的旗帜下逐步觉悟起来，纷纷表示“坚决抗战到底，誓死不当亡国奴”。一大批抗日积极分子涌现出来，迫切要求参加救国会，使救国会的组织不断扩大，会员不断增多。再次是利用自己的地位和影响为抗日工作。以太平庄士绅张翠斋、下埝头地主周树潘为首的一些农村上层人士，也坚决响应党的抗日主张，秘密参加救国会，以后他们利用自己的社会地位和影响，积极做抗日工作。

1938 年 4 月 4 日，蓟县县委根据冀热边特委关于全面发动抗日武装大暴动的指示和蓟县抗日斗争形势的发展，在盘山千像寺召开了扩大会议。李子光、王崇实、卜荣久等 18 人出席了会议。会议总结了救国会工作，肯定了所取得的重大成绩，并为实现武装暴动做出了一系列重要决议。会议决定，进一步开展统一战线工作，放手发动群众，开展抗日救国宣传，积极发展救国会会员，争取民团武装和进步士绅，准备举行暴动。为了加强对各地救国会的统一领导，会上成立

千像寺会议遗址

了蓟县抗日救国总会，总会主任为卜荣久，宣传部部长为王少奇，组织部部长为王坤载，武装部部长为李子光，总会下设分会，分会下设支会，支会下设小组。对全面争取民团武装和组织暴动也做了具体的分工。

千像寺会议后，武装暴动的准备工作全面展开。救国会在农村迅速发展壮大，在二区以洲河为界建立了两个分会。河北以徐智甫为负责人的分会，发展到东起遵化县境内的石门、夏庄、鹿角河一带，西到池庄子、潘庄子、穿芳峪一带的各个角落。河南以张筱篷、廖益之为负责人的分会，发展到西起十百户、青池，东到头百户、金庄子的广大地域。共组建 11 个支会，在一区，卜荣久、王少奇领导的会员遍及城南、城北的十几个村庄；在七区，白砥中、郝希武领导的分会，以下仓为中心，扩展到蓟县、玉田、宝坻三县交界的大片地区；同时，三、四、五、六区的救国会亦有很大发展。这些农村会员大多苦大仇深，是抗日暴动的中坚力量。

按照我党的统战政策和策略，蓟县县委为了组织暴动队伍，争取民团武装，号召广大党员和救国会会员通过各种社会关系，对民团上层人士广泛深入地做统一战线的工作。

1928 年以后，蓟县以民团为主的地主武装有了迅速的发展。当时规定，每 50 亩地必须买枪 1 支，小农户两三家合买 1 支。“冀东防共自治政府”成立以后，这部分武装曾一度为其“防共”“自治”服务。但在七七事变以后，民心转向抗战，这些武装反而引起敌伪当局的严重不安。汉奸政府总想解除这些民间武装，而这部分武装对我党即将发动的抗日大暴动来说，则又是一个重要的武器来源，于是，围绕着这部分武装，敌我之间展开了激烈的争夺。

1937 年冬天，汉奸政府发觉二区、七区一带有抗日活动，便下令收缴民团的枪支。蓟县县委获悉后，指示各地救国会秘密宣传群众，指出敌人收枪就是要让我们永远当“亡国奴”，交枪就是向敌人投降，号召大家团结起来，坚决抵制收枪。他们串联有枪户，统一口径，统一行动，或借口“防范匪盗”不予交枪，或软磨硬泡，一拖再拖，结果使敌人的收枪计划不了了之。反收枪斗争的胜利，有效地防止了民团武装落入敌人之手，保护了武装暴动的武器来源。在此基础上，李子光、王崇实等县委领导，亲自登门拜访了一区民团团总秦化南和旧军人商香阁以及三区民团团总王景轩等人，晓以民族大义，共商抗日大计。在抗日高潮的推动下，这些人欣然与党合作，决心在抗日救亡斗争中做出一番事业来。商香阁、王景轩等人表示："只要你们共产党敢干，我们就跟着走！""这部分枪（指民团武装）你们共产党人应该拿起来。"与此同时，二区太平庄救国会负责人徐智甫、刘力生争取二区六甲民团队长夏德元；二区州河南救国会负责人廖益之、周华庭等，争取二区九甲民团队长赵合、十三甲民团队长刘汉英；王崇实通过二区下埝头村甲长周树潘，把赵殿甲安排到该甲任民团队长；卜静安、李友梅争取了五区民团团长胡香圃和绿林式人物马子聪，并与上仓镇一个姓叶的警士建立了联系；七区救国会的郝希武，利用与该区民团团长张继尧的姑表亲关系将张争取了过来，其手下 4 名队长也先后加入救国会。这些人大部分出身行伍，受过训练，带过兵，打过仗，有一定的军事素养和常识。争取了他们，不但为暴动提供了武装力量，而且也准备了军事人才。

经过各地救国会的团结、争取工作，蓟县大部分士绅、知名人士也认清了形势，以民族大义为重，愿意出钱、出枪抗日，并为抗日人员提供保护和方便。其中有些人不但自己抗日，还动员亲属、朋友参加抗日。此外，各镇商会亦有一些人被争取抗日。这些人的行动造成了很大的社会影响，使蓟县抗日武装暴动有了更广泛的社会基础。

1938 年 7 月 5 日，蓟县县委在盘山栗树沟召开了紧急会议，由冀热边特委丁振军传达了特委田家湾会议的决定："确定 7 月 16 日全冀东举行统一大暴动，拟定蓟县暴动队伍为冀东抗日联军第五总队。"会议决定商香阁任总队长，王崇实任政治部主任，责成卜荣久、王少奇从速准备关防印信、红蓝臂章、命令布告、收枪收据、标语传单、医疗药品等项事宜。但是，形势发展大大超出原来的预料。一方面，由于八路军第四纵队的到来，人心急不可待，冀东各地暴动已经兴起。另一方面，马伸桥事变后，敌人已察觉到我方将有大规模举动，正下令收枪，谋划镇压。而且青纱帐已经起来，暴动条件也已成熟，蓟县县委遂于 7 月上旬末，在盘山天成寺和城南板桥村两次召开紧急军事会议，决定提前发动暴动。这样，一场震撼燕山蓟水的革命风暴终于到来了。

7 月 14 日，在蓟县三区邦均镇首先打响了冀东西部武装暴动的第一枪。接着，在七区、二区、一区、四区、五区、六区，多股暴动队伍兴起。除我党直接发动和领导的暴动队伍外，一些民团头目也拉起了队伍抗日。在抗日风暴的鼓舞下，遵化县石门镇警察所所长胡光率领20余名警察宣布起义。后来，胡光又和参加过通州事变的保安队队员朱少卿说服了驻石门的警察队队长张希华，率部下百余

打响冀东西部抗日暴动第一枪的邦均镇

人宣布起义，参加了蓟县抗联队伍。

蓟县各路暴动队伍兴起后，立即按县委部署发起了声势浩大的收枪扩军运动。暴动队伍所到之处，得到了各阶层人民群众的热情拥护和大力支持。他们有人出人，有钱出钱，有枪出枪，农民献粮，商会捐款，慰劳队伍，支援前线。各路抗联迅速发展壮大，全县约有万人参加了抗日暴动。1938年7月31日，蓟县抗联队伍配合八路军第四纵队解放了蓟县县城，成立了蓟县抗日民主政府。

（杨福臣，蓟县地方史志办公室主任）

冀东抗日大暴动前后的平谷抗战

刘云飞

1938年是平谷历史发展的转折点。5月，组建八路军第四纵队约5000余人，司令员宋时轮、政委邓华。6月初，四纵挺进冀东。6月中旬，四纵到达密云、平谷、兴隆交界地区，先后摧毁镇罗营、将军关、靠山集伪警察所，在上镇成立密（云）平（谷）蓟（县）联合县政府，县长王树梅。部队抽调一批干部开展地方工作，各村纷纷成立抗日组织。鱼子山成立了抗日救国会，并改编原地方武装为抗日游击队。

7月19日夜，下着大雨。四纵三十四大队在易耀彩队长率领下，攻打平谷县城，鱼子山、熊儿寨地区群众自发为部队送水、备干粮、派向导，组织起四五百人的队伍配合部队攻城。负责攻北门的一营先是往城墙上靠梯子，想偷袭进去，但因梯子矮无法攀上城头。向导告说城墙下泄水沟直通城里，易耀彩当即命令一连一排长宋来仁带18名战士潜入泄水沟，游至北城门内，砍死哨兵，炸死守敌，打开城门，一营、二营及参加攻城的游击队、群众涌入城内。易耀彩又派一个连消灭南门守敌，迎接三营入城。城内日军由西门落荒而逃，伪县长李永森、伪警察局局长车胤轩及日本顾问杏田慌忙从南城水沟洞钻出逃命。此战俘虏伪军500人，缴获大批武器弹药，拂晓前战斗结束，平谷县城第一次得到解放。

7月20日，第四纵队接收县城。没收了勾结日寇、依仗敌伪权势横征暴敛、民愤极大的伪财政局局长王贵德的全部财产，一部分分给穷苦农民，一部分做抗日给养。同时，烧毁城门，把城墙拆出几个豁口。还在伪政府大堂前烧毁了收租收税的文件票据，连伪县长的小汽车也一起烧毁，群众拍手称快。同时，宣布了八路军的“三大纪律八项注意”。这天，各商号因不明真相不敢营业，第四纵队就挨门逐户宣传解释，第二天各商号照常营业，市场秩序井然。

在第四纵队领导和组织下，成立了平谷县第一个抗日民主政府。县长姜时喆、副县长王士雨均为八路军干部。县政府下设司法科、财政科、教育科、民政科等，还设立了城关区和二区两个区。同时，建立平谷县抗日救国总会，四纵政治部吴宗鹏兼任主席。

抗日政府还对地主武装县保卫团进行改造。在平谷县城解放前夕，四纵曾派人与保卫团首领张子捷、王蕴山等人谈判，向他们宣传抗日民族统一战线政策，晓以民族大义，说明为了共同抗日，挽救民族危亡，应当团结一致，有人出人，有钱出钱，有枪出枪。经过反复工作，首先争取了镇罗营、华山一带的民团，成立了以马维駜为队长的一支抗日游击队。后来在将军关又成立了以蔡景茂为队长的抗日游击队。平谷县城解放后，立即改编原平谷保卫团为平谷县抗日游击队总队，共千余人，任命张子捷（后投敌被处决）为总队长，下设 3 个大队。四纵委派了政治工作干部，还将原平谷警察队 80 多人经教育后改编为县警卫队，负责县政府机关保卫工作。

7 月 21 日，正逢大集，赶集的人比往常更多。利用这个机会，县长姜时喆在县政府大堂前召开群众大会，宣布伪县政府已经摧毁，新的抗日政府已经建立，要求各界同胞拥护抗日政府，积极参加抗日工作，团结一致，抗战到底。通过这次大会，人民第一次看到了自己的政府，看到了自己的军队，感到有了依靠，增强了抗日信心。

就在四纵进入冀东后，7 月爆发了轰轰烈烈的冀东抗日大暴动。在四纵的配合下，大暴动组织起抗日武装 10 余万人，攻克许多重要集镇。而平谷县城解放和抗日政府成立前后，正是冀东抗日大暴动的高潮时期。平谷人民的抗日斗争，已和冀东大暴动结为一体。

四纵解放平谷城，敌人是不甘心的，时刻企图夺回。7 月中旬的一天，日军从西部进犯平谷，县长姜时喆亲自指挥游击队第二中队到岳各庄阻击。有个队员叫赵三鬼（园田队人），用牛腿炮轰退敌人，取得了阻击的胜利。

8月，一批伪蒙古军和伪满洲军从长城北部向平谷、蓟县方向进攻。平谷抗日政府得知敌人的阴谋，决定除留抗日游击总队第三大队的一个中队和县警卫队保卫县政府外，新组成的抗日游击总队全部集中到靠山集以东、黄崖关以南地带，阻击进犯之敌。由于敌强我弱，游击总队武器不好，又缺乏作战经验，很快溃败。镇罗营、华山的游击队也作战受挫，人员溃散，队长马维駜后来被捕，惨遭杀害。8月23日，伪蒙古军围攻平谷城。当时，王士雨正带一部分队伍驻守在西沥津，姜时喆和县政府工作人员与一部游击队住在城内。敌人进到城关时，防守县城的第三大队的一个中队经过一阵阻击，由西门突围出城，战斗中两名领导人牺牲。姜时喆带领警卫队和部分工作人员坚守县城阻击敌人，一直坚持到天黑，从东门突围而出。至此，平谷第一个抗日民主政府仅仅存在了35天，在强大敌人的进攻下，不得不撤出平谷城，平谷城又陷入了敌人的铁蹄之下。不久，四纵主力部队也因冀东暴动的受挫而撤往平西。四纵西撤时，留下3个支队，继续开展游击战争。

尽管抗日民主政府退出了平谷，四纵也撤走了，但在四纵挺进平谷和抗日民主政府存在的短暂时间里，还是做了很多统战工作，团结了大部分上层人士，也使平谷人民思想觉悟有了进一步的提高，为后来党组织的发展和建设抗日游击根据地打下了广泛而深厚的群众基础。

（刘云飞，北京市平谷区委党史研究室主任）

开滦矿工与冀东抗日大暴动

杨　磊

1938年3月，当冀东人民抗日大暴动的烈火还在地下潜行的时候，开滦首先爆发了五矿工人同盟大罢工，3.5万多名工人坚持罢工斗争40余天，最终取得胜利。在日本侵略者占领的“战地后方”，发生这样大规模的罢工斗争，震惊了中外，显示了开滦工人阶级“特别能战斗”的本色，也为参加抗日大暴动做了思想和组织上的准备。7月，当抗日的烈火在冀东大地燃起时，3000名开滦工人揭竿而起，拿起武器直接同日本侵略者展开殊死的搏斗。从3月的开滦五矿大罢工到7月的3000名矿工大暴动，开滦矿工在党的领导下，从经济斗争发展到政治斗争，从政治斗争又发展到军事斗争，表现出异常的坚强与勇敢。以节振国为代表的矿山精英在残酷的斗争中，不怕流血牺牲，前仆后继，为城市工人进行武装斗争树立了一面光辉旗帜，为全民族抗战做出了牺牲和贡献。

七七事变不久，日本侵略者就迅速占领了华北广大地区。开滦煤矿是日本在华北占领区内唯一由英国人管辖的大型煤矿，也是当时唯一继续生产的矿井。随着侵略战争的不断扩大，日本军需用煤不断增多。为了保障“以战养战”的需要，日军加强了对冀东的军事、政治和经济各方面的统治。日军以唐山为统治冀东的中心，在唐山屯驻重兵，并在开滦矿区派驻宪兵队、守备队，成立伪军警备队，设置特务机关。这时，在唐山和矿区，共产党的各级组织逐渐得到恢复和发展。1936年年底，中共河北省委派周文彬任唐山工委书记，成立了党的唐山工作委员会。周文彬以修理收音机为职业掩护，先后在唐山和赵各庄等地活动，秘密恢复和发展了党的组织。赵各庄、唐家庄、林西、马家沟和唐山矿都有了党的支部或小组，党在工人中的影响越来越大。

1937 年 8 月，党中央召开洛川会议以后，冀东地区党组织根据北方局关于建立冀东抗日根据地开展游击战争的指示，于同年 12 月在滦县多余屯召开了京东十县抗日人民代表会议，决定发动冀东人民武装大暴动，开展抗日游击战争。同时，在滦县榛子镇召开会议，确定周文彬负责发动开滦工人罢工和暴动的工作。会后，唐山工委分析了当时开滦矿区内外的各种情况，认为存在着 5 种矛盾，决定利用这些矛盾，抓住工人的迫切要求，由经济斗争引导到政治斗争，由改善工人生活的反英斗争，形成浓厚的反日气氛，逐步把开滦矿工引导到抗日武装暴动的道路上来，以支持冀东敌后抗日根据地的建设。

1938 年 3 月，地下党组织抓住时机，首先在赵各庄矿发动了罢工。3 月 12 日，赵各庄矿矿长陈甲三颁发布告，决定从 3 月 16 日起实行井下记工制，建立井下牌子房。实行这个制度后，工人每天要经过井上、井下两个牌子房，办理 7 道记工手续，上下井要延长两个多小时，因此，工人群众强烈反对。17 日，在矿方实行井下牌子房记工制的第二天，赵各庄的工人首先砸毁了井下四道巷西段的牌子房。21 日晚，地下党负责人周文彬、胡志发、王家义等召集了蒋振元、节廷秀、节振国等 20 多名工人积极分子开会，共同研究了罢工的具体做法，决定于 22 日下午 1 点开始全矿总罢工。

22 日上午，赵各庄矿井下工人高喊着“打倒陈甲三！取消牌子房！”首先罢工。当天晚上 9 点多钟，工人们聚集在俱乐部开会，选出了工人代表，成立了工人纠察队，公推节振国为大队长。会后，工人纠察队在节振国的率领下，拿着写有“打死勿论”的镐把、斧头，在矿区巡逻、站岗，赵各庄矿成了工人的天下。林西矿工人在地下党组织的发动下，也于 3 月 24 日开始罢工。

唐家庄矿工人在赵各庄矿、林西矿工人的支援下，打垮了矿方组织的护矿队，于 26 日开始罢工。随后，唐山矿、马家沟砖厂的工人也先后罢了工，形成了五矿大罢工的局面。在矿区罢工斗争的影响下，4 月间，天津、塘沽、秦皇岛等地的开滦码头工人和耀华机械制造玻璃有限公司的工人们，也纷纷起来响应罢工，向矿方提出了增加工资、改善待遇的条件。

罢工斗争日益发展，英国资本家感到难以承受罢工所造成的巨大损失，矿方被迫提出与工人代表谈判。但资本家不断玩弄花招，他们收买谈判代表，妄图欺骗工人复工。在党的领导下，工人们又开始了坚持罢工反对叛卖的斗争，他们惩罚了工贼，加强了罢工纠察队，使资本家欺骗复工的阴谋破了产。5 月 4 日，经过 14 次谈判，签订了《劳资协约》16 条，资本家答应给工人涨工资、在井下暂不设牌子房等，工人经过 40 多天的艰苦斗争，终于使五矿同盟大罢工取得了胜利。

开滦五矿同盟大罢工

开滦五矿同盟大罢工结束后，在日军的公开支持下，英国资本家对工人施行报复。6 月 21 日、22 日两天，开滦矿警和敌伪警队分别在东三矿捕去工人积极分子 22 人，押解到唐山日本宪兵队后，一些工人代表惨遭杀害。日本宪兵在抓捕赵矿工人纠察队队长节振国时，节振国奋勇反抗，刀劈日本兵，逃出了虎口。

在日本法西斯的血腥镇压下，开滦矿工旧恨加新仇，更加激发了抗日的怒火。7 月间，李运昌、胡锡奎以及党外的爱国人士洪麟阁、高志远等在昌黎、滦县、乐亭、迁安、遵化、丰润等县先后发动了 10 余万人的抗日大暴动，成立了抗日联军。这些胜利消息极大地鼓舞了开滦矿工，许多工人纷纷起来秘密组织抗日游击队。有的与党组织有联系的积极分子直接出走，投奔八路军。节振国和葛振武分别拉出部分工人，参加了抗日联军。

此时，矿区反日暴动的时机已趋成熟，我党决定发动工人举行抗日武装暴动。李运昌派节振国、葛振武等回赵各庄拉队伍拿起枪，组织工人举行暴动。

7月初，节振国几次由抗日解放区秘密返回赵各庄组织游击队。他在工人中秘密串联，进行组织发动，工人的抗日情绪十分高涨。节振国从矿区返回榛子镇向李运昌、周文彬作了汇报后，经过研究，制订出武装暴动的具体方案。随后，在周文彬、胡志发、节振国等同志的领导与指挥下，于18日夜间举行了暴动。

18日后夜，约有2000余名矿工参加了抗日武装大暴动，在节振国的率领下首先包围了赵各庄伪警察所，缴获了该所所有的枪支与弹药，并按该所“枪支照册”逐户收缴了民间武器。工人迅速武装起来，第二天早晨，工人们占领了整个赵各庄，把住了各要道路口，在街上进行武装巡逻，赵各庄完全成了工人的天下。之后，胡志发和节振国便按照预定的计划，一面派人到古冶打探日军情况，防备突然袭击；一面积极发动和组织工人参加抗日游击队，到下午，一支有700多名矿工参加的抗日游击队就正式成立了。紧接着，便在矿上召开了数千人的大会，庆祝武装暴动的胜利。当时，商会和居民群众纷纷前来慰问，捐助经费，支援抗日。与此同时，党还派人与矿方英国资本家谈判，说明这次暴动是为了抗日，与矿方无关，警告他们不得参与干涉游击队的活动。

赵各庄矿工人的武装大暴动使日军大为震惊，在工人暴动的第三天，慌忙调遣部队，向赵各庄进行了攻击并派飞机轰炸。工人游击队英勇抵抗，与日伪军展开了激战。在敌强我弱的情况下，周文彬等同志带领暴动队伍撤离了赵各庄，转移到近郊农村。日军未在赵各庄久驻，留下一些伪军就撤走了。工人游击队在日军撤走后，又收复了赵各庄。为了援助唐家庄矿工人起来暴动，工人游击队与唐家庄矿包工大柜组织的民团发生了激烈的战斗，虽有较大的伤亡，但终于在唐家庄矿工人的内应下，攻克了唐家庄。这时，工人游击队扩展到3000余人。当暴动队伍转移行至北范各庄一带时，遭到日伪军的截击，激战3个多小时，终因工人缺乏战斗训练，一部分被打散，一部分被敌缴去枪支，其余撤到山区后，整编为工人特务大队，由节振国担任大队长。从此，这支工人队伍在李运昌同志的直接领导下，活跃在矿区周围，成为一支坚强的抗日游击队伍。

在这次暴动中，开滦矿工除节振国拉出去的队伍外，还有葛振武拉的队伍，有高存拉的队伍，李生、田明远、王玉成、李守善等人也分别拉出了一些小股队伍。这些参加暴动的开滦矿工，走上武装抗日道路以后，在党的领导下，发挥了抗日先锋的作用。

冀东烈士陵园节振国铜像

（杨磊，原开滦档案馆副馆长）

马庄户的抗日烽火

曾文友　马守忠

一、马庄户人积极参加冀东抗日大暴动

马庄户，地处唐山市丰润区北部的山坳之中，青松、翠柏，北依腰带山，浭水、陡河环绕其间。马庄户不仅风光秀美，还是一个富有光荣革命传统的村庄。早在 1936 年该村就建立了中国共产党组织，是丰润县建党较早的村庄之一。在党领导下，马庄户（化名天华村）人民积极投身于抗日战争，金瑞生、冯文志等 40 多人在冀东抗日大暴动中，冲锋陷阵，不屈不挠，其中张明、温继春等在大暴动中牺牲。

金瑞生（1912—1990），1936 年 10 月加入中国共产党，是马庄户村第一名共产党员、首任党小组组长。他相继发展了几十名党员，推荐马东海同志任党支部第一任书记。在金瑞生同志的影响下，他的二弟马宝山（化名江申）、四弟马宝海（化名马忠兴）、大妹马素云、二妹马素珍也都参加了革命工作，先后加入了党组织。

1986 年 8 月，金瑞生在《冀东抗日武装大暴动》一文中写道："我参加冀东抗日武装暴动后，被编入八十一总队政治部任纪律检查员兼宣传员……我们打的第一仗是在遵化县铁厂镇北的五虎岭。当时遵化县伪宪队约 200 人进犯五虎岭。我军闻讯后，阎锡九带队急行军到达该地，一些敌人被消灭，一些敌人见到冀东抗日联军便逃之夭夭，从此他们再也没敢来这里逞威风了。"

八路军四纵和抗日联军西撤之后，冀东抗日活动由高潮转入低潮。

而马庄户仍然顶风而立，大山压顶不弯腰，冀东人民武装抗日大暴动的部分领导同志回到马庄户村重振旗鼓。在党的正确领导下，我军政人员努力工作，健全了党政军群组织，迅速发展壮大了马庄户根据地，随之人民踊跃参军参战，与日寇展开了殊死的搏斗。

1938 年冬，金瑞生跟随李运昌和暴动队伍又回到了腰带山抗日根据地，继续开展抗日斗争。在抗日期间，金瑞生先后举荐马庄户村 30 余名青年参军参战，为抗日战争的胜利做出了贡献。

二、马庄户是抗日战争时期的堡垒村

（一）中共丰滦迁联合县委在马庄户成立

1939 年上半年，在抗日斗争处于低潮时，原迁安县委书记韩东征和魏春波、杨文汉、徐振泽、周志国等共产党员深入迁安、丰润的一些村庄，秘密联络共产党员，恢复中共基层组织，宣传党的统一战线政策。同年 10 月，中共丰（润）滦（县）迁（安）联合县委在马庄户成立，中共冀东区分委委员周文彬任县委书记。县委始设东、中、西三个总区委，区委书记对外称报国会主任。

（二）丰滦迁联合县抗日民主政府在马庄户成立

1939 年 8 月，中共冀东区分委在遵化县舍身台召开会议，根据中共北方局唐县军城会议确定的冀东坚持与发展的正确方针，讨论了建立抗日民主政权和开展群众工作的问题，这是冀东区第一次建立县、区政权的会议，会议决定成立丰滦迁联合县政府。联合县设三个总区，活动范围是迁安西部滦河以南、丰润腰带山一带和滦县西北部，共 100 余个村庄。

1939 年 10 月下旬的一天夜晚，丁振军在马庄户村的一家农舍里庄严宣告：“丰（润）滦（县）迁（安）联合县政府今天正式成立了！”他的话音刚落，与会人员都热烈鼓掌，他们盼望已久的抗日民主政府终于成立了。

“今天成立的丰滦迁联合县政府是冀东抗日大暴动后成立的第一个抗日政府。这个县政府的成立，说明我们冀东抗日形势的好转。”丁振军说完这段话后，指着坐在他身旁身穿蓝色便服、身材高大的中年人向大家介绍说：“他就是丰滦迁联合县政府的第一任县长卢启明，是上月刚从晋察冀边区调来冀东的。他革命觉悟很高，工作能力也很强。在县政府工作的同志要向他学习，团结互助，共同努力搞好县政府工作。”

“周文彬同志兼任县委书记。大家对周主任都很熟悉，就用不着做介绍了。”接着，丁振军指着坐在炕上的几位同志向大家介绍说：“这几位同志也是上月和卢县长一起来冀东的。”他随即把刘诚光、江士林、李振中、孟桢、王子仪、陈荻6位同志依次向大家作了介绍。

卢启明县长于1940年2月在与日本鬼子的激战中不幸牺牲。随后魏春波继任县长，也不幸于1940年6月8日牺牲。

丰滦迁县政府成立时，政府机关设在马庄户，除配有通信班外，未设职能科室。当时县政府的主要任务：（1）统一征收抗日粮款；（2）打击土匪、汉奸；（3）稳定社会秩序；（4）肃清吸毒分子；（5）领导群众反对日伪发放户口册、“良民证”；（6）组织青少年破坏日伪军交通和通信设施；（7）组织反日伪强迫青年受训、抓壮丁；（8）推行办事员制度；（9）加强村、区、县级抗日民主政权的建设；（10）协助主力部队建立抗日游击队、开辟抗日根据地。

冀东有关领导开会研究建立县、区级抗日民主政权
（中间正面穿黑衣者即丁振军）

1940年12月，中共冀东区党分委在蓟县召开第二分委扩大会议后，抗日民主政权建设有了较大发展。县政府设县长、秘书，其工作部门设民政、财政、教育、司法科和军事代办所。区政权设区长，下设各助理。村政权普遍设办事员，

并将地方武装划归县政府领导。

1941年8月，中共冀东区党分委在遵化县大张屯召开第三次扩大会议后，改革了村政权，成立了办事小组，按“三三制”构成村政权。至次年，丰滦迁联合县基本趋于建成，成为冀热边区最老的地区。

（三）八路军第十三支队在马庄户宣告成立

1939年秋季，丁振军在马庄户会议上传达了中共北方局军城会议精神，他说：“今年6月北方局在军城会议上决定冀东不再搞第二次大暴动了，八路军大部队也不再挺进冀东。冀东抗日工作的坚持与发展，主要依靠冀东的党和人民的艰苦斗争。这是对我们的信任和鼓励，我们绝不能辜负北方局的期望和重托，一定要把工作做好。

“中共北方局指示我们：开始先创立小块抗日游击区，然后再逐步把许多小块游击区联成大块的游击根据地。抗日武装也是如此，先组建小股的游击队，然后再逐步发展成大部队。”

在这次会议上，丁振军宣布：“按照军城会议的决定，现在冀东的抗日武装改编为八路军第十三支队，李运昌任司令员，李楚离任政委，包森任副司令员，曾克林任参谋长，刘诚光任政治部主任。”

散会以后，丁振军在马庄户又把冀东对敌斗争的情况向从晋察冀调来的几位新同志作了介绍：“日本侵略军第二十七师团从武汉调回华北之后，加紧了对冀东的扫荡。自1938年10月至1939年6月，在8个月的时间里进行了大规模扫荡5次，每次扫荡的兵力少则五六千人，多则两万多人，到处搜捕屠杀抗日人员及其家属。敌人随着扫荡又安设了许多据点，进行反复清乡。

“冀东抗日武装进行了艰苦卓绝的斗争，共作战230多次，歼敌1500多人。在艰苦的斗争的环境里，抗日武装依靠广大群众的支持，不但度过了5次大扫荡的困难，而且还发展壮大起来了。”

丁振军向新到冀东工作的几位同志介绍完情况之后，又派人把陈区长找来，严肃地对陈区长说：“现在敌人集中了大批兵力正进行第六次大扫荡。你一定要设法把这几位刚到冀东的同志保护好。”陈区长笑着说：“丁主任你就放心吧，前几天我把他们几位接到马庄户，已经安排了两位同志专门照顾他们的安全。因为他们几位的口音不同，恐怕应付不了敌人的清乡，所以在村北的山沟里挖了地洞。敌情紧的时候就让他们藏在地洞里，敌情不紧的时候就让他们住在村里，有专人负责引他们躲敌情。”

丁振军听到陈区长的汇报后很高兴，随即又告诉陈区长：“明天晚上你召集马庄户的群众开个大会，除了把卢县长向群众作介绍外，我要给村里的群众讲讲对敌斗争的问题。”第二天马庄户的百姓听了丁振军的形势报告，抗日热情更高了。

（四）马庄户建立起村级红色政权

丰滦迁联合县政府成立时，村政权还掌握在乡保长的手中，日伪政权通过乡保长来统治村民，要想在农村开展抗日工作就必须夺取村政权。可是在敌强我弱的条件下，只有采取逐步转化的办法才能把农村的抗日政权建立起来。

魏春波担任县长之后，经过调研，认真地总结了谷云亭同志在丰润刘家营一带搞起的“村级办事员制度”，并在全县加以推广。这个制度的关键是办事员必须忠实可靠又有办事能力，选择好之后还要加以培训，才能主持全村的工作。

有了办事员，对原有的乡保长们也要进行爱国主义教育，使之转变为“真心抗日、假意酬敌”的人，以增强抗日的积极因素。魏春波本着团结一切可以团结的力量和共同抗日的指导思想，深入各个村庄，进行抗日村政权建设的调研工作。他每天走几个村庄，帮助各村候选的办事员对乡保长进行教育。经过艰苦的工作，很快在丰滦迁联合县的区域内建立起以办事员为核心的农村抗日政权。

随着村级抗日政权的建设，妇女救国会、儿童团等群众抗日组织也相继出现。同时，逐步实施抗日经费的合理负担、抗日经费的征收、抗日人员的给养供应、抗日部队的粮食鞋袜的摊派等都在县、区政府的领导下进行。这样，抗日人员和部队的吃住穿衣都有了保障。

（五）冀东抗战诸多机构设在马庄户

马庄户村民抗日热情高，群众基础好，冀东诸多抗日机构都设在了马庄户，如冀东军区的炸弹厂、刺刀厂、电台、卫生二所等。村民们以倾家荡产、壮士断腕之势，从财力、物力、人力诸方面支援抗战，革命军人、抗日干部（如李运昌、周文彬、丁振军、阎达开、李楚离等）经常出入这个村，得到马庄户老百姓的热情招待，把家里的稀罕物都拿出来给他们吃、用，村干部亲自给首长站岗放哨，确保他们的安全。

这个村子的老百姓为了掩护抗日军政人员，面对日伪军的扫荡、围庄和残酷屠杀，个个铮铮铁骨、临危不惧，许多人献出了宝贵生命。

在抗日战争年代，马庄户是英勇杀敌的村庄，先后有数十人参加抗日队伍。马庄户的民兵还多次配合八路军的正规军、县大队、区小队伏击日伪军，摧毁日伪交通线，惩治日伪特务。

抗战时期，马庄户为国捐躯的烈士有：李永常、马连合、马青山、赵头、韩国珍、马东海、马金宝、柴永兴、马宝山、张明、张平海、石庆明、马真、温继春、孙贺然、马国栋、董宝堂、克明。

回顾抗日战争的艰苦历程，马庄户的老百姓深切怀念那些为祖国和人民的解放、为建立巩固的冀东抗日根据地而牺牲的同志们和乡亲们，怀念那些共度艰苦岁月、在各条战线共同奋斗的战友们，怀念那些冒着生命危险支持、掩护冀东的抗日干部和抗日队伍的父老乡亲、兄弟姐妹们！

（曾文友，唐山市人民警察学校原副校长；马守忠，丰润县火石营镇原副镇长）

冀东人民抗日大暴动中的抗日联军第五总队

张俊山

一、港北首义，第五总队诞生

1938年，经过精心筹备，冀东地区抗日武装起义的条件逐步成熟。

中共滦县县委遵照多余屯和田家湾子会议精神，结合当地的实际情况，各地党支部或党小组积极行动起来：发展抗日武装力量；组织学生、教职员工以及一切爱国人士参加抗日救亡运动；号召社会各界积极筹措抗日经费，购置枪支弹药。大家有钱的出钱，有枪的出枪，如大门庄的张振宇（张钧）带头变卖自家土地，购置枪支，并将家里存储的粮食、布匹拿出来作起义队伍的给养。

1938年6月底，华北人民武装自卫委员会冀东分会在丰润田家湾子召开了武装起义前的军事会议，会议由李运昌主持。会议通过了起义的行动纲领，明确了起义队伍的名称、番号、起义时间以及各路领导人等。会议决定：成立华北抗日联军第三军区（简称“冀东抗日联军”），组建6个总队。推举高志远任华北抗日联军第三军区司令，洪麟阁、李运昌为副司令。中共党员李楚离、王仲华分别到洪麟阁部、高志远部指导工作。会议还决定1938年7月16日在遵化、滦县、乐亭、昌黎、玉田、蓟县等县同时举行起义。

7月初，正当抗日武装起义秘密准备之时，滦县日伪政权开始增加兵力和部署，并在各村镇强行收缴枪支。此时，伪军警首先将矛头对准有武装的民团高志远部。

7月4日凌晨，大批马、步伪军警包围了多余屯，滦县三区民团团总高志远等人闻讯后迅速转移。5日凌晨，大量伪军警又包围了大门庄，全村大搜查，抓捕张鹤鸣、张振宇等人。此时，李润民、高培之、张鹤鸣、张振宇等正在大门庄开会布置暴动前的准备工作。突然，“啪啪”枪声响起，村子里一阵慌乱。李润民立即决定分头突围，在张振宇的掩护下，李润民、高培之率先冲出包围。随后，张振宇向相反的方向出击以吸引伪军警，并突破伪军小队长安景的包围，在村外与分头冲出包围圈的张鹤鸣等人会合。

面对突如其来的变化，冲出大门庄包围的李润民，于5日在县城西北的田庄子蔡国荣家新院召开了县委紧急会议，县委负责人赵玉清、李光宇、康海、高纯一、杨鹤轩、田荣、阎绍先等均参加了会议。会议传达了李运昌副司令的重要指示，分析研究了当前的局势和暴动的准备工作，大家一致认为情况十分危急，应当马上提前举行起义。

根据田家湾子会议的决定，李润民在紧急会议上宣布了李运昌副司令的命令，任命李润民为冀东抗日联军第五总队总队长，高培之为政治部主任，张鹤鸣为副总队长兼参谋长，张振宇为副总队长，赵玉清为监印官。总队下设3个大队，张振宇兼任第一大队大队长，唐谐尧任副大队长；阎绍先任第二大队大队长，赵宪章任副大队长；李光宇任第三大队大队长，高纯一、杨鹤轩任副大队长，并颁发了旗帜、表册、戳记、委任令等。

在会议行将结束之时，接到高培之、张鹤鸣送来的一封十万火急的信件。信中说：他们率队袭击了从县城出来侦察的伪军骑兵队，身份已暴露；于振忠率队举着红旗大张旗鼓地从昌黎向滦县开来，目标已完全暴露，无法继续隐蔽，要求在港北村率先举行起义，请李润民等火速到港北村参加统一行动。看罢来信，李润民眉头紧锁，急忙同大家就当前出现的紧急情况进行商议，并立即疾书一封密信给李运昌副司令，派人火速到铁厂向李运昌汇报。李润民在信中陈述了突发事件和目前所处的状况，充分阐述了7月6日第五总队率先在港北村举行起义的理由和必要性。

紧急会议结束后，县委果断决定李光宇、高纯一负责领导第三大队在北宁铁路北的行动。李润民、赵玉清、阎绍先、康海等连夜赶到港北村，与高培之、张鹤鸣、张振宇等会合。

李润民、赵玉清、阎绍先、康海等赶到港北村后，高培之、张鹤鸣、张振宇已经集结了100多人，并将总队部设在唐谐尧家的大院里，村外围布置了岗哨和一部分队员进行警戒。

李润民到唐家大院后，立即召开了有赵玉清、康海、张鹤鸣、高培之、张振宇、唐谐尧等县委和第五总队主要负责人参加的临时会议。会上部署了起义的行动方案，宣布了上级任命，接着李润民总队长向全体队员高声宣布：冀东抗日联军第五总队正式成立！随后将第一面义旗插在港北村唐家大院的大门前。白旗杆套上书写有黑色宋体字：华北抗日联军第三军区第五总队。

位于滦县港北村的港北起义纪念碑

二、第五总队在战斗中壮大

1938 年 7 月 6 日冀东抗日联军第五总队正式成立后，总队决定马上行动，对外界通电宣布举行抗日武装起义，收缴各村枪支，募集枪款。在抗日民族统一战线的引导下，港北村的伪乡长唐谐尧加入了抗日联军第五总队。此时，仅港北村就收集大枪 13 支，许多青壮年自愿参加抗日队伍。

农历六月初十即 1938 年 7 月 7 日，恰逢卢沟桥事变一周年。逢五逢十是张各庄大集，这天，人们从四面八方来赶集，有近百名第五总队队员随着赶集的人流潜入张各庄。唐谐尧的公开身份是伪乡长，他带领一大队队员进入伪警察局大院后故作惊慌地大喊：“不好了，起便衣队了！”听到喊声，伪警察局一片混乱。张振宇率第一大队迅速冲进大院，先缴了伪警察局局长的枪，伪警察们未及还手就被队员们缴了械，第一大队占领伪警察局。张振宇又指挥第一大队迅速拿下盐务局，也是一枪未放，并布置岗哨严密警戒。唐谐尧带领部分队员打开粮仓和盐库赈济民众，凡是赶集的人每人均能得到 5 斤盐、10 斤米或面。农历六月正值青黄不接的季节，饥肠辘辘的人们能得到米和盐，欢呼雀跃，交口称赞“便衣队”。

拿据点，赈贫民，第五总队声威大振。第五总队政治部主任高培之带领张瑞珍等部分队员，走上街头进行抗日宣传活动，许多民众对日伪统治深恶痛绝，纷纷加入第五总队。

7 月 7 日当晚，第五总队所属的一个中队拿下小马庄炮楼，缴获了 6 支大枪。同时，第五总队在总队长李润民的带领下从港北村向铁路北开拔。出发前李润民作了简短的动员，参谋长张鹤鸣代表总队宣布要想让民众支持抗日、支持抗日联军，就必须严格遵守纪律，不拿百姓一针一线，不践踏百姓的庄稼。

7 月 8 日，北宁铁路北的安各庄、高各庄和铁局寨一带，李光宇、高纯一、杨鹤轩迅速组建了抗日联军第五总队第三大队，在铁局寨发动武装起义。与此同时，在铁路南的甄庄、陈庄、姚庄、杨家院、柴各庄一带，在赵玉清、阎绍先、赵宪章等组织领导下组建了抗日联军第五总队第二大队，并发动武装起义。至此，冀东抗日联军第五总队完善了 3 个大队的编制。

由于张各庄战斗旗开得胜，第五总队点燃了滦县地域抗日武装大暴动的烽火，并以铁的纪律，深受百姓的拥护和支持，队伍迅速发展壮大，不到3天整个第五总队快速发展到上千人。鉴于队伍的不断扩大，第五总队领导对队伍建制进行了统一调整，增加和完善了机构，委任李光宇为第五总队副总队长。

7月10日晨，第五总队第一、二大队由张振宇副总队长率领，从坨子头西山口过铁路到达田庄子，李光宇、蔡国荣等率队迎接，队伍会合后将参加起义的田庄子的民团编成一个小队，王振东任小队长，队伍继续扩大。

7月12日抗日联军第五总队兵临铁路北的安各庄，在第五总队副总队长李光宇的引导以及强大的抗日宣传攻势下，安各庄伪警察队长周维新和当地民团起义。周维新发通电，声明脱离日伪政府，随后与从滦河东岸昌黎赶来的于振忠率领的暴动队伍合编为抗日联军第九总队，于振忠任总队长。

三、杨家院大捷

7月15日，抗日联军第五总队的3个大队及抗日联军第九总队返回至铁路南，第五总队队部和第三大队约200人进驻糯米庄，第一大队300余人进驻邹家洼，第二大队300余人进驻杨家院，第九总队400余人进驻甄庄。

滦县伪警备大队侦获抗日联军第五总队进驻的消息后，向伪县长王培焕秘密报告。王在日本顾问的催促下召开紧急会议，并成立“剿匪”总指挥部，以伪警察局局长王子万为总指挥，保安第一中队为主力，配以民团和马、步警察共300余人，准备倾城出击“围剿”第五总队。在滦县县城惠中饭馆跑堂的地下交通员肖生将敌人的行动路线和兵力部署探清后，及时向第五总队汇报。第五总队总队长李润民、参谋长张鹤鸣决定：这仗不仅要打，而且还要打好、打胜，打出灵活性来，并解释道“能打胜就打，打不胜就走，既要取胜，又不受损失，这就是灵活机动”。大家一致同意打一场伏击战。

甄庄、杨家院、邹家洼3个村子沿溯河西岸呈南北一线、每村间隔1里，邹家洼在最南边，甄庄与杨家院相距1里，糯米庄在邹家洼西南不到3里。尤其是杨家院村东南、邹家洼东北是一片开阔地，东有沂河，北、西、南三面是沙坨高地，形成一个半盆地，非常有利于打埋伏。

根据部署，第五总队第一大队由副总队长兼大队长张振宇带领，从邹家洼出发，埋伏在杨家院村东敌军必经之路旁的树林里；第九总队从甄庄出发向东，埋伏在北面，与第五总队的第一大队形成南北夹击之势；第二大队在杨家院按兵不动，诱敌深入；第三大队和第五总队总部驻守在糯米庄，指挥全局战斗并警戒防范雷庄、张各庄的增援之敌。

队伍随即进入阵地。上午 10 时许，以伪保安队中队长刘韬为首的伪保安队排成一字长蛇阵向杨家院气势汹汹地开来，其先锋已经进入杨家院村东，而队尾还在溯河东岸挪动，队伍有 1 里多长。

当刘韬的保安中队渐入第五总队的伏击圈时，第五总队第一大队和第九总队按照战斗部署静待第二大队的枪声，“啪！啪！啪！”3 声枪响，第二大队向敌人开火了！第一大队与第九总队一阵激烈枪击后，大队长率领队员一跃而起，迅速卡住敌人退路，猛烈射击，枪声、喊杀声此起彼伏，逐渐紧缩包围圈。保安队突然受到夹击，首尾不能接应，慌作一团，队伍被切割成数截。敌骑兵见势不妙，拍马逃窜。

刘韬指挥保安队进行抵抗。一场激战后，大部分保安队队员投降或被俘、被歼灭，仅有刘韬带领着一帮铁杆被副总队长张振宇带领的第一大队包围在杨家院东南开阔地的一个坟圈子里，刘韬凭借几个大坟头的掩护，负隅顽抗。

由于暴动队伍人多、枪少、弹药紧缺，火力不济，难以一鼓作气全歼保安队，只能采取重重包围，使敌无法逃脱，但困兽战术十分危险。此时，杨家院开明人士李灿得知暴动队伍断了弹药，马上想办法搞到 2000 余发子弹、一筐手榴弹亲自送到火线。队员李恩良的祖父鼓励孙子说：“给爷爷捉个活鬼来！”第五总队又连续发动几次攻击，但敌人凭借有利地形拼命抵抗，攻击仍未能奏效。见此情景，监印官赵玉清与政治部主任高培之急中生智，决定采取攻心战术瓦解敌人。

高培之带领部分队员奔赴火线助阵，高唱抗战歌曲，队员们备受鼓舞，又一阵猛烈的射击，把敌人打得不敢抬头。政治部队员紧接着对敌喊话：“弟兄们！咱们都是中国人，不要给日本人卖命，只要缴枪，共同打鬼子，我们欢迎。如果继续顽抗，只有死路一条！”听到喊话，原以为只有拼死一搏的保安队队员开始动摇，纷纷举枪投降。

张振宇沉着应敌，率领第一大队将伪保安中队长刘韬和几个铁杆分子逼到两个坟头之间，命令队员掩护，自己从坟头后面冲到刘韬眼前，大喊："缴枪不杀！"一只手举枪对准刘韬的脑袋，一只手顺势夺下刘韬的手枪，吓得刘韬跪地求饶。活捉了刘韬。

杨家院战斗是抗日联军第五总队成立后打的第一个硬仗。此战共毙、俘伪保安队 200 余人，缴获轻机枪 2 挺、长短枪 200 余支，子弹和其他军需品若干。杨家院大捷，振奋了军心民心。日伪军从此知道抗日联军的厉害，滦县、乐亭等县城的伪警备队紧闭城门，龟缩在城内不敢轻举妄动。第五总队驰骋在路南平原上，南下到茨榆坨、曾家湾、司各庄一带时，队伍发展壮大到 3000 人。到 1938 年 7 月底，抗日联军第五总队已发展到近 5000 人。

四、奉命东征，会师卢龙

遵照抗日联军司令部关于创建都山根据地的指示，第五总队奉命东征，遂向北部地区都山进发，先后途经滦县赵各庄、迁安葛庄子，向卢龙县挺进支援高敬之的抗日队伍。

在行进途中传来高敬之率领华北抗日军攻打卢龙县城的消息。高站在关闭的城门下，面对城楼上荷枪实弹的伪军警，大义凛然，责骂伪县长，命令伪军打开城门。高凭借威望和胆识以及抗日暴动的浩大声势使伪军打开了城门，随即建立了卢龙县抗日民主政府。这就是被人们广为传颂的"高敬之骂城"。

高敬之与第五总队在卢龙胜利会师，编为抗日联军第二十三总队，高敬之任总队长，共产党员阮务德任政治部主任。

随后，第五总队与八路军四纵第三十一大队会师于卢龙北横河，并举行了联欢。第五总队的队员们第一次目睹了八路军的军容风纪，备受鼓舞。

五、麻姑营击溃偷袭之敌

1938 年 8 月上旬，各路抗日队伍继续向东挺进，第二十三总队进驻双望镇，第九总队进驻台头营一带，第五总队进驻麻姑营，指挥部进驻燕河营。

麻姑营是抚宁县的一个小镇，西面是南北走向的一架山，东面是开阔地，再往东是台营，台营驻有日军和伪满洲军。第五总队各大队分散入驻麻姑营附近的几个村子后，队员们开始在各村收缴枪支，宣传抗日，扩大队伍。

一天夜里，台营的一营日伪军悄悄地从东、南两个方向偷袭麻姑营的第五总队第一大队驻地。当发现敌情时，敌人已经逼近村庄。大队长张振宇凭借夜色带领一大队迅速抢占村西山头，凭借有利地形与从东向西进攻的敌人展开激烈的近战，打掉敌人先头小队，迫使后面的敌人无法向前推进。

于振忠率第九总队火速赶到增援，张振宇率领第一大队趁势反守为攻，两面夹击一举打散偷袭的日伪军。敌人掉头东撤，第五总队迫击炮手门玉良从西面的山脚下向敌群开炮，炮弹命中慌乱东逃之敌群，炸得敌人血肉横飞，狼狈逃窜。

六、申罗寨伏击战

1938 年 8 月中下旬，即麻姑营战斗之后，抗日联军第五总队接到上级命令，停止东进，返身向西挺进，遂沿着长城北线，取道重峪口，过青龙河，向迁安申罗寨一带进发。到申罗寨后，第五总队获悉伪满洲军一个营去迁安建昌营换防要路过此地，第五总队领导认为良机不可失，果断决定打一场伏击战。

申罗寨是一个东、北、西三面环山的村庄，山的北面有一条土路。张振宇率第一大队埋伏在青龙河沿，负责引诱敌人，第二、三大队埋伏在申罗寨周围的山梁上，负责将进入包围圈的敌人合围并歼灭之。

根据战斗部署，当伪满洲军进入第一大队的埋伏圈后，张振宇挥枪一声令下“打”，队员们向敌人一齐开火，敌人被突如其来的枪声打懵，张振宇高喊：“快撤，快！”伪营长朱宝兴以为遇到的是几个土八路，命令追击。张振宇见敌人上钩，指挥着第一大队边打边撤，将敌人引入申罗寨包围圈。埋伏在山梁上的第二、三大队随即向敌人猛烈射击，第一大队也借势包抄过来，枪弹齐发，敌军死伤大半，余下的敌人在伪营长朱宝兴的带领下在北面山脚抵抗。

政治部主任高培之一面组织火力攻击，一面发动政治宣传。伪营长朱宝兴躲在一个大石头后面，丧心病狂地大喊："你们不要高兴得太早了，皇军大队就在后面呢，马上就到！弟兄们，给我顶住！"我中队长李文星听后火冒三丈，在大队长张振宇及两名队员的掩护下，带着队员从侧面闪电般地冲了上去，伪营长吓得目瞪口呆，被迫带头放下武器，全部缴械投降。

此役全歼伪满洲军 1 个营，俘虏伪营长等 7 名军官，共打死打伤俘虏敌人 200 多人，缴获迫击炮 2 门，轻重机枪各 1 挺，步枪 200 多支，另有大批子弹和马匹及其他物资。申罗寨战斗是第五总队继杨家院大捷后又一个大获全胜的伏击战。

之后，第五总队等暴动队伍继续从北线沿长城向西部推进。同时，总队总指挥李润民在郎王庄召开会议，决定将第五总队第二、三大队合并为第五总队，阎绍先任总队长；将第五总队第一大队与第九总队合并，改编为独立总队，张振宇任总队长，于振忠任副总队长。

七、西进受挫，第五总队返回冀东

1938 年 9 月，第五总队、独立总队等抗日暴动队伍主要活动在丰、滦、迁边界的榛子镇一带，与日伪军作战。第二十三总队回师到滦河西部，集结队伍南下进攻乐亭县城，与第五总队、独立总队、第十总队配合抗日联军高志远部一路军行动，经过激烈战斗打下乐亭县城。第二十三总队北上时又与从糯米庄出来的日本驻军遭遇，将敌人击败。

10 月 8 日在丰润召开九间房会议。八路军第四纵队和抗日联军领导决定暴动队伍向平西抗日根据地挺进，于是，数万人的抗日联军开始西进。日伪军随即沿途设伏，围追堵截，狂轰滥炸，妄图把抗日联军消灭。在潮白河两岸、平绥铁路南北，抗日联军与日伪军展开了惨烈激战，许多优秀的抗日联军将士英勇牺牲，队伍损失惨重。

10 月 18 日李运昌领导的抗日联军在平谷大华山、镇罗营一线被日伪军截击，经过英勇反击，打退敌军。在密云瓦罐头与截击之敌激战，第二十三总队、第十总队、独立总队伤亡惨重，大量队员被打散后脱离队伍。第五总队也在平谷常峪沟遭到日伪军炮火的猛烈轰击，伤亡巨大。随即李运昌、胡锡奎、李楚离等在平谷西樊各庄召开紧急会议，决定停止西进，返回冀东。第五总队以及第二十三总队、第十总队、独立总队之余部沿三河、平谷、玉田、丰润、迁安一线撤到迁安柳沟峪，李运昌把各总队余部编为新第五总队。新第五总队在冀东地区继续坚持抗日游击战。

抗日联军在西撤途中

（张俊山，张振宇第六子，供职于中国石油天然气股份公司）

冀东人民抗日大暴动中一支由平西农民组成的连队

李文举

李文举（1919—2011）
（照片由李文举三女儿李津华提供）

七七事变后不久，日本和中央军卫立煌部队在我们村南山清水尖（今北京市门头沟区安家庄村）爪髻山打起来了，中央军的英勇抵抗迫使日寇前进不得，于是，日寇惨无人道地施放毒气，中央军被迫撤退，日寇也撤回驻地，在此战役中双方丢下许多武器弹药。1937 年 8 月乡亲们三三两两地上山去捡，这个时候，一方面人们尝够了日本侵略者的苦头，另一方面社会上散兵游离，土匪四起。因此我村村长李文彬号召自带枪支参加保家救国团，不愿干的将枪支子弹借出来用，就这样在村子里成立起 30 余人的队伍。李文彬不是地主，也不是土豪劣绅，是一个无党无派、有一定号召力的爱国者。这时，我地下党县委书记魏国元等同志也正想要组织武装，就派魏国臣等同志帮助李文彬扩大队伍。到同年 9 月，就扩大到两个中队、一个特务队，共计 200 多人，其中绝大部分是原宛平七区的人。

这支农民队伍经过我党的工作被争取过来，编成平西游击第一总队。李文彬任总队长。八路军第三十三大队副团长陈群同志兼任副总队长，这对争取瓦解其他几个地方武装起了重要作用，对创建平西根据地也是有贡献的。我当时在一中队当通信员，队长是魏国臣，指导员是王云。1938 年 6 月随第四纵队挺进冀东，过白河后，部队进行整编。我中队改名为纵队司令部第二警卫连。一直打到山海关内抚宁县后返回遵化铁厂。秋后第四纵队撤回平西，留下我连为主力，组建了冀东游击第一支队，陈群任支队长，苏梅任政治委员，周文彬任政治部主任，人们称为“苏陈支队”，坚持冀东游击战争。1939 年秋初奉命撤回平西后，支队编成第十二团，陈群为团长。

这支农民组成的队伍随着主力在敌人前堵后追、生活十分艰苦的条件下打到了冀东，一路上参加了不少战斗，完成了保卫司令部安全的任务。在铁厂参加了苏梅、陈群亲自指挥的消灭蒋、朱、张等 7 个土匪司令（原来的 7 伙土匪，便衣队）的“鸿门宴”，缴了他们大部分人的枪，为冀东人民除了害。东进到抚宁县燕河营突围时，我们连队在敌人飞机大炮的轰击下撤出，我和吕怀玉跟着魏国臣连长多次从泥土里爬起来。在这次战斗中，皮匠的儿子——一班长李国良同志负了重伤，后牺牲。在挺进冀东的路上连续几个星期倾盆大雨，一部分战友是光脚跋山涉水的。没有一个人掉队，而且还完成了保护在沙峪战斗中负重伤的纵队参谋长李钟奇的任务。

我连编成支队留在冀东后不久，武汉失守。日本为了侵略全中国，保住山海关，从前线调回小林师团。在冀东，由平原到山地进行清剿扫荡。为了保存有生力量，坚持冀东抗战，将部队化整为零，打击敌人。后也曾化装潜伏在群众之中，完全变成单线联系，形成一种白区地下斗争形式。在这极端危险的情况下，有些同志以给人家当长工或当儿子等各种形式作掩护，有的同志被坏人告密光荣牺牲。如支队长的警卫员高学增在遵化铁厂南 ×× 庄的老霍家隐蔽时，由于奸细的告密，日本鬼子包围了他住的人家。敌人用尽各种手段摧残房东老人和孩子，一个个吊在房梁上，也没有承认有八路军。日本鬼子恼羞成怒，把老人拉到院子里，要用刺刀挑时，藏在房后山坡上隐蔽处的高学增跳出来大喝一声：“住手！不要伤害老乡。我是八路军！”日本汉奸把他带到铁厂，关在警备队内。事情发生后，几个村的村长联名花钱给翻译官，想保他出来，但终无济于事，惨遭杀害。

这支农民组成的连队，从平西出发时有百数人，从没有一个开小差的。到冀东后陆续提升、调出数十人。如原排长李兆奎升任连长、排长付万奎调出任某队指导员、原班长李成华在北平解放牺牲时是第四十军的一个团长、连长魏国臣提升为总队长。

茅山战斗一次牺牲了王永清、高洪武等 13 位同志。1941 年夏，第十二团警卫连连长李兆奎、指导员吕怀玉等在玉田县孟四庄和日本鬼子血战时，与陈群团长一同战死沙场。这支由平西出发到冀东参加暴动的百数人的连队，到现在还活着的、能联系上的只有当年的通信员李成虎（现已离休）我们两个人了。虽然有些战友、同志、乡亲的名字叫不出来了，但是他们的音容笑貌还历历在目，使我们活下来的人永远忘却不了。

一支农民组成的连队，竟能如此勇往直前，为冀东暴动、创建根据地做出贡献，我认为主要是有党的领导和教育。这支队伍绝大多数出身贫苦农民，其中也有煤黑子、扛长工的、手工业者，个别富农子女也属于进步青年。这个连队从成立中队起，就由一中队魏国臣同志为首的党的领导，不久即以魏国臣、王云、贾兰波（二中队中队长）等组成的党支部，开展党的工作。从 1937 年 9 月到 1938 年 9 月，我们连党支部已有 10 多名共产党员了，这就是这个连队能团结奋斗、不怕牺牲的原因。

（李文举，原中国矿业学院党委副书记）

1938年
冀东抗日大暴动中的中央直辖忠义救国军第七、第九路军

中共唐山市委党史办公室

1938年6月初，宋时轮、邓华领导的八路军第四纵队由平西出发，分两路向冀热边挺进，支援冀东人民的抗日斗争。6月末，中共冀热边特委邀请各党派在丰润县田家湾子举行军事会议，决定7月16日举行暴动。

八路军第四纵队进入冀东的消息振奋人心，使冀东人民的抗日热情进一步高涨。但暴动准备工作被敌发现，伪冀东防共自治政府下令收缴民间枪支，所以暴动时间提前。从7月6日起，各县相继行动。大暴动如疾风骤雨，迅猛异常，十几天时间，席卷冀东全境。

宝坻各界人民纷纷起来投入这一伟大的爱国斗争。暴动的前夕，宝坻县就已相继出现若干支抗日武装。从2月至7月，先后成立了“中央直辖忠义救国军第七路军”和“中央直辖忠义救国军第九路军”。暴动开始后，这些抗日武装投入了冀东大暴动的行列。

第七路军领导人是陈维藩（今宝坻县中家牌乡护路辛庄人），1938年2月初在庆功台（今属香河县）组织农民抗日队伍，自任该部司令。他早年在傅作义部任职，后在天津《益世报》馆当协理，因受爱国主义思想影响，亲眼见到日本侵略冀东的暴行，即怀着满腔义愤，首先在庆功台集聚30多人，筹集枪支。正准备暴动的时候，因机密泄露，日本

顾问大石从县城调集大批日伪军去庆功台“清剿”。由于寡不敌众，队伍只得下洼躲避，后被香河县的伪自卫军接走，经香河县八户村，到杨家场（今属武清县）住下来。不久，驻在朱家铺的伪自卫团头目董玉昆（后为第七路军师长）由于与日本人发生矛盾，队伍被日军缴械。董玉昆就带32人和一辆小汽车、12匹马、十几辆自行车，直奔杨家场，加入陈维藩的队伍。正当陈维藩部在杨家场收缴枪支时，该地伪乡长逃到香河县城向日本人告密。次日，大批日伪军向杨家场进攻，并出动飞机进行轰炸。第七路军站不住脚，只好撤到武清县的大黄堡。这时，人员损失不少，只好暂时解散。陈维藩带几个人在武清县暂避一时后，又重新招兵买马组建队伍，不到一个月，将队伍扩充到300余人，编成两个团，李柱、张作元分任两个团的团长，陈维藩仍为第七路军司令，并委任热心抗日的李光汉（遵化人）为政治部主任。李光汉见这支队伍很复杂，只待了一个月，就离队返回遵化。

在冀东抗日大暴动的鼓舞下，陈维藩的第七路军联络武清的平自贵便衣队共500人，于7月10日攻打宝坻县大口屯镇。他们先包围了四门，经过激战，攻克伪警察所，俘敌30余人，然后占领了大口屯镇。3天后，日伪军由武清、香河两县调集大批军队，在飞机掩护下，疯狂地向大口屯反扑。在上有敌机轰炸、下有地面部队进攻的情况下，第七路军被迫撤出大口屯镇，转移到青龙湾河南武清县境内。7月18日，第七路军和平自贵部再次攻打大口屯，打死日军3人，活捉1人，其余日伪军全部逃跑。

经过大口屯一战，第七路军士气大振，民众也很拥护，平自贵部和第七路军合并，队伍很快扩充到6个团约1000多人。李柱、张作元、郑树宾、白希侯、董玉昆、平自贵等分任团长。

第七路军在大口屯镇稍作休整后，于7月27日进攻宝坻县城。他们围至四门后，拆毁香宝公路上的莲花庄大桥，并于该处埋伏一支队伍，阻击香河增援之敌。战斗一打响，第七路军首先由南门和北门攻入城内。这时，城内日伪军纷纷换成便衣，望风而逃。伪新民会宝坻县办事处主任野村和雇员王景梦也乘隙逃跑。

攻城部队很快占领了宝坻县城。战斗中，伪新民会的日本人野村被打死，一名日本翻译官被活捉，在审问后被枪毙。日本顾问大石跳进护城河，浮水逃走，被艾各庄大地主王汉臣藏起来，送到通县。在宝坻简师任日语教师的日本人小野夫妇被第七路军捉住处死。至此，宝坻城内伪政权全部被摧毁。从香河方向增援的几汽车日伪军，行至被拆毁的莲花庄大桥时，埋伏在这里的部队马上开火，打得敌人丢下一辆汽车狼狈逃回。此时，第七路军为壮大声势，又重新改编，号称 12 个师。当天深夜，日伪军又由香河方面向宝坻县城大举反攻，先用飞机狂轰滥炸，后由地面部队强行进攻，第七路军抵挡不住，被迫向东撤退，准备取道玉田县石臼窝，然后进入蓟县盘山。但队伍东行不到 20 里，又遭到东来的日伪军阻截，行军计划未能实现。

为了对第七路军进行报复，日军秘密搜集情报，追踪第七路军的下落，妄图一举消灭。但因情报不准，误以为第七路军驻扎在十四户村（今属郝各庄乡），便于 1938 年 8 月 22 日派一架飞机对该村进行轰炸，先后投掷 3 颗炸弹，并用机枪扫射，当即火焰冲天，群众仓皇躲避，制造了一起死亡 7 人的惨案。

由于不断遭到日伪军的追剿，第七路军得不到休整，加上纪律松懈，人心慌乱，纷纷弃枪回家，并沿途抢掠，遭到民众的反对。最后，第七路军只剩下百余人，活动在北里自沽一带。到 1938 年 11 月底，第七路军自行解散。陈维藩绕道潜入天津市，后被驻在海光寺的日军特高科科长孙振东带人抓住，关进日军监狱，不久即被杀害。

第九路军是国民党蓝衣社天津站的行动队队长王文（宝坻新安镇乡王善庄人）于 1938 年 6 月中旬在新安镇组建起来的，王文任司令，张克新任政治部主任，齐若斋任参谋长。

第九路军组建后，先在北潭打退了日伪军的一次围剿，后转移到玉田县林南仓一带作战。由于大批日伪军的不断进攻，又撤到蓟运河一带。这时，王文去天津，部队绝大多数人弃枪回家，只剩下百余人。到 1938 年年底，第九路军彻底解散。由于这支队伍成分复杂，纪律涣散，溃败时经常抢劫人民财物，在群众中影响很坏，被称为“红眼军”。王文到天津后，又受国民党派遣，与蓝向龙、王克敏等 6 人去北京行刺日军指挥官。由于李祖跃（王文随从）出卖，王文等 6 人被捕，在北京前门大街菜市口被日军枪杀。

（选自政协唐山市委员会教科文工作委员会编《唐山文史资料》第五辑）

中共北方局领导下的“华北人民军政委员会”及其主要活动

肖义芳

“华北人民军政委员会”即“华北人民武装自卫委员会”。抗战初期，中共北方局代表在天津与国民党方面代表商谈联合成立敌后华北统一战线武装组织的问题，曾用过“军政委员会”这个名称，1937 年 11 月王仲华与刘清扬去武汉国民政府备案后，改成“华北人民武装自卫委员会”（简称“自卫会”）。

华北人民武装抗日自卫委员会旧址（今天津市和平区和平路 100 号）

最近在征集史料工作过程中，发现了《华北人民抗日军政委员会重要文件》（文件中包括三个内容：1. 华北人民抗日军政委员会的“组织大纲及游击队组织系统表”“成立大会宣言”“成立大会告华北同胞书”“政治纲领决议案”。2.《在华北发展游击战争的条件》——陶尚行[1]《抗日游击战争中各种基本政策问题》。3. 刘清扬——《华北陷落与游击战争的发动》）。这个珍贵的历史文献，为研究抗战初期中共北方局领导下的华北地区抗日救亡工作和发动抗日游击战争情况提供了重要史料。本文拟就“华北人民抗日军政委员会”（简称“军政委员会”）产生的历史背景和组织情况、性质和作用，作一初步探讨，求教于参加过这一段历史事件的老同志和广大史学工作者。

一、“军政委员会”产生的历史背景和组织情况

“军政委员会”也称作“华北人民抗日武装自卫委员会”（简称“自卫会”）是在原“华北各界救国会”的基础上建立起来的。

1935 年，国民党政府和日本帝国主义先后签订了丧权辱国的《塘沽协定》《何梅协定》。华北沦亡，危在旦夕，中国共产党于 1935 年 8 月发表了《八一宣言》，提出了停止内战、一致对外、消除分歧、共同对敌的主张，得到全国人民的热烈拥护，这时“徐冰同志在党的指示下，先后在北平、太原组织了北平文化界救国会等统一战线组织，努力开展抗日救亡运动”[2]。12 月 9 日，北平学生在党的领导下率先奋起，举行抗日救国示威大游行，随后，天津等地也都先后响应，掀起了伟大的一二·九爱国运动。

为了动员全国人民投入抗日斗争，党中央于 1935 年 12 月在陕北召开了瓦窑堡会议，批判了当时党内的“左”倾关门主义，确立了在全国建立抗日民族统一战线的策略方针。1936 年春，刘少奇来北方主持中共北方局工作。为贯彻瓦窑堡会议精神，刘少奇在中共北方局机关刊物——《火线》第 55 期发表了《肃清立三路线的残余——关门主义冒险主义》[3]的文章，文中指出：关门主义与冒险主义不知道向那些愿意和我们合作的同盟者作必要的让步，吸引他们与我们联合，参加共同的行动，再去影响他们争取他们下层群众。党的政策任务，就是要

用极广泛的民族统一战线，去团聚各阶级、阶层、派别，一切抗日反卖国贼的分子和力量，开展神圣的民族革命战争。刘少奇在中共北方局做了大量工作，克服了党内残存的“左”倾思想，发动和领导华北地区各界群众广泛开展了抗日救亡斗争，建立了工人、农民、妇女、学生和知识界抗日救国的联合组织。在此基础上，华北 7 个省市的抗日救国组织于“一九三六年冬发起”，1937 年 2 月在北平正式成立“华北各界救国会”[4]，负责人有许德珩、张申府、黄松龄、程希孟、杨秀峰、张友渔、刘清扬。“彭真曾代表中共北方局亲自去指导过‘华北各界救国会’的工作。”[5] 它的建立，标志着华北地区抗日民族统一战线的初步形成。

1937 年七七事变，抗日战争爆发，中国政治形势发生了重大变化。这一时期党的中心任务是动员全国一切力量投入抗日战争，争取抗日战争的胜利。

在上述政治形势下，平津已经沦于敌手，“华北各界救国会”一部分负责人转移山西或武汉参加了抗日工作。“只留下师大教授杨秀峰（杨秀林，中共地下党员）、中国大学教授张致祥（管彤，中共地下党员）、刘清扬（爱国民主人士）、董毓华（王春裕，中共地下党员）四人”[6] 坚持在敌后开展抗日救亡斗争，并于 1937 年 8 月由北京来到天津，“在刘清扬家召开了一个会，参加的人有杨秀峰、董毓华、李楚离、刘清扬、吴承士等”[7]。会上“商讨了抗战开始以后的工作方针与工作方法”[8]。当时决定：（一）在敌后继续进行抗日救亡运动，努力开展党的统一战线工作，对国民党上层抗日爱国人士进行统战工作，争取他们参加党所领导的统一战线组织。（二）在敌后开展抗日宣传活动，决定创办油印报刊，用报刊给人民以爱国教育和鼓舞。（三）在敌后开展游击战争，给敌人以心腹打击。发动和组织各界人民投入抗日斗争，在“以杨秀峰为首的，以董毓华为党组书记”的“华北各界救国会”领导下，为了发动和组织华北地区的游击战争，于 1937 年 9 月将“华北各界救国会”拟改组为“自卫会”。当时党内的联络点在天津佛照楼、渤海大楼、基泰大楼。

这时“刘少奇在太原向党内传达了洛川会议精神，为动员一切力量争取抗日战争胜利而斗争，并指出不要放松一刻工夫，一个机会，用极大的力量发展抗日的群众运动”[9]。根据中共北方局和河北省委指示，10 月中旬，董毓华等邀集河北各地抗日游击队的代表举行会议，商讨扩大抗日游击武装和统一领导的问题。通过事先的分头酝酿，11 月 5 日，各地“代表十五人”以祝贺刘清扬迁居为名，在天津的刘清扬住处举行了全体会议。[10] 成立了“军政委员会”并通过了“军政委员会的组织大纲、宣言、告华北同胞书及政治纲领决议案”。他们在《宣言》中指出：“本月五日 [11] 华北各地民众、华北各地武装队伍，为了统一斗争，为了号召各地更广泛地开展游击战，特集合各部成立华北人民抗日军政委员会。”[12]“军政委员会”的领导成员由三部分人组成，有我党的杨秀峰、董毓华、李楚离等人，有抗日爱国民主人士刘清扬、张申府、高志远（高翔云）、洪麟阁、杨十三等人，有国民党抗日派王若僖、张子奇等人。它的建立，标志着华北地区以国共合作为基础的抗日民族统一战线已经形成。

当时，中国抗日战争在组织上是以国民政府统一领导下的名义进行的。“军政委员会”建立后要取得国民政府的承认，才能获得合法地位，同时还要争取国民党政府和军事费用，以解决军饷、武器、装备、被服、医药等问题。

1937 年 11 月 11 日董毓华、刘清扬从天津启程，经济南、南京到武汉向国民政府陈立夫报告了华北地区沦陷后的形势和华北人民抗日斗争情况，最后取得了国民党政府的承认，并给予了 2000 元活动经费，当时 2000 元活动经费解决不了任何问题。经商议决定刘清扬留武汉，向各界人士和爱国侨胞开展募捐活动，董毓华返回北方报告情况。不久，刘清扬在武汉向各界同胞和爱国侨胞募得 2 万元捐款寄回北方，有力地支持了华北人民的敌后抗日斗争。[13]

二、“军政委员会”的性质和任务

“军政委员会”是抗日战争的初期，我党领导下的以国共合作为基础的抗日民族统一战线组织。

首先从组织性质看，它是以抗战前夕我党领导的“华北各界救国会”为基础建立起来的“军政委员会”，主要负责人杨秀峰、张友渔、徐冰、董毓华、黄松龄等，都是我党党员，在领导成员中属于多数。抗战爆发后，国共两党正式建立了第二次合作，共同抗日，在这种形势下，“军政委员会”领导成员除我党和抗日爱国民主人士外，还包括了国民党的抗日派，但我党居于领导地位。

它完全符合1937年9月我党在《关于共产党参加政府问题的决定草案》中提出的主张，即共产党中央及地方党部和国民党中央及地方党部，在一定的共同纲领并在完全平等的原则之下，可以组织统一战线组织，如各种联合委员会（例如“国民党革命同盟会”“群众运动委员会”“战地动员委员会”等）。共产党应该经过和国民党的这种共同行动，以达到国共两党的合作这一要求的。实际上，它的活动是在中共北方局和河北省委领导下，通过我党党员来实现的。

从它的《政治纲领决议案》中的“政治主张”看，完全体现了我党的抗日方针、政策和全面的全民族的抗战路线。

抗日战争初期，我党同国民党一开始就在抗战路线上存在着尖锐分歧。尽管国民党政府对抗日表现了一定的积极性和主动性，组织了保卫上海和保卫太原等一些大的战役，但它始终坚持一条把抗战看成是政府和军队的事，惧怕和限制人民参加抗战的片面抗战路线，阻碍了政府、军队同人民的结合。因而“片面抗战是一定要引导战争趋于失败的，是决然不能保卫祖国的”[14]。所以，我党一开始就同国民党坚持了原则斗争，1937年8月我党洛川会议通过的《关于目前形势与党的任务的决定》就明确指出：在实行抗战的新阶段，我们同国民党及其他抗日派的区别和争论，已经不是应否抗战的问题，而是如何争取抗战胜利的问题。“今天争取抗战胜利的中心关键，在使已经发动的抗战发展为全面的全民族的抗战。只有这种全面的全民族的抗战，才能使抗战得到最后的胜利”，正式提出了全面抗战的路线。上海、太原失陷后，毛泽东在1937年11月《上海太原失陷以后抗日战争的形势和任务》一文中尖锐指出：“我们早就指出……不要人民群众参加的单纯政府的片面抗战，是一定要失败的。”因此，在华北，以国民党为主体的正规战争已经结束，以共产党为主体的游击战争进入主要地位。“共产党和八路军决心坚持华北的游击战争，用以捍卫全国，牵制日寇向中原和西北的进攻。”同时提出：“争取实现全面抗战，是一切中国共产党党员，一切中国国民党的进步分子和一切中国人民的共同的迫切任务。”“军政委员会”就是在我党这一号召下建立起来的。

在它的《政治纲领决议案》中，还在总结了抗战初期国民党军队不断失败的经验教训的基础上，提出以下4点政治主张：（一）“必须破除过去的一切党派矛盾、阶级成见，团结全民族，在一致争取抗战胜利到底目标之下，结成坚固的统一战线，我们誓死反对一切破坏统一战线之行为。”（二）“各地民众必须切实组织起来，给以必需的军事训练，使之成为广大的后备队伍，使各地抗战，能取得民众之切实支持与拥护，使敌人的进攻，能遇见军队与民众之协力抵抗，以取得迅速消耗敌人力量之实效。”（三）“彻底开放民众运动，给予人民以组织自由与武装自由，给民众以参加政府机关之权利，将政权机关，在民主的原则底下，加以改变。同时必须切实制定一切步骤，改善人民生活，使各地民众能够为了保障他们自己的已经改善了的生活，而誓死抗战，奋斗到底。”（四）“在日寇占领的区域内，必须组织民众力量，团结地方武装，及一切被日寇击散的正式军队，发动广泛的游击战争，一方面可以骚扰敌人的后方，分散并消耗敌人的力量，达到共同消耗敌人的目的；另一方面可以使本身的游击队伍，在与敌人的不断斗争中，成长壮大起来，成为强大的抗日军队，建立抗日的民众政权。”[15]

以上 4 项政治主张，是针对当时国民党政府和军队中存在的问题提出的，它完全体现了我党抗日救国十大纲领提出的方针和政策以及全面的全民族的抗战路线。

“军政委员会”成立后，把发动抗日游击战争作为自己的中心任务。在它的《宣言》中指出了“为了自救、为了挽救我们整个民族的危亡，我华北民众自动组织起来，自动武装起来，在敌人的后方，进行游击战争”为“军政委员会”的宗旨。“军政委员会”还明确要求“开展华北民众的抗日武装斗争，扰乱敌军后方，消耗敌人的力量，一直到推翻汉奸政权。瓦解汉奸与日寇军队，建立民众政权为止”[16]。同时要求把开展农村游击战争与“城市工作有机配合起来”，使城市工作“（一）不断地给抗日军队输送知识分子及工人干部”“（二）把城市作为政治消息传递及交通联系的中心”“（三）组织市内破坏工作，配合农村游击战争”“（四）蓄积城市中的力量”[17]。同时，在它的《告华北同胞书》中指出：“为挽回华北以至全国的危局，为确保抗日战争的胜利，专依赖军队的力量还嫌不够，我们必须自己组织起来，武装起来，发动广泛的抗日游击战争，使日寇不仅是对我们军队作战，而且是对我们四万万五千万人民作战。”[18]

根据以上情况，无论从“军政委员会”组织的性质和《政治纲领决议案》规定的抗日游击战争中的基本政策和政治主张看，它都是在中共北方局领导下，贯彻实现我党抗日方针、路线和政策的，是以国共合作为基础的抗日民族统一战线组织。

三、“军政委员会”的活动及其作用

“军政委员会”自1937年9月由“华北各界救国会”改组为“自卫会”，并于同年11月初正式建立，至1938年7月冀东抗日大暴动后停止活动，存在不到一年的时间。它存在的时间虽然短，但在抗战初期，在中共北方局的领导下做了大量的工作。

“军政委员会”产生的时间，正是中国抗日战争形势“处在片面抗战到全面抗战的过渡期中，片面抗战不能持久，全面抗战还没有来到，这是一个青黄不接的过渡时期”[19]。它在华北地区为贯彻实现我党的抗日方针、政策、路线，团结各阶层爱国群众，组织抗日武装，开展敌后游击战争，建立华北地区的抗日根据地，发挥了重要的纽带作用。

“华北人民抗日军政委员会”建立以后，首先在敌后开展了抗日宣传，当时“在华北，除了几种汉奸报外，民众都看不到我们自己的报纸”[20]，得不到关于抗日战争的真实消息。因此决定创办小型抗日报刊，由张致祥、杨秀峰、刘清扬等人负责编辑、出版、发行。1937年9月，首先出版了《时报》，10月又改名《新闻报》。社址先在“南市广兴大街”，后转移“意租界大马路”。[21]由于条件的困难，这些报刊都是油印刊物，但却真实报道了群众渴望了解的抗日战争的真实情况，同时用平型关大捷等抗战胜利的消息鼓舞广大群众。敌人对这些刊物视如洪水猛兽，千方百计进行破坏，而人民为了获得一张小小的油印报刊甘冒生命危险，“愿出十个铜子，二十个铜子，甚至一毛两毛买一张，也有愿意出两三块钱订一个月的”[22]，充分反映了人民不愿做亡国奴的情绪。这些报刊起到了团结人民、打击日寇的作用。后来还出版了《风雨同舟》和《时代周刊》，这些刊物主要是把北方局和河北省委关于全面抗战、坚持抗日民族统一战线的方针、政策的指示精神，传达到坚持地下抗日斗争的中共党员和革命群众中去，因此起到了宣传群众、武装群众的作用，为实现我党的全民抗战路线，建立以国共合作为基础的抗日民族统一战线组织，为进一步发动游击战争，打下了思想基础和群众基础。

在中共北方局的领导下，在统战工作上也做了大量的工作。当时，我党一方面动员在天津的国民党上层人士参加“自卫会”，如争取了国民党桂系代表刘绍襄为“自卫会”[23]的主任委员（主任委员实为王若僖——编者注），争取了蒋系代表王若僖（天津电报局局长）、阎系代表张子奇（天津电话局局长）参加了“自卫会”的领导工作。“另一方面争取一些国民党上层分子到抗日根据地去”[24]，如1938年我党曾派“谢甫生和张致祥去动员刘绍襄去担任冀东的行政机构的负责人，后来他去了冀东和平西”[25]。由于在我党北方局领导下做了大量统战工作，在第二次国共合作的形势下，在华北敌占区域内建立了以国共合作为基础的统一战线组织——“军政委员会”“统一的民主的军事指挥机关”[26]，为进一步发动、组织、领导华北地区抗日武装游击战争，建立抗日根据地，发挥了极大的作用。

在发动和组织华北地区抗日游击战工作方面，当时平津和河北一些地区沦陷后，在“军政委员会”组织的领导和发动下，各地爱国群众纷纷组织起来、武装自己，开展游击战争，抗击日本侵略者。北平沦陷后，一些爱国青年和东北流亡学生“赤手空拳爬出城外拾起二十九军南撤时抛下的枪”，在郊区动员群众组织起抗日游击队，队伍由几十人迅速增加到几百人，至11月初，发展到数千人，他们曾打开“北平城外的第一监狱，放出五百多名犯人”，其中半数参加了游击队。他们还在北平四郊破坏交通线，抢夺敌人的汽车和军火武装自己。天津南郊南王庄义教学校有一部分“受到过训练的农民，曾赤手夺到敌人的一车面粉”，使群众受到很大鼓舞，迅速组织了一支游击队。其他郊区的一些农民也和天津沦陷后留下来的保安队结合一起，开展游击战争，打击敌人。在河北省冀东地区有近万名农民武装队伍，冀中霸县、固安等地“有数千名农民”武装队伍，冀南和山东有数千农民武装。“此外，在察哈尔还有两千多名武装齐全的骑兵。”开展游击战争，有力地打击着敌人，高举抗日旗帜，为着民族生存同敌人开展了殊死的斗争。[27]

在发动和组织冀东抗日大暴动、建立抗日根据地工作上，“军政委员会”建立初期，曾派人赴河北各地进行敌后抗日武装斗争的发动、组织和争取工作。如派刘建章赴冀南南宫一带，争取了葛贵斋部地主武装数千人参加抗日；派李公侠赴冀中，争取曾经当过土匪的魏大光部参加抗日，而且都以“自卫会”的名义给予加委，特别是冀东地区，更是“军政委员会”的工作重点。

冀东地区，北据长城，南临渤海，西控天津，东临山海关，背靠绵延千里的燕山山脉，是东北通向华北的战略要地，早在抗战爆发前敌人即在这里长期经营。抗战爆发后，毛泽东就提出在冀东以及整个燕山山脉地区开展敌后抗日游击战、建立根据地的问题，1937 年 8 月，毛泽东在洛川会议上提出：“红军可出一部于敌后冀东，以雾灵山为根据地进行游击战争。”为实现毛泽东这一战略部署，9 月，刘少奇派河北省委书记李芳岐（李运昌）赴冀东，组织冀东抗日游击战争。根据党的这一战略部署，“军政委员会”自己的工作重点转移到冀东地区，以“自卫会”的名义在各个县建立分会，配合我党争取各党派、社会团体和基本群众投入抗日斗争中来。经过大量工作，迅速提高了广大群众的抗日积极性，至 1938 年年初，只丰润、玉田、迁安、遵化、昌黎、滦县、乐亭等几个县，就有 1.5 万多人参加了“自卫会”。在冀东党的领导下，广泛开展抗日游击战争，打击汉奸、特务，攻打敌伪哨卡，收缴汉奸枪支，为 1938 年 7 月冀东武装起义做了重要的准备。

雾灵山抗日根据地纪念碑

1938 年 2 月，晋察冀军区根据中央指示，决定派第一分区邓华、宋时轮支队组织成挺进部队抵平西活动，准备挺进冀东，配合冀东人民抗日武装大起义。根据这一情况，河北省委以“自卫会”的名义在天津召开了秘密会议，河北省委和冀东党委的领导人马辉之、李运昌、李楚离、朱其文等，“军政委员会”领导人董毓华、高志远、洪麟阁、王若僖等共四五十人出席了会议，对实现冀东抗日武装大起义做了具体部署。这次会后，董毓华、高志远、洪麟阁、李运昌、李楚离等分赴冀东各地，组织起义武装。

1938 年 6 月，八路军邓华、宋时轮支队从平西挺进冀东一路屡战告捷，极大地扩大了我党的政治影响，鼓舞了群众。这时，冀东人民抗日武装已经发展到 10 万人，起义形势如火如荼。冀东党在做出起义的决定后，同“军政委员会”的领导人共同召开了一次军事会议，决定建立“冀东抗日联军”，高志远任司令员，李运昌、洪麟阁为副司令员。成立三路指挥部，高志远为第一路司令员，董毓华为政治部主任；李运昌任第二路司令员，胡锡奎为政治部主任；洪麟阁任第三路司令员，杨十三为政治部主任，李楚离为参谋长。会后分别准备组织起义。

1938 年 7 月上旬，冀东人民抗日大起义爆发。在宋、邓支队的配合下，起义迅速席卷整个冀东地区，参加起义的不仅有工农基本群众，一些有民族意识的国民党势力、伪政权的保安队和警察也陆续参加了进来，高潮时起义总人数近 20 万人。

冀东人民抗日武装大起义有重要的历史意义，它是抗日战争初期阶段我党全面抗战路线在冀东的一次伟大实践。它是依靠抗日民族统一战线、发动各阶层群众、在敌后进行的一次大规模的抗日武装斗争，严重地打击了敌人，配合了全国抗战。当时党中央和北方局曾拍了贺电，祝贺这一“反日反汉奸的胜利”，并指出这一胜利“给日寇以严重打击，摧毁了冀东的汉奸政权，发动了广大民众，配合了全国的抗日”。虽然这次起义的胜利在错综复杂的形势下没有得到巩固，走了一段曲折的道路，但它却为建立冀东抗日根据地奠定了群众基础。冀东人民抗日武装大起义是“军政委员会”发挥其历史作用的高峰，打开了冀东抗日斗争的新局面。为更好地领导平西和冀东人民的抗日斗争，1938 年 8 月中共河北省委撤离天津，转移到平西，建立了冀热察区党委。从此，“军政委员会”也就完成了自己的历史使命，停止了活动。

今天，在纪念七七抗战 50 周年之际披露《华北人民抗日军政委员会重要文件》这一历史文献，回顾它的建立的历史背景、组织性质和历史作用，对于缅怀老一代革命者在抗日战争中的历史功绩，继承和发扬党的统一战线工作的优良传统，做好今天的统一战线工作，推进我国社会主义现代化建设事业，完成祖国的统一大业，都具有重要的意义。

参考文献及注释：

[1] 陶尚行为刘少奇同志的笔名。

[2] 许德珩：《抗日初期的一段回忆》，载 1985 年 2 月 22 日《人民日报》。

[3] 文中“立三路线的残余”主要是指以王明为代表的“左”倾错误。

[4][6][10][13] 刘清扬遗稿《“七・七”追怀抗日青年王春裕》。

[5] 张友渔：《我在天津从事秘密工作的回忆》，载《天津文史资料选辑》第十辑。

[7][23][24][25] 张致祥：《华北人民抗日自卫委员会的一些历史情况》，载《天津党史资料通讯》1982 年第 7 期。

[8] 姚依林：《对董毓华同志的怀念》，载《人民日报》1985 年 12 月 13 日。

[9] 薄一波：《刘少奇同志的一个历史政绩》，载《人民日报》1980 年 5 月 5 日。

[11] “本月五日”为 1937 年 11 月 5 日。

[12][15][16][17][18][26]《华北军政委员会重要文件》。

[14][19] 毛泽东：《上海太原失陷以后抗日战争的形势和任务》，载《毛泽东选集》第 373~379 页。

[21]《时报》《新闻报》1937 年 9 月 25 日至 10 月 1 日。

[20][22][27] 刘清扬：《华北陷落与游击战的发动》，载《华北人民抗日军政委员会重要文件》。

（肖义芳，天津市历史博物馆原馆员）

冀东暴动和
冀热辽抗日根据地的开辟

陈绍畴

一

冀热辽抗日根据地是抗日战争时期中国共产党领导的19个解放区之一。它包括当时河北东北部、热河南部和辽宁西部地区，是在敌人的深远后方，经过较长时间的艰苦斗争形成发展起来的。在冀热辽地区开展游击战争，是党中央关于在敌后放手发动独立自主的游击战争、建立抗日根据地的战略决策的重要组成部分。

冀热辽地区北据长城，南濒渤海，西控平津，东倚山海关，四周为北平、天津、唐山、秦皇岛、承德等城市环抱，北宁、锦热铁路穿越其境，是连接华北和东北的咽喉地带。所以，日本侵略者在占领中国东北之后，首先把魔爪伸进了这个地区，把它作为进一步侵华的军事跳板。在冀热辽地区发动游击战争，开辟抗日根据地，既可以扼住敌人的咽喉，牵制和消耗日军的兵力，又可以作为我军战略反攻的前哨阵地。

抗日战争爆发后，党中央和北方局就注意到冀热边区在敌后抗战中的重要地位，为在这个地区开展游击战争、建立根据地做了具体的部署。

在1937年8月党中央政治局洛川会议上，毛泽东提出红军可以一部于敌后的冀东，以雾灵山为根据地进行游击战争。同年9月21日，毛泽东进一步强调“整个华北工作，应以游击战争为唯一方向”，并指出在战略上要实行这个方针，就要派有力部队处于敌之侧翼，分散兵力，发动群众，创建根据地。

在这期间，刘少奇领导北方局讨论布置了全华北游击战争问题，指出党在平津的组织，“目前的主要任务是援助平津乡村中的抗日游击战争”“干部人员除必须留在平津者外，应退到乡村组织游击队”打游击，同时决定“在冀东，应准备迅速发动抗日武装起义，配合全国的抗战，并坚持游击战争”。北方局还把冀东（平津在内）划为华北9个游击战略区之一。1937年9月底10月初，刘少奇给河北省委负责同志写了一封指示信，要求不失时机地准备举行冀东抗日武装起义。信中说：河北党组织目前中心任务是配合八路军，宣传党的抗日主张，建立以燕山山脉为中心的抗日根据地。同时，他委派李运昌回冀东，担任冀热边区特委书记，着手组织发动抗日游击战争。

日军占领太原以后，一面分兵控制占领区的城市和交通干线，一面调集兵力沿同浦路、津浦路继续南侵。由于战线延长，日军兵力不够分配，其占领区内留下了很多空隙，这就为我军发展游击战争提供了有利条件。就在这时，华北八路军开辟了平西根据地，取得了向冀热边发展的前哨阵地。

党中央及时抓住这个有利时机，指示八路军前方总部和晋察冀军区做好开辟冀热边区的准备工作。1938年3月6日，朱德、彭德怀指示一一五师邓华支队由平西向怀柔、顺义、延庆、昌平一带发展，积极扩大领域，造成深入冀东、热河的有利条件。4月1日，八路军总部又令一二〇师宋时轮支队经集宁、张家口一带，北出龙关、赤城地区，与邓华支队接近，创造冀热察根据地。根据这些指示，宋时轮支队和邓华支队于6月初在平西宛平县杜家庄会合，整编为八路军第四纵队，宋时轮任司令员，邓华任政治委员，随即由平西挺进冀东，以推动抗日武装起义。

与此同时，河北省委加紧进行武装起义的准备工作。他们从北平、天津等大城市动员共产党员、青年学生脱下长衫到冀东农村中去，组织游击队，参加八路军，并举办游击队干部训练班，把经过培训的骨干分子派到冀东第一线。同时，积极开展统一战线工作，推动各个党派和各种武装力量共同抗日，并组建了冀东抗日联军司令部，统一指挥抗日队伍。同年4月间，省委派李楚离去平西，与邓华支队商定了冀东暴动和八路军东进的计划。

1938年6月21日，八路军第四纵队到达冀东蓟县靠山集、将军关一带。同一天，党中央给河北省委发出《中共中央关于动员冀东人民配合宋时轮、邓华部队作战给河北省委的指示》，要求他们：（1）号召民团、保安队，响应八路军打击日寇；（2）号召地方武装加入八路军及组织游击队；（3）侦察敌情，报告八路军；（4）破坏电线、公路、桥梁；（5）帮助八路军筹给养；（6）省委及冀东特委立即派人与宋、邓部队接头。此时，起义的时机已经成熟。

1938年7月初，冀东各县起义队伍相继而起。东起山海关，西至潮白河畔，南起渤海边，北到长城外，到处燃起了抗日的烽火。在一个多月内，参加起义的群众有20多万人，抗日武装迅速发展到10万人。起义队伍配合八路军先后攻克了7座县城，摧毁了冀东广大农村的敌伪政权，直接威胁平津，还一度切断了北宁铁路，成为当时震动全国的大事件。

八路军主力部队和冀东地方武装配合作战，这是冀东暴动的显著特点，也是起义胜利发展的重要因素。冀东起义后，八路军第四纵队宋时轮一部在蓟县、平谷、密云一带活动，与西部起义队伍会合；邓华率部向东伸展到遵化、丰润、迁安地区，8月中旬，在遵化铁厂与抗日联军胜利会师。接着，在铁厂召开了冀东党和起义部队负责人会议，决定成立冀察热宁军区和冀热边区行政委员会，统一军事指挥和政权领导。

9月中旬，传来日军要大举“围剿”冀东的消息。一些领导同志对形势估计得过于严重，认为现有力量不能应付敌人的进攻，冀东很难支持，主张部队向平西撤退。党中央、北方局和八路军总部发出了一系列指示，要求起义部队坚定地按照中央的方针来部署作战行动，并提出了继续发展胜利成果、创建冀热边根据地的要求和期望。1938年10月2日，党中央发出《关于在冀热边区创造根据地的指示》，第一次突出地强调了“在冀热边区创造抗日根据地有极重要的战略意义”，指出只要八路军与地方党团结一致，和地方游击队紧密合作，并执行正确的政策与战略战术，创造冀热边根据地是完全可能的。之后，又多次指出部队全部西撤很不妥，应有高度克服困难的精神去坚持游击战争，创建根据地。但当收到这些指示时，部队已大部西退。结果，在撤退途中被日伪军围追堵截，遭受了重大损失。

冀东暴动是中国共产党领导敌后抗日游击战争的一次重要实践，是“真正地发动了几十万群众来进行反对日寇汉奸的武装斗争”。它深深地教育了冀东的人民，锻炼了群众。在起义中建立起来的抗日武装，成为冀热辽抗日队伍的骨干力量。冀热辽游击战争的坚持和发展，为创建冀热辽根据地奠定了基础。

二

冀东暴动后，冀热边区抗日游击战争进入艰苦的坚持阶段。这个地区，一是地域辽阔，形势险要；二是敌伪在华北心脏地带的统治十分严密；三是我军孤悬敌后，处在没有巩固根据地的游击环境里，敌强我弱。这就使得冀热边游击战争异常残酷和艰苦。

八路军主力部队转移后，留在冀东的八路军 3 个支队分别在 3 个地区活动，彼此很难联络。李运昌、李楚离率领的两支抗日联军在西移途中受阻，最后剩下 1000 余人回到冀东。他们在极其困难的条件下，继续坚持斗争。

根据党中央指示，1939 年 1 月，以原八路军第四纵队为基础，在平西成立了冀察热挺进军，萧克任司令员，统一指挥平西、冀东、平北的抗日武装斗争。11 月，挺进军确定了“巩固平西，坚持冀东，开辟平北”的方针。从此，冀察热地区的游击战争又重新活跃起来。

1939 年春，华北敌人颁布了所谓“治安肃正计划”，对我实行“军政一体”的“总力战”，并提出了“巩固点线，扩大面的占领”的政策。在冀东，敌人加紧修筑公路，把占领的城镇连接起来。他们沿着长城从密云到卢龙构筑了一条满是据点、碉堡的封锁线，企图把我军压缩在封锁圈内，用分进合击的办法各个击破。我军以机动灵活的游击战术，化整为零，分散活动，处处打击敌人。从 1938 年 11 月至翌年 6 月间，我军与敌伪进行了 233 次战斗，其中主动出击 105 次，消灭日伪军 700 多人，打下了许多敌人的据点，还在遵化、迁安、玉田、丰润一带发动了万余人的大破路活动，破坏北宁铁路 11 次。1939 年 4 月 26 日，包森支队粉碎了日军对遵化北部山区的“扫荡”，毙敌 100 余人，俘获日本天皇的表弟、日本冀东宪兵司令赤本大佐及其随从 6 人。

在 1939 年下半年到 1940 年，华北日军集中兵力进犯我平西根据地和冀中区。我军充分利用敌人兵力分散的有利时机，广泛开展游击战争。仅 1940 年 2 月，我军对敌作战 227 次，毙伤日伪军 479 人，俘敌 250 人。4 月 15 日，日军“扫荡”平谷以北山区，我军与之激战 3 天，一度攻克平谷县城，歼敌四五百人。从 5 月 5 日起，日军又调集 1.3 万多兵力对丰润、蓟县、平谷、密云等游击区进行分区“扫荡”，我军奋战一个多月，毙伤日伪军 1500 余人。这年 8 月，为配合华北八路军百团大战，冀东动员了 8 万多群众，破路、炸桥、收复据点，将敌人 8 个县内的公路、电线破坏得一干二净。冀东游击队还一度攻入唐山市郊，进行了大破坏。

随着军事上的胜利，开始了建立抗日民主政权工作。1939 年 10 月，我军就成立了冀东第一个抗日民主政权——丰（润）滦（县）迁（安）联合县政府。1940 年 1 月初，冀热辽区党委冀东分委在遵化阁老湾召开会议，总结了坚持敌后游击战争的经验，确定了当前的工作重点是：巩固丰滦迁地区，以肃清土匪、发动群众、建立地方政权为主，同时开辟新的游击根据地。不久，以盘山为中心的蓟（县）平（谷）密（云）、以鲁家峪为中心的丰（润）玉（田）遵（化）、以潘家峪为中心的丰（润）滦（县）迁（安）等 3 块根据地，构成了冀东、平西、平北根据地互为犄角的形势，严重威胁着日伪在华北的统治中心北平、天津。接着，冀东民主政权的领导机关——晋察冀边区冀东办事处成立，9 月，改为晋察冀边区第十三行政专员公署。

1940 年年底，开辟冀东游击根据地工作全面铺开，先后成立了遵化县、丰玉遵、迁遵兴（隆）、丰玉宁（河）、平密兴、蓟宝（坻）三（河）、丰滦密等 7 个县政权，管辖行政村 3000 多个、人口 120 万。至此，冀东“已是大块游击根据地（东西部有葫芦形的连接），各方面工作都已树立了初步坚持冀东工作的基础”。根据地广泛开展群众工作，组织了工人、农民、青年、妇女等群众团体，团结各阶层人士共同抗日。同时，实行合理负担政策，建立了财粮制度，保证了部队供给，改善了人民生活。

随着抗日游击战争的胜利发展，党中央对冀热边区的军事斗争做了新的部署。1940 年 2 月 11 日，党中央和中央军委对冀察热挺进军提出了“确保平西根据地，发展冀东游击战争，直至热河、山海关，并准备将来再向辽宁前进”的任务，并且强调如果完成这个任务，“不但对晋察冀边区是直接的配合，即对雁北与晋西北根据地的创造也是有很大作用”。按照部署，冀察热挺进军于1940年7月越过喜峰口一带长城封锁线，进抵兴隆、滦平、丰宁、隆化地区，逼近承德城郊。11月24日，毛泽东、朱德、王稼祥打电报给萧克，再次强调坚持与发展冀察热地区的游击战争，“增加了对整个局势的意义，望从艰难中支持下去”。

在环境最艰苦、斗争最残酷的1941年、1942年，冀热辽地区的抗日战争面临着严峻的考验。从1941年春开始，敌人就在热河南部大搞集家并村，在长城内侧制造了大片的“无人区”，企图彻底摧毁我军民一切生存的条件。横亘在长城线上，东西长700里（从绥中至滦平）、南北宽250里（从长城到锦承路北）的集家区和“无人区”，构成宽大的封锁线，拦腰将冀热辽地区隔断，造成对我军内外夹击的不利形势。

与此同时，日本华北派遣军按照大本营确定的“确保占领区”的方针，将参加武汉作战的第二十七师团配置在河北廊坊、北平大城公路以东、沧县以北及冀东地区，完成了从喜峰口到古北口、通县，沿通榆公路到卢龙的大包围圈，对我根据地形成包围和分割的态势，并调集大批日伪军对冀东根据地进行疯狂扫荡。

1941年5月下旬，日军两个主力师团及伪军4万多人，号称“十万精兵”，从东、西、北面向盘山根据地压来，企图将我军压至玉田、蓟县平原地区加以消灭。我军在李运昌、包森指挥下，苦战20多天，取得了杨家套、十棵树战斗的胜利，歼灭伪治安军千余人，击毙伪治安军第三集团军司令黄肖鹏。到年底，粉碎了敌人10多次“扫荡”，挫伤了日军的锐气。

1942年4月初，日军重新集结3万多兵力发动了“冀东一号作战”，对我根据地进行毁灭性的大“扫荡”。敌人挖沟封锁，修筑碉堡，扩增据点，妄图割断我军山地与平原的联系。面对疯狂的灭绝人性的大扫荡，我军采取了主力部队与地方武装相结合、内线作战与外线作战相结合、“敌进攻我根据地，我进攻敌人后方”的方针，将主力部队适时地转移到外线，在长城以北热河南部山区分散活动，并派一部精干队伍深入敌后，对北宁、平承、承锦等铁路线及公路干线开展破击战，袭击敌人据点。在平原地区我军则以地方游击队为主，发挥其机动灵活的特点，坚持游击战争。从6月15日至7月中旬，我军与敌作战50多次，歼敌1600多人，击毙日军二十七师团一四四联队队长蒲田少将。

经过4个多月的努力，我军开辟了东起青龙、西迄潮白河、北到平泉的热南山区游击根据地，与冀东根据地连成了一片。1942年年底，冀东已拥有10个联合县，所辖地区政权73个，村政权达7300个，人口200万。至此，初步形成了冀热辽抗日根据地。

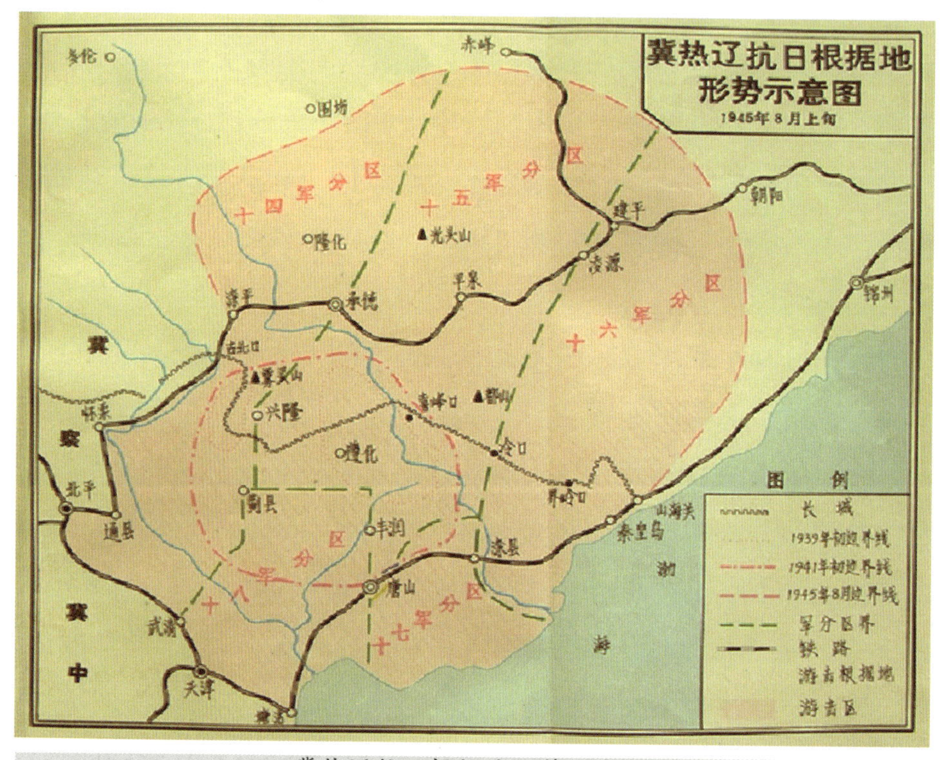

冀热辽抗日根据地形势示意图

三

1943年，随着抗日游击战争的发展，斗争形势发生了有利于我方的变化。在冀热辽部分地区，敌伪统治已经瘫痪，而我方开始处于优势。3月25日，晋察冀中央分局听取了李楚离、周文彬关于冀热辽两年来工作的报告，明确提出以后的任务是：（1）建立多块游击根据地，发展方向是东北部山地；（2）在长城线内外、北宁路南北、滦河东西，开展广泛的游击战争；（3）坚持冀东平原游击根据地和游击区，恢复与深入平原地区的工作。

为了实现上述目标，从 1943 年 2 月开始，冀热辽军民广泛开展恢复基本区的斗争。八路军主力和地方武装分三路从长城两侧突然插入被敌“蚕食”的基本区，东路进到滦县以东铁路附近，西路抵达蓟县翠屏山一带，中路最远伸展到唐山附近南青坨地区，同时还向热南、辽西地区扩展。这时我军的活动范围向南伸展到海滨，向北一直到热河的赤峰、宁城一带，向东达山海关附近和辽宁绥中县境内。

为了适应形势发展的需要，1943 年 7 月，第十三地委改为冀热边区党委，李运昌任书记，第十三行政专员公署改为冀热边区行政公署，李运昌兼任行署主任。这标志着冀热辽抗日根据地正式形成，它成为晋察冀根据地的一个组成部分。

为了巩固根据地，1944 年 1 月，冀热边区行署提出“开展民主建设村政权”的任务。在“无人区”，原则上要把敌伪的乡保甲长等制度完全摧毁，建立单一的抗日政权；在巩固区，一般要建立村政委员会；在游击区，能建村政委员会的要建起来，不能建的要用民主方法掌握保甲长，或设副职，或设抗日办事员。此外，根据地还普遍发动群众，开展减租减息运动和反特锄奸斗争，继续推行合理负担。

1944 年春，我军对日伪军展开了攻势，斗争局势发生了明显的变化。主要表现在：（1）经过春季和夏季攻势，敌伪战略据点和交通线已处在我军严重威胁之下；（2）敌人已难以集中较大的机动兵力对我军进行大规模的“扫荡”，从企图摧毁我根据地转为保持占领区；（3）我军已把反“扫荡”和扩展根据地紧密结合起来，向敌占区及交通干线积极伸展，以主力一部开辟了通县以南地区，并与冀中区打通了联系，同时对内线之敌也积极开展攻势。

1944 年秋季以后，日军大势已去，但仍然做垂死挣扎，把伪满洲国几乎全部伪军压到“大满洲国西南国境线”上，调集相当一个师团的伪满军和 10 多个警察讨伐大队进驻冀东。冀热辽军民开展了打伪满军战役，4 个多月作战 230 多次，毙俘敌伪军 5000 余人。11 月 15 日夜，八路军主力和游击队一部袭击敌人在唐山市内的各处据点，掷弹数发命中敌领事馆，炸伤敌人 5 名。11 月 17 日，我军袭击北宁铁路滦县车站，破坏了滦县铁桥，将石门至滦县间的路轨破坏数段，使交通断交了很长一段时间。18 日，我军一部又奔袭通县东车站，炸毁发电厂的机器，使北平市两夜处于黑暗之中。

1944年冬，我军于长城内线扫除了敌伪在左家坞至滦河岸东西100里，三屯营至榛子岭南北80里之据点，西面逼近北平东郊和天津北郊；在北宁路以南扩大了东西100余里、南北50余里的滨海地区；在长城以北，深入到热河东部宁城、赤峰、叶柏寿和辽西绥中地区，抗日烽火烧向了伪满洲国境内。翌年春，冀热辽根据地发展到面积近600平方里、人口560万，建立了25个联合县，正规部队发展到3万，民兵20万。还在1944年10月15日时，晋察冀边区行政委员会召开第十九次会议，决定设置冀晋区、冀察区、冀中区和冀热辽区4个行政公署，同时建立了冀热辽区党委和军区，终于开创了党中央所期望的局面。

冀热辽抗日根据地的形成，虽然比其他根据地为晚，但特殊的战略地位使它成为我军战略反攻的前沿阵地。1945年日本无条件投降后，冀热辽部队奉党中央和军委命令，组织了一支1.3万余人的部队，以及2500多名党政干部，分东、中、西三路长驱直入东北心腹地带，进驻锦州、沈阳等城市，配合苏联红军消灭了大批日伪军武装及汉奸势力，接管了几十座城市，收复了大片国土，建立了人民政权，为解放战争的全面胜利创造了有利条件。

（陈绍畴，中共中央文献研究室研究员。该文转引自《天津社会科学》1986年第2期）

冀东人民抗日大暴动中的统一战线

杨翊中

1938年，在冀东大地掀起了一场震惊中外的抗日大暴动。这次暴动，东起山海关，西至通县，北到青龙，南至渤海边，遍及20多个县。日本侵略者在这里经营多年的伪组织、地方武装，顷刻间土崩瓦解。投入这次暴动的，有农民、工人、各党派、各阶级阶层爱国人士等20多万人。这是一次真正的全民性起义，是我党统一战线的成功。

1937年8月，中共中央洛川会议决定派八路军挺进冀东，创建以雾灵山为中心的冀热边抗日根据地。为配合全国抗战，中共中央北方局提出迅速组织暴动，发动武装起义。为了团结广大工农群众及一切爱国同胞，团结各党派及各界人士，搞好武装起义，中共冀东党组织高举抗日民族统一战线的大旗，做了很多统一战线工作。

第一，团结国民党以及各阶层爱国人士，与他们亲密合作，共同领导武装抗日。根据中共中央北方局书记刘少奇同志的指示，1937年8月，将设在天津的“华北各界救国会”改组为“华北人民武装抗日自卫会”，这是一个统一战线组织。参加这个委员会的，有我党李运昌、李楚离等，还有国民党人王若玺等人，有爱国人士、天津河北工学院的洪麟阁和杨十三教授，有民团团总高志远。1937年12月，在河北滦县多余屯召开了冀东10县人民抗日代表会议，这是一次准备冀东武装暴动的会议。会上成立了华北各界人民武装自卫会冀东分会，洪麟阁、杨十三、高志远都参加了这次会议，并被吸收为委员，一些国民党员也参加了这次会议。1938年6月，在共产党的邀请下，冀东抗日领袖在丰润县田家湾子村举行会议，确定了起义的日期，决定成立抗日联军。正是因为通过这些组织和会议，与国民党及各方面上层爱国人士团结共事，亲密合作，扩大了抗日民族统一战线，为在冀东发动暴动创造了有利条件。爱国人士、教授洪麟阁目睹日本侵略中国，忧国忧民，决心抗日，在党的领导下，做了许多抗日的宣传和组织工作。冀东暴动前夕，他弃教返乡，参加暴动的准备。他为筹集抗日资金，变卖自己的家产，卖掉妻子的首饰。在他的影响下，豪绅富商、社会贤达踊跃捐款，有些人不惜重金相助。洪麟阁邀请各村进步人士开会，宣讲抗日民族统一战线。他同杨十三教授一起，在遵化地北头村发动武装起义，成立起两个总队，约4000人，成为冀东抗日联军主要领导人之一。河北工学院教授杨十三，也是一位著名的爱国人士，他为抗日四处奔走，宣传抗日，为抗日购买武器，掩护革命干部。暴动前夕，他满怀爱国激情，毅然携带子女返回家乡，同洪麟阁一起进行暴动的准备工作，成立抗日联军，并成为抗日联军的领导人之一。他的义举，“一时寒平津敌伪之胆，震撼国际视听”。对于他和洪麟阁的革命活动，当时敌人惊呼为“洪杨之乱”。后来，洪麟阁战死在沙场，朱德总司令给他很高评价，说：“革命的成功要靠共产党的英勇奋斗，没有杰出的志士仁人的协力共助也是难以成功的……洪麟阁就是我们非常需要的爱国知识分子。”杨十三转战到冀西根据地时，朱总司令为他开欢迎会，后杨十三病逝于太行山，朱总司令亲自为他主持了追悼大

田家湾子会议旧址

会，并送了挽联。高志远是滦县多余屯地主、马城镇民团团长，在民团中是个有影响的人物。当我们同他合作以后，在党的指导下，他与联庄会头目陈宇寰一起发动其他民团起义，先后成立了 13 个抗日联军总队，总数 1 万多人。

第二，广泛发动农民、工人、知识分子等爱国同胞。冀东党组织通过各种渠道，运用各种方式向工农等群众宣传共产党的抗日主张，揭露日本侵略者的侵略罪行，唤起他们的爱国热情。同时，广泛建立自卫会、救国会、教师联合会、齐心会等群众团体，把广大工农、农村教师及其他群众组织起来。当时，这些团体遍及各城乡，仅据丰润、玉田、遵化等 8 县的统计，光自卫会会员即达 1.5 万人。到大暴动前，蓟县抗日救国会就已发展成为有农民、小学教师、青年学生等上千人参加的革命组织，其中一些人直接参加了暴动，加入了革命队伍。滦县暴动时有 40 多名党员参加，其中中小学师生占一半以上。应当特别提出的是，当时有两个事件对冀东武装起义产生了重要影响：一是开滦五矿 3.5 万工人大罢工。中共唐山工委领导开滦工人举行了大罢工，罢工轰轰烈烈、声势浩大，经过 50 多天的斗争，取得了胜利。二是乐亭、滦南的 3000 多名农村雇工要求长活价（即涨工资）的斗争。在日伪统治下，农村雇工生活也是苦不堪言，为改善雇工生活，雇工们联合起来要求长活价，并提出“青纱帐起来抗日去”的口号。开滦工人大罢工以及同年 7 月开滦 3000 余工人的武装暴动和两县雇工斗争的胜利，极大地鼓舞了冀东人民的革命斗志，推动了冀东人民的武装起义，同时也使许多上层人物看到了群众的力量，提高了反日斗争胜利的信心。

第三，开展争取民团、伪警的工作。民团是地主武装，遍及冀东各地，他们有人有枪，争取他们参加抗日，将是一支很大的力量。暴动开始前，刘少奇同志就指出：冀东的民团、保安队、警察等，其基层成分多为破产农民，其上层人物中，有的也有一定的民族意识，对他们要注意争取、教育和改造，以扩大抗日武装力量。为争取民团和伪警察投入到抗日队伍中来，各地做了大量的工作，我党派了不少党员打入民团、警察内部，通过与民团有密切联系的上层人物，首先做其头领的工作，对下层主要是宣传教育。通过工作，多数人同情抗日，其中很多人倒向抗日，参加了武装起义。蓟县二区共有 13 个甲长和民团队长，经过争取全部参加了抗日，其中有 7 个甲长兼民团队长，直接参加了暴动队伍。丰润、迁安地区的一些民团组织的头领经过争取，成为暴动的骨干，有些人参加了共产党。据统计，到大暴动在冀东全区展开时，大部分民团投入了抗日的洪流，一些民团的头领成了组织暴动的骨干，一些人加入了中国共产党。争取警察的工作也卓有成效，很多警察经过教育，参加了武装起义。通过长期的争取工作，暴动号令一传到，丰润县牛栏山伪警察所和警备队就立即宣布起义。驻滦县姜各庄的伪警防队队长周维新，在我党的感召下，主动要求我党派人到他的警防队做抗日的发动工作，并向全国发出通电，声明他在滦县反正，脱离日伪，组成华北人民抗日联军第三军区第九联队。

第四，联合各方抗日武装力量。声势浩大的革命暴动，使各党各派各界都卷入了武装抗日的洪流，这里有知识分子（不少是农村教师）、开明绅士，有国民党人、国民党军队，还有绿林英雄等。当时，暴动队伍风起云涌，到处皆是。我党满腔热情地欢迎和支持他们的抗日活动，向他们宣传共产党的抗日主张，号召他们结成抗日民族统一战线。很多人率领起义队伍参加了冀东抗日联军，有的虽然没有参加抗日联军，但也参加了抗日斗争。卢龙县简易师范学校校长高敬之，不满敌伪统治，决心抗日，在家乡拉起 400 多人参加暴动，打联庄会、剿土匪，很快发展到 3000 多人。后来，他带队攻打卢龙县城，在关闭的城门前大骂伪县长，历数他的罪行，命令伪县长打开城门。强大的武装暴动的声势，以及他个人的义举和平日的威望，迫使城里的敌军打开了城门。这就是一时传为佳话的“高敬之骂城”。他拥护党的抗日主张，接受党的领导，将他的起义部队编为冀东抗日联军第二十三总队，并任总队长。昌黎县丁万有原是贫苦农民，后沦为流氓无产者。暴动起来后，他拉起队伍，自称抗日第十路军。在我党的宣传影响下，他服从抗联的统一指挥，将 3000 多人起义队伍改编为冀东抗日联军昌黎支队（辖五个总队），自任司令员。绿林英雄杨二，暴动时拉起 2000 多人的起义队伍，号称中国抗日救国军第五路，同日本侵略者进行了坚决的斗争。国民党忠义救国军第七、第九路军，在大暴动时期，也曾攻占敌镇，打击日本侵略者。

由于我党坚持抗日民族统一战线，团结了广大工农群众，团结了各党派及各界爱国人士，从而在冀东人民当中真正出现了“有人出人，有枪出枪，有钱出钱，有知识出知识”的热烈局面，很快集聚了一支很大的抗日武装力量。原来预计成立冀东抗日联军6个总队，实际组织了40多个总队和10个大队，共10万多人（其中有共产党领导的抗日联军7万多人，有国民党忠义救国军和其爱国人士的队伍各1万余人）。刘少奇同志在1943年3月所作的《六年华北华中工作经验的总结报告》中，高度评价冀东大暴动：“这是一次很值得研究的人民抗日大起义。我们的同志在起义前做了很好的工作，那里的国民党组织及伪政权下差不多全部的保安队（七八个旅）、县政府的武装、开滦矿山的工人、农民及许多地主、资本家，都联合起来参加了起义。这是真正地发动了几十万群众来进行反对日寇汉奸的武装斗争，并在起义后立即组织了联合的领导起义的政权与军事指挥机关。”

（选自政协唐山市委员会教科文工作委员会编《唐山文史资料》第五辑）

冀东抗日大暴动胜利的原因探析

郝 飞

1938年7月，冀东人民在中共冀东党组织的直接领导下，发动了震惊中外的冀东抗日大暴动并取得胜利。这次暴动覆盖了冀东20多个县及开滦矿区，共有20多万工农兵学商及各界爱国人士参加，先后收复了日寇盘踞的9座县城，其余各县几乎所有的村镇伪政府职能陷入瘫痪，北宁铁路也被切断。这次暴动沉重打击了日本侵略者，极大鼓舞了冀东人民的抗日信心，巩固扩大了冀东抗日根据地，在抗日战争史和冀东革命史上谱写了光辉的一页。

一、中国共产党的领导是暴动胜利的重要保证

冀东抗日大暴动自始至终都是在中国共产党的领导下进行的，中国共产党认真分析了当时的形势，制定了正确的策略方针，从而保证了暴动的胜利。

（一）暴动在中共中央、中共北方局的直接领导和关怀下进行

1937年七七事变后，毛泽东就提出在冀东以及整个燕山山脉地区开展敌后抗日游击战争和建立抗日根据地的问题。1937年8月，中共中央在洛川召开了政治局扩大会议，毛泽东在会上全面深入地分析了抗战爆发后的国内形势，提出了著名的《抗日救国十大纲领》，并主持制订了开辟敌后华北战场的具体计划。毛泽东明确指出：“红军可以一部于敌后的冀东，以雾灵山为根据地进行游击战争。”会议根据毛泽东的建议，

决定派八路军挺进华北，开展敌后游击战争，同时建立以雾灵山为中心的抗日根据地，在冀热边开展游击战。1938 年 2 月 9 日，毛泽东致电八路军总部和晋察冀军区进一步指出："雾灵山为中心区域，有扩大发展前途，但是独立作战区域，派去部队较精干，且不宜过少，党政军领导人须有独立应付新环境之能力，出发前须作充分准备。"同年 5 月，毛泽东又在《抗日游击战争的战略问题》一文中，再次论述了在燕山等山地建立抗日根据地的重要性。毛泽东的这些战略思想为冀东抗日大暴动提供了思想基础和行动指南。

洛川会议旧址

洛川会议后，中共中央北方局书记刘少奇提出在冀东准备迅速发动抗日武装起义，以分散敌人精力，配合全国抗战，并为组织冀东武装暴动提供了具体部署。在北方局的领导下，大批党员干部到达冀东，深入农村、矿山、工厂发动群众。为了充实起义的军事力量，北方局在天津秘密开办了由林铁负责的军事训练班，还派李润民、孔庆同等人到达冀东开办游击队训练班，培养军事骨干。可以看出，冀东抗日大暴动是在中共中央和北方局的直接领导和关怀下进行的。

（二）中共冀东党组织的充分准备

中共中央关于建立冀热边抗日根据地的任务下达后，武装起义的准备工作开始进行。李运昌于1937年10月回到冀东，任中共冀热边特委书记兼组织部长，王平陆改任军事部长，王大中任宣传部长。同年11月在北宁铁路南又改组了中共京东特委，由胡锡奎任书记，卞振东任组织部长，阎达开任宣传部长。两个特委的成立，为冀东抗日大暴动提供了组织准备。

1937年12月，冀热边特委书记李运昌代表冀东党组织，在滦县多余屯主持召开了京东10县抗日人民代表大会。会议着重讨论了组织冀东抗日联军、开展游击战争的问题。会后立即组建了以王平陆为司令员、史贞为政委的华北抗日联军，开展游击战争。此后，这支队伍虽然在发动的两次战斗中并未取得显著成绩，王平陆又不幸牺牲，但在斗争中锻炼了骨干，增强了胆识，取得了经验，鼓舞了斗志，为后来的大起义提供了一批军事骨干和一定的军事经验。

冀东党组织还深入开展抗日救国宣传活动。在多余屯会议之后，冀东各县抗日救国的宣传活动日益深入，中共冀热边特委、京东特委所属的各级党组织通过各种方式和各种渠道，积极宣传抗日救国。如中共丰润县委就在老党员家中秘密编印《抗日救国十大纲领》和揭露日军罪行的传单，利用村镇民众商贸集日散发。在党组织的大力宣传下，人民群众的革命热情空前高涨，积极参加抗日活动。至1938年7月大暴动发生前，迁安、遵化、丰润等县参加自卫会组织的正式会员就高达1.5万余人。

（三）中共领导的抗日民族统一战线是暴动胜利的重要法宝

为吸收各种抗日势力，扩大抗日队伍，中国共产党通过华北人民武装自卫委员会，广泛联系各个党派和各种政治力量参加到抗日斗争中来，并通过各种渠道派遣干部进入各党派、社会团体、群众组织和武装力量中去，争取各方支持，扩大中共领导的抗日民族统一战线。在暴动中，国共两党摒弃前嫌，共同合作，投入大批军队，其中属于冀东抗联的有7万人，属于国民党和其他方面的有3万人。抗日民族统一战线的存在，使广大工农群众、社会各阶层爱国人士和各党派武装力量紧密团结在一起，从而保证了暴动的胜利。

二、人民群众的积极参与是暴动胜利的社会基础

七七事变后不久，日本侵略者就制订了一系列侵略华北的计划，力图通过政治、军事、经济等手段来巩固它在冀东的统治地位，并加紧掠夺资源财富，以实现其“以战养战”的阴谋。在政治方面，日本帝国主义通过派设顾问和在重要城镇派驻领事馆来严密控制冀东地区，同时采取清乡、联保制度、改编保卫团、成立警察队等手段欺压中国人民。在军事方面，日军在重要地点驻军约 3000 人，经常打靶示威和军事演习，恐吓人民群众。在经济方面，日本通过收买、入股的手段来排挤打击中国民族资本主义，成立伪冀东银行，榨取民脂民膏，致使失业增多，物价飞涨，民不聊生。广大人民群众在日寇汉奸的统治下，过着没有人身自由和饥寒交迫的生活。残酷的剥削和统治并不能扼杀人民群众的反抗意识，反而更加激发了冀东人民抗战到底的坚强决心。早在 1932 年，乐亭县的群众在一些共产党员的组织和动员下就开展了抗日救亡活动。在冀东抗日大暴动发生前的 1938 年 3 月 22 日至 5 月 4 日，开滦 3.5 万名工人进行了历时 50 天的大罢工，由改善工人生活的反英经济斗争发展成为反抗日寇统治的政治斗争。大暴动发生后，覆盖了冀东 20 多个县及开滦矿区，共有 20 多万工农兵学商及各界爱国人士参加，形成了强大的抗日力量。正是由于广大人民群众的支持和参与，才使得冀东抗日大暴动有了深厚的社会基础，从而保证了暴动的胜利。

三、强大的革命武装是暴动胜利的重要条件

（一）冀东地方武装的建立

自从中国共产党制定了开辟和建立冀东抗日根据地的决策后，冀东人民为了早日从日寇统治之下解放出来，在中共的宣传发动下，相继投入到抗日斗争中来。1938 年 5 月，中共河北省委通过华北人民武装自卫委员会在天津召开会议。冀东分会的负责人李运昌和杨十三、洪麟阁、高志远等人参加了会议。会议对冀东抗日武装起义做了具体安排，决定组织抗日联军。广大工人、农民、知识分子、国民党爱

国人士、爱国士绅等迅速组织起了47个抗日联军总队，共约10万人。这是一支庞大的武装力量，他们在冀东各地相继起义，相互呼应，迅速形成了浩大声势。

（二）八路军第四纵队挺进冀东

1938年5月31日，中共中央直接派遣的八路军第四纵队分两路向冀东快速挺进，一路由邓华率领，沿途作战，连破永宁、四海等敌据点，在沙峪痛歼日伪军后，于6月17日攻入兴隆县城。另一路由宋时轮率领，沿途打下南口、居庸关、昌平等敌占城镇。7月8日，中共中央电示第四纵队迅速向遵化、迁安挺进，冲破敌人包围，与抗日联军会合。随后，政委邓华、参谋长李钟奇率领第四纵队第三十一、三十三大队向东挺进，攻占了迁安县城，并与起义部队在遵化铁厂村会师。

（三）冀东地方武装与八路军第四纵队取得巨大战果

冀东地方武装与八路军第四纵队相互配合，相互支持，灵活机动地打击敌人，令日伪军队顾此失彼、防不胜防。地方武装与第四纵队在冀东平原上以雷霆万钧之势横扫敌军，陆续攻克了昌平、兴隆、蓟县、平谷、玉田、迁安、卢龙、乐亭等县城，还占领了铁厂、兴城、左家坞、汤家河等重要集镇，摧毁了遍布冀东农村的敌伪政权，使日寇陷入困境。据1938年8月4日上海《导报》记载："路透社电：过去数日中，华方游击队已收复冀东22县之9县，日方所委县长均已逃窜。"该报8月26日、27日又记载："北宁路之交通现甚受冀东游击队之威胁已经数日，天津与山海关间之铁路每日有拆除者至少一次。冀省华军声势浩大，平津路车屡次误点。"这些报道让我们看到了这次暴动取得的巨大战果。倘若没有强大的革命武装力量作为支撑，那么，取得如此胜利是不可能的。

当然，冀东大暴动之所以取得胜利，除上述主要原因外，还有地理条件的优势。参加暴动的大多数是冀东当地人民，他们对家乡的各种情况都非常熟悉，所以暴动队伍能够进退自如，如鱼得水。另外，暴动的胜利与全国人民在道义上的同情和支持是分不开的。暴动发生期间，日寇正集中兵力于武汉会战，致使后方兵力空虚，也为暴动的胜利提供了客观条件。

（郝飞，唐山市人民医院副研究馆员）

冀东抗日暴动英烈
践行了中华民族抗战精神

刘力勤

在中华民族全面抗战的起点——卢沟桥畔，坐落着庄严的中国人民抗日战争纪念馆。馆内的基本陈列——《伟大胜利，历史贡献》的序厅中，矗立着一面巨大的象牙黄色的花岗岩展壁，上面用鲜红的大字镌刻着中华民族在伟大的抗日战争中凝结的抗战精神。

抗战精神

天下兴亡　匹夫有责的爱国情怀

视死如归　宁死不屈的民族气节

不畏强暴　血战到底的英雄气概

百折不挠　坚忍不拔的必胜信念

中国人民抗日战争纪念馆
展壁上镌刻的抗战精神

抗战精神是以爱国主义为核心的民族精神的体现，是中华民族的精神财富，是激励中国人民克服一切艰难险阻、为实现民族复兴而奋斗的强大精神动力。靠着这种精神，中华民族在14年间取得了战胜日本帝国主义、雪洗百年屈辱史的胜利，在世界舞台上重新站立起来。抗战精神是山，是海，是千千万万不肯屈服的中国人用鲜血和生命凝练而成的。80年前，冀东抗日英烈们在震惊中外的1938年武装抗日大暴动中所表现出的种种撼人心魄、感人至深的行为，正是伟大的抗战精神的具体体现。

一、天下兴亡、匹夫有责的爱国情怀

爱国主义是一个民族、一个国家赖以生存和发展的基本精神，而爱国情怀是国民为祖国奋斗献身的价值取向。抗战14年间的爱国主义，具有鲜明的时代特质，抗日就是爱国，抗日高于一切。七七事变后，在民族危亡的紧急关头，中国共产党以民族利益为重，毅然捐弃前嫌，倡导和推动第二次国共合作，最终促成了抗日民族统一战线的建立，为抗日战争的胜利奠定了坚实的政治基础。

在冀东历史发展的进程中，国共两党曾经血海深仇，不共戴天。然而，在这场捍卫中华民族共同利益的冀东抗日大暴动中，这两股水火不容的政治势力，就像那只红蓝相间的抗联袖标那样，紧紧地联结在了一起，同仇敌忾，共赴国难，用鲜血和生命共同书写了爱国主义的新篇章。

1937年9月，中共河北省委根据中共中央北方局指示，将设在天津的华北各界救国联合会改组为华北人民抗日自卫委员会（简称“自卫会”），成员来自社会各界。蒋介石中央系代表、天津电报局局长、国民党抗日派的王若僖出任“自卫会”主任，曾经参加过八一南昌起义的中共早期领导者李楚离任党团书记，一二·九爱国运动学生领袖王仲华（董毓华）任军事部长。电话局局长张子奇，桂系人物刘绍襄以及天津《益世报》主笔罗隆基，《大公报》主笔王芸生，天津教育界的核心人物杨十三、洪麟阁、路秀三等社会名流，滦县民团团总、刺杀大汉奸刘佐周的抗日义士高志远等，都成为“自卫会”的领导成员。在向国民政府备案后，即用“自卫会”名义，在冀东城乡发动和组织社会各界各阶层群众，积极参加抗日救国斗争，准备武装起义。大敌当前，冀东人民的爱国情怀被充分激发出来。在抗日民族统一战线的旗帜下，超越民族、阶级、党派，实现了空前团结，凝聚成一股不可战胜的力量。通过紧张筹备，组建了华北抗日联军第三军区，即冀东抗日联军。

中共党员、冀东抗日联军第十四总队政治主任吴绍舟就是这样一位用鲜血和生命践行崇高抗战精神的冀东先烈。

吴绍舟（1914—1938），河北滦县人。虽然出身富庶，但思想进步，忠贞爱国。1933年长城抗战失败后，他悲痛欲绝，立志抗日，1935年加入中国共产党，在母校滦县师范秘密开展抗日救亡活动。1937年组织地下武装，传递各地抗日消息，苦练枪法。1938年6月初，在冀东抗日暴动正在酝酿之时，正在滦师读书的吴绍舟毅然肄业返乡，参加了秘密抗日活动。

队伍出发前，他跪在母亲面前说："为了全国的百姓人家，也为了咱吴家，我要走了。自古忠孝难两全，让我先为国尽忠吧！"之后，他又说服妻子，叮嘱她把4岁的女儿抚养成人，随即毅然投身抗日洪流。冀东抗日暴动中，吴绍舟任冀东抗日联军（滦南）第十四总队政治主任。同年10月，奉命随八路军第四纵队赴平西整训。渡白河时，被日伪军重兵包围，突围无望之时，他开枪打死了诱降的叛徒，舍生取义，壮烈殉国。

国民党人士、冀东抗日联军副司令洪麟阁，在组建一路军的时候人多枪少。为了购买武器，他说服3位兄长，把祖传的多一半房产、地产变卖成5000银元，继而动员妻子肖雨村把陪嫁的金玉首饰全部献出。经费不足，他赶到唐山，利用昔日担任《工商日报》总编的声望，邀集丰润、玉田、遵化等县和唐山市有名望的巨贾豪绅进行筹集。他还找到岳父肖文福求助，老岳父当即把自己积蓄的家资大半捐出，并叫自己的独生儿子肖兴亚中断医业，到洪麟阁的抗联队伍中担任军医，同时协助洪麟阁四处动员游说，提出响亮口号"爱国俱属一家，抗日人人有份"。

肖文福老人的行动影响所及甚广。3天之内，丰、玉、遵等县的大部分绅商都行动起来，有钱的出钱，有枪的出枪，有人的出人，主动提前把钱款送到了抗日联军。

滦县小陈庄（今属滦南）是冀东抗联高志远部副司令、抗日志士陈宇寰的家乡，也是华北武装抗日自卫会代表、共产党员王仲华（董毓华）的秘密联络点。1938年，小陈庄全村共有73户342人，按照男女各半来计算，应该有171名男人，其中有96人参加了抗日暴动。也就是说，几乎所有的青壮年，都加入了抗日暴动的行列。在他们中间有亲兄弟，有父子兵，有三代单传的独生子，更有兄弟4

人、父子4人、祖孙三代5人一起暴动的“窝子兵”。

淳朴的村民们没有多高的文化，讲不出慷慨激昂的语言，但是他们用自己的实际行动，用血肉之躯，践行了“天下兴亡，匹夫有责”的爱国情怀。这就是冀东人民乃至中华民族融入血脉中的爱国主义，是伟大抗战精神的核心。

小陈庄暴动队员分类表

暴动人员分类	户　数	人　数
兄弟二人的	10	20
叔侄二人的	2	4
父子二人的	4	8
舅与外甥	1	2
兄弟三人的	3	9
父子三人的	3	9
兄弟四人的	4	16
父子四人的	1	4
祖孙五人的	1	5
独生子	19	19

二、视死如归、宁死不屈的民族气节

民族气节，是民族的志气和情操，是一个民族在长期发展过程中形成的民族感情和民族心理，是为了维护国家和民族尊严而永不屈服的精神品质和高尚追求。

正如冀东抗联第十六总队政治主任李子光于1940年给《救国报》滦西分社题词所述：“燕赵自古多慷慨悲歌之士，流风余韵直至于今。”地处丰饶富庶的燕山滦水地域的冀东人民，自古就有崇尚气节，崇尚民族自信、自尊、自强的精神。在80年前的冀东抗日大暴动中，面对日伪汉奸的疯狂侵略，600万冀东人民不畏强暴、奋起抗争、前赴后继，表现出了视死如归、宁死不屈的高尚气节。

1937 年 12 月 31 日，华北抗日联军第三军区第一支队在黑洼成立，并将骨干集中到遵化县茅山诸乐寺举行宣誓仪式。以冀热边特委军事部长、第一支队司令王平陆为首的 33 名共产党员和抗日志士，举拳宣誓：“为了民族解放，为老百姓将来过上好日子，誓与日本帝国主义血战到底！”

华北人民抗日联军第三军区第一支队关防（国家一级文物）

王平陆（1902—1938），原名高永祥，河北省迁安县上梨树峪（今属迁西）人。1932 年加入中国共产党，曾任中共迁安县委书记、京东特委委员、冀热边特委书记、军事部长和华北人民抗日自卫会冀东分会常委等职。1937 年 12 月参加在多余屯召开的冀东 10 县人民抗日代表会议后，他卖地、卖树买枪，把姚依林称之为“八支大枪、十三个先驱者”的游击队扩充到 30 多人，在迁西地区的黑洼村正式组建了华北抗日联军第三军区第一支队，任支队司令。1938 年 1 月 7 日，王平陆率第一支队夜袭清河沿伪满国境警防所。他手执大刀，带头冲进院内，不幸被躲在暗处的日军开枪击中。赵明海等人掩护身负重伤的司令撤出战斗，当天上午王平陆英勇牺牲，成为七七事变后冀东抗战中为国捐躯的第一位特委级领导。

王平陆牺牲后，日伪叫嚣要“斩尽杀绝”“斩草除根”，残酷地追杀烈士家属。烈士的老父亲高富贵是一位为人正直、主持公道、深明大义的老人。为了抗日，三个后人（两个儿子高永祥即王平陆、高永瑞，以及王平陆的妻子高韩氏）在抗战初期先后牺牲，对此老人无怨无悔。他又亲手送女儿赵平远和孙子高玉书参加冀东抗联。携全家老小在战火中饱经风霜，艰难度日，一直到抗战胜利。

抗日志士曾生远，滦县马方各庄村（今属滦南）人。1938 年参加冀东抗日大暴动，拉起一支 2000 余人的抗日队伍，被推举为冀东抗日联军第十五总队总队长，率部参加了攻打傣城、乐亭等重要战斗。秋后，暴动队伍奉命西撤，曾生远舍下妻子，带着儿子和家中的积蓄，率队踏上西征的路程。经过多天的跋涉，队伍行至北平延庆、怀来县境，当准备过铁路时，遭到敌人重兵阻击，曾生远的次子曾广德首先中弹牺牲，曾生远的双脚被子弹打断，仍坚持指挥。在弹尽势危的最后关头，他命 16 岁的警卫员庞桂忠尽快撤离，自己留下继续阻击敌人。被俘后，曾生远坚贞不屈，绝食而亡。

冀东抗日暴动英烈们的这种“天地英雄气，千秋尚凛然”的气概和节操，在之后漫长的艰苦岁月中，激励着孤悬敌后的抗日军民一往无前，直至取得抗战的最后胜利。

三、不畏强暴、血战到底的英雄气概

在冀东抗日暴动中，20 万冀东人民挺身而出，冒着枪林弹雨，勇往直前，以血肉之躯保卫神圣的家园。面对侵略者的铁蹄和残暴杀戮，抗日暴动的英雄们无所畏惧，充分体现了不畏强暴、血战到底的英雄气概。

冀东抗日联军高志远部副司令陈宇寰深知“国难当头，匹夫有责”这个道理。他觉得抗日首先要有武器，因而在 1937 年春节前，他便托好友刘瑞发设法从旧军队里买了数箱手榴弹，以驮运核桃为掩护，分数次运到小陈庄。陈宇寰的长子陈希林、14 岁的次子陈希侯也都加入了暴动行列。

1938 年 10 月初，陈宇寰奉命率部队西进，赴平西整训。陈宇寰对战士们说：咱们这是为了打日本救中国，为了救国就要舍得离开家，有国才有家，国破家也会亡。10 月 9 日，部队宿营于蓟县老山头。次日拂晓，驻马伸桥的日军前来截击。陈宇寰随即指挥部队占领了村外的一处坟地，与敌展开激战。天大亮了，对面山头上的日本“膏药旗”清晰可见。日军凭着武器的优势，用轻重机枪和小炮朝抗联部队射击，战斗中，陈宇寰胸部中弹，壮烈牺牲，时年 41 岁。和他同时为国捐躯的还有卫队大队长于从杰、副大队长王仲杰等 110 人。

冀东抗日联军副司令、第一路司令洪麟阁，在暴动中与日军多次恶战，如小狼山、地北头、沙流河、龙山、封台等。这些刚刚离开庄稼地的冀东农民，面对全副武装的日伪军，每一仗都是以命相搏，每一仗都离不开“血战”二字。每逢作战，洪麟阁必定身先士卒。在俘敌700多人、缴枪600多支的沙流河战斗中，年轻的侄子洪步余为国捐躯。面对前来吊唁的乡亲们，洪麟阁悲愤而又坚定地说：“大家推举我们洪家人带头抗日，我们洪家人应当先以英勇献身作表率。抗日就得流血，流血先由我们洪家开始。”

秋后，洪麟阁部奉命西撤，在蓟县台头村遭遇敌人疯狂反扑，身陷重围。洪麟阁对部下说：“这是一场恶战，要是死，咱们就死在一块，做个肉丘坟，绝不让敌人捉活的，要跟鬼子拼到底！”由于敌众我寡，洪麟阁全身9处负伤。在拼尽力气扔出一颗手榴弹后，他把最后一颗子弹留给了自己。

满族英雄杨二（1889—1938），原来是杀富济贫、惩恶扬善的绿林好汉。参加抗日暴动时，改名杨振荣，任冀东民众抗日救国军司令。他自己亲历过贫苦百姓遭受地主恶霸欺凌的痛苦，所以经常约束部下不做扰民之举，不同于一般打家劫舍的草寇。早在1933年长城抗战期间，日军占领兴隆县，烧杀抢掠，无恶不作。对此，杨二义愤填膺，曾经带队在孤山子全歼日军一个小队，缴获长短枪30多支。冀东大暴动爆发后，杨二率部在遵化县花椒园子宣布起义，组成民众抗日救国军，杨二任司令。不久，队伍就扩充到2000人。同年秋，杨二部队在遵化大安口被日军包围，伤亡惨重。10月13日又被日军包围，战斗中，杨二怀抱机枪，猛扫敌群，且战且走，撤到老君台时弹尽粮绝，

吴紫阳亲手绘制的绢画及作画的印章（均为国家三级文物）

身边只剩23人。杨二自知突围无望，宁死不屈，饮弹殉国。被俘的23名战士宁死不屈，被残忍的日军用铁丝穿透了肋骨，押解到遵化杀害。

冀东抗日联军第十四总队总队长吴紫阳，后任昌（黎）滦（县）乐（亭）抗日联合县县长。抗联队伍撤至平西后，吴紫阳被任命为房（山）涞（水）涿（县）联合县抗日民主政府县长。在后来的一次战斗中受伤被俘，面对敌人的威胁利诱，他坚贞不屈，正义凛然地说："别打我的主意了，落到你们手里，任杀任剐，我死而无憾！"日寇恼羞成怒，残忍地将吴紫阳等4位同志坑杀（活埋）。

冀东抗日暴动英烈，正是用这种不畏强暴、血战到底的英雄气概，谱写了自强抗争的爱国主义新篇章。

四、百折不挠、坚忍不拔的必胜信念

必胜信念是最终战胜日本侵略者的坚定信心和顽强信念。中国人民在持久抗战中顽强抗击敌人，最终打败穷凶极恶的日本侵略者，离不开百折不挠、坚忍不拔的必胜信念。

毁家纾难，是冀东抗日暴动时期冀东共产党人、爱国志士极为显著的特征之一，也是百折不挠、坚忍不拔的必胜信念的具体体现。迁安县西庄（今属迁西）1933年入党的魏春波就是典型的一例。在大暴动之前，魏春波的家早已成为冀热边特委的活动机关。1937年10月为组建华北抗联冀东第一支队，他卖掉家中赖以为生的十几亩良田，用来购买枪支弹药。第一支队夜袭清河沿伪警防所失利、王平陆牺牲后，魏春波力主继续坚持武装的游击战争，并把17岁的侄子魏顺兴送到游击支队。

在抗日暴动兴起的日子里，作为冀东丰滦迁一带暴动组织者之一的魏春波，全家男女老少都参加了抗日战斗，魏春波的家成了冀热边特委组织暴动的中心。在他的带动和影响下，他的妻、兄、弟、侄等都先后参加了抗日斗争。妻子徐桂芝于1936年入党，是魏春波的得力助手，在暴动中带领全家老少为部队烧茶做饭、缝制袖标；大哥魏长胜不顾年老身弱为抗联跑交通，传递信件；三弟魏长庆和几个侄子都参加了抗联部队。后来，魏长庆当了区救国会主任，侄儿魏顺隆和魏顺兴分别任军分区供给科长、第十二团某连指导员。

暴动后不久，汉奸勾结喜峰口据点敌人包围了西庄，魏春波家房屋全被烧毁。暴动队伍西撤受挫返回冀东后，面对白色恐怖，魏春波不灰心、不动摇，坚决拥护李运昌司令主持召开的柳沟峪会议决议，投入了收拢旧部、重整旗鼓、创建冀东抗日游击根据地的艰苦斗争。

12 月 25 日夜，魏春波的妻子徐桂芝与三弟魏长庆被日军抓捕，押到兴城据点。敌人企图从他们口里得知魏春波的藏身之所和枪支的埋藏地点，对徐桂芝严刑拷问。

冬夜，寒风刺骨，滴水成冰。敌人把她的裤子里装满沙子灌上水，捆紧后戳到院里去冻，她的脚趾被冻掉了，也没让敌人得到半点东西。在宪兵队看守所里，徐桂芝坚决不吃敌人送的饭菜，而是吞食着自己身上的破棉烂絮，以示抗争。最后，日本宪兵竟残忍地割去了她的双乳，38 岁的女共产党员徐桂芝为了保守党的秘密，和敌人斗争到最后一息。

魏长庆是报国会主任，也是坚定的共产党员。在日本宪兵队里任凭毒刑拷打、软硬兼施，他宁死不泄露党的秘密，最后与二嫂一起慷慨就义，时年 45 岁。

1940 年 3 月底，魏长胜老人在赶往古冶送急件的途中遇敌中弹负伤。他急忙将密件及手枪藏好，为引开敌人，滚下山崖壮烈牺牲。同年 4 月 23 日，魏顺隆在西庄突围战斗中牺牲。

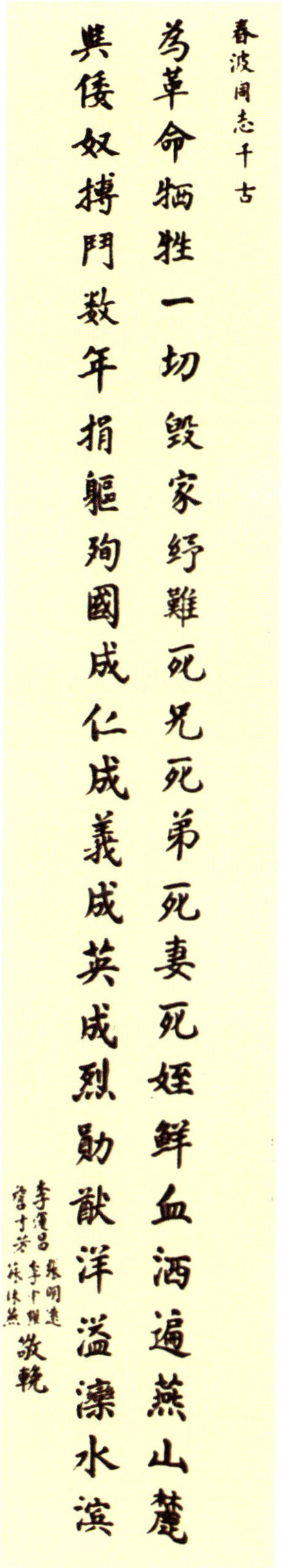

春波同志千古

为革命牺牲一切，毁家纾难，死兄死弟死妻死侄，鲜血洒遍燕山麓

与倭奴搏斗数年，捐躯殉国，成仁成义成英成烈，勋猷洋溢滦水滨

李运昌 张明远 李中权 曾子芳 苏林燕 敬挽

在一年多的时间里，魏春波一连失去了 4 位亲人。他忍着巨大的创伤，更加坚定了对敌斗争的决心。大家来安慰他，可他却反过来安慰同志们："你们不要为我难过，他们为抗战而死，死得壮烈，死得值！"紧接着，他又把年仅 14 岁的小女儿送到了战地医院，叮嘱着："好好地干，像你妈那样，流血不流泪。"

同年 6 月 8 日在岩口西小刘庄开会时，魏春波遭敌包围。在突围时，不幸中弹牺牲，时年 49 岁。随他之后，小侄子魏顺兴也在对敌斗争中光荣牺牲。

魏春波一家 7 人投身革命，6 人捐躯殉国。为缅怀宁死不屈的魏春波一家 6 烈士，冀东党政军领导机关在抗战胜利后举行了隆重的追悼会，李运昌、詹才芳、张明远、李中权、苏林燕敬献了大幅挽联（见上页图）。

这副冀东党政军主要领导联名献上的巨幅挽联，是对魏春波一家在抗战中为国捐躯壮举的概括与讴歌，更是对千千万万冀东抗日暴动英烈的追怀与崇敬。

硝烟远去，英雄永生。

今天，在新的历史起点上，冀东抗日暴动英烈们用鲜血和生命践行的伟大的抗战精神仍然具有宝贵的时代价值。它将永远激励着冀东人民为民族独立、祖国富强、人民幸福而谱写新的篇章。

（刘力勤，冀东烈士陵园副研究馆员）

回忆录

HUI YI LU

冀东人民武装抗日大暴动的追忆[①]

周建平

一、抗日救亡活动风起云涌

周建平（1908—1983）
（摄于1945年前后，周建平之女周静茹提供）

1931 年九一八事变后，东三省相继沦陷，1932 年伪满洲国成立。1933 年《塘沽协定》签订，日寇侵占了冀东地区，将冀东人民置于日寇的铁蹄之下，过着亡国奴般的生活。1935 年伪冀东防共自治政府成立后，各县安设日本顾问，派驻日本军队、特务浪人，任意烧杀淫掠，吸毒贩毒成风，民不聊生。共产党领导下的有志之士奔走呼号，抗日救亡活动风起云涌，如 1933 年截击敌人给养车，1936 年砸赌场、白面馆，打死或驱逐高丽浪人等。徐志同志和我组织抗日救国十大联盟，宣传抗战，并组织由东北回乡的父老乡亲在广大群众中演讲，揭露日寇罪行，动员矿山、学校的工人、学生发起抗日集会，在南下庄小学校多次印发《告同胞书》和东北义勇军战报，以鼓舞广大人民群众的斗志。当时对各阶级阶层的口号是“争取上层，

① 本文选自周建平的《我的革命回忆》之《冀东抗日大暴动》的部分内容，收入本书时略有改动。

团结下层，带动中层”，以实现全面抗战。

1937年卢沟桥事变后，全面抗战爆发。徐志、杨植三、杨维汉等同志来学校召开会议，布置并通告各学校老师们要和民团秘密交朋友，在村上调查地主的枪支等。经过这些工作，各阶级阶层的爱国人士精神振奋，当时就动员张九兰（南下庄人）参加了抗日救国工作。

1938年6月26日，徐志、王维昕、张九兰等人起义于丰润县四户小学校。振臂一呼，左家坞商团韩玉福、民团队长刘顾、屠广来等人即带队响应，3天内就拉起抗日队伍1000多人，张九兰任大队长，徐志任政治委员，王维昕任政治部主任，我任联络员。以点连线，左家坞—铁厂—梁屯—新店子—大党峪—七树庄—沙流河，抗日暴动的旗帜高高飘扬，揭竿而起的有志之士，臂系红臂章，有秩序、有纪律，摧毁伪警察所并收缴地主枪支，队伍愈来愈大，3000多人的队伍浩浩荡荡，所到之处受到群众欢迎。

二、攻打丰润城

1938年7月七树庄会议后，我们全力攻打丰润县城。听说从西门攻进老爷阁时，张九兰牺牲了，部队只好退了出来。鲍子箐、张乐天带领一部分队伍去韩城、毛家坨一带成立第九路军，徐志、王维昕将队伍带到左家坞整顿。是时，邓华、宋时轮的挺进军来到丰（润）玉（田）遵（化）地区，暴动队伍随宋时轮挺进迁安、长城内外、滦河东西两岸活动，收复罗屯、太平寨、迁安县城，北进长城外青龙地区。

1938年七八月间，冀东人民的抗日情绪异常高涨，洪麟阁、杨十三、李楚离起兵于玉田，李子光、王崇实起兵于平（谷）蓟（县），李运昌、丁振军、苏林燕起义于丰润岩口，叶田、周治国起义于黴河桥。长城内外、渤海以北、东起临榆、西至通州，冀东大地到处红旗招展，几天之内，发动起10多万武装队伍。部队随宋时轮东进后，由苏林燕同志介绍我去丰（润）玉（田）遵（化）联合县政府工作。

1938年8月，丰玉遵联合县政府成立。刘慎之任县长，张异样任秘书，下设10个区。我任第四区区长，有助理张梦松（菜园人）、张贺挺（高庄子人）、石青（老君屯人）等人。办公地点设在老君屯大庙，连区里的工作人员共12人。任务是筹集粮秣和护秋（禁止砍伐高秆农作物），随时接待过往部队和抗日工作人员。村则由维持会改为村政会，办理村内抗日救国各项事情。

三、去平西整训

1938年10月下旬，根据四纵部队领导指示，八路军抗联部队全部西撤整训。这次西撤时，丰玉遵联合县政府早已西撤了。当我送粮食到杨家峪时，得遇徐志、王维昕、崔林等同志，他们决定把我留在地区坚持斗争。

10月下旬的一个夜晚，李运昌的部队由西返回，路经仰山村时，苏林燕找见了我，谈到坚持斗争地区的一些问题。他说："要隐蔽分散，积蓄力量。根据当前形势，你还是回南下庄小学，以教书为掩护，并做些调查研究。杨维汉同志以后会找你。"

整个部队和抗日政府西撤后，地区非常空虚，形成无人管的现象。敌伪政权被我们摧毁后，部队虽然西撤，敌人也不敢轻易出动。特别是区、镇基层组织更难恢复。这种空虚状态达5个月，因此，村镇一些坏分子三三两两冒充我抗日游击队员诈骗枪支财务。敌人造谣说："王维昕和他的小红马淹死在白河，徐志死在长城外一个山沟。"弄得人心惶惶。这时苏林燕传达了上级党委3条指示：

（1）开展锄奸、除特，安定人心，安定秩序。

（2）在有条件的乡村指派乡政员，负责监督各阶层活动。

（3）村镇小学校开课上课，恢复集市贸易。

11月间，杨维汉同志来南下庄小学找我，并探询高庆潭同志的关系。我便报告了南下庄北街坏分子张书起趁我部西进之际，对我坚持斗争地区的零散人员图枪害命问题。几天后即将张书起除掉，并将他抢劫的3支大枪收回带走，这一行动给一些顽固坏分子以强有力的回击。人们奔走相告"八路军还在地区坚持并未离开"。秩序安定了，各项工作逐渐开展起来，集市贸易和学校教学也逐步恢复了。

1939年3月，在大旺庄找见了王维昕同志，他是由平西返回冀东坚持地区工作的。汇报了几个月的情况后，我问他今后怎么办？他回答我的也是“隐蔽活动，等待时机（青纱帐时），你还是在南下庄学校坚持以教学作掩护，以学校为联络点，组织一些进步教员开展宣传工作”。当时，西八庄的学校老师们和进步青壮年又被动员起来了。

1939年暑假后。我被调往中东区韩城西南8里王各庄小学校任校长。该村是油葫芦泊沿一个大村（800多户），半年之中在泊沿各村进行调查各阶级阶层的动向，粗线条做了分析，在日常生活中进行观察。通过与老师们闲聊，秘密了解有进步思想、正义感的教员，计有于林庄肖寿昌、刘各庄王五楼、四神庄李维崙、三神庄王家瑞、荣各庄王辅虞等人。在伪教育局组织中东区学校校长7天集训时，我又结识了一些进步的小学校长，其中有彭来、付会普、付会轩、杨才停、么子迁等人，扩大了活动面。

1939年寒假回家后，又将半年情况向王维昕同志做了汇报。那时，徐志同志已由后方回冀东。

1940年春节又回到了王各庄学校，春假期间调来许洪翼任教员（1940年10月动员脱产参加抗日工作）。约在四五月间，任永和同志拿着徐志的信找我，到泊沿一带村庄活动，我对周围十几个村子的各阶级阶层的动态做了介绍，任永和同志经常来往于各村学校之间。经过青纱帐季节，活动由秘密走向半公开，建立了区政权，丰（润）玉（田）宁（河）油葫芦泊沿一带形成了一个坚强阵地。1940年下半年，胥各庄的敌人两次包围泊沿各村，各村校都无大损失，未发生意外。10月后，教员中动员王各庄许洪翼、刘各庄王从周、荣各庄付会普前后脱产参加了抗日工作。

（周建平，生于河北省丰润县北夏庄乡仰山村，1935年经徐志介绍加入中国共产党，1938年参加冀东人民武装抗日大暴动，离休前任煤炭工业部供应局局长）

父亲宋时轮率队挺进冀东

宋崇实

1937年抗日战争全面爆发。毛泽东同志在洛川会议上指出，红军可以一部于敌后的冀东，以雾灵山为根据地进行游击战争，创建冀热边根据地。与此同时，中央军委将在陕甘宁边区的红军改编为国民革命第八路军，立即东渡黄河，挺进华北抗日前线，打击侵华日军，创建包括晋察冀边区在内的华北抗日根据地。

一、姓中华 名抗战

1937年，由于国民党军队的屡次失利，日本侵略军很快占领了西雁北的主要城镇，日军侵占山西的战略企图是以此作为华北作战的补给基地。1937年9月由师长贺龙主持的一二〇师军政委员会紧急会议，要求由父亲宋时轮（原任红二十八军军长，国共两党第二次合作后任八路军一二〇师三五八旅七一六团团长）率领三五八旅七一六团二营为骨干组成独立支队，北出长城，到雁门关以北敌占区打游击，迟滞日军向神池、宁武的进攻，想办法拖住日军后腿。会议的第二天，父亲宋时轮就率领一支900余人的支队，从晋西北向雁北地区进发。雁北地区，位于雁门关外，古长城以南，同蒲铁路以西，北接绥蒙，东连晋察冀边区，辖左云、右玉、山阴、怀仁、平鲁、朔县和大同的一部分；西雁北由于地形的毗连，一直与绥蒙的清水河、和林、凉城、丰镇等县连接在一起，统称雁北地区。晋西北是中共中央所在地陕甘宁边区的门户，西雁北则是这一门户的屏

宋时轮、郑继斯和女儿宋崇实

障，也是中共中央和晋绥边区联系绥蒙的通道，在对日作战和保卫陕甘宁边区方面有着极为重要的战略作用。父亲宋时轮率部北上途中，遇到败退南撤的国民党骑兵第二军，望着宋支队深入敌后，国民党军官兵疑惑地问道：“你们人数不多，装备简陋，我们骑兵还跑不及，你们步兵开上去顶什么事？去了也是送死。”国民党骑兵第二军军长何柱国对父亲宋时轮说：“日本人不好对付，我们的炮弹落在他们的坦克上毫无作用。我自己几乎送了命。”父亲宋时轮说：“那我就单气气小日本鬼子！”

1938 年，平北抗日战场上，父亲宋时轮一为气气小日本鬼子，二为回击日军情报人员对八路军情况的搜集，宋时轮支队在游击队配合下，把好些宣传品送到了日军大佐的办公桌上。自我介绍“姓——中华民族，名——坚决抗战”“往来八达岭上，出入居庸关前”“喜在平郊走走，也进城里转转。皇军如有兴趣，请来一块玩玩。”日军大佐看后气得拍桌大叫，惊恐万分！

二、声东击西 巧破围攻

宋支队在雁北敌后广泛开展游击战，打得日军厚宫师团惊恐不安。为了巩固后方、确保交通运输线安全，1938 年 1 月上旬，日军集中 2400 多人，分 5 路向宋支队实施大规模的“围剿”。父亲宋时轮采取声东击西的战术，指挥支队主力在大同附近袭击车站、仓库，破坏道路交通，迫使“围剿”的各路日军无功而返。

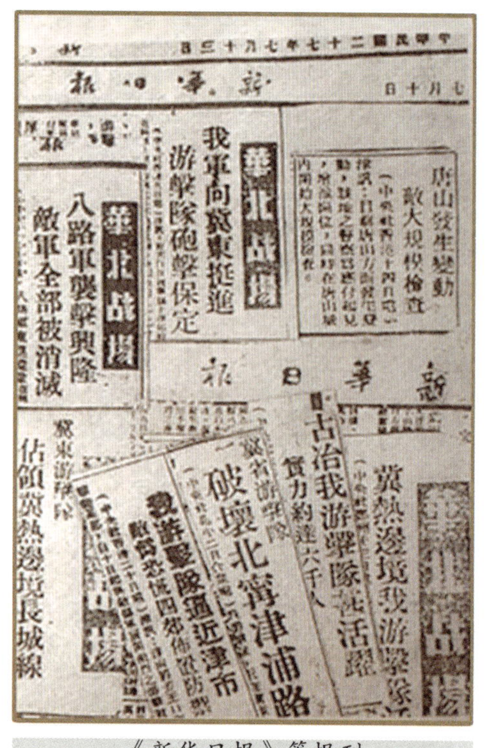

新華日報

華北戰場

我軍向冀東挺進

游擊隊砲擊保定

唐山發生變動

敵大規模檢查

華北戰場

八路軍襲擊興隆

敵軍全部被消滅

新華日報

冀東游擊隊

佔領冀熱邊境長城線

古冶我游擊隊甚活躍

實力約達六千人

冀熱邊境我游擊隊

冀省游擊隊

破壞北甯津浦路

我游擊隊逼近津市

《新华日报》等报刊
对八路军四纵挺进冀东的报道

2月底，日军又集中3000多兵力，对宋支队实行第二次围攻，结果又告失败。3月，第三次围攻开始后，宋支队在占据有利地形的条件下，同敌人英勇拼杀，激战一昼夜，日军被全部击退。从1937年10月到1938年5月，宋支队在同蒲线以西、京绥线以东，同日军进行大小战斗百余次，击毁日军汽车390余辆，歼灭日军2000余人，缴获各种武器1000余支（挺）；支队自身得到扩建，由最初的5个连扩建为3个营、1个骑兵大队、8个挺进队，总兵力达2000余人。宋支队成功地在极短的时间内创造了晋西北持久抗战的根据地，在补充自身的同时，多次粉碎了敌人的进攻。宋支队屹立于敌人侧后方，占领巩固的阵地，成了被敌人摧残的千百万同胞的灯塔，并成为华北抗日战争不可或缺的战略支点。

三、胜利会师 组建四纵

宋支队在雁北积累了于敌后广泛开展游击战的宝贵经验。为了配合即将爆发的冀东人民抗日大暴动，占领咽喉要地冀东及平北，1938年4月1日八路军总部命令，抽调宋时轮支队东进平西，与先期到达该地区的晋察冀军区邓华支队会合，挺进冀东。

1938年4月14日，宋时轮支队遵照八路军总部命令从山西大同一带分两路出发，经蔚县、桃花堡，开赴平西。同年5月，一支身着深灰色军装的部队从吕梁山浩浩荡荡开向平西斋堂川。这支队伍给人留下最深的印象就是武器精良，弹药充足；除了肩扛步枪，腰间还插满了手榴弹。斋堂街头刷满了“欢迎纪律严明的宋支队”“欢迎英勇杀敌的宋支队”的标语口号。

1938年5月25日，八路军宋、邓两支队在宛平县杜家庄（今北京市门头沟区清水镇杜家庄）会师。会师后，根据1938年5月17日八路军总部的电令，邓华支队由第六支队改为第十一支队，宋时轮支队由雁北支队改称第十二支队，合编为八路军第四纵队（军），总兵力5000多人。父亲宋时轮任司令员，邓华任政委兼纵队党委书记，李钟奇任参谋长，伍晋南任政治部主任，苏梅任副主任。两支队伍合编后，便兵分两路向冀东挺进。一路由司令员宋时轮、政治部主任伍晋南率领第十二支队过居庸关，经昌平、延庆、怀柔、密云，向冀东开进。另一路由政委邓华、参谋长李钟奇率领第十一支队经康庄、延庆，连破永宁、四海等日伪军据点，进入怀柔、兴隆，也向冀东前进。八路军第四纵队兵分两路积极向冀东挺进，主要任务是配合冀东人民武装抗日大暴动，以便建立新的抗日根据地。

当时宋时轮支队的组成及编制：

第三十四大队：大队长易耀彩，政委王再兴，总支书记张汉民。

第三十六大队：大队长唐家礼，政委王季龙，总支书记（一说特派员）詹大南。

骑兵大队：大队长王正川，政委李炳勋。

另外，宋支队有1个独立营。

宋支队由宋时轮任司令员兼政委，伍晋南任政治部主任。

四、毫发无损 重创昌平

父亲宋时轮率领第三十四、第三十六大队和骑兵大队、独立营兵分两路，在长城以内向东挺进。按照八路军第四纵队的部署，父亲宋时轮率领的第三十四大队和独立营，从平（北平）绥（绥远）铁路以西的大村出发，在居庸关和南口之间穿过平绥铁路，经平北奔赴冀东。当时居庸关只有铁路警察驻守，南口有伪军300多人。这里的警察和伪军一听说八路军来了，赶紧逃进了昌平县城。此时昌平城内已驻守日军1个中队，伪警察也扩大到140余人。为了扩大八路军的政治影响，打击日伪的嚣张气焰，第三十四大队二营奉命奔袭昌平县城，部队跨过居庸关，直出十三陵，将昌平县城团团包围。

1938年5月末的一个拂晓前，二营五连仅用几分钟时间，就从伪军尚未修好的城墙豁子摸进城去，六连随后也攻进城内。伪军发现八路军攻城以后，急忙用枪打坏了西门照明用的桅灯，但他们已经处于八路军两个连的包围之中。战斗在曙光初露时打响，伪军猝不及防，仓促迎战。八路军战士用手榴弹炸毁了西门岗楼，消灭了 3 个日军和岗楼上的伪警察，西门被顺利地攻破了。八路军从西门进城后，二营教导员王再兴立即令七连和六连一排冲向中心炮楼，六连二排和五连一部分直取东门，其余部队攻打伪县政府。经过 1 个多小时的激战，除中心炮楼由于伪军火力过猛，八路军连攻 3 次未能奏效外，县城其他地方已被八路军控制。战士们将“驱逐日本帝国主义出中国”的大幅宣传标语贴到了昌平城中心的鼓楼上。天亮时，日军从南口、清河等地出动坦克、汽车 20 余辆前来增援。为了减少损失，八路军撤出昌平城，由当地老百姓带路，押解着 24 名俘虏，带着缴获的 41 支步枪和 5000 余发子弹及其他军用品，抵达昌平西北的德胜口。

1938 年 5 月，八路军四纵挺进冀东

五、智夺平谷 扬名冀东

1938 年 7 月间，冀东地区正值雨季，父亲宋时轮命令第十二支队第三十四大队乘敌人防守不备攻打平谷县城。平谷县城城高墙厚，易守难攻。加上城外环

绕有护城河，河水因大雨而漫涨，河宽水深无法徒涉。城内又驻有五六百日伪军，可谓戒备森严。敌人根本料不到八路军能来攻打。然而，第十二支队第三十四大队接受任务后，一面派出大队侦察参谋王崇美带领侦察排实地侦察，一面发动群众，取得群众的支持，协同第三十四大队进行攻城的准备工作。

第三十四大队驻地熊儿寨、鱼子山地区的群众抗日情绪非常高涨，听说八路军要打击日伪军，便自发地给八路军四纵第十二支队第三十四大队送水、送饭、备干粮、派向导、绑担架，献出用作攻城的梯子，组织起四五百人配合部队去攻城。1938 年 7 月 19 日倾盆大雨，夜晚黑如锅底，日伪绝不会料到八路军和抗日民众将要兵临城下，夺取平谷县城。第三十四大队大队长易耀彩按宋时轮司令员的安排，就在这天下午研究了攻城的具体部署：以一营营长杨树元、教导员雷玉龙带领一营负责攻北、西两座城门；三营营长张志成、教导员高克功带领三营攻击南、东两座城门；布置二营营长单德贵、教导员赵立业带领二营为预备队，准备大队入城后扩大战果。

黄昏前，部队由熊儿寨下山，晚八九点部队到达平谷县城墙角下，晚 10 点再次进行实地侦察、登城地段选择。由于侦察排对平谷县城内外地形、地物、敌人的火力布防有了比较详细的了解，以及对攻城地点及突破口的选择，在倾盆大雨和护城河水哗哗流动声的掩护下，一营、三营都按预定计划选择好了登城地点和突破口，于凌晨 1 点准时攻城。一营先以偷袭的办法往城墙上靠梯子，准备登城攻上城墙，但因城高，梯子矮了一截而无法攀上城墙，投出去的手榴弹反弹回来造成自身的伤亡，越墙入城不行，只得改用其他办法。正在计谋之时，第三十四大队大队长易耀彩身边的向导机智地提醒大家：“城墙脚下泄水沟是直通城里的。”一听此言，大家顿时活跃起来，一致认为“此招甚高”。于是，第三十四大队大队长易耀彩便派一营一连一排排长宋来仁同志（陕北人，18 岁的红军老战士）带领 18 名战士，光着背膀，背起 10 枚一束的手榴弹和马刀，潜入泄水口，游到北城门内，砍死把守城门的哨兵，炸死守敌，迅速打开城门。一营、二营和参加攻城的群众涌入城内。战斗打响，三营尚在城外，于是又先消灭了南门守敌，打开城门，迎接三营入城，城内日军见城池不战自破，早由西门落荒而逃，伪军 500 余人全做了俘虏，缴获全部武器弹药，拂晓前胜利结束战斗。当即宣布成立县政府，发布安民告示，宣传共产党、八路军抗日救国政策，动员人民团结起来抗击日本侵略者。

八路军第四纵队第十二支队向来以英勇顽强著称，以机智灵活闻名。在攻打平谷县城时，第十二支队第三十四大队居然创下未伤一兵一卒、生俘敌人500多名、缴获枪械弹药全部且解放全城的模范战例。

六、巧取花盆村 建立党支部

进入怀柔、兴隆，向冀东前进途中，八路军第四纵队司令员宋时轮命令由政治部主任伍晋南率领第十二支队第三十六大队及骑兵大队、独立营留在平北开辟根据地，以保证第四纵队向冀东挺进后方的安全，控制平西与冀东的交通联系通道。于是，第三十六大队和骑兵大队及独立营从青龙桥附近过平绥路，经永宁、千家店。在千家店，攻占了伪满公所。平北的黑水河在花盆村绕村而过，山林间散落着乡村。1938年6月初夏的夜晚，部队经过数日休整后东进至花盆村。这时前方报告，热河伪满军三十五团一个营、400多人也进至花盆村。这股敌人原驻四海，从汤河口过来拦截八路军，此时正在夜幕掩护下，悄悄向孤山运动。四纵领导当机立断，歼灭这股敌人。山林间突然响起了密集的枪炮声，一阵冲锋号吹了起来了，“冲啊！敌人已是无援的孤军，只要坚持一下，一定能完全消灭它！”只见前方的指战员高喊着口号，向伪满军冲去。战斗仅持续了一个多小时，伪满军见大势已去，纷纷脱去军上衣，只穿白衬衣，以班为单位把枪架好，自动举行了“投降仪式”。此次花盆村战斗生俘敌人300余名。

八路军第四纵队第十二支队第一次挺进延庆，一度收复赤城、龙门所、后城等地。尔后，按照纵队司令员宋时轮的命令，政治部主任伍晋南指挥挺进大队再次进入延庆开展游击活动，并在大庄科东三岔村的庙墙上张贴布告，宣布成立昌滦密联合县政府，建立了一些基层抗日组织，播下了抗日火种。在“后七村”（铁炉、沙塘沟、景而沟、慈母川、霹破石、董家沟、里长沟）中的沙塘沟村发展党员，建立了平北第一个农村党支部。

七、开辟滦昌怀 组建联合县

1938 年 7 月，八路军第四纵队第十二支队第三十六大队和骑兵大队在怀柔头道梁村建立了滦（平）昌（平）怀（柔）联合县，组建了滦昌怀县工委，隶属河北省委（敌后），这是怀柔地区第一个县级抗日政权。滦昌怀联合县创建后，第三十六大队和骑兵大队抽出 4 个步兵连，组成工作组，分散开辟根据地。遵照八路军第四纵队司令员宋时轮的指示，八路军第四纵队政治部主任伍晋南和怀柔县长张书砚首先以头道梁为中心组织了区抗日救国会，工作组相继在长园、甘涧峪、辛营、慕田峪、黄花镇等地，建立了区、村抗日政权和救国会。驻怀柔、昌平、延庆的日伪军，对联合县政府所在地区进行了轮番“扫荡”，日伪军企图摧毁滦昌怀联合县这个刚刚诞生的民主政权。在极端困难的环境中，在八路军第四纵队司令员宋时轮的指示下，八路军第四纵队政治部主任伍晋南指挥第三十六大队和骑兵大队多次迎击敌人，给日伪以沉重打击。全面抗战初期，八路军第四纵队为策应冀东人民武装抗日大暴动，在昌平、滦平、密云一带建立了地方政权。八路军第四纵队司令员宋时轮亲率第十二支队经昌平、滦平由四合堂入密云。为保持平西与冀东的联系，留下钟辉琨部在密云、滦平、昌平三县之间开展游击活动，并以滦平秋场、大地为中心建立了昌（平）滦（平）密（云）联合县。

八、铁厂会议 中央贺电

1938 年 8 月下旬，八路军第四纵队党委、冀热边特委和冀东抗日联军各部负责人在遵化县铁厂举行会议。会议由邓华主持，确定了建立、坚持根据地的方针，决定整训部队，成立冀察热宁军区，推举八路军第四纵队司令员宋时轮为冀察热宁军区司令员，八路军第四纵队政委邓华为冀察热宁军区政委，冀东抗日联军总司令高志远，副司令洪麟阁、李运昌为冀察热宁军区副司令员，八路军第四纵队政治部主任伍晋南为政治部主任，八路军第四纵队参谋长李钟奇为冀察热宁军区参谋长。下设 5 个军分区，由高志远、洪麟阁、李运昌各组织一个军分区，由八路军第四纵队派干部组织两个军分区（四纵其实是由八路军邓华为司令员的第十一支队和宋时轮为司令员的第十二支队组成的），并议定成立冀察热宁边区行政委员会，由华北人民武装自卫委员会的领导成员国民党桂系代表刘绍襄任主任委员。会议还指出，建立健全各县抗日政权，负责筹粮筹款，支援部队，建立抗日秩序。同时，会议决定从八路军第四纵队主力部队中抽调部分干部，分派到各抗联队伍中去，帮助训练和整顿部队。

1938 年 9 月 1 日中共中央和北方局发来贺电说："中共中央与中共北方局今以十万分的高兴，庆祝抗日联军反汉奸起义的胜利及与八路军纵队的汇合，并向在起义中在前线上死难的烈士及其家属，致以崇高的敬礼！由于冀东国共两党同志及无党派抗日志士的合作，抗日联军与八路军纵队的胜利，已给日寇以严重的打击，摧毁了冀东汉奸政权，发动了广大的民众，配合了全国的抗战。"

（宋崇实，宋时轮将军二女儿，北京交通大学附属中学教师）

忆李子光同志二三事

宋时轮

同子光同志相识40多年。我们第一次见面是在1938年冀东抗日大暴动以后。他原名贾一忠，当时大家都叫他“贾队长”。李子光这个名字，我是后来才知道的。

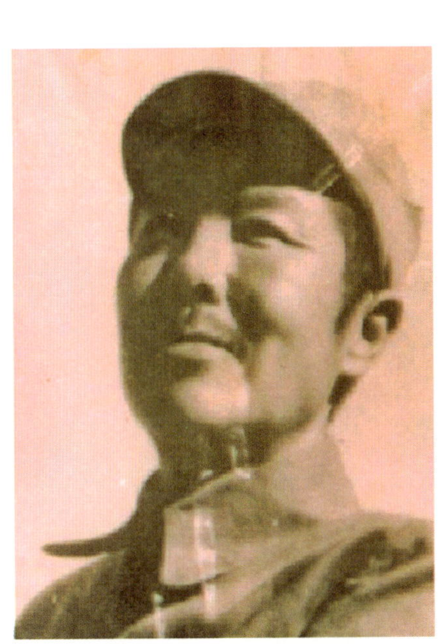
李子光（1902—1966）

1938年春，邓华同志和我奉命率八路军第四纵队开赴冀东，配合冀东人民武装抗日大暴动。7月中下旬，第十二支队的一部打到了平谷县城。这一天，司令部的同志刚吃过晚饭，我正在打电话查问部队的情况，我们派往蓟县工作的王巍同志带着一位中等身材的农民走进来。“司令员，我给你找来一位熟悉蓟县情况的同志”。王巍同志进屋便按捺不住兴奋的心情，向我指着身旁那位穿对襟布衫的农民介绍说：“这是贾队长。”

我一面让座，一面询问那位朴实的农民：“你是哪里人？”

他回答说：“蓟县人。”我诧异地望着他，用半开玩笑的口气问他：“老乡，你跑到这里来，不害怕吗？”

他只是笑了笑。没等他开口，王巍同志忙说道：“司令员，他是县委负责人。”

“噢！”我愈加钦佩地上下打量着他，心里想：真是一点也看不出来。于是，我微笑着说：“那好哇，贾队长，请你讲讲蓟县的情况吧。”

他坐在那里，有条不紊地介绍蓟县县委的情况和敌人在铁营一带的布防。他讲得既简单又干脆，就像对自己家里的事情一样清楚。

我心想，这个同志还真有水平呢，便问道：“你读过书没有？”

王巍同志插话说：“贾队长当过教员。”

我会意地笑了笑，便赞赏地说：“难怪嘛，讲得这么有条有理。”

我又问他：“有条王明路线，你知道不知道？”

他坦率地说：“详细情况不清楚，只知道遵义会议上反了左倾路线。”

我比划着手势再问：“那你是拥护毛泽东路线呢，还是拥护……”

他毫不迟疑地立即说道：“拥护毛泽东路线！没有毛泽东路线，哪来的北上抗日！”

“你怎么知道的？”

“看《八一宣言》呗！”他干脆而且响亮地回答。

我又询问了一些情况，他都抓住中心而又十分简明地做了回答。

王巍同志向我介绍贾队长，说他负责县委的武装工作，有100多支枪，在蓟县很有群众基础，男女老少都知道。尤其在马伸桥一带，只要你说是贾队长派来的，那里的群众，甚至老头、老太太，也都会十分热情地招待你。

当时，部队正在做攻打蓟县的准备工作，我对贾队长说：“交代个任务给你好不好？”

他马上庄重严肃地回答说：“司令员，你讲，我们办！”

我说：“第一，在两天之内，你把蓟县敌人的布防、兵力、工事、火炮位置，画一个图交给王巍同志。”

他想了一下说：“两天时间紧一点……”但紧接着说：“行！”

“第二，我们准备打蓟县，你的队伍能不能参加？”

“能！”贾队长兴奋喜悦的目光直瞧着我，并用豪壮的语气说：“我们打头阵。”

我忙说：“不要你们打头阵。你派几名熟悉地形的同志来，给部队引路；

打进城以后，你组织人维持秩序，接收敌伪财产，抓特务。这些任务都包给你，行不行？”

他点头说：“行！行！”

他要走了，我送他走出司令部门口。突然，他回过头对我说：“司令员，回去能不能对县委讲？”

我知道他是指部队要打蓟县的事，便回答说：“只要可靠，可以。但不要走漏消息。”

他又点点头说：“好！”然后一阵风似地走了。

我望着他走去的背影，心里想着：这可是个有政治头脑又真诚豪爽的好同志啊！

第一次见面，他给我留下了鲜明而深刻的印象。

3天后，我们部队打下了蓟县县城。贾队长也率领着农民展开了轰轰烈烈的革命斗争。他们首先打开监狱，释放了全部政治犯。在那样紧迫的日子里，他指挥县大队和农民队伍一起负责县城里的治安，市面上照常营业，秩序井然。

一天，贾队长来司令部汇报工作。见面后，我就问他：“当大队长呢，还是做县委工作？”

他爽快地回答：“上面让我做什么，我就搞什么，由组织决定吧。”

我留他吃饭，在饭桌上我开玩笑说：“有鱼，有肉，你是吃鱼，还是吃肉？”

他发出轻松而又愉快的笑声，一边吃一边幽默地说：“二者可兼得吗？鱼也吃，肉也吃。没有嘛，也不想。”

我说：“好嘛，组织上决定让你搞县委工作，也抓县的武装大队。”

他的目光在我脸上停留了片刻，同时微笑了一下说：“服从命令！二者可以兼得。”

我听了哈哈大笑，十分欣赏他在幽默的谈笑中表现出来的组织观念，并且思维敏捷而又机警。

第四纵队主力和一些地方部队回平西根据地整训，贾队长也带着他的队伍到平西。这样，我和他接触的机会就比较多了。

为了补充第四纵队的主力部队，上级决定整编地方武装，其中也有贾队长的队伍。我征询他的意见，他听我说了上级的意图后，立即表示说:“好，服从命令！”

我又一次被他简短而又坚决的语气所吸引，半开玩笑地问：“这可是你一人一枪地搞起来的哟，你一点也不心疼呀？”

他忙站起来说：“那还不是为了党的事业？我们这些人还不是党的队伍？编入主力好嘛！”他对祖国、对人民、对党的深情，都在这铿锵有力的言语中充分地表露出来了。这个朴实的像普通农民一样的指挥员，把自己的一切都交给了党和人民，这种革命者无私的坦荡襟怀，使我很受感动。

冀东暴动以后，日本鬼子不断地调重兵到华北地区，对冀东进行了残酷的“清乡”。那里只有我军3个支队以及零星的抗日武装坚持在山区活动。敌人残酷围剿，每天到四乡抓捕有抗日嫌疑的农民，到处是讨伐队、汉奸、特务，不断听到同志牺牲的消息，形势极为严重。

在千把名干部参加的大会上分析冀东形势时，我们提出可不可以再派些人去开展工作，许多同志不同意，认为冀东战略地位重要，敌人不会放弃这个咽喉要道，环境将会更加严重，不大好站住脚跟。李子光同志却不这样看，他的一席话截然与众不同：“现在敌人把华北当作重要地区，冀东是重点的重点。但是冀东平原广阔，空隙很大，群众条件好，尽管情况十分严重，还是大有可为的。只要组织决定，我就首先报名回去。”

当时1000多名干部，他是第一个报名去的。在残酷的环境中，他敢于挑重担，到几乎难以立足的敌人心脏中去坚持斗争，这使我更为感动。为了照顾他，我让部队送去一些吃的、用的东西，他却全部送给了其他同志。

不久，他只带着几个干部和大约一个排的战士，由平西根据地出发，通过敌人的层层封锁线回到了冀东。他返回冀东后担任了蓟县、遵化工委书记，深入群众，发展党的组织，坚持不懈地努力恢复和发展游击战争，为建立盘山根据地和后来的冀热边区做出了很大贡献。

全国解放后，子光同志一直在河北省委工作。他虽担任领导职务，却依然是那么朴实，保持着战争年代的作风，经常深入河北广大农村，勤勤恳恳地为党工作着。他有时到北京开会，到我家来做客，我们依然如同在战争岁月里一样，亲切相叙，无所不谈。后来，当我听到他被林彪、江青、陈伯达、康生一伙极左路线迫害惨死的消息时，感到万分沉痛，又异常愤恨，心情长久平静不下来。他那诚挚的目光、他那简朴的形象、他那大无畏的革命精神、他那高尚的品德时常在我脑际萦回，我敬佩他，经常思念他，也力求学习他。

子光同志是一个平凡而又品质高尚的人。他对人对事都很公道、正直、实事求是，他对革命事业是那样大公无私、贡献出自己的一切。他立党为公，从不搞自己的小圈子，不争名，不争利，不贪功，不诿过。他在斗争最困难的关头从不动摇、不消极、不叫苦，而是积极进取、百折不挠、不畏艰险、不怕牺牲，几十年如一日，鞠躬尽瘁。他是一个十分忠诚党的事业的好同志啊！

（宋时轮，湖南醴陵井湾村人，1926 年考入黄埔军校，1927 年加入中国共产党，新中国开国上将）

对王仲华的回忆

李恩波

王仲华（1907—1939）

我与王仲华同志接触仅一年多的时间，但通过一年多的亲身经历，我深刻认识到，王仲华不仅是我的好领导，而且是德才兼备、文武双全的抗日联军的指挥员。

我最早知道王仲华的一些事迹还是在七七事变后、王仲华到滦县马城镇多余屯（今属滦南县）高志远家里开始的。我清楚地记得，王仲华那次来是高志远专门委派我和董世瑞、陈秀玉去接站的。当时的分工是：陈秀玉借的双套骡马棚子车，负责赶车；我与董世瑞负责安全保卫工作。那个时候，我们只知道高志远让我们执行一项秘密任务，是要接一个非常重要的人物，但一点儿也不知道来人的身份。

到了我们村多余屯，高志远早已备好了酒菜，为王仲华接风。席间，高志远看了看已没有外人了，就向陈国武、贺邦真、陈稳、高老二、董世瑞、陈秀玉和我简单介绍了王仲华的来历和身份。

高志远介绍说："咱们接来的这位名叫王仲华，是华北人民武装自卫委员会的代表，也是总会的军事和统战部部长。他是专门帮助咱们冀东人民发动起义、打日本鬼子来的，你们这些人也都加入了华北人民武装自卫委员会冀东分会，都归王仲华领导。原来他是北平中国大学的大学生，为了抗日救国连学也不上了。从今往后咱们不但听他的，还要保障他的人身安全，对外包括妻儿老小也要保密。”

随后，王仲华又给我们讲了抗日救国的道理，讲了日本乃区区岛国，妄想侵占我们如此泱泱之大国，那是不自量力，肯定是长不了的。只要我们全体中国人民团结一心，是完全可以打败日本侵略者的。

王仲华到多余屯后，先后做了很多统一战线方面的工作。据我所知，冀东滦县除了高志远和陈维是王仲华在七七事变前的1933年经高志远的表小姨子杨莲芝（东北大学的学生，高志远妻舅的女儿）介绍认识的以外，其余的都是在七七事变后通过高志远的关系结识的。

例如，沿海一带168村联庄会的会长陈宇寰，在沿海一带威信甚高，于是高志远就带着王仲华亲自到小陈庄拜会陈宇寰。在高志远的介绍下，王仲华和陈宇寰一见如故。在王仲华的启发和帮助下，陈宇寰懂得了很多革命道理，认清了抗日救国是我们唯一的光明前途。

类似这样结交的著名人士，我记得还有：

殷焕章（殷老三）：滦县殷庄、大马庄等西10村（今属滦南县）联庄会会长；

刘天瑞：滦县西兰坨、司各庄一带48村（今属滦南县）保卫团团长；

高荣久：滦县西张士坎一带18村（今属滦南县）保卫团团长；

李文芳：滦县大李庄一带（今属滦南县）民团队长；

王宝三：滦县长凝一带（今属滦南县）民团队长；

魏恩荣：滦县魏庄、孙庄一带（今属滦南县）民团队长；

赵云昌：滦县长凝镇木梳庄（今属滦南县）人，吴佩孚义子；

吴紫阳：滦县司各庄（今属滦南县）学校校董兼保卫团团董；

曾继先：滦县方各庄一带（今属滦南县）联庄会会长；

孙善蛟：滦县胡各庄一带（今属滦南县）民团队长；

韩际新：滦县杜峪人，毕业于东北讲武堂第七期，曾任青岛市保安处中校副处长；

刘冠英：乐亭县汀流河镇民生医院院长；

许世隆：抚宁县台营乡大乡长兼民团团董。

为了更广泛地发动各界人士投入到大暴动中来，王仲华通过高志远的关系，派陈国武打入乐亭县汀流河镇伪警察所；派陈维到秦皇岛第三警察局找局长佟明礼联络一起参加暴动。总之，王仲华在冀东东部，特别是北宁路路南除了做好上述上层人物的工作外，还在大暴动前后联络了曹致福（晁子孚）、陈家宝、宿树栢、戚树雨、张子川（张老八）、于从杰、王仲杰、李绍文、赵培兰、刘毓芝、于柱国、李麟生等一大批爱国志士。

冀东人民抗日大暴动前，王仲华经常在高志远家里会见一些爱国人士或召集一些比较重要的会议，特别是1937年12月在高志远家里召开的冀东十县抗日代表会议。我记得除了高志远和王仲华外，来高志远家里的人还有洪麟阁、杨十三、李运昌、胡锡奎、陈宇寰、李润民、丁振军、刘冠英、王平陆、许世隆、殷勤章、殷焕章、吴紫阳、杨绶卿、魏春波、赵振威、卜荣久、高小安、李光宇、王崇实、张其羽、黎巨峰、侯廷辅等。有时候由于高志远家里雇工人多，来往人员活动不便，又怕走漏风声，便在高志远家对门儿的朋友陈秀玉家开会，我和陈国武、贺邦真、杨万昌、陈稳、高老二、董世瑞都去陈秀玉家里假装帮着干活儿，目的是为高志远、王仲华开会做好安全保卫工作。

还有些来往人员，如王仲华、李运昌、洪麟阁、杨十三、陈宇寰、李光宇、刘冠英、许世隆、杨绶卿等人，经常在高志远家里住，为了安全起见，有时还安排在高志远的朋友陈秀玉家里住。负责接送和安全保卫这些人的工作，高志远依然交给了我和董世瑞、陈国武、陈稳、贺邦真、高老二、杨万昌。当然，这些吃、喝、拉、撒及一切活动经费都由高志远一家承担，我们每个人具体怎么个做法也是由高志远事先安排妥了的。

冀东人民抗日大暴动前的最后一次会议是1938年7月3日夜在高志远家召开的，整整开了一宿。参加会议的有高志远、王仲华、刘冠英、殷勤章、殷焕章、王宝三、李文芳、于柱国、李麟生、魏恩荣、李绍文、赵云昌、成秀、毕醒愚等人，当时高志远也派了我和陈国武、贺邦真、高老二、杨万昌、陈秀玉做开会的招待和保卫工作。晚上我们在自卫团值班室（多余屯村大庙），由于我们几个人睡觉太晚了，剩下一个值班的人心想天快亮了，准没事儿了，他也就放心地睡觉去了。

天亮后，我们还在睡觉，看庙的老杨头敲窗户说："你们快起来吧，滦县的日伪警察和保安队把村子都围上了！"我们当时一听这个消息就有点儿发慌，贺邦真把三号盒子枪放在庙内的隐蔽处，每个人都找了附近有熟人的家里躲起来。我把枪藏到我父亲家里，因为我父亲的家离我们值班室的大庙近，紧接着我就假装准备到地里去干活儿。

忽然听到了枪声，我知道高志远、王仲华、刘冠英和我父亲李麟生等很多人都在高志远家里开会，我父亲还没回来呢，恐怕被滦县日伪马步警察和保安队抓去，我就想到井口借挑水之机探听一下消息，结果被冲入村子的滦县日伪马步警察和保安队抓走了。

我和顾占、陈秀玉的老婆以及他刚刚几岁的小儿子等4人被滦县的日伪马步警察和保安队抓到了滦县县衙里，我受尽了严刑拷打。日伪马步警察和保安队过我的大堂时，先将我一脚踹跪下，追问高志远的去向，还问开的什么会，都有什么人参加。我一咬牙就豁出去了，只是说"不知道"！后来，日伪马步警察和保安队就用牛皮鞭子抽，用子弹夹在两个手指中间，绑上小绳使劲儿勒，还上了老虎凳等刑罚，我也没招出敌伪想要的情报。我们老少4人就被关押起来，大约关押了一个多月的时间，最后是由抗日联军用抓捕的日伪"冀东剿共军司令"金鉴和他的两个随从以交换方式换出来的。

交换我的地点在滦县城南三里庄，因为那里已经被抗日联军部队占领。当时的司令部在川林刘庄，我被放出来之后就来到了司令部。高司令和王委员安慰我，随后高司令因为忙于军务先走了，王委员特别做了我的思想工作，他说："你在敌人的监狱熬了一个多月，受了不少苦，我和咱们司令每天都想着你呢，这不是前几天咱们抗联第三十八总队的魏恩荣大队在多余屯抓到一名敌伪的司令金鉴和他的两个随从，高司令我们就想办法托人把你们换出来了。"随后让副官处发给我一支手枪，并批给我几天探亲假，还给了我几块大洋钱。

探完家后，我回到了抗日联军司令部，高司令先安排我当他的贴身警卫员，后委任我为副官。打下乐亭县城的第二天，我跟随高司令和王委员一同去乐亭县城。因为冀东人民抗日大暴动以前，在天津召开的第二次华北人民武装自卫委员会会议上，高志远被推举为华北人民抗日联军第三军区司令，王仲华就是华北人民武装自卫委员会派驻高志远部协助高志远举行大暴动的委员。因此，大暴动后我们就都称呼高志远为司令，称呼王仲华为委员。在司令部闲暇的时候，王委员总是让我们学习文化，教唱抗日救亡歌曲，讲述长城抗战等英雄事迹。

1938 年 10 月初，我跟随高司令和王委员等到铁道北丰润县的九间房，开了往平西撤退整训的会。回到北宁铁路南，高司令和王委员本着会议的精神精简了不少抗联战士，我父亲李麟生就是这次精简下来的。这次精简下来的抗联战士大约有 1 万多人，都是受伤的和老弱病残的以及确实离不开家的，高司令除给留下一定的生活费和医疗费外，还满怀深情地告诉大家："请大家记着，要隐蔽起来，不要为日伪干事儿，明年开春我们一定返回来，各位也一定要归队呀！"

部队从开拔到达目的地——宛平县斋堂，一路上恶战不断。我们冲破了日伪的道道封锁线，击溃了日伪的围追堵截，曾喋血鏖战蓟县马伸桥，浴血染红潮河、白河水，铁血激战延庆康庄铁道边。经过艰难的跋涉，终于在 1938 年 10 月底和 11 月初陆续到达平西抗日根据地——宛平县斋堂，当时由宛平县抗日民主县县长焦土（焦若愚）接待了我们。

京郊第一个民主政府——宛平县抗日民主政府旧址

最先到达的是由高司令率领的卫队及一小部分抗联战士大约 500 多人，第二批是由王委员带领的抗联战士约 800 多人，第三批是由抗日联军总司令部秘书长兼第十四总队总队长吴紫阳带领的抗联战士 350 多人。后来，陆续有几十人、几百人掉队的抗联战士也到了平西。最初有 2000 多人，随着平西的老百姓参加抗日联军，到 1938 年年底，抗日联军大约有 3000 多人。

到了平西抗日根据地后，抗日联军先后在宛平、房山、涞水等地进行整训，期间还几次打击日伪及当地土匪等反动武装。到达平西的抗联指战员边整训边战斗，有独立作战的时候，也有与八路军配合作战的时候，为巩固和扩大平西抗日根据地做出了贡献。冀东抗联在平西期间，坚持统战政策，不断壮大队伍。通过训练和整顿，建立不久的队伍素质也有了明显提高，给平西根据地的老百姓留下了较好的印象。

1939年年初，抗日联军打下了房山县（今北京市房山区）的龙门台、四马台等十八台，抗联司令部移驻龙门台。有一天，鱼骨寺来了姑嫂二人找到司令部告状：抗联下级军官侯某强奸村姑。经审讯侯某供认不讳，高司令要以军法从事，急坏了抗联司令部机要秘书陈飞。因为陈飞是侯某的亲表兄，陈飞求情高司令未准，后被就地正法。当地老百姓非常高兴，纷纷踊跃参军，为部队筹粮筹款，我们就是在十八台过的1939年春节。

1939年春节过后，抗日联军移防到涞水县北部的北庄村，司令部驻在北庄村。此时八路军冀热察挺进军司令部已于2月7日成立，萧克任司令员兼军政委员会书记，萧克的八路军冀热察挺进军司令部驻在离北庄村3里远的山南村。当时抗日联军已经整训完毕，总司令高志远，政治委员王仲华，参谋长张受民，政治部主任朱其文，秘书长吴紫阳。司令部设“八大处”和手枪队（卫队），司令部和手枪队驻北庄村，八大处驻大泽村。

抗日联军也学习八路军的编制，把抗联部队编为3个大队，每个大队1000人左右。第一大队大队长孙善蛟，第二大队大队长郝松坡（郝绍先），第三大队大队长于柱国，手枪队队长陈维、副队长张佩恩。3个大队分别配合八路军第四纵队到外线作战，按八路军的统一安排，第一大队在涿鹿、蔚县一线，配合四纵第三十一大队；第二大队在康庄、南口一线，配合四纵第三十二大队；第三大队在房山、涞水、涿县一线，配合四纵第三十三大队。起先抗日后又假投降伪军的李文斌率部投诚起义后，高司令把其所属的500多人编为第四大队，驻防在与日军占领区相邻的宛平县三家店、六里居、安家庄一带。

（李恩波，又名李毅，1909年生于滦县长凝镇孙家庄，今属滦南县。1931年长城抗战后多次跟随高志远进行抗日活动。冀东人民抗日大暴动后任冀东抗日联军总司令高志远警卫员、司令部副官。新中国成立后曾任北京铁路局房建处处长、中共北京站党委书记、北京铁路局顾问等职）

高志远是怎样认识王仲华的[①]

陈 维

我叫陈维，又名陈震华，别名刘杰三。原籍河北省滦县马城镇多余屯（今属滦南县），1910年生人，现住天津市南开区南市清河街大翠柏村22号。因为我与高志远是同村，家住得又近，仅隔两个门口，论辈分，我得称高志远为叔叔。我们从小一块儿长大，高志远年长我3岁，他在地方上干了不少行侠仗义、扶危济困的事儿，所以我心里非常佩服他。在1938年冀东人民抗日武装大暴动前，我就曾多次跟随高志远进行抗日活动。下面我就把我亲自同高志远一起认识王仲华的经过谈出来。

1931年九一八事变后，日本侵占了东三省。有不少爱国志士自发地组织起抗日义勇军，东北各学校的爱国学生也纷纷掀起了抗日学潮。那时，东北大学的学生杨莲芝和她弟弟由于参加了抗日爱国的学生运动被日伪通缉，杨莲芝姐弟俩为了躲避日伪的抓捕，就从东北撤到老家多余屯她叔叔家避难。因为杨莲芝家与高志远有亲戚（杨莲芝的父亲是高志远的妻舅）关系，所以高志远经常到西场（多余屯行政村的一部分）杨家去，一来二去就同杨莲芝熟了。高志远常常向杨莲芝姐弟俩询问东三省抗日救国的事情，听杨莲芝讲东北义勇军抗日的事，就非常动心，也想有一天能拉起一拨子人马打击日本鬼子。

当时杨莲芝姐弟俩不但时常向高志远讲东北义勇军抗日救国的事情，还借给高志远进步书籍看。我清楚地记得其中有一部叫《雾》的书，作者是巴金，其他的我就记不清书名了。

① 本文系纪东任于1989年9月2日在天津采访高志远的部下陈维的记录整理稿。

1933 年 1 月 1 日，日本侵略军大举进犯山海关，中国军队何柱国部奋起还击，是为长城抗战。高志远认为报效祖国的时候到了，于是变卖了部分家产，并把募捐得来的款项派人送到山海关何柱国部，还带着我及同村的好些青年人到乐亭县汀流河镇招募了 200 多人，准备参加义勇军，支援何柱国部抗战。

1933 年春夏之交，我和高志远听杨莲芝讲西北军冯玉祥将军在张家口成立了抗日同盟军，全国有许多有志报国之士前去参加。之后，高志远带我去投奔冯玉祥将军组织的抗日同盟军。原先打算取道北平到张家口，找杨莲芝介绍的从东北撤到察哈尔省先期参加抗日同盟军的一个姓侯的义勇军军官（在抗日同盟军中任师长），但因道路被封锁，被迫在北平西城区的京华公寓暂住。

在京华公寓住下之后，高志远就到东北大学找杨莲芝姐弟俩，参加一些学生们的抗日救亡活动。记得有一次我们在大街上朝学校走的时候，正赶上学生们做抗日救亡的演讲，我们就挤在那儿听，恰逢有一个挺瘦的年轻人滔滔不绝地讲演，一下子深深地吸引住了我们。

高志远佩服地说："听人家讲得多好哇，既通俗易懂又道理深刻，中国人要都像他讲的那样做，那小日本鬼子咋也进不了中国！"

王仲华，当时年轻有为，很受北平各大学学生的拥护和爱戴，被推举为学生领袖，担任中国大学第一届学生会主席。

我和高志远听闻王仲华带领学生卧轨、截火车，率领学生请愿团到南京政府请愿的事情。他打出的标语和宣传的内容基本是：团结一致，停止内战，消除摩擦，共同抗日。看到北平学生们高昂的抗日斗志，高志远深受鼓舞。因为王仲华是学生领袖，所以高志远对他很有好感。当时我们还不知道王仲华的真实政治面貌，只知道他是要求抗日的学生领袖。北平城内各大学都有一批进步的学生领袖，杨莲芝就是东北大学学生运动的积极分子之一，对王仲华比较熟悉，她就把高志远的情况介绍给王仲华，同样把王仲华的情况也介绍给高志远。通过杨莲芝的介绍，高志远与王仲华出于对彼此的敬佩以及共同抗日、抵御外侮的志向和决心，就算初步相识了。

后来王仲华知道了我们的住处，就经常到京华公寓来联系。王仲华与高志远所谈的均是抗日爱国、匹夫有责之类的话，听着他俩的谈话非常投机，有时候谈得兴起或机密点儿的事情，他俩就到外边去，或是到某个学校去参加那里的活动。我记得王仲华比高志远小 2 岁，比我大 1 岁，当时我们都是二十几岁的年轻人，血气方刚，都有一个共同的理想——把日本鬼子赶出中国去！就是本着这个信念，高志远与王仲华在北平相处了大约有两个多月的时间，彼此成了推心置腹的朋友。

就在此时，冯玉祥组织的抗日同盟军已被解散、编遣或剿灭。冯玉祥被迫通电下野，听说让冯玉祥的老部下、时任山东省主席的韩复榘迎到泰山。这样，我们俩已经没有投奔抗日队伍的希望了，只好回老家。

从北平回家之前，高志远与王仲华深谈了一次，由于我没听到，现在猜测起来应该也是关于如何抓枪杆子组织抗日力量的事。回到老家之后，高志远与王仲华还有书信往来。1933 年秋冬，高志远开始组建马城三区自卫团，以维护地方治安。我记得仅我们马城三区就组建了 12 个中队，这部分自卫团后来都成了冀东抗日大暴动的骨干力量。据我理解，高志远的这些举动都与王仲华有极重要的关系。

从惩治土匪头子胡宝山、击毙大恶霸刘兰亭，到马城起义和刺杀大汉奸刘佐周，乃至后来 1937 年 9 月在天津成立华北人民武装自卫委员会，高志远与王仲华都有过来往。他俩同时被选为华北人民武装自卫委员会委员，特别是在 1938 年冀东人民抗日武装大暴动的前夕，王仲华（此时，高志远才知道王仲华是共产党员的真实身份）以卖木梳、卖篦子为幌子到多余屯与高志远接头（联系），并长期住在高志远家里，他俩秘密进行暴动前的准备工作。

1938 年 5 月在天津召开的华北人民武装自卫委员会第二次大会上，是王仲华以华北人民武装自卫委员会军事和统战部部长的身份提议高志远为华北人民抗日联军第三军区（冀东抗日联军）司令的，与会代表一致赞同王仲华的提议，共同推举高志远为华北人民抗日联军第三军区司令，会后高志远与王仲华一同回到多余屯进行秘密串联活动，多次召开大暴动前的准备会议。

1938 年 7 月 4 日凌晨，伪滦县马步警察和日伪保安队到多余屯抓捕高志远和王仲华等人，高志远和王仲华等人冲出包围后到滦河套里召开了紧急会议，立即决定把原定于 7 月 16 日冀东统一暴动的时间提前到 7 月 9 日，随后迅速通知各暴动点的负责人。

暴动前，高志远和王仲华安排我到秦皇岛找第三警察局局长佟明礼联络。佟明礼原籍是滦县沙营村，早知道高志远是个行侠仗义、具有爱国心的血性汉子，特别是在高志远领导马城起义后，佟明礼便更加佩服高志远了。当他得知高志远要组织冀东人民举行抗日武装大暴动时，佟明礼与高志远主动联络过，当时佟明礼有 100 多人，还有 100 多条枪，他想把队伍拉出来集体参加冀东人民抗日武装大暴动。于是冀东大暴动前夕，高志远和王仲华就派我到秦皇岛市找佟明礼，共同商议秦皇岛第三警察局集体参加冀东大暴动事宜。后来由于警察局的归属有了变化，佟明礼负责的秦皇岛第三警察局划归临榆县管辖，再加上警局内部意见统一不起来，我就只好返回向高志远和王仲华汇报。

自 1938 年 7 月 9 日冀东人民抗日武装大暴动后，高志远与王仲华并肩战斗，迅速组织起 3 万多人的暴动队伍。他俩的关系一直处得非常好，王仲华当时以华北人民武装自卫委员会委员的身份协助高志远工作，人们称他为王委员，实际上王仲华就是高志远部队的政治委员。高志远与王仲华先后转战于冀东和平西等地，一直互为知己。

（纪东任整理。陈维，1910 年生，原籍滦县马城镇多余屯村，大暴动参与者。1939 年受王仲华派遣到天津公干，退休后居住在天津市南市清河街大翠柏村，1994 年去世，享年 84 岁）

我的父亲魏国元和他的兄弟们

魏云平

北京西部山区的门头沟区青白口村是我的家乡，解放前这里属于河北省宛平县七区区公所所在地。村庄坐落在清水河和永定河的交汇处，依山傍水，风景秀丽。

魏国元（摄于1927—1930年间）

父亲魏国元（1906—1960）兄弟4人，他为长兄。另有二叔魏国杰（1909—1960）、三叔魏国相（1911—1946）、四叔魏国臣（1913—1939）。父亲和他兄弟们的足迹和热血留在了平西、平北、冀东以至东北、江南的大地上。特别是为中共中央“巩固平西，坚持冀东，开辟平北”三位一体的战略任务做出了贡献。

一、七七事变之前的革命活动

1932年，中共地下河北省委在青白口、田庄一带秘密建立党团组织。父亲魏国元和四叔魏国臣在这年7月同时加入了青年团，第二年转为中共党员。二叔魏国杰、三叔魏国相也于1938年分别加入了中国共产党。

1933年，中共宛平县委正式成立。父亲相继担任了青年团负责人

（1932年8月）、中共宛平县县委委员（1933年下半年）、县委副书记（1934年春），并将家中四叔魏国臣和另一个亲戚经营的“双合堂”杂货铺改为“一元春”药铺，作为中共宛平县委的地下机关，我父亲任掌柜，崔显芳（田庄人，中共河北省委保属特委特派员，20世纪20年代就秘密开展地下工作，是宛平地下党的重要的创始人。据高奉明听马建民说，崔显芳是1924年入党）任中医，高连勇（苇子水人，中共党员，又名高万章，后来组织上派他去平北开展工作，建立了平北地区第一个党支部）任学徒。九一八事变之后，抗战烽火已经燃烧至宛平山区。为了开展武装斗争，中共宛平县委在沿河城的深山中秘密建立了枪支修械所，经上级党组织介绍，将流亡关内的沈阳兵工厂的技术工人安排在此造枪，并掩护了参加长城抗战的吉鸿昌的骑兵部队经过此地撤退转移。

早在1930年，父亲魏国元考入阎（锡山）系军阀主政河北期间举办的河北省区长训练班。之后被分配到宛平县六区任区长，几个月后又调到七区任区长。他和崔显芳（父亲聘请崔显芳担任区长助理）、赵曼卿（原名赵铭鉴，青白口人，父亲聘请赵曼卿担任书记员）一行3人回到青白口。由于乡绅的反对，他们没能上任。从此至1933年3年多的时间里，国民党宛平县政府没有再派别的区长来，崔显芳自荐做了一段时间的区长。

这时，崔显芳有了以办学为掩护、发展和建立党组织的考虑。当时的组织纪律是单线领导，不发生横向关系。崔显芳向父亲魏国元说透其地下身份的时间，我们无史料可查，但可以肯定的是，崔显芳创办高小的想法得到了父亲的大力支持。父亲在1930年就参加了中国共产党的外围组织——反帝大同盟和互济会。他和崔显芳既是同乡，又是志同道合的忘年交。父亲把自家房产拿出来作为校舍，于1932年春和崔显芳开办了宛平县七区高级小学，吸收各村适龄子弟就学。崔显芳聘请贾汇川（中共河北省委保属特委特派员）、刘云志等任教，至暑假发展了一批党团员，建立了青白口、田庄两个党支部和青年团宛平县委。暑假后，七区高小搬迁至田庄。马建民来校任教（中共河北省委保属特委特派员），继续发展党员的工作，重建田庄党支部。沿河城、黄土贵等也相继建立了党支部、党小组。

短短几年时间，七区的“赤色活动”已成气候，并触及国民党当局的神经。

1934年春，宛平县政府派李复华来任七区区长。父亲他们又引起了李复华（八区东斋堂人，曾经和父亲同为区长训练班学员，后来投靠日寇，1945年后被抗日民主政府镇压）的怀疑。1934年夏天，由于一宗意外事件牵连致中共地下宛平县委一些人被捕。被捕的人有赵铭鉴（中共地下宛平县委书记）、高连勇、魏国元（中共地下宛平县委副书记）、崔显芳（中共河北省委保属特委特派员，因另案被捕）、庞勉（魏国元之妻、少共团员）以及犯事人孔祥宝、赵正旺。

父亲临危不惧，迎难而上，斗智斗勇，力求保全组织。当他得知赵铭鉴、高连勇被逮捕、并且文件已经被烧掉的情况下，不但不逃走，反而找到宛平县当局去要人，随即被捕。在狱中，他通过看守给同志们传去“宁死堂上不死堂下”的字条，用以坚定同志们的革命意志，勉励难友经受住敌人的严刑拷打。父亲和赵铭鉴被押解至平津卫戍司令部军法处，又转送河北省高等法院提起公诉。由于敌人没有抓到任何证据，加之组织和家人的多方营救，七区36村联保聘请两名律师给予辩护等，此案化险为夷。1935年，赵铭鉴、高连勇、庞勉获得释放。父亲魏国元被判刑两年半，关押于德胜门河北省第二监狱。崔显芳在狱中已被折磨得奄奄一息，经多方营救，于1935年2月保外就医，出狱后不久病逝，终年47岁。

中共宛平县委虽然一度停止了活动，但是斋堂川却酝酿着一场大规模的武装暴动。中共上级党组织策划的通过党组织掌握的武装（吉鸿昌部下三旅旅长、共产党员蒋润吾以“在家里”的组织形式发动贫苦农民，组织武装约300余人），并借助赵大忠、徐义龙、小白龙（白乙化，暴动时这支队伍未到达）、刘桂堂几股武装力量合力西征，向陕北红军刘志丹靠拢，迎接北上红军抗日，扩大建立根据地。四叔魏国臣参加了武装暴动。

1935年年底，暴动队伍一举打下了斋堂城，并向西进发。由于父亲魏国元当时在狱中，蒋润吾、宋文明（宛平县八区白虎头村人）将四叔魏国臣、贾兰波（原名贾立芳，八区东斋堂人）等留下坚持工作，并说如果部队西进后联系不上，就设法与北平监狱里的父亲魏国元取得联系。

西进的部队遇到了山西阎锡山、河南万福鳞、河北几方面敌军的围追堵截，终被打散。革命群众遭到大屠杀。游击队骨干王学华（王络沟村人）被警察追杀，牺牲在自家炕头上。参加暴动的王汇川、王明川（沿河口村人）两兄弟被捕。王汇川被判死刑，处决于天桥。王明川被判15年徒刑。

1936年7月，父亲经营救出狱，并经过上级党组织审查之后，中共河北省委（中共北方局）派他回乡任宛平县委书记，恢复宛平县地下党组织，组织武装，开展游击战争。同年11月，父亲送赵铭鉴（原中共宛平县委书记）、四叔魏国臣、贾兰波、崔仲春、曹贵亭、庞某某等10人考入国民党第二十九军军事训练团。

魏国元和庞勉（摄于1933年）

二、七七事变后的抗日斗争

1937年七七事变爆发，四叔魏国臣和赵铭鉴、贾兰波等参加了南口抵抗日寇的战斗。在部队被打散、向南撤退的过程中，四叔魏国臣、贾兰波回到了宛平家乡，在中共宛平县委的领导下继续从事革命活动。赵铭鉴随国民党部队南撤，与父亲失去了联系。

1937年8月间，国民党卫立煌部增援南口，在青白口髽鬏山一带与日寇激战。父亲积极组织党团员，发动群众支援国民革命军与日寇作战，给部队捐粮款、出夫、出牲口、带路等；同时带领百姓转移、躲避战火、维持秩序，始终和群众在一起。南口失守，卫立煌部队南撤以后，民团、伙会、联庄大有揭竿而起之势。父亲适时挺身而出，以宛平县七区区长的公开身份，召集各村村长会议，号召人们拿起武器、组织武装、保卫家乡，并派党团员进步青年到民间收集枪支武器，组织游击队。中共宛平县委委员师永林与师永茂兄弟二人收集枪支，并挖出枪支修械所掩藏的枪支，成立了沿河城游击队。

同年8月底，宛平七区安家庄人李文彬招兵买马，组织起了队伍。父亲派我二叔魏国杰、四叔魏国臣及张又新（又名王云，雁翅人，中共宛平县县委委员）、贾兰波、彭城（太子墓村人）等前往安家庄帮助李文彬扩大武装。队伍很快发展到近300人，成立了两个中队、一个特务队。李文彬非常欣赏四叔魏国臣、贾兰波等从第二十九军回来的军事人才，任命四叔魏国臣担任第一中队中队长，张又新也在第一中队担任了第一中队指导员。贾兰波先留在大队部，后来接替张玉亮（雁翅村人，后来张玉亮也编入八路军，开赴冀东）担任了第二中队中队长。他们在李文彬大队秘密建立了党支部。因二叔魏国杰在家时就懂得医术，故参加李文彬大队后就负责医务工作，后来担任了医务队队长。

1937年8月中共中央召开洛川会议，确定了红军要向敌人后方挺进、开展独立自主的（山地）游击战、创造敌后抗日根据地的方针。毛泽东做出了红军可出一部于冀东，以雾灵山为根据地开展游击战争的指示。

为了实施东进的战略部署，中共中央北方局和八路军总部同时向平西派出领导骨干和先头部队，与中共宛平县委相结合开辟平西抗日根据地，并适时挺进冀东。

同年10月，活跃在北平城一带抗击日寇的国民抗日军（红蓝箍）需要向安全地带转移。国民抗日军地方科科长焦若愚和刘平一行3人前往七区找地下党父亲魏国元接头。焦若愚当时不认识父亲魏国元，当得知刘平认识父亲时非常高兴（刘平曾与父亲关押在德胜门河北省第二监狱的同一个牢房，长达1个月的时间）。

在田庄见面后，父亲魏国元向焦若愚等介绍了宛平县七、八区的形势，指出国民抗日军进入七区没有问题，进入八区没有把握，但是可以做工作。之后国民抗日军开进青白口斋堂川，掀起了轰轰烈烈的抗日宣传的热潮。月余，他们在地方党组织的帮助下顺利通过了八区斋堂，向涞源八路军主力靠拢。国民抗日军行至宛平县杜家庄时，正遇上中共北方局联络员胡敬一带领的吴伟、赖富等12人的队伍正在前往青白口。胡敬一经过国民抗日军领导同意，将焦若愚、宋元两人留下，跟他一起返回青白口开展工作 。

这一行15人到达青白口一星期之时，北方局刘少奇、彭真派出的苏梅（原任中共东北工作特别委员会书记，后来任八路军四纵政治部副主任）、陈群（原任红四方面军副师长，整编后任八路军第一一五师副团长，后来任八路军四纵第三十三大队副大队长、冀热察挺进军第十二团团长，1941 年牺牲于冀东）、陈仲三（营级）到达青白口。苏梅持北方局组织部部长李大章出具的组织关系介绍信与父亲魏国元接头，并传达了中央的指示。苏梅他们的组织关系属于中共宛平县委。

1937 年 11 月 11 日，中共北平市委农委负责人刘杰、党员干部李光汉、王子展由中共北平市委联络员王恒带路出城，前往青白口村。走到九区醜儿岭，被当地武装郑大麻子（近于土匪性质）扣押。审问中他们说是来找老朋友魏国元做买卖的，郑大麻子不但没有加害他们，反而把信儿透了出去。父亲魏国元得知消息后，立即通过九区进步人士安德珍出面营救，并派党员前往九区将刘杰一行接到青白口。中共宛平县委借此机会做郑大麻子的工作，团结他共同抗日。以后凡是经过郑大麻子管界的，只要提魏国元的名字或有字条的，一律放行。后来，又有 20 多名从城里撤出的干部顺利通过九区郑大麻子的管界，抵达青白口。

几方面的干部陆续汇聚，继续发展党员和民先队员，以抗日大同盟兄弟盟誓的方法团结各村地方武装，组织抗日救国会，面向当地上层人物和各界人士开展统一战线工作等。按照中央的指示，所有汇集到青白口村的各方面的干部全部编入平西抗日游击支队。政委苏梅，支队长吴伟，副支队长陈群，参谋长赖富，党代表胡敬一，后勤部长魏国元。1938 年元旦天亮之前，按照聂荣臻司令员的指令，这支近 80 人的队伍秘密集合，整队前往阜平。

在阜平，聂荣臻分别找干部谈了话。苏梅和父亲魏国元向聂司令员汇报了平西的工作。当聂司令员问道“现在派主力部队去平西，能不能站住脚”时，苏梅和父亲魏国元互相交换了一下目光，异口同声地说：“能站住脚！”“好，就派主力部队开到平西去！”聂荣臻司令员说。

1938 年 2 月，八路军主力邓华支队开赴斋堂。3 月在斋堂建立了京郊第一个抗日民主政府——宛平县抗日民主政府，父亲担任了县长。父亲将地方武装统编成县大队，称为平西游击自卫支队，并担任了支队长，陈群担任了副支队长。

同年 4 月，发生了妄图推翻宛平县抗日民主政府、赶走八路军邓华支队的“大村事件”。父亲魏国元派县大队的第九游击队（沿河城游击队）从向阳口后山抄小路赶赴大村，配合邓华部队平息了大村事件。此时，父亲向邓华支队介绍了宛平一带地方武装的情况。邓华支队向李文彬、龚长海两支武装供给军需物资，开始了对地方武装的收编工作。父亲魏国元跟苏梅商量，将陈群、陈仲三派往李文彬大队加强工作。按照父亲魏国元的介绍，陈群前往安家庄找四叔魏国臣联系。四叔魏国臣带着陈群去见李文彬，顺利地得到了李文彬的认可，后来陈群担任了李文彬大队的副大队长。陈仲三到上、下苇店一带组织了第三大队（李文彬大队命名为平西游击第一总队，下设 3 个大队、1 个特务队）。父亲积极配合邓华支队扩军，将县大队编入了八路军正规部队。邓华支队由原来的 1 个团扩大到了 2 个团。

八路军邓华支队到来后，相继建立了宛平县和涞涿、宣涿怀、房良联合县抗日民主政府。同时建立了中共宛平县中心县委，又称平西地方工作委员会。李金亭担任第一任宛平中心县委书记，领导 4 个县的工作。这样，平西抗日根据地初具规模。

三、四叔魏国臣牺牲在冀东

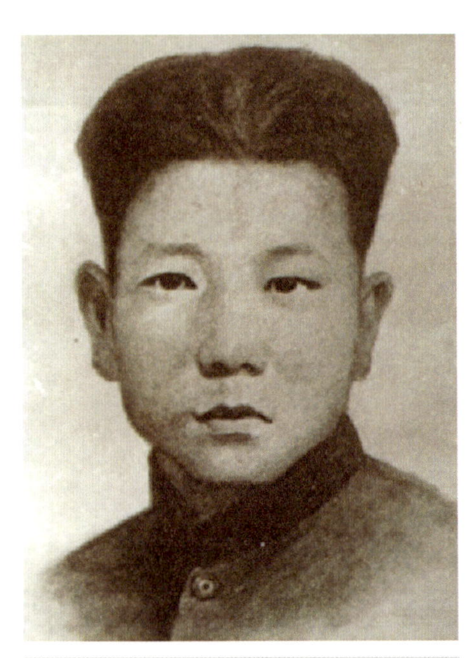

魏国臣

1938 年 5 月，宋时轮支队开往平西，与邓华支队合编为八路军第四纵队，并开赴冀东，参加冀东人民抗日大暴动。李文彬大队编为第三十三大队的一个营。东进途中，四叔魏国臣领导的第一中队改编为八路军第四纵队司令部警卫二连。

四叔魏国臣带兵从教育入手，和同志们同甘共苦，先后发展了付作仁、李文华、李文举等加入了党组织。在向冀东挺进的路上，参加了多次战斗，完成了保卫司令部安全的任务。打永定时，他一马当先，带着部队先打进去。每次战斗他都是冲锋在前，而条件不利时又总是留在后面。东进到抚宁县燕河营突围时，四叔魏国臣带领全连在敌人的飞机大炮的轰击下最后撤出。他带着吕怀玉、李文举两名通信员，多次从炮火的泥土中爬起来。在铁厂，他参加了苏梅、陈群指挥的消灭 7 个土匪司令（土匪便衣队）的“鸿门宴”，为冀东人民除了害，并缴获土匪的大部分枪支。

1938 年 10 月，主力部队撤回平西。第一支队（苏陈支队）与敌 500 余人激战于滦县、丰润交界处之华山峰村。在陈群支队长指挥下，四叔魏国臣带领战士抢登制高点，连续击退敌人数次进攻后，转移到遵化茅山。11 月，又遭遇到千余名日寇围攻。四叔魏国臣同陈群、苏梅一起，率领战士与敌人巧妙周旋，不仅消灭了敌人，而且掩护了支队的安全转移。

冀东暴动失利，部队随之撤回平西，警卫二连留下坚持冀东抗战，并以该警卫连为主力，成立了冀东抗日游击第一支队。支队长是陈群，政治委员是苏梅，政治部主任是周文彬。四叔魏国臣任第一支队第一总队队长兼教导队队长。

教导队是由西撤时打散的干部战士编建而成。苏梅给教导队讲政治课，四叔魏国臣讲军事课，使部队恢复战斗力，并坚持冀东抗战。

1939 年初春，四叔魏国臣绕道返回平西向上级汇报工作，见到了青白口村的乡亲、他年轻的妻子和两个幼小的女儿（哪知这竟是最后的诀别）。然后带着任务义无反顾地返回冀东前线，坚持抗战。

1939 年春末，四叔魏国臣在执行上级指派的筹款任务中，在丰润县西佑国寺遭遇日寇包围，在战斗中英勇牺牲，年仅 26 岁。

同年底，苏陈支队回平西整训，改编为冀热察挺进军第十二团，陈群任团长。苏梅调平北担任地委书记。在返回冀东之前，陈群把第十二团带到了青白口村。平西召开隆重的追悼大会，同时进行第二次开赴冀东的誓师动员。

在会上，陈群声泪俱下地回顾了四叔魏国臣的战斗事迹。他说：“国臣同志的牺牲是我党我军的一大损失。他打仗勇敢，带兵有方，是我党我军优秀的年轻指挥员，是好干部、好党员。他的牺牲使我失去了一只臂膀。”他振臂高呼：“我们要打回冀东去，为魏国臣同志报仇！”

父亲魏国元代表平西和烈士家属讲话。他号召人们化悲痛为力量，打回冀东去，将抗战进行到底！会场周围扎着白布帐，到会的人们唱起了为四叔魏国臣谱写的歌曲：“秋风吹来真凄凉，国臣同志武装上战场。别妻子离家乡，一心打东洋，冲锋在前不怕日寇狂！……为民去抗战，先进成模范。为国把身捐，英名永流传！”

四叔魏国臣是早期牺牲在冀东的著名烈士，是平西家喻户晓的为国捐躯的楷模，平西众多子弟追随他的足迹开赴抗日前线，勇敢地战斗在冀东、平北、东北以及光复国土、解放全中国的战场上。

四、三叔魏国相牺牲在张北

1940年秋，日寇到平西进行大扫荡。当时家中只有三叔魏国相，他是村干部，须带领乡亲们疏散。前些时候日寇飞机轰炸时，奶奶从石阶上摔下来，摔坏了大胯骨，不能行走，她坚决不让儿子背她走。三叔把奶奶藏在山神庙的炭窑中，放了一碗饭，告诉母亲先去安顿好乡亲，很快就回来背母亲。但是日寇很快进村并且驻扎下来，三叔回不来了。在一个漆黑的夜晚，奶奶爬出了炭窑，拼着全身的气力向山里爬去。11月的平西，已是天寒地冻，奶奶孤身一人冻饿而死在深山。后来当人们找到她的时候，她的长发披散，散乱地缠绕在灌木丛上。

奶奶死后，三叔魏国相也离开家乡参加了脱产的工作。1942年，三叔曾任昌宛县二区区委书记，之后去平北开展工作，任张家口地区尚义县第四区区委书记。1946年被敌人杀害，年仅35岁。

魏国杰一家
从左至右：魏国杰之妻王希辉（怀抱小女儿）、长子魏亚健、魏国杰（怀抱二女儿）

五、二叔魏国杰的革命经历

二叔魏国杰于1937年2月参加革命工作后，历任李文彬大队医务队队长、冀东抗日游击队第一支队（苏陈支队）医务队队长、冀热察挺进军第十二团卫生队队长、冀热察挺进军第十三团卫生处处长、冀东军区修养所所长、冀东军区卫生处副处长、热河军区卫生部副部长、辽西军区卫生部副部长。在抗日战争和解放战争中，荣立大小战功多次。他曾在冀东极艰苦的环境中，与一个卫生员坚持在荒山隐蔽躲藏，等待着部队的集结。新中国成立后任解放军公安三师卫生部部长、第一军政干部学校卫生处处长、全国总工会医务工会主席、一机部哈尔滨综合医院院长。

1950年前后魏国元的家庭照
周振玲（怀抱小女儿魏京云）、魏国元及大女儿魏云平

1950年，长达12年没有音信的魏国杰试着与家中联系，却不知道给谁写信方能收到，只好写“青白口村乡亲收”。不久，魏国杰终于带着警卫员和再婚的妻子回乡探亲，并将四叔魏国臣的12岁的小女儿收养。1960年，魏国杰参加了大哥魏国元的丧事活动后回到哈尔滨。9月突发脑出血去世，终年51岁。

我的父亲魏国元及其兄弟们的革命精神永远激励着我们!

（魏云平，中国劳动关系学院教师）

回忆我的爷爷张其羽

张桂玲

张其羽

奶奶在世时，经常给我讲爷爷的抗战事迹。我的爷爷名叫张其羽，1905年11月20日出生在昌黎县滦河边上的信庄村，是昌黎县第一位共产党员，也是最早参加革命的人员之一。早在1925—1930年间，他跟随其父在东北哈尔滨做买卖。因爷爷年轻，脑筋灵活，买卖做得好，收入颇丰。参加革命后，经常外出开会，并把做买卖的收入分给穷苦人，其父亲见状，便让他回乡务农。

1930年，爷爷回到家乡后，秘密地与乐亭县的革命党人岳泽普、李运昌等取得联系，并于1933年经岳泽普介绍加入中国共产党。爷爷是昌黎县冀东人民武装抗日大暴动的领导人之一，是昌黎地区武装暴动的主要组织者和领导者，历任华北人民抗日联军昌黎支队党代表（政治主任）、华北人民抗日联军第三军区司令部昌（黎）乐（亭）办事处主任。

为了从事抗日活动，爷爷曾以教师身份为掩护。别的老师在学生犯错误时是以体罚为主，但爷爷是以教育为主。一次，爷爷外出开会，回来时发现小同学在大同学的带动下把课桌搭成戏台唱戏。学生们见到爷爷很害怕，但爷爷没有发脾气，只是对他们说：“你们知错就要改，要把精力放在学习上。”还循循善诱地教育他们，把革命道理融汇其中，让学生在学知识的同时，懂得抗日救国的道理。为宣传抗日主张，组建抗日队伍，爷爷还以卖文具为掩护，实则是卖《大公报》《益世报》等一些民国时期中国有影响的报纸。

在冀东抗日暴动前夕，爷爷经常组织人员在我家开会，其中有田子修、李晓光、岳泽普，后来又有闫达开、闫伯文、李海涛等。为聚集扩大抗战队伍，他们共商大计，而敌人或化装成普通农民，或利用汉奸，经常去我家附近探听情况。为了与会人员安全，我奶奶就在屋子外面做针线活以观察情况。更隐蔽的是我本家二爷爷张凤岗，他开了一个杂货铺，在铺子的里屋有 一条绳子直通会议房间，在绳子的另一头拴了一个铃铛，遇到可疑人员时就拉绳子，那边的铃铛就会响，给爷爷他们报警。在爷爷和其他人员的共同商讨下，在冀东特委的领导下，爷爷等人发动了抗日大暴动。爷爷他们攻破赤崖伪警察所，缴获枪械 20 余支，史称赤崖暴动。抗战队伍很快就发展到几百人。

在荒佃庄大营村一带有个叫丁万友的人，他领导着一支民间武装，虽然不是抗日队伍，但也比较活跃。爷爷为了将这批人争取过来共同抗日，冒着被杀头的危险去做争取工作。奶奶曾回忆说：第一次爷爷是只身前往，与丁万友进行了接触，但丁并没有加入抗日队伍的意愿；第二次爷爷带着一个人，刚进院子就看见院子中间放了一口铡刀，爷爷没有被吓倒，而是从容走过铡刀，与丁万友展开了斗智斗勇的交谈；第三次爷爷前往丁处，由于有前两次的经验，这次终于动员丁万友等人参加了抗日队伍。当时成立了华北人民抗日联军昌黎支队，丁万友任司令，爷爷为党代表（政治主任），队伍发展到 6000 多人。

随着抗日队伍的扩大，爷爷领导的抗日队伍给日伪军以沉重的打击，先后将昌黎县的农村集镇全部控制在自己手中。敌人展开疯狂的反扑，先后抓走了我的二爷爷和舅爷，并追捕我的奶奶及其孩子们。我的小姑姑只有几个月大，敌人紧追时大哭起来，急得奶奶、姑姑和爸爸不知怎么办，最后奶奶狠狠心将小姑姑包好，放在麦子地的路边，希望有好心人捡走。奶奶藏在麦地里待了 3 个小时也没见好心人来，只得又抱起小姑姑，最后还是通过堡垒户将其送养他人了。当奶奶把事情告诉爷爷时，爷爷含泪说：“等我们打跑鬼子，抗战胜利后再找她吧。”

昌黎县赤崖村抗日暴动旧址

1939 年 2 月，冀东党组织召开了由岳泽普主持、我爷爷及李晓光、李海涛等人参加的会议。会上成立了华北抗日联军第三军分区昌（黎）乐（亭）办事处，由爷爷任办事处主任，任务是恢复和发展党组织，组建革命武装和开展统一战线工作。1940 年年初，爷爷去做伪警备队小队长刘成玉的策反工作，被叛徒、伪中队长王二虎发觉。在这种情况下，爷爷派李晓光向上级党委请示工作，但由于形势急剧恶化，等请示后再行动已经来不及了，于是爷爷当即决定带领部队，在乐亭西部地方武装组织的配合下，迅速攻下了乐亭姜各庄伪警备中队部，打死了王二虎，缴获枪支 200 条及弹药若干，壮大了自己的队伍，随后爷爷带领部队转移到路北。

1941 年夏，组织上派爷爷去平西学习，临行前党组织派人将奶奶接到滦河岸边，上船后与爷爷见了面。爷爷嘱咐奶奶要继续为革命出力，要听从组织的安排，抚养好孩子。没想到短暂的见面竟成了他们的永别！同年冬，学习结束后，爷爷带领一支队伍返回冀东，在途中与大批敌人遭遇，为掩护部队安全转移，爷爷不幸壮烈牺牲。

（张桂玲，张其羽长孙女，退休前在冀东制药厂工作）

志在抗日打鬼子

张燕青

张鹤鸣（1910—1952）

张鹤鸣，1910年生于河北省滦县大门庄，毕业于滦县中学。1935年经闫达开、丁振军介绍，加入中国共产党。1938年7月6日，领导华北抗日联军第五总队，提前举行冀东抗日暴动，为冀东抗日暴动开了个好头，起了典范作用。1940年任冀东军分区司令部作战科科长。1942年组建晋察冀军区冀东军分区第一区队，任区队长，是冀东人民子弟兵创始人之一。1945年任冀热辽军区第十七军分区副司令兼第十四团团长。同年任冀热辽军区第十九旅旅长，指挥山海关战役，掩护中央领导和关内我军先机挺进东北。1947年任东北民主联军护路军副司令兼中部护路军司令员。1952年病逝于昌黎县。

我母亲经常讲述我父亲张鹤鸣的革命故事，其中有些是冀东人民抗日大暴动前的准备工作和暴动中的事情。现在，我用我母亲给我讲述时的口吻，叙述于下。请听母亲说：

在1938年抗日暴动以前，你爸用咱们家3间东厢房办了个学堂，当时有好多学生。我清楚地记得有你三哥张礼太、你3位叔叔和你大姐。

你爸除给他们讲文化课外，还给他们讲抗日救国的道理。来你爸这里上学的，都是穷人家和本家的孩子，他们都爱听你爸讲课。你二叔鹤儒白天听完课，晚上还到屋里来问你爸：“大哥，你光说打鬼子，那啥时候打呀？我也去打鬼子。”你爸对你二叔说：“打鬼子救中国是国家大事，咱们决定不了。你先改改你那火爆脾气，不能老风风火火的，遇事要三思而后行，给老三、老四做个榜样。”在抗日暴动的时候，你三哥、3位叔叔、学堂里好几个人，都参加了你爸的暴动队伍。你爸很信任他们，这些人在暴动队伍里都是骨干。

你爸教书的同时也做一些农活，别人从地里回家都是扛着锄头，你爸从地里回家，老是把锄头竖起来，用一只手举着锄头回家。你道北的二叔说：“洋学生不学种地，净练把式。”你四爷（我爷爷在弟兄中排行第五）跟我说：“你们家出了个洋废物。”你四爷家以种地为本为乐，他几个儿子都是种地的好把式。而你爷爷是秀才，私塾先生，不会种地，你四爷说你爷爷是废物。你爸是滦县中学的，自然是洋废物。我劝你爸说：“你以后别举着锄头回家了，四大伯和二兄弟都笑话你。”你爸对我说：“家雀不知大志（燕雀安知鸿鹄之志哉）！”我说：“你别说我听不明白的话。”你爸耐心地对我说：“他们只见我举着锄头回家，却不知道我为什么举锄头，其实我是志在抗日打鬼子。一个人要想打枪打得准，就得胳膊有力气，端枪端得稳、瞄得准，才能打得准。我举锄头是锻炼胳膊长力气，他们哪里知道这些，以后你别听他们的。”

你爸趁这会儿和我说起买枪的事儿。我说：“哪有钱？”你爸说：“卖花生吧。”我说：“那可是全年的收成，一家人穿的、用的就指望那点花生了。”你爸说：“打日本鬼子比啥都要紧，等抗日胜利了，我再还你。”就这样，把3间厢房装得满满的花生全卖了。在卖花生那天，我把散落在墙角旮旯的花生扫起来，整整一小簸箕，炒熟了给你3位叔叔和你大姐他们吃，就算给他们开了洋荤了。没过几天，有一天夜里，你爸高兴地拿出来一支手枪叫我看，显摆了一通就藏起来了。你爸买枪不久，听说你张振宇大伯也买了一支枪，你老奶奶不理解你大伯，说他不务正业，是败家子儿。指着你大伯对你爸说：“老六（我爸在兄弟中排行第六），你一定把他给我带走！”从此这哥俩再不用瞒着家里人闹革命了，全身心地投入到抗日暴动前的准备工作。

抗日暴动前，你爸是好几个庄的党支部书记，经常以走亲访友为名，动员人家参加抗日暴动打鬼子。我认识的有你大姨的大儿子毛焕生、三儿子毛玉清，你二姨的独生子郭增，你姑父甄文魁，你三哥张礼太，咱家你二叔鹤儒、三叔鹤林、四叔鹤轩、你大姐大娜子。咱们庄好几个人，时间久了我记不得他们的名字了，他们在暴动队伍里都是你爸最得力的人。

你三姨兄毛玉清是地主家的长工，你爸劝他参加抗日暴动。你大姨兄知道后，也要求参加抗日暴动，你爸也说不出他有什么毛病，总觉得他不如你三姨兄诚实，没答应他的要求。你大姨兄就老磨着你爸，非要参加不可。你爸问他："你敢打日本鬼子吗？"他说："敢！"你爸又问他："你怕死吗？"他说："不怕！"就这样把他收下了。我知道后对你爸说："大外甥不行，你看他细皮嫩肉的，吃不了苦。"你爸说："哪里有不叫人抗日打鬼子的道理，叫他随队伍锻炼锻炼吧！"

冀东抗日暴动后，第一个大仗是在杨家院。你爸他们带队伍在杨家院打来"围剿"他们的滦县军警，你大姨兄左胳膊受伤。我去看他的时候，他跟我说："三姨，你说东庵子（杨家沟村东头的一个大庙）的老佛爷灵验不？"我问他："咋儿回事儿？"他说在杨家院打仗那天，他们埋伏在大土岗子后面，刚开始的时候他特别兴奋，等了好一阵子敌人也不来。他在地上趴得时间长了，就胡思乱想，想出名，又想打仗危险，越想越害怕，就暗暗祷告："求东庵子的老佛爷保佑，给我一个不轻不重的伤，叫我回家。"战斗打响后，一颗子弹打在他左胳膊上。他跟我说："我胳膊折了，是不轻；我能跑能踮儿，是不重。三姨你说，东庵子的老佛爷是不是特别灵验？"我听了以后好气又好笑，狠狠地把他说了一顿。后来我跟你爸说："看你招的狗熊兵……"把你大姨兄的事情说了一遍。你爸说："革命队伍的成长过程，就像你做饭淘米一样，一次淘不净，淘第二次，第二次淘不净，淘第三次，剩下的都是好样的，你等着吧，没有共产党办不到的事情。"

1958 年春节初一下午，赵玉清大伯来我们家做客。谈话间，我妈问："××调走啦？我有一段时间没见他了。"赵大伯说："××犯错误了，你说可惜不？"我妈说："那么年轻，可惜了的。"赵大伯说："干部队伍应该整顿一下，不然会出大事。"我妈问："就像你们抗日暴动时整顿队伍那样？"赵大伯语重心长地说："从抗日暴动拉起队伍，鹤鸣就特别重视干部队伍的教育问题。那时暴动的声势越来越大，参加暴动队伍的人越来越多，树林子大了什么鸟都有，有人背着小佛爷来参加暴动队伍、有人抢老百姓的毛驴、有人糟蹋妇女，吓得老百姓都躲着暴动队伍。虽说是少数，也是老鼠掉锅里——坏了一锅汤，影响忒坏。”我妈说：听说还有一个老汉领着闺女来告状，问鹤鸣：“共产党的队伍为啥欺负良家妇女？叫我们老百姓凭啥相信共产党？”赵大伯说：“这件事情越闹越大，鹤鸣一看事情涉及党群关系和队伍生存的问题，就决定一边打仗一边整顿队伍，不走过场，速战速决。

“第一步，从思想教育着手，整顿干部队伍。在各级队长会上鹤鸣先讲了打仗时求老佛爷保佑的事情，大家听了哄堂大笑。鹤鸣说：‘你们大笑不止，是认为这是普遍存在的封建迷信思想，是小事儿一桩。这小事儿反映的是大问题，解决了，我们的思想就进一大步。现在我给你们分析一下在战场上想出名的问题。一个人处处事事为自己想，把一切功劳归自己、衣锦还乡、光宗耀祖、为个人出名，这叫个人英雄主义，革命队伍里要不得。胸怀抗日打鬼子的革命大志，不为个人名利英勇杀日本鬼子，为集体荣誉立功当英雄、出名，这是革命英雄主义，革命队伍需要这样的英雄，多多益善，希望大家都争当这样的英雄！你们都出名，都成英雄了，我沾你们的光，也成英雄了，不靠佛爷靠自己。自从我们参加革命那天起，就把个人安危交给革命了，要义无反顾，勇往直前，不怕牺牲。战场上求生存的最好办法就是消灭敌人，把敌人消灭了，我们就安全了，这就叫敌死我活。现在我送给你们3个消灭敌人的锦囊妙计。第一，心里要有一种精神，通俗地说，就是战胜日本鬼子的霸气，在日本鬼子面前绝不能怂，要敢战敢胜，革命战士一声吼，日本鬼子再凶也发抖。古人云：狭路相逢勇者胜，靠的就是一种精神。这种精神从哪里来？这种精神就来自我们对国家、对同胞的热爱，对日本鬼子的仇恨。日本鬼子侵占我们的国家，掠夺我们的资源，屠杀我们的同胞，面对凶残的日本鬼子，我们就要有勇气、有霸气、有杀气！第二，心里装着集体，遵守战场纪律。我们在战场上作战，不是单打独斗、个人英雄，是集体作战。时时刻刻心里有集体，一举一动心里有战场纪律，守纪律才能打胜仗。第三，用好战术要领，练好枪法。我们在战场上做好隐蔽动作，是待机消灭敌人，不是贪生怕死，所以该隐蔽时，一定隐蔽好；该冲锋时，就要有下山猛虎、出海蛟龙的气势，压倒敌人，消灭敌人。练好枪法，个个争当神枪手，一枪打死一个日本鬼子，把日本鬼子打死了，我们自然就安全了，求什么老佛爷呀！你们回去后，把这些道理讲给每一个战士听。为中华民族解放事业英勇杀日本鬼子，争当抗日英雄，扬名于世，这就是出名。打日本鬼子不靠天，不靠地，要靠我们自己。'

"第二步，在队伍中整肃军纪。鹤鸣用老汉领闺女告状的事情，说明严肃军纪的重要性和必要性。命令违法乱纪的士兵，把从老百姓那里抢来的毛驴、财物物归原主。把糟蹋妇女的士兵，在犯事的庄里执行枪毙，杀一儆百，群众反应非常好。在暴动队伍里，有一部分是地方上的抗日人士组织的小部队，他们集体加入抗联队伍后，仍把小部队看成是自己的小团体，哥们儿义气严重，在服从命令、统一行动上意识淡漠，纪律涣散。鹤鸣根据这些情况，制定了严明的军纪：要绝对服从命令听指挥，买卖公平，不拿老百姓的东西，不欺侮妇女等。鹤鸣一连讲了 3 个晚上，别看声音不大，可是他讲的那些话，句句掷地有声。那些队长们没带过兵，想把队伍带好，热情很高，可是没有经验，有劲儿不知道往哪里使。这下好了，鹤鸣讲的那些道理，让他们心里豁亮，给他们的那些具体办法，让他们知道有劲儿往哪里使。队长们心明眼亮，劲头十足，在队伍建设上进了一大步。经过整顿，暴动队员从走路到精神头都变了。穷人欢迎我们，有钱人也主动和我们联系，把看家护院的土枪、土炮捐给我们打日本鬼子。有人打仗靠勇敢，而鹤鸣是用脑子打仗，经常打胜仗。大家尊称鹤鸣是'冀东小诸葛'。他带的队伍比其他暴动队伍发展得都快，是暴动队伍中最好的队伍。

"你爸那时候的工作，又多又乱又危险，有些事情都是你赵大伯为你爸出谋划策，两个人比亲哥们儿还亲，你赵大伯至今还念念不忘你爸。那时候人们都实诚，哥们儿好，连命都豁得出去。你爸的哥们好多人都不在了，像丁振军、高小安、李光宇……能活下来不容易呀！别人可以忘掉这些人，你不能忘，要好好记住这些人。"

赵玉清大伯在冀东抗日暴动时，任第五总队秘书长。现任滦县中学校长。他在谈论这段历史时，总是滔滔不绝，充满自豪和对战友的浓厚情感，仿佛又回到那个战火纷飞的年代。我们兄妹深受感动，对革命先辈们又增添了崇敬与热爱。

（张燕青，张鹤鸣长子，天津市环湖医院主任医师）

回忆腰带山下举义旗的张志超烈士

白云生

1937年党的洛川会议后，担任中共丰北县委宣传部部长的张志超同志为了给冀东武装大暴动做好各项准备工作，整天走村串户，向群众宣传《抗日救国十大纲领》，讲解我党的统一战线政策，并利用亲戚、朋友、同乡等社会关系，讲解抗日救国的重大意义，揭露日本帝国主义侵略中国的罪行，从而使我们同村的刘凤友、符万全等10多名青年于1938年7月7日在岩口举行的武装暴动中参加了抗日队伍。

张志超为了抗日救国，不惜动用自己的家产。他把自家的13亩地卖掉，购买了5支大枪、1500多发子弹。

在岩口暴动之前，张志超做了大量争取民团的工作。当时，岩口、吕各庄、苏庄、庞庄、东高庄、西高庄都设有民团。为了争取这些地方武装参加抗日暴动，张志超曾采用交朋友、指出路等多种形式动员他们参加大暴动。在他的启发、动员下，岩口民团朱子学、比古岫民团常庆丰、大岭沟民团阎锡九都在岩口暴动中带枪入伍，参加了抗日联军，被编入第四总队。

张志超参加暴动队伍后，担任第三总队总队长。1938年7月8日，当暴动队伍在腰带山下组织起来后，遵化、丰润、迁安的敌人惊恐万状。遵化县马上派出百余名步、马保安队到铁厂玉皇庙围剿岩口暴动队伍。第四总队发出痛击敌人的命令，张志超率部队勇敢地参加了这次战斗。

1938 年 10 月，暴动队伍西撤平西后不久，张志超随李运昌司令返回冀东，活动在丰润北部、迁安东南部、遵化东南部，负责召集暴动队伍中的流散人员，重新组建冀东抗日联军第三总队，指战员达 300 多人，张志超任总队长。张志超带领队员们四处活动，打据点、拿炮楼、除汉奸、剿土匪，为开辟、扩大和巩固丰滦迁抗日根据地做了大量工作。

1938 年旧历年前的一天晚上，隐藏在我内部的敌人暗下毒手，使他腰部中弹，因伤势过重，不幸牺牲，时年 31 岁。

（冯伯英整理。选自政协唐山市委员会教科文工作委员会编《唐山文史资料》第五辑）

七家寨起义前后的茹古香

茹少立

1938年初春的沈阳，在日本人开办的“南满医大”的校园里，一个身材不高、很敦实的青年夹着一本《汉方成方汇编》，小声哼着曲子，在校园里漫步。他就是“南满医大”的学生茹振泰，后来改名茹古香。

茹古香（1914—1990）

茹古香时年24岁，正是青春勃发的年纪。当初他立志学医，就是要济世救人，为百姓消除病痛，但到了沈阳之后，他逐步改变了想法。1931年九一八事变后，东北沦为日本的殖民地。1937年卢沟桥事变后，日军加紧向华北、向全中国进行侵略。面对日本侵略者的步步进逼，中华民族同仇敌忾，英勇抗战。随着电影《风云儿女》的播映，“南满医大”的校园里悄悄传唱着《义勇军进行曲》，它激励着莘莘学子毅然奔向反抗日本侵略的战场。

此时，在校园里漫步的茹古香思想斗争异常激烈：父亲在锦州做个小买卖，挣点钱供自己读书很不容易。如果自己弃学抗日，父亲一定不会同意，何况自己已经读了两年了，就此放弃学业确实可惜。但国之将亡，民族大义，匹夫有责，我岂能逃避？茹古香终于下定了投身抗日斗争的决心。他先给父亲写了封信，信中写到日本侵略军在东北、特别是在沈阳等地犯下的滔天罪行，表达自己要投身抗日斗争的决心。

父亲接到茹古香的信后，也表达了对日本侵略者的愤慨，但是坚决不同意中途弃学。理由有三：一是你马上毕业走上社会，掌握一门本事，以后可以安身立命；二是你已经结婚生子，你得顾家呀（茹古香20岁的时候，父母就在家乡给他办了婚事）；三是家里花了那么多的钱供你读书，说不学就不学了，道理上说不过去。接到父亲的信后，茹古香很郁闷，因为父亲所言合情合理，但若按父亲的要求去做，于心不甘哪。

“喂，想啥呢，一会儿开个会，能去吗？”一个高瘦的青年在茹古香身后拍了一下他的肩膀，对他说。“好的，我马上去。”茹古香不经心地回答着。那个同学是茹古香的好友张维刚，吉林人。他们几个有抗日思想的青年组织了一个组织，叫新义盟，茹古香也是成员之一，经常在一起活动，其中也有共产党人。

当晚，他们到张维刚的宿舍开会，共8人，大家交流了各方面的抗日信息。重点是暑假为抗日做点什么？张维刚讲：“东北军留在东北的一路军部分将士，在1937年8月20日之布告农民暴动武装，成立了新的东北抗日联军。”他慷慨激昂地表示：“暑假要投奔这支抗联武装，参军抗日。”一位朝阳的同学也说：“要参加察哈尔的抗日武装。”大家都表示要参加到抗日的行列中。

会后，茹古香给家乡的一个本家茹克勤写信，了解家乡的状况。不久茹克勤回信，告知家乡早已成为日本人的占领区，日本人在当地成立了伪自卫团，协助日本人对当地进行殖民统治，伪自卫团团长就是茹古香比较熟悉的“发小”许维纯。

收到信的第三天，学校放暑假了。因此，茹古香准备离开沈阳回家乡抚宁。站在校门口，他深呼了一口气，默念道：“再见了，母校，这个生活和学习了两年多的地方，这个孕育了抗日思想的地方。我还会回来。”（17年后，茹古香以辽宁省卫生厅官员的身份重回沈阳）

回到抚宁，他急迫地回到家乡七家寨，这时已经是1938年7月初了。回来后，他先找到茹克勤了解情况，了解到日寇占领长城内外的重要关口后，始终有各种形式的抗日义勇军在同日寇进行英勇的斗争。在抚宁的西南，八路军第四纵队从1938年2月开始逐步开辟了平西、房山、涿县、涞水、良乡、昌平、宛平等地，在一部分县，建立了抗日政权，组织了地方武装，扩充了部队，为挺进冀东建立了前进基地。在抚宁的周围，滦县于1937年12月在民团首领高志远家里召开了京东10县人民抗日代表会议，成立华北人民武装自卫会冀东分会，组建华北抗日联军冀东第一支队，开展了抗日斗争。在了解了这些情况后，茹古香迫不及待地要见许维纯。

见到许维纯，茹古香就直截了当地提出暴动的事。许维纯十分震惊，表示没有思想准备，要考虑一下。第二天，茹古香又找到许维纯，再一次向他讲述日军在东北犯下的罪行，讲述目前的抗日斗争形势。许维纯也是有正义感的青年，便毅然做出决定：举行抗日暴动，投身到抗日斗争中去。

1938年7月14日，许维纯召开伪自卫团的骨干会议，宣布要成立七家寨抗日义勇军，自任总指挥，茹古香任副总指挥，在7月15日正式举行暴动。

伪自卫团起义后，准备直接攻打台头营镇（今台营镇）。为了防止走漏消息，许维纯宣布全村戒严。会后，派茹克勤带10多人悄悄进入台头营镇进行侦察，摸清伪镇长、警察局局长、警察局、伪军、弹药库、粮库等位置和情况，等部队到了，立即攻打。

散会后，茹古香回到家中已是傍晚。妻子在茹古香吃完饭后走过来说："你这是走了要去打仗了吧？"茹古香没有吱声。妻子说："你走了，我们娘几个怎么办？"说完眼泪哗哗地流下来，茹古香无言以对。要革命就要有牺牲，箭在弦上，不得不发。茹古香对妻子说："我对不起你，你和孩子好好保重，我走了。"说完转身离开家。

7月15日下午正式起义。参加起义的人员除了原伪自卫团团员100多人外，还有20多名进步青年。队伍的名称暂时叫抗日义勇军，分为3个中队，共有几十支抢。部队集结完毕后，傍晚悄悄向台头营进发，到了台头营和茹克勤接上头。茹克勤向许维纯和茹古香汇报了侦察情况，说敌人没有任何察觉。

乘夜间敌人几乎没有防备之机，立即分兵抓捕伪镇长和警察局局长，攻打警察局、伪军及弹药库等重要地方，顺利占领台头营镇，起义部队几乎没有伤亡。占领台头营镇后，部队进一步清理战场，缴获了几十支枪和大批粮食。

起义后的第三天，起义队伍领导对这支部队的前途进行了一次讨论。当时共提出4种意见：一是继续招兵买马，占领山头，当山大王；二是往遵化方向投奔国民党部队；三是向滦县方向进军，与冀东其他抗日联军汇合，参加他们的队伍；四是向西南方向开进，与八路军会师。茹古香力排众议，坚决主张会师八路军。他认为，当山大王，势单力薄，早晚被别人吃掉；国民党政策不定，特别是1935年搞《何梅协定》，把冀东拱手让给了日军；冀东其他抗日联军虽然有气势，但是组队时间短，战争经验不足。所以，会师八路军应该是最好的选择。

许维纯听了茹古香的分析后认为非常有道理，决定部队向西南开进，尽早与八路军汇合，并派出侦察人员寻找八路军的队伍。很快找到八路军第四纵队丁盛所部，参加了八路军，编为第四纵队第三十一大队。从此，七家寨武装抗日队伍加入了中国共产党领导的八路军序列，成为一支抗日的生力军。

（茹少立，茹古香最小的儿子，辽宁省政府发展研究中心原工作人员）

回忆我的父亲魏恩荣

王英辉

一、结识高志远

我的父亲革命烈士魏恩荣，出生在滦县宋道口镇魏庄村（今属滦南县）一个农民家庭。父亲幼年时，我爷爷闯关东，一去未归音信全无。我父亲和我奶奶、我姑姑魏恩珍三人过着贫困的生活。

据母亲回忆：1935 年以前父亲就加入了中国共产党，他的公开身份是陈、陆、郭、任各庄、魏庄等村成立的自卫民团的队长（团部设在陆庄慎兴堂大院内）。在冀东人民武装抗日大暴动后，历任抗联大队长、抗联总司令部督察处处长职务，在抗联总司令高志远和政委王仲华领导下，无论大、小战斗，父亲总是勇敢机智冲锋在前。

母亲自豪地告诉我："你爸爸性格豪爽，有胆量能吃苦，好打抱不平，在短暂的一生中为抗日和保护老百姓的利益做了大量的工作。他不光为本村的人办事，就是三里五村的群众遇到难事来家里找他，他都非常热情，所以他群众基础好，威望也很高，可是群众并不知道他是中国共产党党员，只知道魏庄村有个好打抱不平、为百姓做好事的魏恩荣（外号'老疙瘩'）。"

父亲性格豪爽，急公好义，结交了很多朋友，如高志远、丁万有、郭新、晁子孚等，还有母亲不太熟悉而神秘的人，他们经常相互联系，至于谈什么母亲并不清楚，但只知道他们要打日本。

母亲讲述她记得最清楚的一件事，就是父亲和高志远第一次见面的情况。父亲早知高志远是抗日人士，他喜欢结交有本领、有民族气节的人为朋友，而高志远对父亲也早有耳闻。大约是在1934年的一天，高志远派人邀请父亲去多余屯相会，父亲带卫士王景泰骑马赴约，高志远早已做好安排，就在父亲走进现场碰面之时，高志远举枪对前面横杆上吊的砖头，枪起砖头落，父亲明白这是对自己的考验和较量，马上从腰间拔出枪来抬头举枪，只听嘭的一声，一只正飞着的鸟应声落地。同时又要过高志远部下的大枪对准横杆上吊的砖头，也是枪响砖头落地。高志远立刻拉住父亲的手说："早知魏老弟身手不凡啊！"二人抱在一起。当时在场的人都拍手叫好，称赞二人神奇的枪法。此后二人成为最好的朋友，回家后王景泰把事情经过讲给我母亲听，母亲听了之后特别高兴。

后来父亲和高志远谋划如何抗日锄奸、如何联系各路英雄好汉、为抗日暴动积蓄力量等事宜。那时候，父亲在民团有一定的基础，手下已有忠心抗日的200来人。对高志远要抗日的计划，父亲全力配合，听从指挥。父亲曾经参加过1935年2月高志远领导的马城起义，并带队参加冀东人民抗日武装大暴动及两攻滦县、三打乐亭的战斗。

后来父亲的队伍被编为华北抗日联军第三军区第三十八总队第一大队，父亲任大队长，队部就设在抗联总司令高志远家乡的多余屯学校。

二、活捉大汉奸金鉴

1938年8月的一天，一名当地人跑到大队部来，说有重要情况报告魏恩荣队长。来人见了父亲急忙说："有3个东北口音的可疑人，自称是抗日联军，说要去滦县探事，让我给他们做好吃的饭，饭后还要我往北边送送他们。我看他们不像好人，就把他们领到滦河套尖嘴子的死道上去了，估计他们一时半会儿跑不了，你们快去看看吧。"父亲听后立即集合队伍，并请这位村民带路迅速奔向河汊子，刚走到汊口正碰上那3个人往外边走。那3个人一见大队人马，顿时慌了神，拔腿就跑，父亲命令抗联队员迅速将这3人抓获。经审讯，得知是大汉奸金鉴和他的两个随从，父亲命令副官王景泰立即将3人押送到兴隆庄抗联司令部交高司令处理。到司令部后，王景泰向高司令做了汇报，机要秘书陈飞和司令部的卫队长董士瑞等人都在场，大家称赞父亲是好样的！魏恩荣部活捉金鉴的事迹轰动了整个抗联，此后父亲便被总司令高志远调到司令部升任督察处处长。

大汉奸金鉴被抗联活捉之后，驻滦县的敌伪高层立即慌了神儿，赶紧派人找冀东抗联总司令高志远联系，愿意将被其抓捕的抗联总司令部的总务处长顾占、抗联总司令部的副官处副官李恩波及抗联家属陈秀玉的妻儿 4 人作为交换条件，换回金鉴及两个随从。鉴于已将金鉴审讯完毕，敌伪的情报也已全部掌握，所以就答复了敌伪的条件，以古代“走马换将”的方式换回了我方 4 人。

三、收编丁万有

父亲特别喜好广交朋友。在空闲时，他爱去河套滦河边打猎，有时带领卫士王景泰去滦河东昌黎县靖安镇赶集，因此结识了一位昌黎县的朋友丁万有。父亲了解到老丁很讲义气，手下有一队人马。交往深了，就谈到打鬼子的事，父亲得知丁万有有联合抗日之意，便把这个重要情况汇报给高志远。高志远得知这个情况后很高兴，正式委派父亲和王宝三同志去昌黎靖安镇，找丁万有就合作问题洽谈。临去前，高司令对父亲语重心长地说：“恩荣啊，与丁万有洽谈，咱们要抓紧时间做好准备，咱们的队伍是有组织、有纪律的，联合之后一切行动必须听指挥。至于谈的内容和方法，你要理解我的意思，希望你洽谈顺利，圆满完成任务。”父亲说：“谈的时候一定按司令的意思办。”

一天早晨，父母正在吃饭时，副官王景泰走进屋里，有点儿站立不安，母亲一看就是有事要出去。父亲问景泰：“都准备好了吗？”景泰说：“所带骑兵队都已到齐，王宝三和他手下人正在等你。不过这次收编丁万有可不是简单的事，既要按高司令的意思谈，还必须要丁万有接受条件，这事很不容易！你必须慎重，若谈判不成，责任可全在你身上。”母亲听了后担心地对父亲说：“恩荣你要考虑后果，注意自身的安危。”父亲说：“你们都不要担心，丁万有是讲诚信、重义气的人，我有把握。”父亲边说边出门，与副官王景泰等人跨马急驰而去。

一行人马渡过滦河进入靖安镇之后，发现丁部已派出接应队伍。丁和其他领导人都在街口迎接，魏、王等人急忙下马，快步走到丁的面前行了军礼，丁万有及其部下也一起立正还礼。走进靖安镇，行至一个商店的大门前，看见挂着抗日第十路军司令部的大牌子。魏、王等人被丁领进大院内，走进一个大房间开始密谈。丁万有说："那就由魏恩荣先谈吧。"父亲首先提出："今天我们会谈的重点，是让丁司令进一步明白，高志远司令领导的抗联队伍和八路军一样，是抗日的队伍，由共产党员王仲华任政委，此其一。其二，同意合作，共同抗日，贵部必须接受改编，服从抗联司令部的统一指挥。你的部下仍由你指挥。"由于以前父亲和丁万有谈过联合抗日，所以这次谈判气氛比较融洽。王宝三接着说："老魏所谈的是代表我们抗联司令部高司令的意思，也是咱们合作的前提。"参加会谈的丁万有和他的参谋长韩立平听完后，立刻真诚地说："老魏谈的真诚实在。"一致表示完全接受父亲所提出的条件，同意接受改编，一切听从抗联司令部的统一指挥。

此次会谈顺利成功，魏、王等圆满完成任务，急速返回司令部，如实向高司令做了汇报，高司令拍着父亲的肩膀说："我就知道你的智慧和能力！"高司令又对王宝三说："你也行，顺利完成这次收编任务，又扩大了咱抗联队伍，你们都是有功之人！"

抗联总司令高志远当即批准：将丁万有部 6000 人改编为华北抗日联军第三军区昌黎支队，辖 5 个总队，丁万有任支队司令，张其羽任政治主任，韩立平任参谋长，由抗联司令部统一指挥。

父亲最繁忙的时候是在 1937 年至 1938 年。当时首要任务是发动群众扩大队伍，为抗日暴动做准备。由于父亲侠义豪爽的品行和具有正义感的民族气节，人们都敬重并喜欢接近他，所以他的部队很快发展到 300 来人。

四、浴血康庄战斗

父亲任督察处处长期间，驻守滦县兴隆庄司令部，很少回家，当时母亲已怀我 7 个多月。

母亲告诉我："有一天，你父亲手拿马鞭突然走进屋里，跟我小声说：'目前形势严峻，小日本入侵中国横行霸道，我们必须团结起来把鬼子赶出中国去。我打日伪、除汉奸所做的这一切你都知道。我常说没有国就没有家，现在我只能先为国而后为家了，这是我的使命和信仰，我所说的、做的，你必须牢记，无论任何时候、任何地方，和任何人也不能说有关我的一切，我走后你自己照顾好自己吧，平安地生下孩子。你的任务就是把孩子养大成人，使其接受良好的教育，成为对社会有用的人。’”没想到这些话竟成为父亲的遗言。

关于父亲牺牲的经过，曾任抗联总司令部卫队长的于柱国（滦县田疃人）、抗联战士温连奎（今滦南温庄人）回忆说：

“1938年10月初，高志远司令奉命去平西整训，魏恩荣跟随抗联总司令部为先遣队。魏恩荣所领300来人与司令部卫队一起先行，负责保护高志远司令员、王仲华政委的安全，西撤途中边行军边打仗，经历了非常艰苦的战斗，如靠山集、左家坞等战斗，最惨烈的是康庄战斗。

“队伍行至康庄铁路线时，遭遇了日本鬼子的装甲车机枪扫射，战事非常严峻。由于魏恩荣和高司令都会双手打枪，且弹无虚发，再加上指挥得当，队伍快速地越过了铁路线。本来魏恩荣和司令部已经冲过铁道往西前进了，可是王仲华政委因体弱有病，落在后边的队伍中。高司令迟迟不见后面的队伍过来，心急如焚。魏恩荣不顾个人安危，立刻跨马挥鞭，带队返回铁路附近接应。

“到了铁路附近，魏恩荣首先观察敌情，分析鬼子火力分布情况，随后迅速指挥部队向鬼子发起猛烈的攻击。鬼子乱了阵脚，有一部分抗联队员趁机冲过铁路线。鬼子的火力立刻转向魏恩荣，魏恩荣奋不顾身，双手开枪，边打边指挥。鬼子的机枪不断扫射，火力很猛，只要接近铁道线，大部分人就地牺牲，少数人被打回去，特别是没法抗击装甲车，我方伤亡惨重。此时魏恩荣已身负重伤，筋疲力尽，在与敌人的激战斗中牺牲，时年28岁。”

父亲牺牲后，我们母女生活非常艰苦。母亲曾被捕，关押在滦县马城伪警察局，敌人对母亲用刑，打得满口流血，母亲仍闭口无言。约八九天后，经别人保释才放我们母女出牢，可是保人从未出面见我们母女。等我长大后，母亲告诉我说：“肯定是你父亲的朋友，或者是地下抗日组织营救了我们。”

（王英辉，魏恩荣烈士的独生女儿，退休前在天津外贸土产塘沽加工厂人事科工作）

老秀才巢晋臣领头闹暴动

张运昌 张凌昌

在席卷冀东的抗日大暴动中，老秀才巢晋臣激于民族义愤，在中国共产党抗日统一战线政策的宣传教育下，以近花甲之年毅然在家乡竖起抗日的大旗，组织队伍参加暴动，后又率队奔赴抗日前线，一时传为佳话。

巢晋臣，原名巢沐恩，乐亭县汀流河镇丰庄人。清末秀才，在村塾执教多年。民国初年，曾任该县北区公立第一高等小学的首任校长。抗日大暴动前，赋闲在家。凭其资望，成为乡里的头面人物。

1938 年夏，冀东抗日大暴动爆发。老秀才不顾年迈，在本村组织抗日队伍。暴动伊始，有些人对抗日队伍还在观望。老秀才在村中树起暴动的大旗，带领堂弟巢雅亭、长子巢速、外孙张九儒（燕英）组织抗日队伍，影响很大。凭他的威望，增强了人们对抗日队伍的信赖，都说："老校长都抗日了，那这支队伍错不了。""秀才都造反了，咱们还等啥？"当时，附近的年轻人大多是他的学生，一听说校长组织抗日队伍都纷纷报名，连已经在外地参加了抗日队伍的，也纷纷回来跟随校长。

抗日的红旗树在丰庄学校，抗日队员戴的袖标鲜明，人心振奋。老秀才常给抗日队员讲抗日的道理，历数日军暴行。他说："天下兴亡，匹夫有责，我们当亡国奴，愧对祖宗，遗耻子孙。""晋臣不才，愿率子弟、学生与倭寇决一死战！"

队伍初创，缺少枪支，老秀才亲自在本村和外村动员献枪，有时竟远至滦南县张狼窝、清水一带。他不顾年老体弱，不顾发水路滑，毅然脱下常年不离脚的布袜，蹚着水往来奔波。光脚，对老秀才来说也并非易事，他出自书香门第（其父也是秀才），自幼苦读，长则进学、教书，连迈步都有分寸，现在光脚蹚水，只此一举，就感动了所到各村的头面人物。他们一看老秀才满身泥水，光脚扶荆，都说："您老何必亲自来，捎个口信儿，我们就办了。"

几天工夫，老秀才就组织起近百人的队伍。随即他告别老妻，带领儿子、外孙，率队奔赴抗日前线，参加了攻打乐亭县城的战斗。

后来，老秀才巢晋臣的队伍编入了抗联高志远部刘冠英的第二十总队，他就任总队秘书长。部队每到一地，都要宣传群众，张贴布告。老秀才总是白天行军，晚上挑灯草拟布告，审阅文件，往往忙到深夜。

老秀才束身自好，对部下要求甚严。他在军中虽然年纪最长、职务较高，但从不搞特殊化。他徒步行军，与战士同甘共苦。老秀才对秘书处的人员严加管束，不许从员随便外出，对自己的警卫员不时地查点，以免外出生事。

在西进路上，老秀才是队伍中的最长者。每夜行军他总拄根棍子，蹒跚而行，虽两脚血泡，却从不掉队。当时敌情四伏，处境困难，条件艰苦，但他意志弥坚，决心西进。他的精神深深地感动了身边的战士，特别是跟随他出来的战士，没有一人离队。

西进受阻，第二十总队驻密云一带。一次，日军来袭，部队要突围转移，本村来的战士张运昌有病，故想隐蔽下来。老秀才知道后，找到他说："一定要转移，宁死军前，不当俘虏。"夜间转移时，老秀才又派外孙张九儒来催促关照，使张运昌突围而出。

第二十总队在密云县八家子被敌人打散。老秀才突围后，在密云县城被敌人逮捕，投入监狱，被判徒刑，后花钱保释。出狱后，他目睹日伪暴行，民生涂炭，回村又为当地反动势力所不容，因而精神非常痛苦，加之在狱中身体遭到致命摧残，所以出狱后不久便在北京含恨去世。

（李荣亭整理。选自政协唐山市委员会教科文工作委员会编《唐山文史资料》第五辑）

回忆父亲阎伯文

阎存财

父亲阎伯文是在伯父阎达开的带领下参加革命的。1931 年起，父亲给当时的中共冀东党组织负责人李葆华、乐亭（县）城东南党团书记阎达开当交通员。李葆华和阎达开的联系都是经父亲传递的，他们的指令也是由父亲向下送达。1935 年，李葆华曾介绍父亲加入中国共产党。后来，阎达开和李葆华交换意见时说让父亲留在党外，更便于隐蔽开展工作，故父亲多年后才又重新加入中国共产党。

1935 年以后，父亲又先后给中共乐亭县委书记李惠昌、杨继英当交通员。当时，乐亭县地下党组织上下级联系的交通站、堡垒户及打入敌人的内线都由父亲掌控。因为隐蔽工作做得好，乐亭县党组织没有遭受过破坏，党组织领导人也没有遭受过敌人的抓捕。

1938 年冀东抗日暴动时，父亲是联络员。他经常往返于冀东各县，传送党组织的决议及武装暴动时间、集结地点、行军路线、进攻目标等机密事项。由于父亲的巧妙扮装和机智，总是顺利躲过敌人的关卡，将上级决定通过秘密交通站传达到每个准备暴动的队伍中。

冀东武装暴动后，伯父阎达开任抗日联军第一总队党代表兼副司令（后任司令）。父亲随起义队伍一起攻克乐亭县城，跟随司令部一起转战。暴动失败后，父亲回到家乡继续开展抗日斗争。在对敌战斗中，父亲曾 3 次负伤，一枪伤在小腿上，一枪伤在臀部，另一处伤是他的左眼被敌人的炮弹炸瞎。父亲也曾两次遇到最危险的时刻，面对日寇追捕，一次是他躲在老乡的水缸里，日本兵甚至拉开缸盖看了看，却没有发现父亲；

另一次是躲在老乡的大板柜里，由于老乡沉着应对日本鬼子的盘问，日本鬼子向柜里捅了两刺刀就走了，父亲化险为夷。提起往事，父亲动情地说：没有老百姓，就没有他的今天。

抗战时期，父亲主要工作是锄奸反霸，征集公粮，巩固抗日政权。因为父亲抗日坚决，气急败坏的日寇在汉奸指引下曾烧过我家房子3次。1942年，日寇把我爷爷、伯母、母亲和大堂哥抓进监狱，经汉奸指认说我母亲知道八路军藏枪、藏粮的地点。为此，我母亲被日寇和汉奸用烧红的烙铁在她前胸后背烙了七八条伤痕。后来，日寇还放狼狗咬我母亲，使我母亲右腿落下终身残疾，这些都是日本侵略者毫无人性的铁证。面对敌人的酷刑，我母亲坚贞不屈。

父亲在抗战时期曾任过冀东暴动联络员、中共海防工作团成员、武工队队长、区长、区委书记、敌工部部长，解放战争时曾担任过县公安局局长、副县长、县长。1949年，抚宁县农民分得的土地证上盖着父亲阎伯文的印章。父亲1950年任抚宁县委书记，1953年任唐山地委统战部部长。1957年老干部补习文化后，于1959年任唐山市委农村工作部部长。“文化大革命”结束后父亲又被任命为唐山地委统战部部长。

（阎存财，阎伯文之子、阎达开之侄，退休前任秦皇岛市工商局干部）

忆荫芳

张 瑾

孙荫芳

孙荫芳是河北省深泽县小直要村人，出身于贫苦的农民家庭。在村里念了几年小学之后，家中原想让他在药铺里学记账，但他不愿意干，想继续求学。那时，河间县有洋人办的教会，教会派传教士到小直要村一带来传教，说他们可以供信教的孩子进教会学校上学。荫芳为了得到继续学习的机会，不顾家中的反对，跟着传教士到了河间。念完小学之后，又由教会保送到北京崇德中学读书。崇德中学是教会办的学校，校址在北京绒线胡同。从农村到北京，他的眼界开阔了，目睹和饱尝了许多人间的疾苦，看到了帝国主义列强欺压人民的惨痛事实。这使荫芳深受教育，在学生时代就同情劳动人民，憎恨帝国主义。

荫芳在北京崇德中学高中毕业后，又遇到了一个保送上大学的机会。由于学习刻苦，成绩优秀，他被保送到山东齐鲁医学院学习。大学毕业后，他到上海仁济医院工作，在那里，他认识了一位英国籍的护士长耿丽娜。耿丽娜后来调到了中英合办的开滦煤矿医院。荫芳是北方人，对上海生活很不习惯，1930 年，他通过耿丽娜的关系，也调到了开滦医院。那时，开滦各矿医院的院长、主治医师每隔几年就调换一次，所以，荫芳先后在开滦几个矿的医院里工作过。我是1934年高中毕业后考入开滦医院高级护士学校的，荫芳是主治医师，经常给我们讲课。1936年12月，我们经人介绍结了婚，结婚以后，我们住在唐山市内西山口附近的一所洋房子里。1937年春，孙荫芳调任开滦赵各庄矿医院院长，我们于是迁到了赵各庄，住在高级员司房11号。

1938年冀东抗日大暴动前后，荫芳天天早上班，晚下班，十分忙碌。经常有一些陌生人到家中找他联系。这些人有的像工人，有的像农民，有的化装成磨剪刀的或打竹帘子的。他们有时还住在我家，人多时住不下，就睡在地毯上，临走时，荫芳还常常给他们带路费。我曾问他这些都是什么人，他只告诉我说，都是他的老乡。我听他们议论的都是抗战的事情，别的事情他们并不让我知道。后来，我才知道，他们这些人都是路过唐山到抗日根据地去的共产党的干部。那时，我家实际上成了一个地下交通站。

1938年7月，赵各庄工人武装抗日大暴动以后，在赵各庄北面的榛子镇和铁厂一带建立了抗日根据地。此后，他与地下党的联系更加频繁。经常与他联系的地下党负责人有王克如（即石英）、吴继儒、栾秀昌等。那时，地下党经常把抗日前线的伤员转送到赵各庄矿医院治疗。这些伤员有的用大马车拉来，有的用小毛驴驮来，一般都化装成农民模样。孙大夫都把这些伤员收留下来进行治疗。为了避免引起敌人的注意，就给这些伤员写上患阑尾炎、肠穿孔等疾病的假病历。当有些伤员引起敌人怀疑要被带走时，他就挺身而出说："作为医生，有责任为病人治疗，要审查，等我给他们治好病后再带走。"等这些抗日将士伤愈后，荫芳就设法帮助他们脱身，重返抗日前线。当时，开滦各矿都有铁路专用线直通火车站，供运煤使用。但开滦也备有小节客车，只有高级员司才能使用，工人们称之为"花车"。荫芳以高级员司的名义要"花车"，把伤愈的同志转移出去。"花车"在铁路专线上行驶，可以避开日军层层哨卡的检查。我对他这样干，总是提心吊胆的，觉得风险太大了，一旦被日本人发觉，后果不堪设想。这时，他就给我讲抗日救国应该不怕牺牲的革命道理，以此来安慰我、鼓励我。

1938年6月，为配合冀东抗日大暴动，挺进冀东的八路军第四纵队参谋长李钟奇同志负了重伤。经地方党安排，将李钟奇同志转送到赵各庄，隐藏在我家治疗。当时我家住的是一所独门独院的小洋房，有较好的掩护条件。荫芳对李钟奇同志关怀备至，精心治疗，以各种方法应付敌人，保护首长的安全。李钟奇同志在我家医治疗养了一个多月后，伤势日趋好转，才经地下党转送到天津继续治疗。

1938 年五六月间，为准备冀东大暴动，有一个叫孙培臣的中共地下党干部，由天津调到冀东，在王官营附近筹建秘密电台。冀东抗日武装大暴动后，孙培臣调到冀东抗日联军政治部工作。这时，孙培臣的爱人赵雯同志带着他们刚四五个月的女儿从天津来到唐山，打算到抗日部队去。根据当时的实际情况，在抗日前线带这么小的一个孩子是十分困难的，因此，经唐山地下党研究，把孩子寄养在开滦医院高级护士、地下党员常云卿家里。常云卿家当时生活困难，无力抚养这个孩子，地下党才把赵雯母女送到赵各庄，隐藏在我家住了下来。一个多月以后，唐山地下党负责人王克如同志经与解放区联系后，送走了赵雯同志。为了让赵雯同志安心奔赴抗日前线，荫芳主动表示愿意帮助抚养孩子。赵雯见我们家庭环境好些，又很热心，就毫无顾虑地把孩子留给了我们。我当时思想上还有些顾虑，怕担不好这个担子，但荫芳对我说，人家是为抗战到前线流血牺牲的，我们应该为他们做些事情。我们是医生，绝不会让孩子出什么问题。赵雯对我们非常感激，她是一个很刚强的同志，分别时，一滴眼泪都没掉，只是深情地对我们说：“胜利后再见！”可是从那以后，我们一直没有再听到她的音信。

我们为孩子取了个乳名叫美玲。当时，喂养孩子没有牛奶，我们就托人从天津给寄奶粉，从小到大，精心抚育，孩子与我们建立了深厚的感情，如同亲生骨肉。据说，赵雯同志后来为革命牺牲了。美玲长大后，改名孙宏，于 1958 年考入中国科学院动物研究所，后到广东省昆虫研究所工作。

从 1938 年年底到 1940 年春，冀东抗日游击队经常通过唐山地下党，解决部队缺乏的医药用品和黄色炸药等问题。王克如曾通过赵各庄矿及医院内的地下党员，请荫芳给予帮助。在这方面，荫芳也做了许多工作。有一次，荫芳应游击队的要求，秘密绘制了一幅赵各庄矿地图，注明了矿上炮药房的位置和敌人的布岗情况，然后交给了医院地下党负责人栾秀昌。栾秀昌把地图卷好塞在自行车钢管里，经王克如转交给游击队。几天后，八路军第十二团一次奇袭，从赵各庄矿炮药房胜利取走了52箱黄色炸药。我记得，那天荫芳回家后特别兴奋，他说，抗日游击队在地下党的配合下，从赵各庄矿运走了许多雷管、炸药，拉了好几马车，整个矿上都乱了，矿长陈甲三吓得不知所措。

为了帮助冀东抗日游击队解决药品，特别是敌人严格控制的治疗红伤的药品，荫芳和一个亲戚集资，在唐山开了一个小药店，叫“普济药房”，门市设在粮市街中段。这个药房经日伪当局登记注册，经营药品，这就为解放区解决药品提供了便利条件。荫芳还以自己的名义，从天津购买解放区急需的药品，交给地下党负责人栾秀昌，由栾秀昌用小毛驴驮着，混出敌人封锁线，转交给北山游击队。榛子镇抗日根据地党组织，也时常派人到普济药房来拉药品。抗日游击队有什么困难，只要地下党带来信息，荫芳总是千方百计给予帮助。为了给游击队解决外科手术器械，荫芳说服了医院手术室管器械的戴树名，以多报耗损的办法，给游击队解决了一套手术器械共四五十件，未被敌人经常对此类器械进行的清点与检查所发现。

1939年夏，敌人在唐山西北井栅栏门查出了由普济药房外运的违禁药品，药房被查封，敌人追查股东，对荫芳产生了怀疑。一天，日本宪兵队突然包围了我们家，敌人翻箱倒柜，对我家每个角落都进行了搜查。搜查时，把我和保姆关在一个小屋子里。当时荫芳没在家，但下班后，就被敌人带走了。敌人连夜拷问他，但他只说药房不管谁来买药都得卖给。敌人没有搜到证据，把他关了两天一夜放了出来。他回来后，不想吃不想喝，总是不断喃喃自语地说：“我是中国人，应该有骨气。”后来，开滦总院院长贾世清找荫芳谈话，说日本宪兵队下了命令，限我们3天之内离开赵各庄，否则一切后果自负。许多好心人劝我们快走。荫芳经过考虑，决定继续留下来，他毫不畏惧，照常上班，甚至连车都不坐了。他对我说：“抗日爱国何罪之有，我决不向日寇屈服。”普济药房事件后，特务们一直在我家门口盯梢，监视荫芳的行动，但始终没有抓住把柄。

1939年秋，我们调到唐山，由赵各庄高级员司房11号迁到了唐山西山路23号房。敌人没有放松对荫芳的监视，荫芳也没有停止自己的活动。他巧妙地利用开处方写药单的机会，继续为抗日工作人员传递消息。这时，敌人在他的办公室里安插了一个日本兽医和一个日本产婆，作为荫芳的助手，实际上是监视他的行动，但他们始终未能得逞。日本投降后，这两个日本人把日本当局派他们来的意图告诉了荫芳，称赞荫芳的为人，临回国时，他们还给荫芳留下一个瓷碗当纪念。

荫芳一直在开滦医院工作。新中国成立后，党和人民给了他很高的荣誉。但他谦虚谨慎，从不居功自傲，而是继续埋头工作，精益求精。他带头报名自动减薪，还积极要求参加抗美援朝，但因年老体弱未获批准。他服从组织分配，让干什么就干什么，任劳任怨。1956 年，他因病不支，辞去了河北政协委员和人大代表的职务。1958 年，退休到北京定居。1969 年 3 月 12 日，在北京同仁医院病故。

原北京卫戍区副司令员李钟奇同志，于1984年2月6日和3月17日两次来信，谈到孙荫芳大夫为抗日所做出的贡献。主要内容是：

1938 年 6 月，我八路军第四纵队一部，在河北省怀柔县沙峪镇与日本关东军板垣师团百余人遭遇。经过激烈战斗，消灭了全部敌军，四纵参谋长李钟奇同志在战斗中负重伤，打进胸部两颗子弹，一颗贯穿肺部，一颗打在脊骨与肋骨之间未出来。当时大口吐血，肺部冒气，情况很危险。因部队不能治疗，经李楚离同志通过唐山地下党的关系，经榛子镇把李钟奇转送到赵各庄医院，找孙荫芳院长治疗。李钟奇住在孙荫芳家，作为他的表弟，佯说是飞弹打的。孙院长和夫人张瑾对李钟奇关怀备至，以各种方法应付敌人。当时敌伪当局检查很紧，两周时间敌人就搜查了 4 次。后来，地方党通知李钟奇，日寇得知他是八路军领导干部，准备翌日捉捕。这时，孙荫芳大夫在地下党的配合下，将李钟奇化装成矿工，经古冶车站前往天津，转移到法租界马大夫医院治疗。

李钟奇同志在信中还谈到孙荫芳大夫在为抗日捐献钱财、药品，收养抗日烈士遗孤，收治抗日伤员，掩护抗日干部等方面所做的贡献。

（选自政协唐山市委员会教科文工作委员会编《唐山文史资料》第五辑）

我们家在冀东人民武装抗日大暴动中

汪 来

汪海（1881—1964）

祖父汪海，字月楼，1881年出生于直隶滦州范庄(今属滦县)著名的中医世家，家道小康。

汪家祖居滦州范庄村东头一所瓦房大院，院内宽敞，有一练武场；村东有一片小树林，树林中间也辟有一练武场。祖父汪海自小聪明伶俐，学啥会啥，从不懈怠，深受我曾祖父、母及全家人的疼爱，因此曾祖父母决定让我祖父继承祖业，成为汪家中医学及药理学的传人。同时，曾祖母也把所学之武功绝学全部传授给祖父。从8岁开始，祖父日学医、夜习武。到14岁时，已熟练学成了少林功夫，并掌握了自家的医学真传。

祖父在成年后，除了继承祖业、成为汪家中医学及药理学的传人外，还苦练武学。从14岁遍访武林名家时算起，共耗时7年零3个月，终于学得各家之独门绝学，再加上自家的武功真传，可堪是一位博采各门各派众长的武艺高强、武德高尚的武林名家。

祖父曾在满清宫内任过总教头，后又在奉军张作霖的铁甲车任武术教头，也教过少帅张学良武功，还曾当过大人物的保镖或给财主大户看家护院。最后，祖父被开滦职工俱乐部聘请为开滦赵各庄矿武馆教师，开馆伊始便有85人报名学徒，其中最优秀的当属节振国、张德纪、胡志发、赵怀安、张连发、张荫藩、张志发等人，而年岁最小的是胡志发。

胡志发（1913—1941），河北省曲阳县宿家庄人。出身贫寒，为养家糊口，十六七岁时就在同乡的介绍下到唐山开滦赵各庄煤矿当挖煤工人。由于耿直，疾恶如仇，好打抱不平，敢于同资本家及其狗腿子作斗争，因此在工友中很有威望，是开滦五矿同盟大罢工的领导者之一。

1938年7月冀东人民武装抗日大暴动前，胡志发被中共唐山工委书记周文彬秘密吸收为地下党员。此后，胡志发在上级党组织的领导下，积极在矿区发展党员（他也是抗日英雄节振国的入党介绍人）和“堡垒户”，建立党组织，并逐渐成为中共开滦矿区地下党的主要领导者之一。1939年10月，中共唐山工委任命胡志发为以滦县榛子镇为中心的第一区区长，并分管县财政工作。他曾领导开滦工人参加冀东人民武装抗日大暴动，后来在对敌战斗中不幸壮烈牺牲。

节振国（1910—1940），山东省武城县刘堂村（今属河北省）人，10岁时随哥哥节振德一路讨饭到开滦赵各庄矿，哥俩相依为命，受尽百般欺凌。14岁那年在林西矿做童工，因正直得罪了矿老板的夫人，被矿主诬陷蹲了大狱，受尽酷刑后，官府怕摊上人命，便把不省人事的节振国趁着黑夜扔出牢外。恰巧被外出为武馆办事儿回来的祖父撞上，于是，祖父把已昏迷不醒的节振国背回武馆，救治过来后问明缘由。祖父汪海了解到节振国也是个苦命孩子，遂收留在武馆内。

节振国在祖父的武馆内一住就是5年，并与我大伯汪进忠、父亲汪进孝以兄弟相称，早晚一起习武练功，颇受祖父的青睐。因此，祖父常常给节振国、大伯和父亲开小灶。

祖父对节振国、大伯、父亲及众位弟子不但教习武功，使这些人学得一身过硬本领，还教导这些弟子学会做人，以“尚武重德，惩恶扬善”为宗旨，以“国家兴亡，匹夫有责”为信条。

1938年夏，节振国带着所学的过硬本领投入冀东人民抗日武装大暴动中，为驱逐日寇做出了很大贡献，直至为抗日事业献出自己的生命，成为冀东著名的抗日民族英雄。

冀东人民武装抗日大暴动前夕，中共北方局及河北省委派李润民到滦县组织农民搞武装抗日暴动。李润民先到滦县大门庄找到张鹤鸣了解情况，张鹤鸣向李润民谈了附近几个村有进步思想的人士，其中特别谈到祖父汪海，说："汪海是我表兄，为人可靠，武功武德堪称一流。"

李润民是位老红军，长征时期曾任红四方面军团政委。1938 年冀东大暴动前，李润民还特别约见祖父深谈了一次，得知祖父不但武功高，而且有爱国思想，是个卫士最理想的人选。尽管祖父 1938 年时已年近六旬，李润民仍时常把其带在身边，如李润民多次到马城三区多余屯高志远家开会和到铁道北高各庄李光宇家办事儿，都由祖父跟随。

冀东人民武装抗日大暴动前，李润民曾经在我们家的西厢房住了一个多月，生活起居安全等一概由祖父负责。当然，在大门庄、甄庄一带，祖父与李润民更是形影不离。冀东人民武装抗日大暴动后，祖父实际上就是抗联第五总队卫队负责人，李润民外出时，祖父因故不能随往，就安排自己的两个儿子——大伯汪进忠或父亲汪进孝担任李润民的警卫。

1938 年 7 月 6 日凌晨，李润民与张鹤鸣、高培之等率先在滦县港北村领导农民暴动，祖父带领大伯、父亲及众徒弟加入了大暴动的行列。暴动队伍被编为华北人民抗日联军第三军区第五总队（冀东抗日联军第五总队），总队长是李润民，副总队长兼参谋长是张鹤鸣，高培之任政治主任。华北人民抗日联军第三军区（冀东抗日联军）总司令是高志远（高翔云），副总司令是洪麟阁（洪冲霄）和李运昌（李芳岐）。

7 月 7 日，抗联第五总队领导派会武功的大伯汪进忠、父亲汪进孝参与禁毒、砸烟馆的行动，并巧取滦县张各庄警察局和盐务局，缴获警察局和盐务局的所有枪支、弹药。

暴动后的最大问题是农民都没有武器。祖父便让大伯和父亲通过个人的关系，从开滦赵各庄矿及矿区"福盛合""隆茂局"等绅家富户起来不少枪支、弹药，从而壮大了暴动队伍。

7 月中旬，第五总队与第九总队汇合后打响的第一仗就是滦县杨家院战斗。李润民和于振忠等领导派祖父带领武术队参加战斗，并与其他兄弟队伍互相配合打了胜仗，毙俘伪保安队 200 余名，缴获轻机枪 2 挺、长短枪 200 余支、马 2 匹、弹药及其他军用物资 1 部。

8 月下旬，冀东抗日联军总司令高志远调第五总队参与第三次攻打乐亭城，祖父又带大伯和父亲跟随总队长李润民及第五总队全体官兵按时到达指定地点。当时敌人紧闭城门，不好攻破。父亲汪进孝献计献策，将炸药装满铁钟并埋在城墙边上，用引线点燃，炸开个口子。与此同时，冀东抗联总司令部的“高司令独立大炮队”用十几门“母猪炮”一起向敌城墙轰去。霎时，城墙被攻破，抗联队伍迅速占领了乐亭城，全歼日伪军，大获全胜。

9 月中旬，抗联第五总队接到进军都山的命令，祖父带大伯和父亲随队伍向北开拔，建立抗日根据地，先后在迁安县建昌营、太平寨，卢龙县双望、沿河营，抚宁县台营、麻姑营都曾驻防，也有过局部小的战斗。

10 月上旬，冀东抗联第五总队接到命令，队伍拉到平西整训。祖父带大伯和父亲又随队伍西进，一路征战，到蓟县过潮白河时，打了一次大仗。冀东抗联第一梯队及所属第五总队被敌人打散。

祖父当时年近花甲，自暴动以来也没得到休息，还得了伤寒病。大伯和父亲一路精心护送，克服种种困难，安全把祖父护送到家。

祖父汪海父子 3 人到家后，本想以行医种地为生，可是日伪想尽办法予以抓捕。无奈，祖父带着两个儿子只得躲到北京和丰润等地隐姓瞒名，靠给人看家护院维持生计。尽管祖父四处寻风打听冀东抗联第五总队总队长李润民的消息，但始终没有结果。直到新中国成立后才得知抗联第五总队总队长李润民被叛徒出卖，早已牺牲。

（汪来，汪海之孙，原籍滦县范庄村，今居住在滦州市西甄庄）

挺进冀东

——八路军第四纵队三十四大队冀东战斗的回忆①

易耀彩

1938 年夏初，八路军总部派出一支 5000 多人的部队——第四纵队由平西挺进冀东，配合冀东人民起义，创建冀热边区抗日游击根据地。那时，我任宋时轮支队第三十四大队（团）大队长，随队挺进到了冀东，亲身经历了这一历史事件，活生生的历史至今人仍然记忆深刻，在纪念暴动 50 周年的今天，很高兴能把记忆中的史实记录下来，流传下去。

易耀彩（1917—1990）

八路军第四纵队（军）是由宋时轮、邓华同志分别率领的两个支队合编而成的。邓华支队（师）是 1938 年 2 月由晋察冀军区第一军分区抽调的部分军政干部和第三团组编而成，组成后先行开辟平西地区做挺进冀东的准备，该支队挺进冀东时下辖第三十一、三十三两个大队（团）。宋时轮支队（师）是 1937 年 9 月间国民革命军第八路军第一二〇师

① 此文为易耀彩少将在纪念冀东抗日大暴动 50 周年时所作。

三五八旅七一六团团长宋时轮率领该团第二营和雁北支队组建起的一个支队，近 3000 人，宋时轮任司令员兼政委，伍晋南任政治部主任，挺进冀东时支队下辖第三十四大队、第三十六大队、骑兵大队和一个独立营。

1938 年 4 月 5 日，八路军总部电令宋时轮支队准备 20 日出发，经张家口北出热察冀边区，与邓华支队接近，必要时会合。5 月 25 日支队进到北平宛平县斋堂以西 30 里的杜家庄、张家庙、齐家庄一线，与活动在平西抗日根据地的邓华支队会合。根据 5 月 17 日总部电令，该番号为八路军第四纵队，宋时轮任司令员，邓华任政委兼纵委书记，邓、宋两支队改为第十一支队和第十二支队，随后部队在斋堂进行整编整训，积极准备挺进冀东。5 月 31 日，两支队分南北两路由平西宛平县斋堂地区出发，向冀东挺进。

由斋堂地区出发，第十二支队由伍晋南同志带领第三十六大队、骑兵大队和独立营在昌平以北、延庆以南和潮白河以西的山区开展游击战争，创建平北抗日根据地。宋时轮司令员率第三十四大队过潮白河进抵冀东境域。

第三十四大队（团）是以七一六团第二营为基础扩编组成的。多数人员是红军战士，排以上干部绝大部分都是红军，是一支有着红军光荣革命传统、战斗力很强的部队，跟随宋时轮司令员从晋西北五寨县转移平西，由平西挺进冀东，一路克昌平，战沙峪，渡过潮白河，攻占平谷城，连战皆捷，部队扩展很快。在军事行动的同时，部队还组织和派出若干工作组，开展宣传活动，发动群众，组织群众，扩大游击队，组织抗日民主政府，建立群众组织。由于我军严格地执行“三大纪律，八项注意”，处处维护群众利益，从而得到了人民群众的拥护和爱戴，在人民群众的支持下克服了重重困难，取得了一次又一次的胜利。

一、过平绥铁路，首克昌平城

纵队司令部决定 5 月 31 日由斋堂地区出发，6 月 2 日晚袭取延庆、昌平，并派一部分袭击康庄、青龙桥并南口车站，破坏其交通，另一部分兵力袭击羊坊、石窝。第三十四大队按照纵队部署由平（北平）绥（绥远）铁路西大村出发，从居庸关、南口之间通过平绥路。过平绥路时，居庸关只有铁路警察驻守，没有敌人兵力，南口有敌人300余人，但还没和我们交战便已望风而逃至昌平县城去了。当晚，我们奔袭昌平县城，经过一夜激战，在攻城以前解决了外围战斗，将昌平县城攻占。这次战斗击毙日军3人、生俘1人及汉奸10余名，消灭了伪警防队，生俘伪军100余人，缴获敌军各种枪支100余支和部分弹药。我方仅伤5人，取得了挺进冀东首战即捷的胜利，大大鼓舞了干部战士克敌制胜的信心。由于肩负东进任务，时间紧迫，我们在拂晓撤出县城后，便过至平绥铁路以东山区，继续朝东向沙峪方向进发。

此时，第三十三大队和第三十一大队在居庸关以北也将康庄车站、延庆和永宁占领。至此，第四纵队东进部队全部顺利通过平绥铁路。

二、同第三十一大队并肩战沙峪

攻打昌平县城两三天后，第三十四大队到达沙峪。6月8日，我奉命到纵队指挥所接受任务，大队政委王再兴带领部队就地待命。我到指挥所后，见第三十一大队大队长季光顺、政委杨克武正在那里指挥着一场战斗。那时，第三十一大队的战士正在村南300米处的沙沟中间和日军一个中队酣战，通过望远镜观察，战斗打得非常激烈，日军凭借装备精良的重武器，躲在岩石后面拼命抵抗。邓华政委见敌人火力太猛，正面攻击不易突破，就命令第三十一大队大队长季光顺组织突击队员隐蔽绕至敌人背后，一阵手榴弹轰鸣，敌人几挺重机枪全成了哑巴。当即，根据宋时轮司令员的命令，第三十四大队授命一营解下背包、枪支，佩戴马刀、手榴弹，在机枪火力掩护下冲向敌群，展开白刃拼搏，一时间，马刀下被砍死的敌人有五六十人。天近黄昏时，二营、三营奉命绕到沙峪南准备堵击敌人，这时终因伤亡惨重，加上夜幕降临，日军再不敢恋战，便向南面的怀柔方向逃窜。

这次战斗鏖战五六个小时，第三十一大队总支书记郑良武壮烈牺牲，纵队参谋长李钟奇身负重伤，部队伤亡也较大。歼敌200多人，为我军继续东进扫清了道路。

战斗结束，当夜第三十一大队、第三十三大队继续向北向东转移东进。

第三十四大队留下打扫战场，在梨树沟休整一天，第二天晚上继续东进。

三、夜涉潮白河

经过沙峪激战后，尽管部队有较大伤亡，体力疲乏，无房住又无充足粮食，只能露宿和以山果充饥，但干部战士仍唱着《游击队员之歌》，鼓动高昂的士气，不怕山高水深河床宽阔，不顾行军和战斗的疲惫，爬山越岭，由古北口以南、密云以北，按着纵队规定的时间，在拂晓前渡过潮白河，挺进到冀东境内。

到达冀东后，纵队给第三十四大队的任务首先是占领雾灵山，然后占领镇罗营、大华山、墙子路、六道河一线，扫清这一带据点，准备主力继续东进。我即受命率领第二营向雾灵山前进，到达雾灵山后，发现敌情与原来侦察的情况有变化，因此便南下向墙子路进军，三营在大华山、熊儿寨一带活动，一营攻占镇罗营。经过镇罗营、大华山、墙子路战斗后，第三十四大队进至熊儿寨鱼子山地区，控制了这一地区，扫清敌伪兵力。尔后，这一带成为第三十四大队游击区。

四、袭占平谷城

1938 年 7 月间，冀东地区正值雨季，纵队命令第三十四大队乘敌人防守不备攻打平谷县城。平谷县城城高墙厚，易守难攻，加上城外环绕有很宽的护城河，河水因大雨而漫涨，河宽水深无法徒涉，城内又驻防五六百名日伪军，可谓戒备森严，敌人根本料不到八路军能来攻打县城。然而，第三十四大队正是利用敌人的麻痹，出其不意，乘其不备攻取平谷城。第三十四大队接受任务后，一面派出大队侦察参谋王崇美带领侦察排进行侦察，一面发动群众，取得群众的支持，协同我们进行攻城的准备工作。我大队驻地熊儿寨、鱼子山地区的群众抗日热情异常高涨，听说我们要去打击日伪军，便自动给我们送水、备干粮、派向导、绑担架，献出用来做攻城的梯子十多架，组织起四五百人配合部队去攻城。7 月 19 日全天倾盆大雨，夜晚天黑如锅底，伸手不见掌，敌人万万没有料到八路军和抗日民众将要兵临城下夺取城池。第三十四大队就在这天下午研究了攻城作战方案和具体部署：一营营长杨树元、教导员雷玉龙带领一营负责攻北城门和西城门；三营营长张志成、教导员高克功带领三营攻击南城门和东城门；布置二营营长单德贵、教导员赵立业带领二营为预备队，准备大队入城后扩大战果。黄昏前，部队由熊儿寨下山，晚上八九点钟，部队到达城墙角下进入阵地，晚上 10 点钟后各营进行实地侦察，登城地段选择。由于侦察排对平谷城内外地形、地物、敌人实力布防有了比较严密的侦察，在倾盆大雨和护城河水哗哗流动声的掩护下，一营、三营都按预定时间选择好登城地点和突破口，于午夜 1 点开始攻城。一营先是以偷袭的办法往城墙上靠梯子，准备登梯攻上城墙，但因城高，梯子矮了一截而无法攀上城头，投上去的手榴弹反弹回来造成自身伤亡。越墙入城不行，只得改用其他方法。正在计谋之际，我身边的向导机智地提醒说：“城墙脚下的泄水沟是直通城里的。”一听此言，大家顿时活跃起来，对！强攻不成就巧攻，上路不通走下路，一致认为“此招甚高”。于是便派一营一排长宋来仁同志（陕北人，18 岁参加红军的老战士）带领 18 名战士，光着臂膀，背起 10 枚一捆的手榴弹束，手持马刀，潜入泄水口，游到北城门。他们砍死哨兵、炸死守敌，移开顶着城门的沙袋和顶门杠，打开城门，迎接三营入城。城内日军见城池已被攻破，只得由西门落荒而逃，伪军 500 余人被俘获，缴获全部武器弹药，拂晓前胜利结束战斗。

攻打平谷县城战斗结束后，我回了鱼子山大队部。政委王再兴、总支书记张汉民和县长姜时喆（房山县人，地方开明士绅）留在城里开展工作，宣布县政府成立，发布安民告示，宣传我党我军抗日救国各项政策，动员人民团结起来抗击日本侵略者。

五、发动与组织群众 建立抗日根据地

进抵冀热边境后，第三十四大队主要活动在兴隆、平谷、蓟县、密云、滦平等县一带。当时这一地区敌人已侵占多年，敌伪政权较为严密，对民众欺压统治得十分厉害。部队到达后，除了军事行动外，还组织和派出了许多工作组，宣传共产党的抗日主张和具体方针政策。当地基本民众抗日情绪高涨，很容易发动。

在动员基本民众的同时，我们也十分重视民团上层人士，他们手中掌握有武装力量。为了争取这部分力量，我曾亲自找到鱼子山的一位士绅，名字一时记不起来了，他本人就是伙会头子。我们先做通了他的工作，尔后，通过他再去向当地的伙会、民团分子、地主、绅商们宣传我们的抗日主张，揭露日伪政权向他们征马、派丁、收枪的阴谋，激发他们的抗日情绪，解除他们对八路军、共产党的恐惧心理和疑虑，讲明团结起来一致抗日的道理。在这个人的影响和带动下，那个阶层有许多人奉献了不小的力量。后来这个人加入了革命队伍，也成为我们的干部。这是我们的第一步工作。

第二步是建立地方政权组织和群众组织。我们经常活动的5个县，先后都建立了县政府，能记忆起来的兴隆县政府，驻地在前苇塘，任命杨春圃为县长；蓟县县长是位朝鲜族人，名字叫王巍；平谷县政府设在城内，是机构最健全的一个，县长叫姜时喆。这些县先后也都组建了县大队（县游击队）。村里组织妇救会、青救会和群众武装组织。平谷、兴隆、密云的群众组织最严密，发动得比较好。记得一开始，我们吃粮食全都用现洋购买，后来发展到开条子。打开平谷城后，有了根据地，我们吃的都是群众交上来的公粮了，花用的钱都是商会捐献的款，生活有了保障。应当肯定，这里的群众基础是很好的，建立起的地方政府和群众组织为部队开展敌后游击战争做出了重大贡献。

（易耀彩，江西泰和人。1938年5月任晋察冀第四纵队第三十四大队大队长。离休前任职海军北海舰队政治委员，开国少将）

回忆抗日游击第五大队

李越之

李越之（1920—1997）1945 年在平谷

1938 年 7 月，在冀东地区爆发了一场人民抗日大暴动。这场暴动是按照中共中央的部署，拟在冀热边境开创冀察热辽敌后抗日根据地。这里有中共冀东党组织多年来的工作基础，人民深受日伪的压榨，酝酿着一种拿起刀枪大干一场的积愤。当八路军第四纵队开入冀东境内时，暴动队伍揭竿而起，到处是穿着便衣的抗日武装，人们称其为“闹便衣队”。7 月初发动，8 月进入高潮，9 月下旬开始陆续西撤，10 月遭敌伪在平古路和潮白河一线的重兵阻击。西进队伍除八路军主力和部分抗日联军先头部队到达平西根据地外，其余抗日联军大部分在西进途中因受到敌人层层阻击、加之沿途供给困难以及新暴动起来的农民武装缺乏训练、不愿离开家门等原因，大部分人员陆续潜散了。

10 月初，后继部队行到潮白河东岸时受到河水阻挡及敌伪重兵阻击，当时只剩 6000 余人了。李运昌、李楚离等领导人在平谷县西樊各庄召开各总队领导人会议，决定停止西进，返回丰润、滦县、迁安三县交界处的山区开展游击活动。因为山区来路已被伪满军及地方民团伙会堵住，所以决定从三河县奔向宝坻、玉田地区返回。一路又遭敌伪截击，抵迁安县莲花院时就只剩1500余人了。当时抗日联军副司令李运昌做队前讲话，说大暴动的轰轰烈烈形势已经过去，根据当前形势提出：愿回家的，有组织地回去，分散潜伏等待时机再起；坚决不愿回家的，留下来，在山地开展游击战争。这样，留下来的人组成抗日游击第五大队，在山区开展活动。

这支队伍的成员主要是抗联第五总队、第十总队、第十四总队和第二十三总队，以及李运昌抗联司令部的人员。绝大部分是共产党员，曾在暴动中担任过各种不同的领导职务。又把这支部队分成两支活动，原司令部人员及第二十三总队人员约六七十人组成一队单独活动，称大队部；其余人员组成一队，命名第五中队，队长苏然，指导员姚赓言（姚走后为高平），活动地区在滦县、迁安交界的山区，常驻村庄有李家沟、东西赵庄子、华山缝、徐庄子、燕子峪、戚家峪、柳沟峪等村。这里地处山区，离敌人据点较远，有较好的地理环境，原地下党工作有基础，大暴动时各村都有很多人参加过抗日联军。我们住在老乡家拉家常时，常听他们说：我们庄里有多少人参加过大暴动，跟 ××× 队长出去的。还说他们的 ××× 亲戚也参加过暴动，是哪个总队的。这样，游击队与当地群众很自然地有了亲切的感情。以后又扩大活动范围到丰润县小岭、黄昏峪、张庄子、东西赵庄子、白草坡、北岭、火石营、东水峪、东西魏庄子等村。那里是原抗联第四总队的发动区，群众条件也很好，时常得到地下党区委杨文汉同志的帮助。

因为总是在这20多个村子活动，与当地老乡都熟识了，夜间宿营时司务长说一声“各回原防”，大家就分头叫门，说一声“老大爷，我们又回来了，给你们添麻烦了！”房东听熟了口音就知道又是游击队回来了，立即腾房子并炕，使我们能很快进屋休息。

1938年腊月二十三，敌伪对这一带山区进行“围剿”。当时的八路军第一支队、抗联第五大队和节振国的工人大队由潘家峪集合，夜间出发向西突围，天明时进入遵化铁厂南平台山区。敌人寻踪追击，我们的队伍立即拉上山头，敌伪军从四面八方围上来向我们展开攻击。从上午10时一直打到天黑，在夜幕的掩护下，我们摸着山间小路绕开敌人，一路向东又回到黄昏峪来。这次敌人“围剿”费了很大力气，打了一天未得收获，最后以烧村子撒气，把莫家屯、野明岭等5个村庄付之一炬。

天亮时到达黄昏峪，经过一天两夜的行军作战，同志们已过度疲劳，就决定潜伏下来。在黄昏峪、东水域、北岭、东西赵庄子等几个村，把大枪藏起来，小枪自带，换上当地老乡的衣服，分住在老乡家中，白天上山赶着牲口驮子送粪搭坝阶子，晚上回来吃住。敌人明知道游击队藏在这一带，几次组织“清乡”，可就是找不到。

旧历年过后进入1939年3月，天气慢慢转暖。因为游击队屡遭“清乡”搜查，八路军军政委员会做出决定，让游击队员利用社会关系化装回家潜伏，待青纱帐起来时再集合活动。4月底，山里树木发芽了，五中队人员又集合起来，在丰润山区活动，又西向偏峪、尹家台、芦各寨南山、黄土岭、娘子庄等一些村子扩大活动。5月遇敌春季“扫荡”，我们这支队伍又去崖口东面，过牵马岭到东西黄源、柳沟峪活动。由后方过来的原东北抗日联军司令唐聚五部被围在马蹄峪南山，全军奋战终日，最后唐聚五牺牲。

进入夏季，青纱帐渐渐地起来了，又有一些在家里潜伏的抗联队员归队，这时队伍有所扩大。

那时地方尚未建立政权，粮食和穿用的衣服鞋袜都是通过地方保甲长征集，摊入本村财政开支，村中负担就重一些。在我们常活动的一些村庄，有地方自发建立的情报机构，队伍住到哪村，就由本村派出人员打探敌情。有敌人出发的情报时，便沿村传到游击队住地，使我们得到情报后隐蔽地转移出去，从未受过包围。

1939年7月间青纱帐起，根据冀东军政委员会的指示向铁路南进行出击，这是为配合铁路南游击队而进行的活动。由高敬之总指挥、周文彬主任带我们游击队和工人特务大队过了北宁铁路，路南几股小游击队也集合起来，计有张振宇队、郑永安队、阎绍先队、高小安队、于振中队、姜有余队、张子川队等。为了造声势，几股游击队汇合后，攻打曾家湾警备中队，一举获胜，相邻的柏各庄镇、坨里镇的警备所和警察队吓得跑到大据点县城去了。这次路南活动历经20余天，地方游击队有所扩大，回到铁路北以后又与八路军一支队相配合，打下了五岭据点，消灭了一个警察中队。

1939 年 8 月，根据平西区党委指示，冀东抗日游击队和部分八路军过平西整训。行军前改编成八路军第二十八团，出发集合时全团有六七百人，团长丁振军（未到任），副团长张振军（兼三营长）、高敬之（兼二营长），参谋长苏然，一营营长夏永霖。我们五中队几十名基本队员都编入一营。9 月上旬出发，9 月 27 日到达蓟县盘山，与平西派来的迎接部队会师，红军干部贺立保任团长、苏静任政治部主任，随即带领我们进入平西，受到挺进军萧克司令员欢迎接待。以后连以上党员干部进入晋察冀分局党校学习，军事干部进行军事训练，连同八路军第一支队人员组建第十二团，1940 年又返回冀东。

（李晓戎、李晓钟、李效娅整理。李越之，河北省唐山市郊区木匠庄人。1937 年 6 月在滦县简易师范读书时加入中华民族解放先锋队，1938 年 2 月加入中国共产党，1938 年 7 月 6 日参加冀东人民抗日大暴动港北起义抗日联军第五总队，始终在冀东坚持抗战并担任若干县委的领导职务。1949 年南下，离休前任石油部管道局副局长、顾问，对冀东革命史的研究颇有建树）

1938 年大暴动前后开滦医院的抗日活动

贺济恒

1933 年冬（农历十月），我来到林西，找到了开滦林西医院副院长、毕业于齐鲁大学的孙荫芳，并在他家住了下来。齐鲁大学是 7 年学制，毕业生很受重用，待遇也很高。他当时月薪为 240 块大洋。我来到他家时，他的表弟张锡鑫也在那儿等着找工作。我们来后，一时还谋不到职业，便在他家闲居，由他供我们吃住。孙荫芳思想进步，有爱国热忱，对青年人总是启发上进，灌输爱国主义思想。在他家闲居期间，我阅读了他推荐的进步书刊，如鲁迅的《呐喊》、老舍的《赵子曰》以及巴金的著作等。我在这里住了两个月，接触了一些新鲜事物，认识有很大提高，为后来参加抗日活动打下了思想基础。

1934 年 1 月，开滦总医院招考护士，我和张锡鑫都报名参加了考试。结果，我被录取为“护生”。张锡鑫没考上“护生”，到是年春天，考入了开滦总院药库当学徒，学习制药。

1934 年年底或 1935 年年初，谷绍川（即谷云亭）也考入了开滦高级护士学校，被分配到马家沟矿医院实习。我从那时开始认识谷绍川，他比我低一年级，给我的印象是态度严肃，工作认真，光明正大，当时英国人也很少找他的麻烦。

1935 年，谷绍川成为中共地下党员。1936 年 12 月初，谷绍川、张锡鑫曾组织开滦医院的一批要求抗日的爱国进步医护人员，准备去百灵庙参加绥东抗战，大约有10多名，我记得名字的有谷绍川、张锡鑫、常云卿、史克敏、张万泰、王燕成等。他们奉命先到北京集合，在北京待命期间，发生了西安事变，蒋介石被迫同意抗日。因为形势的变化，组织上决定不去绥东了，于是谷绍川等同志又回到了唐山。当时，冀东虽已落入日本侵略者手中，但开滦仍在英国人控制之下。由于英日外交关系尚未破裂，日本人不便直接干涉开滦事务，所以，谷绍川等人又都回到了开滦医院。

1937年1月，分散在开滦各矿医院的护校学员，集中到唐山开滦总医院参加会考，即毕业考试。我和谷绍川、史克敏等这时都到了开滦总医院。我是从赵各庄来的，谷绍川是从马家沟来的。会考结束后，暂都留在总院工作，因此，这时在开滦总医院内汇集了一批爱国青年。

1937年七七事变爆发后，医院内爱国的医护人员目睹日军侵华的野蛮行径，个个热血沸腾。院内的抗日活动，秘密地日渐活跃起来。当时，医院有个有利条件，就是日本人与英国人既有矛盾又相互妥协、勾结，所以一般情况下，日本人不轻易进开滦医院找麻烦。医院对面开滦员司俱乐部的一个职员有一台收音机，因我们十分关心中日战局的发展情况，故晚上常去那里收听广播，了解形势的变化。在开滦总医院和高级护校内，以谷绍川为领导，迅速掀起了抗日救亡运动。我们在校内宣传全民抗战，高唱《义勇军进行曲》《五月的鲜花》等抗日歌曲。后来，院方怕惹起麻烦，出面制止。

1937年秋，谷绍川组织抗日团体——抗日自卫同盟团。这是一个秘密性质的党的外围组织。抗日自卫同盟团在总医院的领导者是谷绍川，下边设几个小组。小组单独活动，不发生横向关系。发展盟员的方法主要是先建立私人关系，对思想和其他情况摸清底细后，再发展入盟。张锡鑫我俩是同乡，关系很好，他又知道我有抗日要求，便于1937年冬发展我加入了这一抗日组织。谷绍川、常云卿、张锡鑫和我4个人编为一个组，负责人是谷绍川，活动地点是在常云卿家。因为常云卿有家眷，而我们都是单身汉，故到他家去活动方便。在他家寄住的有一个姓黄的开滦工人，与常家关系很好，可能是我党的一个关系人，当我们活动时，他担任放哨警戒任务。开滦总医院内除了我们小组之外，还有别的小组，都归谷绍川领导。事后，我听说参加这个组织的还有高杰、史克敏、栾秀昌、文顺兴、刘国依、李尚武、熊子奎等。高杰后来划到我们组，熊子奎是后来经我发展的。

抗日自卫同盟团的主要活动，一是利用业余时间阅读进步书刊，如高尔基的《我的童年》《母亲》《在人间》等，以提高政治觉悟，坚定革命意志。二是抄写、复印、散发我党的抗日宣传品。我们把上级发来的学习文件、抗日救亡传单、游击战训练小册子等经抄写复制，或油印成小本本，在组织内部广泛宣传。三是地下党组织通过抗日自卫同盟团的活动，培养优秀分子入党。我就是由张锡鑫介绍入党的，之后我又发展了熊子奎入党。四是了解敌人的活动情况提供给上级党组织，接受上级布置的其他任务。

发展和加入党组织，也是单线联系。我知道当时的地下党员有谷绍川、张锡鑫、常云卿、史克敏、栾秀昌、贺济恒、熊子奎、高杰、文顺兴。

1938 年春，因抗日工作的需要，组织决定谷绍川撤离开滦医院，到丰润县王官营开办了一个福生药局。他以此为职业掩护，一方面为抗日前线的伤病员医治伤病，另一方面作为一个党的地下联络点，为组织发动冀东大暴动服务。据说，这个药房是谷绍川变卖家产捐献的抗日经费办起来的，我们医院的同志也曾为开办这所药局捐献了资金。这时，谷绍川改名为谷云亭。

1938 年 5 月，栾秀昌、熊子奎和我由开滦总医院调到赵各庄矿医院，文顺兴、高杰调到林西矿医院。临行前，组织决定我们调到东矿的 5 名同志编为一个党小组，由栾秀昌任组长。这时，因谷云亭已离开唐山，我们这个小组归王克如领导。当时王克如的公开身份是赵各庄民众教育馆的工作人员，他经常向我们介绍赵各庄矿的斗争形势，教我们如何开展地下联络工作，嘱咐我们要随时提高警惕，注意敌特活动，巧妙地与敌人进行斗争。

1938 年 7 月，轰轰烈烈的冀东大暴动爆发了。组织决定调熊子奎到部队去担任医疗工作，我们留下负责联络接待来往于沦陷区、根据地之间的抗日人员。在暴动时，有的指战员受伤（如丰润县王家营的钱万成）送到赵矿医治，由我们负责照顾生活，供给日用品。我记得有一位叫赵仪珠的女同志到解放区去，是由我们负责转送的。组织上介绍她到医院找我们，当时我们都住集体宿舍，只好把她安置在医院同事戴树名家中住了两天，然后转送到了解放区。那时，赵各庄的医护人员中有不少人同情抗日，所以，遇事总能得到群众的支持。

这里特别值得一提的是孙荫芳院长。他那时已由林西矿医院调到赵各庄矿医院当院长。虽然他是党外人士，但支持抗日不遗余力，贡献很大。他利用自己的社会地位、经济条件和崇高威望，竭诚帮助抗日工作，并与我地下党密切合作。有时，党的工作都是通过他联系，因为他是医院院长、开滦高级员司，找他也便于掩护。在前线战斗负伤的抗日战士，有许多经组织介绍来到赵各庄矿医院治疗，都经孙院长批准收留。为了对付敌人的搜查，在这些伤员的病历上都写成阑尾炎、肠穿孔等病症。有时，一些伤员在敌人搜查时引起怀疑，孙院长总是亲自出面干预。他对敌人的检查人员说："他们都是我的病人，进了我的医院，我就要对病人负责，如果有什么问题，等我给他们治好了病、出了院再说。"千方百计把伤员保护下来。

1938 年 6 月，八路军第四纵队参谋长李钟奇在与日军的一次战斗中胸部负伤，子弹留在体内，经地方党组织送来医院治疗。孙院长冒着全家性命的危险，把李钟奇收留在家中疗养，并负责供给一切费用。当时，孙荫芳住赵各庄洋房子，独门独院，很便于掩护。我们每天去换药，李钟奇一直在孙家待了近两个月，伤情好转后，才经地下党转移到天津。

1938 年大暴动以后，抗日部队战斗频繁，伤员急需药品。孙院长以个人名义从外地购买一批药品，转交给地下党。我们的党小组组长栾秀昌亲自用驴驮着药箱，送到抗日根据地榛子镇，交给抗日部队使用。从 1938 年大暴动到 1941 年，开滦医院的地下党员和抗日志士做了不少贡献。有一部分人去冀西根据地参军，亲自上前线抗日；我们留在医院的人做些后勤供应工作，给抗日同志的家属以生活接济，给前方的同志寄送日用品、衣服、文具等。党组织的经费是很困难的，我们曾向医院同情抗日的人士募捐，孙荫芳是捐款最多的一个。我党的负责同志和往来于沦陷区和根据地之间的抗日工作人员，包括一些省委干部，有时也住在孙院长家中。

（选自政协唐山市委员会文史委编《唐山文史资料大全·地区综合卷》）

冀东抗日大暴动后抗日根据地的恢复与巩固

王维昕

一、建立抗日根据地

1938年7月初，冀东大暴动爆发。

此时，八路军第四纵队在宋时轮、邓华领导下挺进冀东，和冀东抗日联军正副司令员高志远、洪麟阁、李运昌等负责人在遵化县铁厂召开会议，决定建立冀热宁军区。《抗敌报》于8月31日发表了《庆祝冀察热宁边区的建立》社论。9月下旬，宋时轮打电话给邓华，令其率部队西撤。邓华在丰润县九间房召集高级军事干部会议，决定按照宋的电报，全部西撤整训。

西撤大军的先头部队是抗日联军司令高志远一部，与遵化、蓟县起义的一部，共2000多人到达平西根据地。副司令洪麟阁和高志远部主要负责人陈宇寰，在蓟县先后牺牲。副司令李运昌领导的部队被敌阻击后，在平谷北樊各庄召集冀热边特委干部会议，决定率剩余部队返回冀东，在丰滦地区坚持游击战争。殿后部队鲍子菁部在蓟、玉、丰南部原地未动。李运昌的部队和第四纵队留在冀东的苏梅、陈群支队、包森支队、单德贵和赵立业支队，坚持冀东抗日游击战争。这时，抗日联军尚有1400多人，有分散有集中，经受了敌人2万多兵力连续5次大“围剿”，机动灵活地对敌作战330多次，打死打伤日伪军1500余人，粉碎了日伪妄想剿灭抗日游击队的阴谋。

当时我随纵队司令部西撤，在密云潮白河西岸北岩村遇阻，几经周折，到达平西根据地——斋堂，接受上级指示，即和部队派来的蔡委心同志组成宛平县临时政府，进行了一段恢复政权和后援工作，不久就交给由雁北回来的焦若愚等同志。我被调到冀热察区党委举办的党员训练班学习，由蓟县的王坤载同志任支部书记，我任班长。学习期间，曾被派到斋堂东前后桑峪做发展党组织的工作。

1939 年 1 月，听完萧克同志传达中共中央六届六中全会精神后，原党委根据发展和壮大抗日游击战争和建立许多抗日根据地这一精神，派我化装成店铺学徒，化名王敏，自斋堂出发，经昌平乘火车到天津，住在大胡同的一个旅店里。按上级指示，去英租界对接党的关系，在英租界张申府、刘清杨家见到了李楚离同志。他指示我回冀东家乡隐蔽活动，联系潜散的大暴动的战士，等待时机东山再起。

1939 年 2 月 11 日夜晚回到家中，虽然天已很晚，但大暴动时参加抗日的同志们和父老乡亲们挤满了一屋，叙谈别情。等他们散去后，我和父母考虑到知道我回来的人太多，容易暴露，不便开展工作，便于第二天清晨离开家，到伪玉田县政府老朋友处了解情况。后又到北京的亲戚家隐蔽几天，过旧历年后就秘密回到了沙流河，找到了李鸿文、李梦春接上了关系，由他们去联系原第五支队政治部主任马吟南，以及张氏夫妇医院——党的交通战线的张佐文、刘静文两同志。逐渐联系上了玉田的关系后，我回到本村，通过和凌云、高庆谭商量，设法联系上丰润暴动时期的党员和参加暴动的同志，同时寻找李楚离同志所告诉的唐宝琳的关系。经一段时间，在芦各寨找到了唐宝琳，原来就是李运昌同志。不久，徐志（李德昭）同志也从平西到冀东，大概是 10 月间找到了我，我就和徐志、周文彬二同志共同商量开展和建立丰玉遵联合县工作。

二、恢复丰玉遵

徐志、周文彬和我，经常在我村大旺庄一带活动。根据当时的工作基础条件，决定恢复丰玉遵地区抗日政权。其中，首要的任务是发展党组织。

1939年春，着手恢复暴动后的党组织，联系失散了的党的关系。在发展工作上，首先以大旺庄为中心，发展在暴动中受过考验的、意志坚定的青年积极分子，以老党员为骨干，宣传党的抗日战争的方针政策，坚定抗日必胜的信心。这一年青纱帐时期，路拓在玉田县东西果各庄，张志全在遵化县池家屯、杨官林，我在丰润县大旺庄、仰山、南下庄等地发展了一批新党员。1940年年初，先后恢复建立了一批党的小组和农村党支部。以党员为核心，以这些村为基地，迅速向邻村发展。在村中有了共产党组织，建立起来的村政权也较巩固了。

1939年11月，我们在遵化县东八堡地区，以芦各寨、大官屯、娘娘庄为中心开展工作。这一地区既是冀东大暴动时期丰玉遵联合县政府所在地，又是八路军游击根据地，地处丰遵交界，离敌伪统治区较远，基础较好，开始试建“两面政权”。敌伪村长和保甲长由我们选择可靠的人去当，公开应付敌人，同时选派专做抗日工作的村办事员、武装班长，借以发展抗日组织和开展武装斗争，然后逐步建立抗日区政权。经过3个月的试点总结，认为这种村政组织是成功的，是建立区政权的基础，决定在丰玉遵联合县委领导下，成立丰玉遵联合县政府办事处，并将这个政权在1940年3月公布于众，有组织有领导地开展建军、建政，组织群众支援抗日等各项工作。

在暴动队伍西撤整训、抗日的革命力量受到挫折后，冀东的汉奸卷土重来，继续干起与人民为敌的罪恶勾当。他们利用伙会、联庄会、民团等组织，和日寇通力镇压群众，迫害抗日家属。县委当即决定，必须坚决铲除汉奸、特务和日本鬼子的走狗，打击他们的嚣张气焰。在已建立的村政权中，差不多都除掉了狗腿子和小汉奸。这样既给群众出了气、撑了腰，也使大汉奸被孤立，巩固健全了村、区和县新建立起来的政权。

1939年年底恢复的丰玉遵联合工委，由特委宣委徐志同志兼书记，路拓同志任副书记，我任组织部部长，石光同志由晋察冀分局学习回来后任宣传部部长，由哈尔滨回来的田心同志任武装部部长。在县委领导和部署下，于1940年3月出布告，公开宣布丰玉遵联合县政府办事处正式成立。胡光同志任办事处主任，后改为县长。同时成立区政府：一区以大旺庄、仰山和狼儿峪为中心，辖20多个村，区长王德明；二区以杨官林、池家屯和葛家屯为中心，辖20多个村，区长郑旭（余尚三）；三区以东、西果各庄，大、小张屯为中心，辖20多个村，区长大化（刘新国）。各区在巩固中开辟和开展各种工作，进展很快。在丰玉遵所属100多个村庄里，顺利开展轰轰烈烈的抗日救亡运动。主要是组织起村抗日游击小组和青年报国会，抗日救国会组织普遍建立；互相通气，互相协助，创造化名村庄，建立通信站，转送鸡毛信等；儿童团送信、站岗、放哨起的作用很大；发现敌情，互通情报，通知到各村乡亲，以村为单位，又互相联系到一块儿，通力协作，共同抵御日寇汉奸的清乡和扫荡；各村还成立了老头队、妇女救国会等抗日组织，发挥了他们所能起到的作用。

1940年6月，丰玉遵工作逐渐向南开辟，由丰润东北部向丰润中部和南部、宁河县以及渤海边推进。1941年10月，经区党委批准，抽调石光、胡光和田心三位同志组成丰玉宁联合县委和县政府，石光任书记，胡光任县长，田心任大队长。不久，又调徐志和路拓两位同志去滦东开辟新区。这时，我继任丰玉遵县委书记，又调来陈赓（郑旭的哥哥）负责组织，高继光负责宣传。在县委领导下，成立了妇救会，由范维存、高田和延生三位同志为首，在丰玉遵地区开展妇女运动，进行参军和支前工作，人们亲切地称呼他们为“高大姐”“范二姐”和“于小姐”（延生，原名于乔），他们为这个地区的妇女运动开辟了道路，积累了一定的经验。到10月底，丰玉遵县开辟了10个区，党政干部100多名，县总队——青英部队由28人发展到140人。

三、粉碎日寇五次“治安强化运动”

冀东贯彻中共中央六届六中全会精神，恢复和建立起党组织之后，到1939年9月，分散组建起的游击队共3700多人，组成第二十八团（团长丁振军）、第二十九团（团长阎达开）、第三十团（团长苏林燕）。

这时在冀东地区西部由包森、李子光、王少奇开辟以盘山为中心，中部由李运昌、徐志开辟以鲁家峪为中心，东部由周文彬、刘诚光、丁振军开辟以腰带山为中心的游击根据地，坚持游击战争，进行抗日根据地建设。到1940年9月，在已建的5个县抗日政权的基础上，决定将冀东办事处改为晋察冀边区第十三行政专员公署，调宛平县县长焦若愚任专员。继之，又建立起平密兴和丰玉宁两个县抗日政权。这7个县所辖3000多个行政村，形成了初具规模的根据地。这样，就粉碎了日寇在冀东实行的“以华治华”的政策的产物——汉奸政府和保甲制度，砸了“五家连保”“十家连坐”的门牌，烧了汉奸政府发的“良民身份证”，建立起由共产党领导的“两面村政权”，开展以村为单位，村连村、户连户的游击战，在敌人眼皮底下活动，给敌人以很大威胁。

打垮敌人“治安强化”，八路军装备大大增强。图为广大群众热烈欢迎凯旋的子弟兵

1941年1月，日伪军勾结火烧遵化县鲁家峪、血洗丰润县的潘家峪，制造了前所未有的大惨案。幸存的青壮年成立起复仇团，以有力的复仇行动回击了敌人。同年4月，八路军第十二团、第十三团在革命先烈江浩同志的家乡刘家桥，痛歼日伪军200余人，缴获轻重机枪3挺、长短枪100多支。5月1日驻丰润沙流河的伪兵200多人出扰，被游击队包围在渠梁河一带，经过两个小时的战斗，

除了血洗潘家峪的罪魁佐佐木只身逃跑外，其余被我军全歼，并缴获大批武器装备。同时，地方武装配合主力部队，大搞破坏敌人交通的“破交战”，将北宁线铁路的铁轨和电线杆、电话线都给破坏，敌人交通运输堵塞。我方则将铁轨等有用物品，沿村转运到鲁家峪的兵工厂里，作为制造武器的原料。在和敌人针锋相对的斗争中，出现了许多可歌可泣的英雄事迹。

日伪军对冀东人民实行了惨无人道的“三光”政策，叫嚣“在3个月内将共产党八路军彻底消灭”。1941年4月开始了第一次“治安强化运动”。敌人集中日伪军4万余兵力，进行大迂回扫荡、清乡和围剿。县委根据这一形势，部署以区为作战单位，独立自主开展游击战，有效地打击了敌人。县总队在和敌人的战斗中，最先由各区集中28名精干报国队员，活动在二十里铺、马庄子等玉田以东一带，同敌人展开各种形式的战斗，达到了保存自己、消灭敌人有生力量的战略目的。同年10月下旬，敌人重新部署了兵力，调走二十七师团，换上3万余名治安军。但治安军还没站稳脚，就被我军给以歼灭性打击。第二次“治安强化”尚未宣布，就赶快宣传开始第三次“治安强化运动”，改变了一、二次时的政策，调集从山东强征来的大批民夫，搞沟壕堡垒政策，企图分割我基本区，进行反复清乡围剿，挖了东西3条沟，南北4条沟，妄图以沟壕堡垒割断丰润、玉田和蓟县等基本区的联系，进行大规模的铁壁合围，以达到消灭冀东抗日主力军的目的。我们根据这种形势，开展村自为战的有效抵抗措施。敌人白天挖了沟、筑了堡，夜间我们就进行平沟毁堡。三次“治安强化运动”以大批治安军被消灭而宣告失败。1942年4月1日，日寇集中4万兵力，突然发起第四次“治安强化运动”。对丰玉遵基本区进行反复扫荡，实行“三光”政策。4月至8月，丰玉遵联合县县团领导同志牺牲10多名，牺牲的战士更多。9月14日，日伪又开始了第五次“治安强化运动”，调集日军7个联队、伪满洲队4个团、治安军19个团，合计4.6万多兵力，向我冀东基本区丰玉遵扑来，实施“剔抉围剿”和“梳篦围剿”战术，还制造了潘家戴庄大惨案，将1280名无辜群众屠杀，这种野蛮行径激起人民的无比愤恨。

在日伪军第四、第五次“治安强化运动”之后，我党决定采用转移外线作战方针，在热河南部、滦河东部、铁道南和渤海边牵制敌人，配合基本区反蚕食斗争。本地干部区不离区、县不离县，相机打击和消灭敌人。群众发明了麻雀战、地雷战等灵活多样的游击战术，打得敌人摸不着头脑。在我军民的顽强抵抗下，日寇无力继续坚持下去，只好收兵回巢。

四、恢复基本区

1942年8月，冀热察区党委撤销，冀东区党分委改称第十三地委，冀东军分区改为第十三军分区，与1940年建立的第十三专员公署一道，统一领导着冀东的全面工作。1943年1月，第十三地委讨论了冀东形势，确定在敌人5次“治安强化运动”后的基本任务是：动员一切力量，恢复被敌“蚕食”的基本区，采取了巩固山区、开辟平原新区的方针。冀东主力部队兵分三路进关，完成地委恢复基本区的任务。丰玉遵人民听到这个消息后，欢欣鼓舞，我和田心同志共同研究（这时丰玉宁县委成员只剩田心一人，丰玉遵县委成员剩我一人），共同迎接主力部队的到来，恢复基本区。在一区北和一区、二区交界的遵唐公路以及左家坞通沙流河等地，都有又深又宽的所谓“防共沟壕”，但是通向丰玉宁的交通一直没有被敌人割断。此外，大部队还可以通过丰玉遵一区向丰玉宁游击根据地前进。

我俩在遵化的温庄和旧寨一带遇到李运昌司令员和他率领的第十一团及直属特务连。部队从喜峰口越过长城，一路置小战斗于不顾，直奔丰玉宁南部的南坨庄。南坨庄是个大村，这一带村庄很密，由青英部队扩大改建的第四区队住在南青坨。南青坨和南坨庄两村相隔两里多，各村的武装报国队和坚持丰玉宁县的区村干部都集中在这里准备配合行动。部队驻扎几天后，日军1000余人连同杂牌军共6000余人，包围了南坨一带。敌人战线拉得很长，再加上不了解我兵力情况，迟迟不敢推进。敌人欲从南青坨向南坨进攻，住在南青坨的第四区队与敌接火，首战告捷，歼敌500多人，缴获了许多战利品。南坨已准备好打村落战，可是到晚上敌人也未敢进庄，于是决定打突围战，选其薄弱的苇草地突围。第四区队由田心带领，从南青坨向西突围，奔向玉田南部开辟游击区。主力部队由地方干部带路向东南突围，转向北进，拂晓到达孝义、佑国寺和大王庄一带。

李运昌同志让我留在孝义监视敌情，部队继续向北进发。日伪军步步紧逼，我主力部队刚到马家峪、东水头和芦各寨南山就被包围，与敌战斗到晚上才突围。第十一团和特务连分若干小队全面出击突围，这个化整为零的突围战，给敌人以措手不及，次早敌人扑了个空。突围部队星夜奔向各个根据地，几天以后，在热南指定地点重新集合起来。这两次战斗给基本区人民极大鼓舞，使他们看到我主力部队还在，增强了地方干部坚持抗战的信心，对恢复基本区起了决定作用。

1943 年 6 月，我二次恢复基本区的战役开始了。第十三军分区主力分东、中、西三路，突破长城封锁线进入基本区作战。6 月 19 日，一直在丰玉遵宁活动的第四区队奇袭玉田窝洛沽敌据点，全歼守敌。20 日乘胜攻克石臼窝敌据点，生俘守敌百余人。李司令员率第十二团由东路进关，连战连捷，恢复了滦东一带的基本区，迫使青龙河东岸敌一营伪军反正。中路第十一团于 7 月中旬到达丰玉遵宁地区，与第四区队配合作战。8 月初，先后攻克义王庄、亮甲店、钱家沟、茨榆林、杨家板桥、珠树坞等敌人据点，直逼唐山市。西路第十三团于 7 月中旬在通县和蓟宝三一线，先后攻克蛮子营、马兰庄、彭家桥等敌据点多处。7 月下旬，第十二团和直属独立营已进入丰滦迁中心地区。按预定计划，完成了恢复基本区的任务。

为了加强和充实冀东军政领导，晋察冀分局派朱其文、吕光、杨大章、方法平、刘郁如、于明涛、谢平、王克如等同志到冀东。这时第十三地委改为冀热边特委，下有 5 个地区委；第十三专署改为冀热边行署，第十三军分区改为冀热边军区，李运昌任特委书记、行署主任和军区司令员，李楚离任特委副书记，特委委员有周文彬、李子光、李中权、苏林燕、丁振军、朱其文、曾克林、吕光、焦若愚等同志，分工负责党、政、军、民工作。自 8 月底第二次恢复基本区战役结束以来，共与敌作战 87 次，攻克敌人据点 22 个、堡垒 17 座、车站 1 个，歼敌 2337 名。除蓟县、香河、武清部分地区外，所有被蚕食的县和地区都得到恢复。

1943 年 9 月，丰玉遵宁地区组成第五地区委，焦若愚兼书记，我任组织部部长，田心任第四区队区队长。第五地区委下辖丰玉遵、丰玉宁、武宝宁、香武宝、蓟玉宝 5 个联合县委和 1 个武清工作队。利用青纱帐，在特委统一领导和指挥下，活跃地开展重建抗日根据地工作。于一夜之间，又一次将丰玉遵宁地区所有日伪的户口册和良民证全部烧毁，把日伪军钉的门牌统统砸碎，平毁了日寇煞费苦心挖掘的沟壕，随后逐渐拆毁了敌人建筑的碉堡，使其“沟壕堡垒”政策彻底失败。根据地的各项工作顺利开展，广大人民信心百倍地建设根据地。

（选自政协玉田县委员会编《唐山文史资料大全·玉田卷》）

后　记

《冀东人民抗日暴动》一书是政协唐山文史委为纪念冀东抗日大暴动80周年而编著的。从选题论证、资料搜集到框架拟定、编辑与修改乃至付梓出版，都凝聚着编者的辛勤汗水，体现着编者严谨治学的学风和团结协作、无私奉献的精神。

本书选用了政协唐山文史委历年编辑出版的既有成果，吸收了唐山地方史其他研究成果，在前人研究的基础上，进一步提炼和升华。在编著过程中，编者广泛搜集资料，寻访大暴动故地，走访大暴动的知情者或后代。在此，对长期以来一直关心和支持唐山文史委工作的专家、学者、同人表示衷心的感谢！同时，编者还访问了相关档案馆、图书馆和网络平台，在此一并致谢！

鉴于编者学识有限，书中有粗疏、不妥乃至舛误之处，敬请学界同人和广大读者不吝赐教。

编　者

2018年6月